# AVENTURES BURLESQUES

## DE

# DASSOUCY

—

### NOUVELLE ÉDITION

#### AVEC PRÉFACE ET NOTES

PAR

## ÉMILE COLOMBEY

## PARIS

### ADOLPHE DELAHAYS, LIBRAIRE-ÉDITEUR
4-6, RUE VOLTAIRE, 4-6
—
**1858**

# AVENTURES BURLESQUES

## DE

# DASSOUCY

PARIS. — IMP. SIMON RAÇON ET COMP., RUE D'ERFURTH, 1.

En cè Democrite Contemple
D'vn Socrate la fermeté
Tout riant il a Surmonté
Par vne force sans Exemple
Tout ce que le sort Irrité
A de rage et de Cruauté
Jamais Apollon dans son Templ.
Néust vn si Grand persecuté.

# PRÉFACE.

_____

Et jusqu'à Dassoucy, tout trouva des lecteurs.

Où rencontrer une existence plus agitée que celle de Charles Coypeau, sieur Dassoucy, empereur du Burlesque, premier du nom? L'odyssée de ce bohème à tous crins est bourrée d'accidents de toute sorte, — où dominent les démêlés avec la justice : chacune des grandes étapes de sa vie est marquée par un cachot. La cause ordinaire de ces emprisonnements successifs, on la connaît : le pauvre musicien-poëte avait le tort de marcher flanqué de deux jeunes garçons d'allure équivoque, et qui, en réalité, n'étaient que des « pages de musique » chargés de prêter la fraîcheur de leur voix aux airs que leur maître composait.

Dassoucy raconte ses aventures en historien fantasque : il se rit de l'ordre logique aussi bien que de l'exactitude des dates. Et d'abord, si vous voulez savoir à quelle époque il prit le coche d'Auxerre pour retourner à Turin, à la cour de Christine de France, il vous dira qu'il ne sait si ce fut en 1654 ou en 1655. Que lui importe une année de plus ou de moins? — Ses « chantres à chausses retroussées » étaient vêtus de noir (triste présage!); quant à lui, il portait « un habit assez riche » et allait de l'avant, avec la gaieté d'un poëte qui a cinq cents écus dans sa poche. Le bateau avait à peine dépassé Villeneuve-Saint-Georges qu'un compagnon de route vint demander à Dassoucy s'il voulait « tuer le temps. » Cet homme, qui s'annonçait comme un marchand de cochons,

A

avait une vraie mine de dupe; Dassoucy pensa qu'il en aurait facilement raison et se hâta d'accepter la partie. Rien de plaisant comme cette scène. En résumé, le Jean Doucet mouille ses doigts pour faire couler les cartes et les distribue gauchement; mais il gagne et gagne d'une façon si continue, que bientôt Dassoucy est entièrement dépouillé, voire même de son habit. « Je lui eusse, s'écrie-t-il, encore joué mes luths et mes pages, couché Valentin sur une carte et Pierrotin sur l'autre; je me fusse joué moi-même... » Mais le marchand de cochons n'avait que faire de pareils enjeux. Dassoucy, obligé de battre en retraite, ne se répand pas en plaintes inutiles : arrivé à l'hôtellerie, il commande un repas succulent, qu'il payera Dieu sait comme, et, après de vaillants coups de dents et de larges rasades, s'endort d'un sommeil placide. Il revoyait en songe ses écus, qu'un miracle avait réintégrés dans sa cassette, lorsqu'un terrible vacarme le tira de ce rêve bienheureux : c'était le marchand de cochons qu'un valet de pied du roi et un cadet des gardes avaient saisi la main dans le sac et à qui ils faisaient rendre gorge. Le valet de pied a reconnu Dassoucy, qu'il a été chercher, il y a quelque quinze ans, pour l'amener à Saint-Germain, où le duc de Saint-Simon voulait le présenter à Louis XIII. I lui montre la table couverte de pistoles, et, après l'avoir engagé à reprendre son bien, se dispose à le mettre au courant des prouesses du maître fripon. Mais celui-ci lui coupe la parole : « Je confesse, dit-il, que je suis un adroit des plus fieffez; appelez-moi filou, brigand et voleur, si bon vous semble, je souscrirai à tous ces titres d'honneur. Mais, si je vous fais connoistre que vous n'estes pas moins voleurs que moy, et que le monde n'est qu'une grande forest, que direz-vous? » Et de soutenir cette thèse avec un arsenal d'arguments irrésistibles.

Descendu à Auxerre, Dassoucy continue sa route pédestrement, non par lésinerie, mais par goût. « Au lieu, dit-il, d'avoir tout le jour les fers aux pieds et les entraves aux jambes, et les deux mains occupées, l'une à la bride et l'autre à enfoncer son chapeau, quel plaisir d'aller les bras pendans avec une bonne paire de souliers plats, et sans craindre de se rompre le col, ou de se crever les yeux à quelque branche d'arbre ; de se promener dans une campagne comme un philosophe qui fait un tour d'allée dans son jardin ! Quel délice, après avoir fait ainsi trois lieues à pied, de se trouver inopinément sur le haut d'un tertre, y voir son giste, et pour le contempler avec plus d'aize et de loisir, s'asseoir sur le tin et le serpolet, tandis que, pour y flatter nostre lassitude, un charitable valet nous chatouille les gras des jambes durant cet extatique ravissement ! » Il décrit sa petite caravane de la façon la plus bouffonne : en tête est un âne « chargé d'un coffre tout remply de chansons, d'épigrammes et de sonnets, tout caparassonné de téorbes et tout bardé de luths;» après viennent les deux pages, coûverts d'un petit manteau serré et que rehausse un galon d'argent faux ; derrière marche Dassoucy, l'œil et l'oreille au guet, prêt, en cas d'alerte, à enfouir sa bourse dans quelque sillon. Il n'a eu garde de se munir ni d'un poignard, ni d'une paire de pistolets : il ne fait pas profession de bravoure et avoue naïvement que les armes dont il se serait chargé n'auraient servi qu'à ceux qui l'auraient attaqué. Il ne sait manier qu'une arme, son luth ; mais il le manie de telle sorte, qu'il charme « la cruauté » des hôteliers et capte « les grâces » des servantes. N'allez pas prendre texte de ceci pour incriminer les intentions de Dassoucy. La séduction qu'il exerce n'est à autre fin que d'obtenir « toujours du bon vin et des draps blancs de lessive dans lesquels, étendu « tout de son long parmy l'odeur de la lavande », il s'endort « au coassement des grenouilles, d'un sommeil de roze » qui n'est « jamais interrompu que par les premiers rayons du soleil, ou par les chants des oiseaux. » Dassoucy est un sybarite, mais non un enjôleur de vierges, fussent-elles d'humeur à lui épargner la moitié de la besogne.

Après une heure de marche, notre pèlerin, les dents finement aiguisées par l'air, « remuant les mâchoires et mâchant à vuide, » dévorait « par imagination un grand potage aux choux, avec une grosse queuë de mouton, » lorsqu'il se trouva face à face avec cinq cavaliers que sa frayeur transforma en coupe-bourses. Il fut bel et bien appréhendé au

corps et conduit dans une caverne, spacieuse comme un château, et où on le gorgea des mets les plus savoureux et de
vins des meilleurs crus. Le chef de la bande, qui n'était rien
moins qu'un marquis, menaçait Dassoucy d'une captivité perpétuelle, avec perpétuel accompagnement de beaune et de
perdrix en capilotade. Mais ce dernier, au bout de huit jours,
soupirait « après la longe de veau et la pièce de bœuf; » il
avait, sinon la soif ardente, du moins l'intrépide appétit de
Saint-Amant, qu'il dut pratiquer chez le comte d'Harcourt,
leur protecteur commun; et, comme l'auteur de la *Crevaille*,
il se trouvait mal à l'aise à ces tables, où « il faut toûjours
avoir l'imagination tenduë et l'esprit bandé comme une arbalaiste pour viser à quelque complaisance et tirer à quelque
bon mot... où vous n'ozeriez commander une grillade, faire
réchauffer une saulce, porter une santé, ny dire une chanson
à boire, faire un misérable carousse, ny seulement un pauvre
rubis sur l'ongle. » Au diable l'étiquette et vive le temps
où, bonnet en tête et pantoufles aux pieds, il se carrait entre
ses deux pages en toute liberté! « Car enfin est-il un plus
grand plaisir au monde que de commander dans son petit
empire, d'y estre maistre de son plat, et d'y recevoir au sortir
de la broche une éclanche de mouton, encore toute brûlante? quel plaisir d'affiler un couteau contre un autre pour
en faire la dissection, et, cette dissection faite, de voir au fond
d'un plat nager les pièces encore demy sanglantes dans une
chopine de jus! » — L'épaule de mouton, voilà le point vers
lequel convergent toutes les ardeurs de Dassoucy...

> Chère épaule, épaule ma mie.

Il la célèbre en prose, en vers, sur tous les tons et à
chaque instant, en homme qui eût fait bonne figure dans la
fameuse Société des Goinfres.

Le marquis finit par se laisser attendrir et permettre au
prisonnier de « courir après » son « épaule » et de « ratraper » son « gigot. » Mais Dassoucy comptait courir à pied,
et le trop bienveillant châtelain le huche sur un cheval, et
sur un cheval des plus fringants... Hélas! « maudit soit le po -

dagre qui inventa premier l'art de chevaucher! » L'infortuné cavalier avait à peine enfourché sa terrible monture, qu'il était désarçonné et gisait sur le sol. Mais la peur était plus grande que le mal, et, Dassoucy remis sur ses jambes, on lui amena un bidet d'un excellent naturel et d'allure douce, lequel le porta jusqu'à la dînée prochaine, où il retrouva « les plats et toute la cuisine du marquis. » Les cailles et les perdrix le poursuivaient toutes bardées de lard! Quel contre-temps! il espérait se régaler de sa bien-aimée éclanche, et le voilà de nouveau en pleine venaison. — Il fallut s'y résigner; mais Dassoucy jura qu'on ne l'y reprendrait plus. Le repas terminé, il renvoya tout, gens du marquis et bidet, puis chemina tranquillement devers Châlons-sur-Saône. Messieurs les pages avaient, comme leur maître, lâché la bride aux chevaux qu'on leur avait donnés.

Dassoucy, qui se tenait toujours sur le qui-vive, ne tarda pas à trembler pour sa bourse. Il avait aperçu, découpées sur l'horizon, trois silhouettes farouches; il lui semblait voir des dragons du roi, le mousquet sur l'épaule, battant la grand'route pour se faire la main. « C'estoit un curé de village, monté sur une bourique, avec deux paysans, qui, aimant mieux user leurs pieds que leurs souliers, portoient galamment leurs souliers au bout d'un baston. »

Après cette alerte, Dassoucy s'embarque sur la Saône et a maille à partir avec un croquant d'Église, qui a retourné Pierrotin en tout sens pour en obtenir des renseignements sur la façon de vivre du poëte, et n'en a tiré que des répliques narquoises. Ce drôle le traite de parpaillot, et Dassoucy aurait laissé sa peau aux griffes de deux harpies de dévotion ameutées contre lui, s'il n'eût donné des preuves manifestes de sa piété, en démasquant une petite croix d'or suspendue à son cou et en récitant d'une haleine trente pages du catéchisme. Le cuistre est confondu, et de plus battu comme plâtre par l'illustre Savoyard, arrivé tout exprès du pont Neuf pour lui casser bras et jambes.

Dassoucy rencontre à Lyon Molière et les Béjart, et reste trois mois au milieu d'eux « parmy les jeux, la comédie et les festins. » Il retombe sous la coupe de son tueur de temps,

et, outre une partie de ses pistoles, perd un de ses pages,
Valentin, qui s'est enfui, après avoir tenté de noyer son camarade, qui a le tort de chanter mieux que lui. Dassoucy, en
rentrant au logis, est fort étonné « de trouver Pierrotin
pendu par les pieds, qui achevoit de rendre à la Sône une
partie de la Sône qu'à son grand regret il avoit si sottement
avalée. » Il se lamente d'avoir séjourné, plus que de raison,
dans une ville où il n'avait que faire, et se rend avec Molière
à Avignon, où l'attend « une excellente voix· de dessus. »
Mais sa première visite est pour l'académie de jeu : il son-
gera plus tard au successeur de Valentin ! Il va donc demander aux cartes la juste réparation de sa mauvaise chance
passée; il s'égare dans une forêt de juifs barbus, où il laisse
tout, jusqu'à ses nippes, mais où il gagne la gale. Quelle dé-
tresse eût été la sienne, s'il n'avait été recueilli par Molière
et les Béjart, « qui ne se lassèrent pas de » le « voir à leur
table tout un hyver ! » Il s'écrie, plein de reconnaissance :

> Qu'en cette douce compagnie,
> Que je repaissois d'harmonie,
> Au milieu de sept ou huit plats,
> Exempt de soin et d'embarras,
> Je passois doucement la vie !
> Jamais plus gueux ne fut plus gras...

Il se trouvait si bien dans cette « douce compagnie, » qu'il
la suivit à Pézénas et à Narbonne, mais sans pouvoir mettre
la main sur un second page de musique, qu'à la vérité il ne
cherchait guère. Ce ne fut qu'au bout de six mois qu'il se dé-
cida à se séparer de Molière et des Béjart, pour se livrer à
de sérieuses perquisitions dans Montpellier.

La relation de son séjour dans cette ville est précédée
d'une curieuse *Épistre à messieurs les Sots, tant ultramontains que citramontains.* Il les remercie des clameurs qu'ils
n'ont cessé de faire retentir à ses oreilles; il se félicite de
leurs insultes, qui n'ont fait que consacrer ses triomphes. Il
n'avait pas six ans, que déjà l'envie s'attachait à ses talons,
personnifiée par les polissons de son quartier, jaloux de sa

raison précoce. — Que le ciel conserve donc cette *précieuse
graine !* « Hélas ! Seigneur ! s'écrie-t-il, qu'aurois-je fait sans
messieurs les Sots ? Ce sont eux qui jusqu'à cette heure m'ont
toujours fourny de pain, de vin, de chausses et de souliers ;
qui m'ont toujours tiré les bas, écumé mon pot et lardé mes
poulets ; qui m'ont toujours servy de bouffons et qui m'ont
fait rire ; qui, à force de déchirer ma réputation, m'ont toujours procuré des habits tout neufs. Ce sont eux qui ont
donné le jour à mes ouvrages, le feu à mes vers, la grâce à
mes chansons, l'éclat à ma vertu. » La modestie n'est pas le
défaut de Dassoucy : il est trop franc pour celer la bonne opinion qu'il a de l'auteur des *Avantures;* mais il est trop franc
aussi pour surfaire son origine en se taisant, et donner à
croire qu'il est issu de la cuisse ou du cerveau de Jupiter. En
conséquence, il adresse au lecteur la déclaration suivante :

« Comme ma mère n'estoit pas des plus mal faites, et que
l'amour qu'elle avoit pour la musique et les vers attiroit chez
nous tout ce que Paris avoit de gens de mérite et de vertu,
comme je ne suis pas plus délicat que Thélémaque, je ne
sçaurois t'assurer que je suis le fils d'un avocat en parlement,
que j'appellois mon pere, de monsieur son clerc, ou de quelque gentil autheur, car la confusion des choses de ce monde
est si grande, que tel qui se croit le fils d'un marquis n'est
que le fils de son cocher, comme aussi tel qui croit être fils
d'un cocher a quelquefois un marquis, voire un duc et pair
pour pere. Je te dirai donc à tout hazard que mon père estoit
de Sens en Bourgogne, mon oncle de Paris, ma mere de Lorraine, et mon grand pere de Crémone. Et afin que l'Italie
et la France, qui, dans la fabrique de mon composé, ont également concouru, n'ayent après ma mort aucune dispute pour
ma nationalité, et qu'ainsi que la Grèce livra des batailles
pour s'attribuer l'honneur de la naissance d'Homère, le monde,
en ma faveur, ne s'aille point entre-tuer pour le mesme sujet,
je ne te diray pas que j'ay comme luy la cuisse veluë, mais
seulement que j'ay la teste longue[1], c'est-à-dire que je suis
enfant de Paris, né à l'Etœuf d'argent, rue Saint-Estienne

[1] Voy. la première note de la page 117.

des Grez, et fait chrestien sur les fonts de Saint Estienne du
Mont, auparavant que l'on m'en eust demandé mon consentement, ny donné aucun avis. Pour ma qualité, personne ne
me sçauroit disputer le titre de noble, car je suis noble en
deux manieres, noble premierement par les lettres du costé
de mon pere, qui estoit *homo litteratus*, item, noble encore
d'extraction par mon grand pere, qui estoit cavalier cremonois, nommé d'Agnanis, qui, outre mille preuves qu'il a renduës dans le monde de sa gentilhommerie... a laissé pour
monument à sa gloire quantité de violons de sa façon, qui,
parmy les violons de Crémone, feront durer sa renommée
tant que le monde violonnant sçaura joüer du violon. »

La mère de Dassoucy, « petit bout d'Amazone, prompte et
colère, » n'était pas d'humeur à souffrir un maître, et M. l'avocat au parlement respectait trop le code pour permettre
d'entamer son autorité. De là des disputes continuelles qui
dégénéraient quelquefois en gourmades, et que termina ce
qu'on appelle plaisamment une séparation à l'amiable. La
mère emmena sa fille en Lorraine, et le père garda son fils
près de lui. Toûtes ces querelles ne pouvaient avoir une
meilleure conclusion; mais, après le départ de cette femme,
qui avait eu le tort de viser à la tyrannie, maître Coypeau
s'empressa de courber la tête sous les caprices d'une servante.
Dassoucy est, à ce sujet, d'une réserve qui jure dans sa
bouche : elle « avoit, dit-il, des libertez avec mon pere que
je puis bien donner à penser, mais non à lire... » C'était, du
reste, une excellente créature, avec qui Dassoucy vivait en
parfaite intelligence, comme il se plaît à le constater : « Elle
m'appelloit petit diable, et je l'appelois carogne ; elle me
jettoit les pincettes à la teste, et moy la cuiller du pot. »
Elle finit par lui jeter la porte au nez, et Dassoucy de courir
à travers champs jusqu'à Corbeil, où une abbesse, séduite par
sa bonne mine, lui confia ses dindons à garder, et l'éleva
ensuite jusqu'aux fonctions de valet de chambre. Valet de
chambre d'une abbesse ! c'était là un poste de haute confiance.
Mais les neuf ans de Dassoucy étaient sans doute pour beaucoup dans cette grâce singulière. L'abbesse pensait que les
menus détails de la toilette, l'ampoule au fard et le reste, ne

# LES AVANTURES

### DE

# MONSIEUR D'ASSOUCY

# AU ROY[1]

Sire,

J'aurois esté un Poëte bien fol et ma Muse bien insensée si, après l'honneur qu'elle a receu de divertir tant de fois Vostre Majesté, elle avoit quitté son centre naturel pour aller chercher dans un climat étranger un air plus doux et plus favorable que celuy de vostre cœur; mon avanture auprès de vostre Auguste Personne estoit trop belle et trop glorieuse pour en pouvoir jamais trouver une semblable en aucun endroit de la terre, et la connoissance que j'avois déjà de vostre auguste merite estoit trop grande pour ne pouvoir pas esperer d'estre éclairé dans mes tenebres prés d'un Astre qui semble n'estre venu au monde que pour disputer de la splendeur avec le Soleil, et donner le jour à toutes choses. Si peu d'esprit que Dieu m'ait donné, j'en avois pourtant assez pour connoistre dés vos plus tendres années ce qu'un Roy sage dés le berceau avoit à devenir un jour, et je puis dire :

> Que, dés vostre Minorité,
> Lorsque le Ciel eut surmonté,
> Aprés tant de sanglans spectacles,
> Tant de travaux et tant d'obstacles,

[1] Louis XIV.

L'Enfer de fureur agité ;
Je crus que Vostre Majesté
Obscurciroit tous les miracles
Dont se vante l'antiquité,
Ainsi qu'une Divinité
Fit taire tous les faux Oracles.


Ouy, SIRE, voyant, à travers les nuages dont Vostre Majesté estoit enveloppée, vos rayons naissans éclairer le
monde dans un âge où les plus brillans genies ont besoin
d'estre éclairez, avoir l'esprit formé auparavant le corps,
parler juste dans un temps où les autres apprennent à
parler, connoistre déjà le fin de toutes choses, et, lisant
mes Vers à son petit coucher, rire toujours et fort à propos du bon mot que bien des Courtisans, qui rioient à
contre-temps, ne pouvoient attraper : quoy que j'eusse
préveu par avance la grandeur étonnante de vos futures
merveilles, helas ! SIRE, il faloit bien d'autres tireurs
d'horoscope pour deviner

Qu'au plus fort de cette saison
Où chacun comme un limaçon
Dedans sa coque se retire,
Où le Soldat dans son pignon,
Prés du feu mange son quignon[1],
Et que ce grand boute tout cuire,
Ce grand Dieu du Colin-tampon[2]
Change son casque en poësle à frire,
Et met au croc son espadon ;
Que sans souffler en vos mitaines,
Sur la neige et sur le glaçon

[1] Gros morceau.
[2] Mars.

Vous eussiez pris en trois semaines,
A la barbe de l'Aquilon,
Tout le Comtat du Bourguignon,
En teste de vos Capitaines,
Qui donnent les fievres quartaines,
Et prennent les murs sans canon;

et bien d'autres Prophetes plus fins que Nostradamus pour predire qu'on verroit aujourd'huy Vostre Majesté faire teste à toute l'Europe, et, comme un autre Jupiter contre les Geans, éluder la puissance de cent Potentats, aprés avoir passé comme un éclair en Hollande, et reduit ces colosses invaincus à n'avoir plus contre l'ardeur de vostre courage d'autre azyle ny d'autres remparts que la mer et les Tritons. C'est aller sans doute bien viste pour un Roy si grave et si posé, et bien imiter dans son cours la rapidité du Soleil, qui, avec une contenance aussi grave et aussi posée que la vostre, ne laisse pas dans son activité de surpasser l'imagination.

Aussi ce peuple heteroclite,
Poudré, frisé, lavé, razé,
Que vostre main sainte et benite,
Malgré Luther, a baptizé,
Pour jazant avoir sottisé,
Et sottisant, mal devisé[1]
Du grand Roy qui de sa marmitte
Le fondement avoit posé[2];

[1] Les Gazettes de Hollande s'étaient montrées prodigues d'impertinences à l'endroit de Louis XIV.

[2] L'auteur fait-il allusion au traité conclu, le 27 avril 1662, avec Louis XIV qui devait protéger la Hollande contre l'Angleterre et qui, quelques mois plus tard, traitait avec cette dernière?

Depuis que, faute de conduite,
Devenu de Marchand aisé
Pauvre Soldat devalisé,
Ces champions ont pris la fuite,
Plus prudent et plus avisé,
Il reconnoist vostre merite,
Et d'un esprit plus reposé,
Ne parle plus de Josué,
Ny du Soleil[1], ny de sa suite ;
Et dit que sa mère Amphitrite
Qui son Estat tient arrosé,
Ne vit jamais aller si viste
Un Roy si grave et si posé.

Et je croy bien que si ces grands appuys de la Chrétienté, qui versent à torrens tout le sang de la Croix pour l'utilité du Croissant, au lieu de s'opposer à la grandeur de vos progrés[2], eussent laissé le champ libre à la rapidité de vos conquestes, que la Lune ne tiendroit pas contre le Soleil, et que Mahomet, quatriéme de ce nom, avec son *Donec totum*[5], auroit de la peine à remplir sa Devise. Il n'appartient qu'à vous, grand Monarque des Monarques, qui, croissant, faites tout accroistre, de remplir ce Croissant, et non pas à celuy qui, croissant, fait tout décroistre. Je sçay bien que les compagnons de mes Muses, qui, tout brillans des faveurs de la fortune, font bien voir, suivant le chariot du Soleil, que c'est dans le centre de la lumiere que l'on puise la splendeur, diront qu'ayant

[1] Un échevin d'Amsterdam était venu signifier au roi qu'il n'irait pas plus loin. Il s'était fait, disait-on, représenter avec un soleil et cette devise : « *In conspectu meo stetit sol.* »
[2] On se rappelle que l'Europe, en 1674, se ligua contre Louis XIV.
[5] *Donec totum impleat orbem.*

préveu toutes ces choses, j'eusse bien mieux fait de continuer à composer des vers et des chansons pour le plus grand et le plus magnifique de tous les Monarques, que d'aller, comme un Dom Guichot, chercher des avantures étranges par le monde. Il est vray; mais qui sçait, ô grand Roy, si encore tout sanglant des mortelles atteintes de tant de monstres que j'ay terrassez, retournant dans vostre Cour chargé de cinq gros volumes de mes avantures, je ne suis pas aussi heureux que si j'étois chargé de vos cinq grossés Fermes; et si, n'ayant aujourd'huy rien de plus precieux que mes persecutions que Vostre Majesté vient de couronner par la plus glorieuse de toutes mes rencontres, je ne suis pas auprés de l'Alexandre des Alexandres, mon Roy, un Diogene aussi content dans mon tonneau que ces illustres favoris de la fortune, ces Cresus qui, dans leurs Palais dorez, portent les effets de vostre munificence jusques dans le Ciel? Ouy, SIRE, l'iniquité des méchans, l'ignorance des simples et la malice des sots, la cruauté des Dragomans [1] et la tyrannie des Astarotis [2] seront les ombres qui, jusques aux derniers siecles, serviront de relief à ma gloire et de prix à ma vertu. Ne dedaignez donc point, ô grand Roy, cette peinture de mes disgraces ou plûtost ce portrait enjoüé de mes triomphes, et si, par un excés de bonheur, Vostre Majesté, qui m'a trouvé digne de sa compassion, trouve encore en moy quelque chose digne de son estime,

Monarque plus brillant que le flambeau des Cieux,
Dont je suivray par tout l'éclatante lumiere,

[1] Ou drogmans. Dassoucy veut sans doute parler des gens qui avaient donné à ses actions de malicieuses interprétations.
[2] Fils d'Astaroth.

Et dont j'adoreray les rayons glorieux
Jusqu'au moment fatal de mon heure derniere;
Alcide qui, malgré la rage de Cerbere,
M'avez mis à couvert de ses coups furieux,
Retiré des Enfers mon ombre malheureux,
Et redonné le jour à ma triste paupiere,
Demy-Dieu le plus grand de tous les demy-Dieux,
Soleil miraculeux, Astre que je prefere
A toutes les clartez du Dieu qui tout éclaire,
Ne me refusez pas un regard de vos yeux.

# PREFACE

---

Au Lecteur.

JE suis le Heros veritable de mon Roman, qui, aprés avoir long-temps vogué contre vent et marée sur une mer orageuse, ay finallement attrappé un heureux port. Celuy qui m'a conduit en ce port est un Dieu; celuy qui m'y a accueilly est un Roy, et le genie qui m'y conserve est un Ange. Bien des méchans en crevent de rage, saint Hubert les guerisse; et bien des sots en sont au desespoir, Dieu les console. S'ils n'ont pas appris à lire, à la bonne heure, je ne leur conseille pas d'aller à l'écolle; et, s'ils n'ont pas de bons yeux, de prendre des lunettes pour voir cét ouvrage, car ils n'y trouveroient pas la matiere bien disposée pour leur divertissement, puisqu'ils verroient par tout leur opiniâtre iniquité confonduë par un Dieu encore plus entier et plus perseverant à confondre leur iniquité. Aussi ce n'est pas pour eux que j'écris, mais pour toy, genereux Lecteur, qui, justement indigné contre

cette vermine picquante toùjours obsedée de l'impertinence du Demon de l'oüyr dire, sans employer
d'exorcisme, as trouvé l'invention de chasser de leur
corps ce malin esprit, et le secret de les faire croire
à l'Evangile, leur persuadant par les fleurs d'une
Rhetorique entrelassée de coups de poings, la charité qu'on doit avoir pour Dieu et pour son prochain. Ly donc, et, lisant, profite de mes disgraces;
ry, sage Lecteur, et, tout riant de mes folies, fay-toy
encore plus sage à mes dépens; et si, dans ce début,
tu trouves quelque chose digne de ton esprit, ne dé-
daigne point de m'accompagner jusqu'à la fin de
mon voyage, dont la suite miraculeuse te fera un
tableau de la vie humaine d'autant plus digne d'estre
conservé, que c'est dans ce tableau sans exemple que
les enfans de tes enfans y apprendront en se divertissant, non seulement la science du monde, mais la
science du Ciel, qui est la science des sciences. Au
reste, ne t'attends pas que je m'aille insinuer dans
ton esprit par de belles parolles, pour t'obliger à
pardonner à mes deffauts, ny pour te faire remarquer dans les choses les plus basses la qualité de
mes expressions, qui possible ramperoient dans une
autre plume que la mienne. Je sçay que tu me feras
justice.

# LES AVANTURES

## DE MONSIEUR

# D'ASSOUCY

---

## CHAPITRE PREMIER.

Dassoucy, partant de Paris pour aller servir leurs A. R. de Savoye, rencontre un Filou dans la Coche d'Auxerre qui le met en chemise.

JE ne sçay si ce fut l'an mil six cens cinquante quatre ou cinquante cinq[1], que le grand desir que j'avois de retourner à Turin[2], auprés de leurs altesses roïales[3], me fit sortir de Paris avec tant de precipitation, qu'à peine eu-je

---

[1] Ce fut à la fin de 1655. Sa rencontre avec Molière (ch. ix) nous le prouve, car c'est à cette date que ce dernier a quitté Lyon.

[2] Dassoucy y était allé en 1630. Il y avait été présenté par le comte d'Harcourt, — surnommé *Cadet-la-Perle*, parce qu'il était le cadet de sa famille et qu'il portait une perle à l'oreille. Le comte était venu remplacer le cardinal de la Vallette dans le commandement de l'armée de Piémont.

[3] Christine de France (fille de Henri IV et de Marie de Médicis) et Charles-Emmanuel II. — Christine avait épousé, en 1619, Victor-Amédée, duc de Savoie. Celui-ci étant mort en 1637, elle fut régente pendant la minorité de son fils, Charles-Emmanuel II, c'est-à-dire jusqu'en 1648.

le loisir de dire adieu à une partie de mes amis, et de payer une partie de mes debtes. J'en partis donc, moy cinquiéme, comptant ma fievre quarte, et mon mauvais genie, que j'aurois tort d'oublier dans mes écrits, aprés m'avoir tenu si bonne et si fidelle compagnie dans mes voyages. Quoy que je ne sois ny Comte ny Marquis, je ne laissois pas d'avoir deux Pages à ma suite, vestus de noir, triste et funeste couleur bien digne de mes tristes et funestes avantures. Ces Pages estoient de ceux qu'on appelle Pages de musique, autrement des chantres à chausses retroussées. C'est pourquoy, outre mon équipage qui n'estoit pas d'un peigne dans un chausson, je faisois porter un luth pour me divertir et les instruire. Ma malle estoit garnie d'assez bon linge, d'un habit assez riche, et de cinq cens écus tous faits au moulinet[1]. Avec cette opulence je m'enbarquay dans la coche d'Auxerre, pour de là traverser la Bourgogne, car c'est la voye la plus courte, et la plus commode pour aller à Lyon. J'estois si las de traîner mes guestres dans Paris, et de la puanteur de ses boüës, que sans me souvenir du bœuf salé de la ville d'Anvers, et du bon vin de Chably, il me sembloit, au sortir du Port de Saint-Paul, que je sortois du petit Chastelet. Telle est la condition des pauvres mortels, qui ne peuvent jamais compâtir avec leurs aises. Et telle est l'inconstance de nostre nature, qui ne peut envisager les choses, ny sejourner longtemps en mesme lieu sans s'ennuyer. Mais helas! j'en ay bien payé la folle-enchere; pain de Gonesse[2], pain de Gonesse, si je te puis jamais rattraper, belles et charmantes Tuilleries, beau Pont-

---

1 C'est-à-dire de bon aloi.
2 La renommée du pain de Gonesse était déjà très-ancienne à cette époque.

neuf, et toy, beau Cheval de Bronze, si je te puis jamais tenir par la bride, je me moqueray bien du sort et de son inconstance. Quand je me ressouvenois du bruit de tant de cloches, et de tant de carrosses, et que je le comparois avec le son melodieux de nos avirons, il me sembloit entendre un son bien harmonieux, dont mes oreilles n'estoient pas moins delectées, que mes yeux estoient ravis dans la contemplation des grosses tours de Nostre-Dame, que je voyois insensiblement disparoistre avec un plaisir extrême. Quoy que j'eusse bien mieux fait de m'y tenir comme Pierre du Cognet, éternellement attaché, que de perdre jamais de veuë un si digne et si beau clocher, aussi comme mon plaisir estoit injuste, ma joie ne fut pas de durée. J'avois déja fait trois lieuës, et c'eust esté trop pour les intentions de mon mauvais genie si j'eusse esté plus avant, sans trouver quelque funeste avanture. A peine avois-je passé Ville-Neuve-Saint-George [1], et mangé de ses bons gâteaux, qu'un homme qui n'estoit pas loin de moy me demanda si je voulois tuer le temps; pour moy, bien que je n'aye jamais tué personne, et que je n'en aye encore aucune envie, je m'y accorday facilement. Mais ô Dieu! quelle temerité de vouloir tuer celuy qui tuë toute chose; aussi j'en fus bien chastié, puisque, dans ce combat inégal, il n'y eust que moy qui restay mort sur la place. Ce tueur de temps, ou plûtost ce tueur de bourse, estoit un homme en qui il sembloit que la nature eust ramassé tout ce que le monde a de plus simple, et de plus innocent, pour en faire un parfait niays; car il n'avoit ny dans son visage, ny dans ses habits, ny dans son discours, rien qui n'exprimast parfaitement la simplicité et la

[1] Joli bourg, situé à quatre lieues et demie de Paris, sur le penchant d'une colline et sur la rive droite de la Seine.

naïveté mesme; c estoit une fidèlle copie de Jean Doucet[1]:
Pour moy, je luy aurois confié ma bourse à sa mine. Il me
demanda si j'avois des cartes, je luy dis que non.—J'en ay
bien un jeu dans ma poche, dit-il en se refrognant, mais
ce seroit dommage de le gâter.—Apportez, luy dis-je, qui
gagnera les payera.—Bien donc, ce dit-il, mais je ne voudrois pas jouër gros jeu, je ne veux que tuer le temps. —
Ny moy non plus, luy répondis-je, il faut pourtant jouër
quelque chose qui en vaille la peine ; autrement, de l'humeur dont je suis, au lieu de tuer le temps, le temps me
tuëroit ; baste, à quel jeu voulez-vous jouer ? au piquet,
ou au lansquenet ? — Je ne jouë, dit-il, qu'à la belle, au
flux[2] et au trente-un[3], et quelquefois à la tiromphe.—Vous
voulez dire triomphe[4], bon homme, luy dis-je, voila les
jeux de ma grand mere, je ne jouë point à ces jeux là,
mais si vous voulez jouer au lansquenet, il n'y a point de
jeu au monde si facile ny si innocent. Si vous voulez, je
vous l'aprendray tout à cette heure ; et à mesme temps
je commençay de luy donner une carte et d'en prendre
une autre pour moy, mais je fus plus d'un gros quart
d'heure avant que luy pouvoir faire comprendre ; je ne
vis jamais une teste si dure en apparence, c'estoit toujours
à recommencer : enfin quand il eut achevé de l'apprendre :
—Vrayment, dit-il, voila un beau jeu, j'y jouërois volontiers une couple d'écus ; c'est à dire, à coupe-cu[5], car il
me semble qu'il va bien viste. Cela dit, il tira de sa
poche deux écus blancs avec une vieille paire de bezicles,

[1] Manière de jocrisse.
[2] *Belle et flux*, espèce de jeu de cartes qui se joue entre un grand nombre de personnes et avec cinquante-deux cartes.
[3] Jeu de hasard qui se joue avec six jeux de cartes mêlés ensemble.
[4] La triomphe a beaucoup d'analogie avec l'écarté.
[5] Sans revanche.

qu'il ajusta à son nez avec une certaine lenteur, qui ne répondoit guere à l'impatience que j'avois de me recompenser vistement de mes peines ; et moy j'en tiray autant, et nous nous mismes tous deux à tuer le temps. C'estoit le plus grand plaisir du monde de luy voir mesler les cartes ; il sembloit qu'il fust estropié de toutes les deux mains : quand il me les presentoit pour couper il les mettoit sur la paume de la main, et, quoyque les cartes fussent toutes neuves et bien frottées, à mesure qu'il en tiroit une, il moüilloit son poulce ; autrement il n'en pouvoit venir à bout. Il prenoit les Roys pour les Dames, et les Dames pour les Valets ; il se mécomptoit à tout propos, et passoit sa carte à tout bout de chámp, de sorte que j'en avois pitié et je faisois conscience de luy gagner son argent. Enfin je luy emportay sa couple d'écus : luy, feignant de vouloir se retirer, commence à replier ses cartes et resserrer ses bezicles, en disant : — Hé bien, Monsieur, vous estes content ? — Non pas, luy dis-je, car vous m'aviez convié de tuer le temps, et je ne voy pas que, dans un combat si court, nous luy ayons fait seulement une égratignure ; je pretens bien vous donner vostre revanche. — Vous voudriez donc me gagner tout mon argent ? voire, Monsieur, ma femme me battroit. — Ha, luy dis-je, vous estes un vieux pere aux écus. Tirez, tirez seulement les grosses pièces, vous verrez que nous joüerons beau jeu. — Vrayment, Monsieur, vous avez raison de me dire que je tire de grosses pieces. Ce dit, il tira une bourse qui paroissoit estre de cuir de grenoüille, qui n'estoit point pleine de vent comme la mienne est aujourd'huy, mais remplie de tres-bon, tres-fin et tres-pur or. — Je voy bien, me dit-il, qu'il faut que je me dépoüille avec vous ; il n'importe, vous m'avez gagné l'argent de mon voyage,

vous me gagnerez encore l'argent de mes cochons. — Quoy,
vous estes donc un marchand de cochons? luy dis-je. — Oüy,
Monsieur, répondit-il, à vostre service. — Je vous remercie
de bon cœur, luy dis je, je n'aime que les cochons de
lait. De sorte que, croyant avoir affaire avec un homme de
commerce tres-honneste marchand de pourceaux tout
farcy d'écus, je benissois la fortune qui m'avoit envoyé
une dupe si grasse et si friande. Au charmant aspect de
cette bourse, je me sentis tout metamorphorsé. Au lieu
de cette tendresse qui augmentoit le scrupule que je fai-.
sois de ruiner ce pauvre homme, je sentis couler en moy
un appetit enragé et un desir incroyable d'engloutir tout
vivant le Marchand et les cochons. Mais ainsi puisse reüs-
sir le dessein des ennemys de l'Etat. Qui jamais a veu
une souris entre les pattes d'un puissant chat, qui, aprés
s'en estre bien diverty, en fait une curée à son ventre, a
veu mon destin entre les pattes de ce galand homme.
Aprés donc m'avoir étalé toute cette finance, qui est l'appas par où les adroits ont accoùtumé de leürer ceux qui
comme moy ne sçavent pas que tout homme, qui tire tant
d'argent dans le jeu sans necessité, est un adroit, il me
pria de joüer beau jeu, et moy qui ne demandois pas
mieux, pour avoir plutost fait, je luy joüay une pistole sur
chaque carte, et quelquefois deux. Croiras-tu jamais,
cher Lecteur, combien, toujours moüillant ses poulces, il
me gagna d'argent de sa main? Il me tira deux cens cinquante écus sans quitter les cartes, aprés m'avoir regagné
ses deux écus, et dix que j'avois sur moy. Il me fist encore aller à ma cassette tant de fois, que, pour n'y pas
retourner si souvent, je me la fis apporter devant moy;
et ce fut alors qu'il faisoit beau me voir prendre l'argent
à poignée, que je couchois sur les cartes sans compter. Il

s'en falloit bien que les boüillons des vagues de la Seine, qui estoit pour lors agitée, fussent si gros que les couches d'argent que mon esprit agité de desespoir et de douleur faisoit courir sur les cartes. Ce n'estoit plus un homme raisonnable qui jouoit, mais une espece d'animal forcené qui jettoit son argent par les fenestres ; car qui n'auroit perdu le sens et la raison de voir un homme qui se mécomptoit à tout propos, et passoit les cartes à chaque bout de champ, faire vingt-deux mains de suite au lansquenet? qui eust jamais cru que la fortune, qui est la volubilité et l'inconstance mesme, se fust voulu dépoüiller de sa nature pour se fixer en faveur de cet homme, et, après quinze mains, luy en fournir sept autres pour me tirer jusqu'à la derniere goute de sang? Qui vid jamais un tel coup de l'ire du Ciel? Aussi les spectateurs d'une telle disgrace, ne sçachant à quoy attribuer un effet si éloigné des chôses naturelles, disoient dans leur simplicité qu'il falloit necessairement qu'il eust de la corde de pendu. Et moy je disois qu'il avoit mon argent qui valoit bien mieux que toutes ces drogues. Enfin, pour ne te pas faire languir, je ne tins pour mes cinq cens écus, qu'une seule fois les cartes, dont je fis un coupe-gorge pour tout mon reste. Mais ce ne fust pas tout, car estant piqué jusques au vif, et toujours preocupé de la pensée que j'avois que cet homme estoit un innocent fortuné, le Diable qui ce jour là ne se contentoit pas de se faire voir dans le fonds de ma bourse, voulut que je luy joüasse encore une émeraude qui valoit plus de soixante écus, laquelle bien qu'elle fust Orientale, et d'une très-dure consistance, ne dura non plus devant ce feu devorant qu'une once de glace au Soleil. Que sert de t'ennuyer, cher Lecteur? La pensée que j'avois de regagner

2

mon argent fit que je luy joüay mou habit. Je luy eusse encore joüé mes luths et mes Pages, couché Valentin sur une carte et Pierrotin sur l'autre. Je me fusse joüé moy mesme, s'il m'eust voulu prendre pour son esclave ; je lui aurois gardé ses cochons avec fidélité, mais j'aurois trop gagné en perdant Pierrotin, et j'eusse esté trop heureux en me vendant à cét homme; ma condition eust esté bien plus avantageuse que de servir de victime à la fureur de mon destin, et de but à l'iniquité des hommes.

# CHAPITRE II.

Dassoucy, aprés avoir tout perdu, passe luy mesme pour Filou auprés de celuy qui l'a filouté ; il se console plaisamment en sa disgrace. — Cochois, Valet de pied du Roy, attrape le Filou en flagrant delit, et fait tout rendre à Dassoucy, jusques à ses nipes.

MAIS ce n'estoit pas tout, car le diable, qui ce jour-là estoit déchainé, et qui croyoit peut-estre que je serois assez fol pour me pendre, afin qu'il ne manquast rien à mon desespoir, voulut après m'avoir laissé *exanguis*, et nud comme un ver, que je passasse encore pour fripon. Ce n'estoit pas assez, pour la gloire de ce vaillant tueur de temps, de s'estre rendu maistre du champ et de mes depoüilles, il falloit encore que toute la chiorme[1] chantast des hymnes à sa gloire; car, après avoir serré mon argent et mes nipes, bien regardé mon émeraude, pour voir si elle estoit d'un beau vert, et s'estre ainsi diverty quelque temps dans la contemplation de ses injustes conquestes,

[1] Terme de mépris, pour désigner la galerie.

au lieu qu'un autre auroit jetté les cartes, ou du moins me
les auroit laissées pour mon argent, celuy-ci, qui ne vouloit rien perdre, et qui avoit raison de conserver des armes de si bonne trempe, voulut, auparavant que les ser-
rer, sçavoir si le compte y estoit juste, et après avoir
cherché autour de luy celles qui manquoient, et en ayant
finalement trouvé quelques-unes de mon costé, il voulut
se servir de cette occasion pour établir sa reputation au
prejudice de la mienne.—Voyez, dit-il à tout le monde en
ramassant ces cartes, si je n'avois pas raison de dire que
Monsieur estoit plus fin que moy. Vertu de ma vie, quel
chaland, quel attrape-minon¹! Hé bien, Messieurs, le bon
Dieu ne m'a-t-il pas bien assisté? Et puis m'adressant la
parole:—Vertuchou, Monsieur, comme vous y allez; est-ce
ainsi qu'il faut attrapper les pauvres gens? gerny-cotton,
je m'estois bien douté que vous estiez un finet. Quel niais
de Sologne! n'en sçavez-vous point d'autre? est-donc ainsi
que vous trichez? Pour moy, je ne sçay ce que c'est que
de tricher, je suis comme l'enfant qui sort du ventre de
sa mere: j'y vais à la bonne foy; je m'imagine que tout
le monde est comme moy. N'importe, j'en suis échappé:
ce que Dieu garde est bien gardé, si *Deus pro nobis, quis
contra nos?* le cœur me l'avoit toûjours bien dit que
vous estiez trop fin pour ma boutique; aussi je ne voulois pas jouer avec vous. De sorte qu'à entendre parler
cet homme, on auroit creu que je l'avois mis au blanc²,
et que je luy avois gagné jusques à sa chemise. Cependant mes Pages pleuroient, les assistans rioient, et
moy, au milieu de ma confusion et de mon desespoir,

¹ Coupe-bourse.
² On disoit d'un homme dénué de tout qu'il était réduit au bâton blanc, ou simplement, au blanc.

j'estois ravy en admiration dans la contemplation de l'iniquité de ma fortune, mais il ne s'en faut pas étonner :

C'est du destin l'inique cours,
De qui l'injustice est si grande,
Que nous voyons quasi toûjours
Que les battus payent l'amende.

Possible qu'un autre moins maistre que moy de sa douleur et de son desespoir, ayant une si belle occasion, auroit noyé dans la riviere son desespoir et sa douleur; mais moy je fais tout au contraire, quand je suis dans de semblables accez, je fuis l'eau comme la mort, et, si j'avois à finir mes jours, je les voudrois finir comme cet Anglois dans un tonneau de malvoisie[1]. Quoy que je ne sois pas enfant de Bacchus, j'ay toûjours, dans de semblables rencontres, recours à son tonneau, et c'est dans sa liqueur que j'ensevelis tous mes ennuis de cette nature, au lieu que, dans ces rencontres, la pluspart des hommes deviennent menagers, c'est alors que je deviens prodigue, et, si je n'ay qu'une pistole[2] de reste, je la sacrifie toute entiere à un repas. Quand les autres brisent, cassent, tempestent, et battent leurs valets, s'arrachent la barbe et les cheveux, c'est alors que je parois de meilleure humeur, et que j'ay plûtost soin de moy et des miens. Enfin, au lieu que la pluspart des hommes sont assez ennemys d'eux-mesmes pour nourir les playes de leur chagrin de l'amertume de leurs pensées, moy qui m'ayme mieux que tout l'argent du monde, au lieu d'ajouter mal sur mal, et de me donner la teste contre un mur, j'essaye de tirer de l'huyle de ce mur, pour en consolider mes playes et

[1] Le duc de Clarence.
[2] La pistole, à cette époque, valait onze livres.

en adoucir l'aigreur. De sorte qu'au lieu qu'un autre n'ayant pas un sou, auroit envoyé coucher ses valets sans souper, assignant l'argent de mon écot sur mes luths et sur mes chemises, sitost que je fus arrivé à l'hostellerie, je fis tout mettre par écuelles, et, aprés m'estre fait donner une chambre en particulier, je fis à mes Pages un repas de Lucullus; et, le verre à la main, sans penser à ma disgrace non plus que si elle ne fust pas arrivée, j'essayois de me consoler par l'espérance de l'avenir; ainsi les sages miserables se consolent dans leurs plus sanglans desastres, et essayent de trouver quelques remedes palliatifs contre leurs plus extremes miseres. Enfin, après avoir bien bû et bien chanté, et voyant tant par les yeux de mes Pages que par leur injuste et insolente allegresse, qu'ils avoient besoin de repos, je leur commanday de s'aller jeter sur un lit, et en ayant aussi besoin qu'eux ( comme, dans nos disgraces, nous n'avons point de meilleurs amys que le vin et le sommeil), je me jettay sur un autre entre les bras de Morphée, qui me receut si gracieusement, qu'ayant desja le vin dans le cerveau, et dans le cœur la tristesse, toutes drogues assoupissantes, il ne falut point me bercer pour m'endormir. J'avois desja ronflé plus de quatre heures, selon la supputation que j'en ay faite depuis, et je songeois que je revoyois ma cassette toute pleine d'écus, quand je me sentis éveillé en sursault par un bruit de voix confuses et mal articulées, et de plusieurs grands coups comme si l'on eust voulu enfoncer ma porte. Pour moy, ne pouvant m'imaginer qu'on me vinst couper la gorge pour mon argent, je me jettay en bas du lit, et après avoir ouvert la porte, je vis le Maistre du logis avec une hallebarde, accompagné de deux valets de cuisine avec chacun une broche à la main, qui me dit :-- Suivez nous,

Monsieur, suivez nous pour votre profit. Cependant il me sembloit, en descendant un degré qui répondoit à la salle où se faisoit ce bruit, que j'entendois la voix de mon tueur de temps; et, ne pouvant m'imaginer encore ce que c'estoit, je vis en entrant, à travers plusieurs personnes qui estoient accourues au bruit, cét homme sans chapeau et sans collet, avec une machoire enfoncée, et un œil poché au beure noir; la table estoit toute couverte d'argent, et il me sembloit que c'estoient les mesmes especes que je venois de voir en songe. Autour de cét homme demantibulé, estoit un Valet de pied du Roy avec un Cadet des Gardes, le pistolet à la main. Pour moy, voyant des pots, des chandeliers et des cartes par terre, et parmy un deluge de vin, des verres, et des pipes cassées, je crus que tout ce desordre estoit arrivé pour le jeu, comme il estoit vray, et j'avois desja la bouche ouverte pour demander pourquoy on traitoit cét honneste homme avec tant d'indignité, quand le Valet de pied, me prenant par une main, et de l'autre me montrant un gros monceau d'écus blancs, me dit :— Monsieur, prenez vostre argent, et ne vous mettez pas en peine d'autre chose.

> Le foible en ces bas lieux use de son adresse,
> Et se deffend du fort par sa dexterité;
> Mais en vain la raison veut estre la maistresse,
> Le plus fort a toûjours le droit de son costé.

Pour moy je jugeay tout aussi tost ce que c'estoit, et, sans me faire prier davantage, je voulus mettre cet argent dans ma poche sans le compter. — Non, non, Monsieur, dit le Valet de pied du Roy, regardez si vostre compte y est, car il ne faut pas qu'il y manque un sou. Pour moy qui suis trop respectueux pour aller contre les ordres de Messieurs les gens du Roy, je comptay cét argent, et, après avoir trouvé mon compte, suivant toûjours les mesmes ordres de ce valeureux commandant, je comptois cét argent sans compter, tant j'avois haste de le voir dans mes poches; il me suffisoit de connoistre que c'estoit de l'argent, sans en sçavoir le compte. Il ne me restoit qu'un scrupule, car, entre l'étonnement et le ravissement que j'avois de voir tant d'argent revenir à moy contre toute sorte d'apparence et d'esperance, bien que je maniasse toutes ces especes avec les doigts, et que leur poids et leur solidité, dont je sentois mes poches chargées, me fussent de tres sensibles temoignages de leur realité, comme il n'y avoit qu'un moment que je venois de voir tous ces beaux écus en dormiant, je doutois que ce ne fust encore la suite de mon songe, quoy que je me sentisse bien fort développé de mon sommeil : j'avois peur de n'estre pas bien éveillé, et craignois de me réveiller encore une fois, et, comme le Savetier reveillé par la Corneille, me retrouver parmy ces richesses imaginaires aussi pauvre qu'auparavant. Mais ce qui aida beaucoup à me rassurer, c'est que cét honneste Valet de pied, bien digne d'aller à cheval, me fit encore avec la mesme authorité rendre mon habit et ma bague, que je receus avec des seutimens de joye que je ne sçaurois exprimer. En suite de cela il se fit encore rendre son argent, et puis il me parla ainsi : — Hé bien, Monsieur Dassoucy, que dites-vous de moy? suis-je pas bien vostre amy?—Ouy certainement, lui dis-je; mais depuis quand ay-je le bonheur d'estre connu de vous, et qui vous a dit mon nom?— Il y a, dit-il, plus de quinze ans[1] que je vous connois, ce fut moy qui vous allay querir quand Monsieur le Duc de

[1] C'est-à-dire vers 1658.

Saint-Simon[1] vous fit entendre au Roy à Saint-Germain,
et qui vous conduisis jusques à la porte du Chasteau avec
un flambeau. Depuis vous avez toûjours suivy la Cour, et
l'on vous appeloit Phebus garderobin, pour ce que vous
aviez toûjours vos luths dans la Garderobe du Roy : vous
souvenez-vous de cette chanson à boire que vous fistes, et
que tout le monde chantoit à la Cour? Et là dessus il se
mit à chanter :

> Que Saint Amant a de raison
> D'aymer le jus de la vendange!

—Ouy, luy dis-je, ce fut par cette chanson que je donnay
dans le genie du Roy Louis XIII, qui depuis presta toûjours l'oreille à mes chants, et me permit l'entrée de
son Cabinet. Mais, dites moy, qu'est ce-cy? est-ce une réalité ou une illusion ce que je vois? tout de bon seroit-il
bien possible que cét homme, qui paroist la simplicité
mesme, soit un degraisseur de bourse si habile et si
fieffé? Pour moy, quoy que j'en voye sur son visage des
marques assez certaines, et que je m'en sente dans les
poches des preuves assez convaincantes, je ne me le sçaurois encore persuader.—Puisque vous voulez sçavoir ce qui
s'est passé, répondit le Valet de pied du Roy, écoutez, je
m'en vais satisfaire vostre curiosité. Vous sçaurez donc
que nous avons joüé ensemble, et que nous avons passé
une partie de la nuit; j'avois déja perdu vingt écus, et
j'allois échouer pour mon reste, si la deffiance, qui est la
mere de sureté, ne m'eust donné des lumieres pour sauver
ma bourse de ce naufrage, comme vous allez entendre.

[1] Claude de Saint-Simon, père de l'auteur des Mémoires. Louis XIII
l'affectionnait beaucoup : il l'avait nommé, en 1628, premier gentilhomme de la Chambre.

# CHAPITRE III.

Le filou convaincu s'accuse soy-mesme, et s'excuse en mesme temps, disant que tous les hommes sont larrons, et que de tous les larrons il est le plus innocent.

A ces mots, ce tueur de bourse, craignant d'ouïr une si fàcheuse narration, interrompit le Valet de pied, luy disant : — Il est vray, Monsieur, vous m'avez pris sur le fait : il n'est pas nécessaire d'exagerer davantage le merite de la chose ; je confesse que je suis un adroit, et des plus fieffez ; appelez-moy filou, brigand et voleur, si bon vous semble, je souscriray sans repugnance à tous ces titres d'honneur. Mais si je vous fais connoistre que vous n'estes pas moins voleurs que moy, et que le monde n'est qu'une grande forest où les hommes, cent fois plus dangereux que les bestes farouches, s'entre-mangent comme les loups ; que direz-vous ? ne serez-vous pas contraints d'avoüer que vous m'avez traitté avec trop d'inhumanité, puisque, estant presque tous larrons comme nous sommes, nous devrions, ce me semble, avoir pitié les uns des autres, vivre ensemble comme freres, et enfin souffrir que chacun, dérobant selon l'étendue de son petit pouvoir, vive honnestement de son labeur. Quoy donc, aprés avoir sué sang et eau et employé les plus beaux jours de ma vie à apprendre un art que les plus grands esprits preferent aujourd'hui à toutes les sciences du monde, vous semble-t-il qu'un vertueux comme moy ;

ouy, je dis un-vertueux qui n'a pas son pareil au monde,
ne merite pas de vivre aussi bien que tant d'honnestes
gens qui volent plus en un quart d'heure que je ne sçaurois faire en dix ans? Quoy, aprés avoir blanchy sous le
harnois et risqué dans mille et mille rencontres mon honneur et ma vie, vous semble-t-il raisonnable qu'un tel
Paladin que moy, qui, combattant sous les étendarts de
Maistre Gonin[1], a trouvé le secret de forcer le destin et
d'enchaîner la fortune, doive mourir de faim tandis que
tant de personnes illustres, sans remuer ny pied ny main,
vivent si grassement aux dépens du tiers et du quart, et
qu'enfin, avec des secrets qui valent mieux cent fois que
la pierre philosophale, je ne doive pas manger aussi bien
que des charlatans et des alchimistes, tous plus trompeurs,
plus filous et plus larrons que moy? Quoy, le Capitaine
plumera le soldat, le soldat plumera le paysan, et le gou-
jat plumera la poule, et vous, Monsieur le Poëte, pour
vous parer du bien d'autruy, vous plumerez impunément
tous les autheurs; et moy, à qui mieux qu'à vous appartient le droit de plumage, je n'ozeray seulement arracher
une de vos plumes, ny plumer en trois mois une pauvre
duppe? ô gens barbares et dénaturez, cruels Antropophages, qui, ne vivans que de la substance d'autruy, ne pouvez souffrir qu'on touche à la vostre, que trouvez-vous en
moy qui ne soit point en vous? Dites-moy, je vous prie,
depuis ces premiers temps où les hommes se mouchoient
sur la manche et se peignoient avec les doigts, hors de
quelques grands personnages qui, par une sainte sagesse,
ont méprisé les biens de la terre, en a-t-on veu et en
voit-on encore quelqu'un qui n'essaye de s'établir sur la

---

[1] Cet escamoteur était devenu le patron des filous.

ruine de son compagnon? Non, car cette propension au larcin est dans l'homme une qualité si naturelle, qu'à peine l'enfant est-il hors du ventre de sa mere, qu'il commence à joüer des griphes pour attraper la poire ou la pomme de son compagnon. Et n'est-ce pas ce que la fable nous represente si bien lorsqu'elle feint que Mercure, estant encore au maillot, déroba les pincettes de son pere Vulcan?—Il est vray, luy dis-je, que la pluspart des hommes sont enclins au larcin, mais cela n'empêche pas qu'on ne punisse les larrons et qu'il n'y ait du peril et de la honte à dérober.—Il est vray, repliqua-t-il, qu'il y a de la honte à dérober un manteau ou à crocheter un coffre, et que l'on dresse des potences et des gibets pour ceux qui dérobent sans permission, comme ceux que la faim et le desespoir reduisent à voler au coin d'un bois.—Sans pérmission, luy dis-je, vous vous mocquez. Quoy, donne-t-on des permissions de dérober comme pour manger de la viande en Caresme?—Non, répliqua-t-il, mais c'est un métier, un art, une charge et un office ou un pouvoir absolu et indépendant qui la donne; c'est pourquoy, comme il n'y a presque point d'homme qui ne soit pourvu de quelque charge ou de quelque office, ou qui ne fasse dans le monde quelque commerce et quelque fonction, et par conséquent qui n'ait quelque honneste pretexte et quelque titre honorable qui authorise cette permission de dérober, je vous ay dit que tous les hommes estoient larrons. Alexandre-le-Grand et Tamerlan, les deux plus grands larrons de tous les siecles, qui déroboient dans une heure plus que tous les adroits du monde ne sçauroient dérober en cent mille ans, sont appellez Conquerans, et leurs larcins des conquestes.

C'est sous ce mesme titre qu'une troupe de Barbares,

qui ont dérobé les trois parties du monde, menacent dans leur devise de ne jamais discontinuer leurs larcins tant qu'ils trouveront un poulce de terre à dérober : *Donec totum impleat orbem*. Comme chaque métier a son nom, chaque permission de dérober a son titre.

Si le Capitaine vole le soldat, cela s'appelle le *tour du baston;* le soldat volé par son capitaine vole le paysan, et ce vol s'appelle *vivre sur le bon homme*. Le paysan volé par le soldat prend tout ce qui se rencontre dans son desespoir, et ce vol s'appelle

Droit de represailles.

Butiner,

Fourager,

Aller à la petite guerre,

Aller en course,

Faire contribuer, etc.,

sont les titres honorables dont les nobles enfans de Mars se servent pour s'emparer honnestement du bien d'autruy.

Dérober un champion de Venus dans une Academie d'amour, c'est *plumer un pigeon*. Dans une Académie de jeu, c'est *plumer une duppe*. Prester à usure, c'est *faire plaisir*.

Pour cette Déesse emplumée[1], voudriez-vous bien qu'elle dementît sa propre nature?

> C'est une fort habile femme,
> Ne parlons point qu'avec honneur,
> Ny des épingles de Madame,
> Ny des épices de Monsieur.

---

[1] Dame Justice.

Que diray-je plus ? autant d'hommes, autant de larrons ;
et, autant de larcins differens, autant de titres particul-
liers : comme *Rançonner, faire venir l'eau au mou-
lin, faire un trou à la nuit, tirer d'un sac deux mou-
tures, jouër de la harpe, griveler, grapiller, plumer
la poule sans crier, sophistiquer, frelatter, faire du
bien d'autruy large courroye, donner à manger à la
pie, mettre de la paille en ses souliers, plier la toilette, alliage, corvée, monopole.*

Il n'est pas jusques aux larrons patibulaires qui, sous
quelques titres spécieux, n'essayent de couvrir leurs
larcins. Faire de la fausse monnoye, c'est *industrie*.
Couper des bourses, c'est *prendre des rats par la queuë*.
Voler un manteau, c'est *tirer la laine*. Jadis les Lace-
demoniens permettoient le larcin, pourvû qu'il fust fait
avec adresse ; aujourd'huy les fripiers et les juifs, sous
couleur de vendre des nipes, et les Bohemes, sous pretexte de dire la bonne avanture, volent impunément et
publiquement, et leur devise est : *Ce qui est bon à
prendre est bon à rendre.* Ainsi, dans le monde dérobant et dérobé, chacun dérobe sous ses titres spécieux,
et les plus puissans comme les plus dignes d'estre res-
pectez erigent leurs larcins en titre d'honneur ; ainsi, il
faut qu'un honneste larron, s'il veut dérober honnestement et sans reproche, ait ses patentes. Je sçay bien que
vous me direz que le jeu n'est pas un art, et par consequent que je n'ay ny lettres ny patentes ; mais desabusez-
vous, Messieurs : si la necessité est mere des arts, et que
le jeu produise la necessité, le jeu n'est-il pas le grandpere de tous les arts ? et, s'il est ainsi, ne meritay-je pas
bien d'estre immatriculé et incorporé au nombre de Nos
trés honnorez Seigneurs et Maistres les Larrons privile-

giez? Mais que direz-vous si, aprés vous avoir prouvé que
le jeu est le plus excellent de tous les arts, je vous fais
voir encore qu'il est le pere de toutes les vertus?—Vous me
ferez plaisir, luy dis-je, et je vous écouteray volontiers,
car je suis homme à paradoxe. — Ecoutez donc, repliqua-t-il, et commençons par la Vigilance. N'est-ce pas
une moquerie que d'appeler le coq le symbole de la vigilance? ce titre n'appartient-il pas plûtost au joüeur,
qui, pour recouvrer de l'argent, est toujours éveillé
avant le coq? Voila des vers que j'ay composez sur ce
sujet :

> Quand, trop ardent à tenir parolis[1],
> Un beau joüeur a perdu sa finance,
> Et que, joüant nuit et jour à la chance,
> Au lieu de faire un beau quinze sur dix,
> Il fait trois points contre son espérance;
> Et qu'à la fin, réduit à la souffrance,
> Il est contraint de manger son pain bis;
> Pour soulager sa cruelle indigence,
> Ne court-il pas, et les jours et les nuits,
> Pour attrapper quelque maravedis?
> Dans cet état croyez-vous que Morphée,
>    Tous ses pavots et son duvet,
>    Puisse arrester sur son chevet,
>    Dans les bras de Margot la Fée,
> Un joüeur qui n'a pas une piece tappée
>    Pour s'acheter un pain mollet?
>    Demandez-le à deffunt Gallet[2],

[1] Le double de ce qu'on jouait d'abord.
[2] Célèbre joueur, de qui Regnier a dit :

> Gallet a sa raison, et qui croira son dire,
> Le hasard, pour le moins, lui promet un empire...

Tallemant des Réaux nous a donné sur lui de curieux détails:

Qui couroit aprés la lipée,
Comme le cheval Pacolet[1],
Qui, plus petit qu'une poupée,
Couchoit dans son fourreau comme son pistolet,
Qui joüa jusque à son épée,
Qui mourut sans souliers, sans pain et sans collet.

### POUR LA PRUDENCE.

Lors que, faute d'experience,
Parmy des gens de probité,
De trés haute capacité,
Et de trés bonne conscience,
Vous avez esté filouté;
Si dans ce joyeux tripotage,
Par hazard vous reconnoissez
Le fort de certains petits dez,
Qui sont de fort gentil usage,
Pour entretenir un menage,
Je vous demande, en verité,
Est-ce la prudence ou la rage,
Qui pour vous tirer du naufrage,
Vous sert en cette extremité,
Quand usant du mesme avantage,
Comme un homme prudent et sage,
Du jeu vous sortez acquité?

Gallet s'était retiré du jeu avec douze cent mille livres et s'était mis à construire, rue Saint-Antoine, un magnifique hôtel; mais un de ses amis parvint à lui faire remettre le pied dans le tripot de la Blondeau, et le pauvre Gallet y laissa toute sa fortune, sauf cent mille livres. Il avait confié cette dernière somme, qu'il regardait comme sa planche de salut, au frère de l'académicien Habert de Montmort, qui nia bravement le dépôt, même *in extremis*. — On vit le pauvre Gallet, aussi passionné qu'avant, jouer aux dés devant la porte de son ancien hôtel, devenu la résidence de l'honnête dépositaire.

[1] On donnait ce nom au cheval Pégase, voire même à Apollon.

### POUR LA PATIENCE.

Quand d'une rencontre aussi claire
Que le flambeau qui tout éclaire,
Pour vous attrapper vostre argent,
Quelque coquin patibulaire
Vous fait un mortel incident,
Et que pour vuider cette affaire,
Il faut avoir le jugement
De Messieurs, qui de conscience
Se piquent, mais Dieu sçait comment ;
Si leur criminelle sentence,
Dont on n'appelle aucunement
A Nosseigneurs du Parlement,
Vous envoye au lit sans finance,
Sans pain, sans vin et sans pitance,
Que faut-il faire en ce moment ?
Faut-il courir à la potence ?
Faut-il entrer au monument,
Ou faut-il avoir patience ?

### POUR L'ESPÉRANCE.

Quand un joüeur seroit détruit tout net,
Qu'il n'auroit rien de plus plat que la panse,
Quand les Sergens le tiendroient au collet,
S'il a vaillant seulement un cornet
Et trois beaux dez pour joüer à la chance,
Ne croyez pas qu'il perde l'esperance
D'estre à la fin plus riche que Gallet.
    Quoy que l'on croye et que l'on die
    Que l'esperance soit bannie
    Des noirs états de Lucifer,
    Si ce Dieu de Mauritanie[1],
    Qui n'a pas au nez la roupie,

[1] Pour : Dieu au visage noir.

Assis dans son trône de fer,
Tenoit là-bas Académie,
L'espérance aprés cette vie
Se retrouveroit en Enfer.

### POUR LA FORCE.

Lors qu'un noble plus gueux qu'Irus[1],
Plus larron que Rodilardus,
Et plus valeureux que Pompée,
Pour vous emprunter dix écus,
Sur sa noblesse de bibus[2],
Vous fait une prosopopée,
Et que de sa priere exclus,
Pour vanger ce cruel refus,
On void sa main au sang trempée
Sur la garde de son épée ;
Pour soûtenir un tel effort,
Et parer de cette estocade
Son gousset de crainte malade,
Un homme qui se tient pour mort
Ne doit-il pas estre plus fort,
Pour le moins, qu'un Roquetaillade,
Dont le feu Seigneur Encelade
Auroit redouté le transport ?

### POUR LA CHARITÉ.

Je vous demande encore où se pratique-t-elle plus que
parmy nos Confreres les joüeurs ? N'est-ce pas un perpe-
tuel flux et reflux d'argent qui se preste, qui se rend, et
qui se donne ? Est-il necessaire, pour emprunter dix écus,

---

[1] Mendiant d'Ithaque, qu'Ulysse tua d'un coup de poing, en rentrant dans son palais, dont Irus voulait lui défendre l'entrée.
[2] Terme indéclinable et ironique qui se dit des choses qu'on veut
mépriser. *Dict. de Trévoux.*

d'aller chez un Notaire? Ne suffit-il pas de dire : Je vous
le rendray demain sans faillir?

> Combien de gens de bonne mine,
> Que persecute la famine,
> Fondent sur le petit teston [1]
> Le revenu de leur cuisine!
> Seigneurs plus graves que Platon,
> Qui portez sous le hoqueton [2]
> Non pas des gregues d'étamine [3],
> Mais bien des gregues de carton
> Pour faire nique à la vermine;
> Qui, pour écrire à Jeanneton,
> N'avez plume, encre ni cotton
> Ny d'argent en vostre escarcelle,
> Pour acheter un pain mouton [4];
> Blé, ny vin, ny bois, ny chandelle,
> A vos souliers point de semelle,
> Et dans vos bas point de chausson.
> Ny pour vous pendre une ficelle;
> Mais beaucoup de barbe au·menton;
> Gueux, à témoins je vous appelle,
> Gredins qui n'avez que les os,
> Sans nos Joüeurs, gens tres-devots,
> Plus humains et plus pitoyables
> Que cent hypocrites cagots;
> Dites-moy, protomiserables,
> Sans leurs petits soins charitables,
> Seriez-vous pas mangez des Goths?

[1] Demi-teston. — Monnaie frappée sous Charles IX.
[2] La casaque.
[3] La grègue était le haut-de-chausse; l'étamine est une étoffe
qui n'est pas croisée.
[4] Petit pain saupoudré de quelques grains de blé, que les valets
donnaient en étrennes aux enfants.

### POUR LA CONTINENCE.

Peut-on s'imaginer qu'un homme qui joüe tout le jour
et toute la nuit, et qui quitte tout pour s'attacher à trois
petits os, puisse jamais s'attacher à la chair?

Ne croyez pas que le flambeau
De ce Dieu qui porte un bandeau,
Puisse jamais brûler une ame,
Qui ne cherit que son bourreau,
Le jeu qui le pique et l'enflamme,
Et l'obsede jusqu'au tombeau;
Et qu'il ne trouve pas plus beau
Un seize sur huit, que la flamme
Qu'allume les yeux d'Isabeau;
Ny puisse approcher son museau,
Pour baiser jamais d'autre Dame
Que quelque Dame de carreau.

### POUR L'HUMILITÉ.

Si, pour couvrir sa nudité,
Leur Roy n'a qu'un pourpoint de toile,
A crû s'il va toujours botté,
Et ne dort qu'à la belle étoile,
Jugez de leur humilité.

### POUR L'ABSTINENCE.

Nous l'avons veu nud comme un ver,
Plus fier qu'un Roy de Pampelune,
Ce grand jouet de la fortune,
Narguer trente ans, malgré l'hyver,
Du froid la rigueur importune.
Moins sensible qu'un ladre vert,
Je l'ay veu trente ans sans pecune;

N'ayant que le Ciel pour couvert,
Et pour hostesse que la Lune,
Dormir le rideau tout ouvert.
Ouy, j'ay veu cet incomparable
Ce protomartyr glorieux,
Qui ne mangeoit que par les yeux.
Ce favory d'un connétable
Preferer le son gracieux
Que font roulans sur une table
Trois petits dez harmonieux,
Aux mets que savourent les Dieux;
Braver la fortune implacable,
Et, plus gras qu'un moyne otieux,
Vivre de ce son delectable,
Durant trente ans en ces bas lieux.

N'en croyez pas pourtant à mes vers, je l'ay veu dî-ner quelquefois d'une feuille de tabac ; je ne sçay pas s'il soupoit de mesme. Avoüez donc, Monsieur, que vous avez tort de blâmer une profession si honneste, un art non-seulement le pere de tous les arts, mais encore de toutes les vertus. Et avoüez ensuite que, me ravissant par le droit de force ce que, dérobant comme les autres hommes, je m'estois justement acquis par le droit d'a-dresse, et bien merité par mes longs travaux et mes longues études, vous avez ajoûté l'injustice à la cruauté, et qu'en bonne conscience vous n'estes pas moins sujet à restitution, que si vous me l'aviez pris au coin d'un bois. Alors se teut l'incomparable tueur de temps, et moy, re-prenant la parole, non moins ravi de la naïveté que de la subtilité de son discours, je lui dis : — Véritablement vous m'avez fort édifié, et je tombe d'accord avec vous de plu-sieurs veritez que vous m'avez fait comprendre, mais si

je n'entendois la voix de nos mariniérs qui nous pressent
d'aller au bateau, je vous ferois bien voir que tous les
hommes ne sont pas larrons comme vous dites, et que,
dans le jeu, il se rencontre plus de vices que des vertus.
Mais puisque, selon vostre doctrine, il faut que chacun
vive de son métier, larrons et autres, j'y consens de trés-
bon cœur, et il ne sera pas dit, aprés les grandes peines
que vous avez prises à joüer contre moy et les honnestes
soins que vous avez employez pour me dérober si galamment, que vostre travail vous soit tout à fait inutile, et
que j'aye si peu de reverence pour vostre art, le grandpere de tous les arts et de toutes les vertus, pour ravir
à vostre merite le prix qu'on doit à vos glorieux travaux
et à vos longues études. Ce disant, je tiray de ma poche neuf écus blancs que je n'eus pas beaucoup de peine
à luy faire accepter. Aussi luy, pour montrer qu'il n'estoit pas ingrat à ses bienfaiteurs, il me dit veritablement :
— Monsieur, vous m'avez surpris, et je n'attendois pas
ceci de vostre philosophique generosité, aussi je n'en seray pas méconnoissant ; je sçay que vostre passion dominante est le jeu, or écoutez : vous m'avez fait present de
neuf écus, et, pour vos neuf écus, je vais vous donner autant d'avis qui vous en épargneront neuf mille :

Ne joüez jamais des sommes considerables sur la
parole des gens qui sont beaucoup plus puissans que
vous.

Gardez-vous surtout de ces gens qui portent de trop
grandes manchettes, et qui, dessous de trés-longues
manches de chemise, ne montrent qu'à peine le bout des
doigts.

Gardez-vous, dans une Académie, de l'heure du Ber-
ger, c'est-à-dire ne vous y engagez point de trop bonne

heure et ne vous en retirez point trop tard ; car, dans ces forests de six et l'as, si l'on attrape la mignonne, c'est le matin ou sur la brune.

Deffiez-vous de ces gens qui, voulans joüer petit jeu, tirent beaucoup d'argent sans necessité et font parade de monnoye toute neuve ou de grandes pièces d'or qui éblouissent les yeux d'un joueür, mais qui n'en remplissent pas le gousset.

Aimez les beaux joüeurs, mais craignez-les par-dessus tous les autres, car les pacifiques sont ordinairement les plus dangereux, les plus prudens et les plus adroits ; mais joüez hardiment contre ceux qui crient et qui tempestent, et qui mangent plus de dez et écrasent plus de cornets ; car ceux-ci sont ordinairement les duppes du jeu.

Ne feignez point aussi d'entrer en lice contre ceux qui, jouans au piquet, comptent un neuf pour un dix, car c'est signe qu'ils n'en sçavent pas davantage.

Deffiez-vous generallement de tout le monde, et surtout de vos plus grands amis; car, quoyque tous les amis ne soient pas perfides, les grands coups ne se font jamais que par les grands amis.

Mais, sur toute chose, gardez-vous bien de joüer contre un homme que vous ne connoissez pas.

Joüant aux cartes, gardez-vous de la file[1], de la toque, de la marque[2], du pont[3], de la veille, de la

[1] *Filer la carte*, retenir une carte marquée pour se la donner au lieu de la donner à sa partie, à qui elle tomboit selon l'ordre naturel. *Dict. de Furetière.*

[2] Se garder de la *toque* et de la *marque*, c'est se défier de la manière dont on bat les cartes, et dont on compte ses points.

[3] On fait un pont, lorsqu'on courbe les cartes de telle sorte que celui qui doit couper soit presque contraint de couper à l'endroit que l'on veut.

ponce , de la tuille[1], de la brèche [2], de la reserve[3] et du double écart. — Je vous remercie, luy dis-je, de vos bons avis; j'essayray d'en faire mon profit; mais, en recompense, recevez celuy-cy de moy : ne joüez jamais contre un Cadet aux Gardes, et moins encore contre un Valet de pied du Roy, et gardez-vous, tant que vous pourrez, de reduire un miserable à son dernier sou, ny de joüer sur ses bardes.

## CHAPITRE IV.

Dassoucy traverse la Bourgogne, et va à pied pour son plaisir; il décrit son crotesque équipage, et fait voir la simplicité de ceux qui se rendent esclaves du sot honneur.

CES avis mutuellement donnez de part et d'autre, nous entendimes pour la seconde fois crier au bateau, de sorte qu'estans contraints de nous separer aprés avoir payé largement et regalé secrettement ces valeureuses gens du Roy, benissant Dieu de ses bontez et de ses miracles, je rentray glorieux et triomphant dans la Coche d'Auxerre où, le mesme soir estant arrivé, je disposay toute chose pour la continuation de mon voyage. Mais, d'autant

---

[1] Poncer, tuiler une carte : la marquer de noir, la plier.
[2] Faire une brèche : déchirer un des coins.
[3] Faire la réserve : réserver trois as dans ses mains et les glisser sous le jeu.

qu'ayant à marcher par un pays de traverse, j'avois quelque raison d'apprehender d'estre traversé dans le dessein que j'avois de garder mon argent, et que, pour le conserver, je m'en fiois beaucoup plus à la pointe de mon esprit qu'à la pointe de mon épée, au lieu de m'embarrasser d'un coutelas, me charger les reins d'un poignard ou les poches d'une paire de pistolets qui ne m'auroient servy, comme à beaucoup d'autres, qu'à augmenter les trophées et fournir des armes à ceux qui m'auroient dévalizé ; voyant que, pour mon dessein, mes écus blancs tenoient trop de place, je me contentay de les reduire en plus petit lieu. Je changeay donc mon argent blanc en belles pistolles d'Espagne, que je mis dans une bourse pour en disposer selon que je m'estois proposé ; puis, ayant achepté un asne pour porter mes hardes, je me mis en chemin par la Bourgogne, que je traversay en cet ordre. Mon asne, qui, tant par le puissant organe de sa voix que par la veneration que l'on doit à ses grandes oreilles et à toutes ses qualitez musicales, estoit bien digne du premier rang, marchoit le premier en teste de ce corps simphonique. N'en déplaise à l'asne d'or et à celuy qui portoit le simulacre d'Oziris, si j'ose dire que le mien devoit estre tout autrement fier que ceux-là, puisqu'il portoit une partie du Parnasse, Apollon et les Muses ; car, outre qu'il estoit chargé d'un coffre tout remply de Chansons, d'Epigrammes et de Sonnets, tout caparassonné de teorbes et tout bardé de luths, il estoit suivy de mes deux Pages de Musique, qui, revestus de deux roupilles [1] de véndangeurs, bordées d'un petit gallon d'argent faux, ne rehaussoient pas moins l'éclat de cette pompe, qu'avec

---

[1] Sorte de hongrelines serrées et courtes.

un habit de mesmes livrées je contribuois, comme un Phebus incognito, à la magnificence de son train. Pour moy, comme le plus chargé de cette honnorable compagnie, j'allois toujours cinquante pas derriere aprés les autres. mais ce n'estoit pas ny le poids de mes années, ny la gravité de mes pensées qui me faisoient ainsi servir d'arriere-garde à ce petit escadron des Muses. Je me tenois ainsi derriere, pour, en cas de quelque mauvaise rencontre, éluder les mauvais desseins des ennemys de mon état et avoir le temps, feignant de me reposer, de jetter ma bourse en quelque buisson ou l'ensevelir sous quelque pierre. Je sçay bien que l'on me dira qu'ayant de l'argent de reste il m'eust esté plus commode et plus honneste d'aller en carrosse et de mener mes Pages à cheval; mais, quoy que j'aime l'honneur pour le moins autant que ma vie, lorsqu'en des choses où il n'y va point de ma gloire ny de l'honneur de mon prochain, ce Monsieur l'honneur veut faire le petit tyran avec moy, je m'en moque, et, malgré sa tyrannie, je fais, en dépit de luy et de ses dents, ce qui contribue le plus à ma joye et qui convient le mieux à ma santé.

Donner ses soins et son cœur à son Dieu,
Servir son Prince et cherir sa patrie,
C'est là l'honneur qu'on estime en tout lieu,
Et que l'on doit preferer à la vie.
L'autre n'est rien qu'un chimerique abus,
Un honneur fat, un honneur de bibus,
Qui, sans esprit et sans Philosophie,
Au sage humain ne fait aucune envie;
Un sot honneur toùjours enflé de vent,
Une vapeur, une ombre, une manie,
Dont l'homme, fol amy de son tourment,

> Et plus encor amy de sa folie,
> Fait le bourreau de son contentement.

Aussi, au lieu de m'accommoder à sa bizarrerie, je l'accommode tant que je puis à ma commodité et à mon humeur. Il m'importe peu qu'on me voye aller à pied, pourveu que j'y trouve mon plaisir et ma santé. Quand je vais à pied, comme ce mouvement est naturel, et que l'autre est contre l'intention de la nature, qui nous a donné des pieds aussi bien qu'au reste des animaux, afin de nous en servir sans incommoder personne, j'éprouve toutes les douceurs que l'exercice communique à ceux qui, comme moy, en connoissent le profit et l'utilité.

Quand je fais un voyage à pied, ce n'est pas pour épargner le louage d'un cheval, au lieu d'avoir tous les jours les fers aux pieds et les entraves aux jambes, et les deux mains occupées, l'une à la bride et l'autre à enfoncer son chappeau. Quel plaisir d'aller les bras pendans avec une bonne paire de souliers plats, et, sans crainte de se rompre le col, ou de se crever les yeux à quelque branche d'arbre, de se promener dans une campagne comme un philosophe qui fait un tour d'allée dans son jardin; de marcher tantost sur le velours verd d'un tapis herbu, et, tantost costoyant un petit ruisseau, fouler aux pieds les mesmes traces que les Fées, dansant en rond, ont laissé empraintes dans l'émail d'une prairie! Quel plaisir, au lieu d'estre tiré comme un chat qu'on traîne par la queue, à la suite d'un importun Messager, de rester tant qu'on veut et de contempler tant qu'il vous plaist chaque objet qui vous paroist agréable; de cueillir l'aubépine ou la rose muscade sur un buisson; si vous estes alteré, d'étancher votre soif sous la feuillade d'un cabaret ou dans le cristal d'une fontaine, et, si vous estes las, vous reposer sur les bords d'un étang, d'un ruisseau ou de quelque petite riviere, d'en voir couler les ondes et nager les petits poissons, de passer le chaud du jour tantost à la fraîcheur des eaux, et tantost à l'ombre de quelque grand arbre touffu, et sans craindre qu'on vous ferme les portes d'une ville, s'endormir au doux murmure des Zephirs ou à la musique des oyseaux! Quel délice, aprés avoir fait ainsi trois lieues à pied, de se trouver inopinément sur le haut d'un petit tertre, y voir son giste, et pour le contempler avec plus d'aize et de loisir, s'asseoir sur le tin et le serpolet, tandis que, pour y flatter vostre lassitude, un charitable valet vous chatouille la plante des pieds, ou vous frotte les gras des jambes durant cét extatique ravissement! Est-il rien de plus agréable que de voir d'un costé le Soleil entrer dans son lit d'or et d'écarlate, donner le bon soir au monde, et l'asseurer par son teint de pourpre de la serenité du lendemain, et de l'autre, ayant les machoires affilées et l'appétit aiguisé, de découvrir dans un fond le clocher du village destiné à vostre repas et à vostre repos ? Quel delice, ayant le ventre creux, d'en voir fumer les cheminées, et de ceste fumée qui est le symbole de l'esperance, se repaistre par avance de l'angelique apparition d'un succulent et proche repas, pour lequel attrapper n'ayant plus qu'à descendre dans vostre hostellerie, sans avoir quasi plus besoin ny de pieds ny de jambes, y glisser avec la mesme facilité qu'une piéce de vin qui, par son propre poids, descend de soy-mesme au fond d'une cave! C'est dans ce bienheureux centre où, si le ventre affamé qui n'a point d'oreilles pouvoit parler, il diroit bien, n'en déplaise aux puissances de la terre, que Messieurs les chartiers savourent des plaisirs dont les Roys et les Princes ne sont point capables; c'est dans ce joyeux tem-

ple de Cerès et de Bacchus que, moyennant leur secours,
réparant les esprits qu'en moy le travail du chemin avoit
dissipez, chaque verre de vin que j'avallois me sembloit
du nectar, et chaque morceau que je devorois me paroissoit de l'ambroisie. Pour en dignement parler, il faudroit
avoir esté peregrinant comme moy, et pour le persuader
aux Roys qui manquent quelquefois d'appetit, il faudroit
qu'ils eussent bû dans le pas d'un cheval avec autant de soif et de plaisir que le grand Alexandre. Ainsi,
après avoir donné à la nature un peu plus qu'elle ne me
demandoit, et avoir à grands coups de dents et de verres
imposé silence à mes tripes, comme je suis en possession des plaisirs, que, hors certains enfans de la rare
simphonie, autre que moy ne sçauroit se donner, je faisois venir mon teorbe et chanter mes Pages, et, de la
mesme musique dont j'entretiens quelquefois les plus
grands Monarques, je ravissois les habitans du lieu, entre lesquels il y avoit toùjours quelque agreable Jacque-
line ou quelque gracieuse Alison, qui, n'ayant oüy jamais
chose pareille, n'ozant entrer dedans ma chambre, écou-
toit mes chansons de la fenestre et de la porte, avec autant de ravissement que les enfans mornez à travers
leurs fenestres treillissées écoutent les joyes de Paradis.
Cette musique ne m'estoit pas tout à fait infructueuse,
car, outre que j'en adoucissois la cruauté de mon hoste,
qui, aprés cela, les jettons à la main, n'en estoit pas si
terrible, elle me procuroit encore les graces de la servante
et du valet, et par conséquent toùjours du bon vin et des
draps blancs de lessive, dans lesquels étendu tout de mon
long parmy l'odeur de la lavende, je m'endormois, au
croassement des grenoüilles, d'un sommeil de roze qui
n'estoit jamais interrompu que par les premiers rayons

de Soleil, ou par les chants des oyseaux. Outre cela,
s'il y a quelque plaisir à estre honnoré, c'est là où je
ne manquois pas de ce plaisir ; c'est là que ceux
qui n'ont point de honte des crimes, mais qui ont honte
de vivre comme Aristote, et comme luy d'aller à pied, auroient pû connoistre la différence qu'il y a entre le faux et
le véritable honneur, puis que je ne connois point d'autre
honneur que celuy qui procede des bonnes actions, et qui est
inseparable de la vertu. Ainsi, sans autre soin que de me divertir et faire grand'chere, je traversois la Bourgogne, lors
que le Ciel, jaloux de mon bonheur, pour s'oposer aux plaisirs que j'avois d'aller à pied, me fit trouver cette rencontre pour me forcer d'aller à cheval. J'avois desja fait plus
de cinq quarts de lieuës, et desja pourveu d'un merveilleux
appetit, du haut d'un petit tertre, je contemplois dans une
agréable campagne le lieu de ma disnée, où, dans l'impatience que j'avois d'y arriver, remuant les machoires et
machant à vuide, je devorois par imagination un grand potage aux choux, avec une grosse queuë de mouton, lors
que j'apperceus, dans des terres labourées, quatre ou cinq
cavaliers fort bien montez, avec des fusils et des chiens.
Je les pris d'abord pour des chasseurs, et je continuay
mon chemin sans avoir aucune apprehension de leur rencontre; mais je fus bien étonné, car, au lieu que je croyois
qu'ils passeroient outre, je les vis traverser ces terres au
grand galop et se joindre à moy avec tant de precipitation
que, les prenant à cette fois pour cette espece de Chasseurs qui tirent au gibier et visent aux bourses, je n'eus
pas seulement le temps de penser à la mienne pour la
mettre à couvert. Mais ce fut bien pire, quand après plusieurs interrogations qu'ils me firent pour sçavoir qui j'estois, et plusieurs réponses que je leur fis pour leur ap-

prendre, ayans apris que je faisois des chansons et des
vers, et que j'en composois des livres, le plus apparant de la
troupe me pria d'ouvrir mon cofre. Jugez après cela quelle
pensée je pouvois avoir du merite du personnage, et de la
capacité de ces Messieurs. Après avoir donc ouvert mon
cofre avec une trés-grande promptitude, ce prudent voleur, qui de tous les voleurs que j'aye jamais veus estoit à
mon gré celuy qui avoit la meilleure mine, me pria fort
courtoisement de luy faire voir quelque chose de mes ouvrages. Voyant donc que ce digne voleur, amateur des Muses,
ne me parloit point de ma bourse, et ne me demandoit
que des livres, m'estant un peu rassuré, je luy présentay
tous mes ouvrages burlesques dans trois livres differens,
bien reliez et bien dorez, dans lesquels après les avoir ouverts, il ne témoigna pas moins d'estonnement à la lecture
de mon nom, que j'en avois témoigné à sa rencontre. —
Quoy, me dit-il, estes vous l'Autheur de ces livres?—Oüy,
Monsieur, luy dis-je. — Vous estes donc Monsieur Dassoucy?— Pour vous servir.—Je ne veux pas, me dit-il, que
vous passiez outre; je vous retiens pour tout aujourd'huy,
et je veux, s'il vous plaist, puisque la fortune m'a favorisé
de vostre rencontre, faire connoissance avec vos Muses,
et que nous bûvions ensemble. Puis, me montrant dans
un fond quatre gros pavillons couverts d'ardoises, environnez de plusieurs cyprés, et de quantité d'autres arbres touffus:—Voila, dit-il, un Chasteau où, s'il vous plaist,
vous pourrez vous reposer tant que vous voudrez. Ce dit,
aprés avoir parlé quelque temps à l'oreille d'un laquais :
— Voila, dit-il, un garçon qui vous y conduira. Cependant
ne vous ennuyez pas, je vous promets d'estre à vous dans
une heure. Ce voleur imaginaire estoit le Marquis de.....
l'un des plus galans et des plus riches Seigneurs de la

Bourgogne, qui, surpris par la nouveauté d'un Pegaze si extraordinaire, et d'un si crotesque Parnasse, autant pour rire que pour satisfaire à sa curiosité, nous estoit ainsi venu reconnoistre; et qui, ayant appris que je faisois profession de Poësie et de Musique, me prenant dans cét equipage, pour un Poëte de la Samaritaine [1], et pour un Chantre du Pont-neuf, m'avoit fait ainsi ouvrir mon cofre, pensant y trouver, non l'Ovide en belle humeur, ny mes Airs imprimez chez Balard [2], mais les chansons du Savoyard [3], et les Poësies du Baron de Plancy [4] : au lieu de ce Poëte ridicule, j'eusse pû mettre icy le nom du Satyrique [5], mais je ne suis pas assez fol pour emprunter de mon ressentiment des vengeances qui me seroient funestes, ny assez fat pour obliger le Lecteur à se moquer de moy, comme abusant de mon nom il a forcé toute la terre à se moquer de luy. M'estant donc engagé pour tout le jour à cét honneste Marquis, et le laquais ayant pris le devant pour executer les ordres de son Maistre, j'arrivay dans ce Chasteau, où, aprés en avoir monté l'escalier, estant parvenu jusque dans la sale, je vis sortir d'une

[1] La Samaritaine était placée sous la seconde arche du Pont-Neuf, du côté du quai de l'École. Ce bâtiment hydraulique, chargé d'alimenter les fontaines des Tuileries, avait tiré son nom du sujet légendaire dont sa façade était décorée : la Samaritaine versant de l'eau à Jésus-Christ.

[2] Pendant près de deux siècles, la famille Ballard eut le privilége d'imprimer les livres de musique. Robert Ballard, celui dont parle Dassoucy, avait été pourvu de sa charge d'imprimeur du roi pour la musique par lettres patentes de Louis XIII, en date du 24 octobre 1639.

[3] Voir p. 83. *Note.*

[4] Dassoucy est le seul qui ait fait mention de ce personnage. Il en parle encore dans l'*Ovide en belle humeur.*

[5] Boileau.

chambre voisine, non une creature mortelle, mais un
Ange, qui sans doute n'estoit pas des premiers faits, car
c'estoit la femme de ce Marquis, qui ne paroissoit pas
avoir plus de quinze ans. Elle vint au devant de moy, et
comme je m'inclinois pour la saluer, ainsi que les gens
de ma sorte ont accoustumé de saluer les personnes de
cette qualité, elle me présenta la joüe : je la baisay donc
avec un trés-grand respect ; elle, pour n'en pas demeurer
ingrate, elle rendit fort gracieusement le baiser à mes
deux Pages. Aprés cela elle me prit par la main, et,
m'ayant fait asseoir auprés d'elle, j'eus tout le loisir, durant prés d'une heure qu'elle daigna me favoriser de son
entretien, de connoistre que les charmes de son esprit
ne cedoient aucunement au merite de son corps. Enfin,
nostre conversation étant interrompuë par le retour de
nos chasseurs, nous vismes nostre Marquis, de qui
l'aspect à ce coup me parut bien plus agreable que la
première fois. Je ne vous diray pas les civilitez que je
receus de cét honneste Seigneur ; il suffit que, m'ayant
conduit où le couvert estoit mis, aprés m'avoir fait laver
avec luy, il ne se contenta pas de me donner le haut bout
de sa table, il voulut encore faire asseoir mes Pages auprés de sa femme, qui, durant tout le repas, furent servis
par d'autres Pages bien plus honnestes gens qu'eux. C'est
ainsi que les veritables Grands ont accoustumé d'honnorer
la vertu dans la pauvreté des Muses. Mais cét accueil, qui
se rencontre ordinairement chez les personnes de grand
merite, et de haute naissance, ne se trouve que bien rarement chez les gens de basse naissance et de peu de merite ; mais il ne s'en faut pas étonner, comme la presomption est inseparable de l'ignorance, l'orgueil est
inseparable des gens de cette sorte.

Toûjours une sotte fierté
Accompagne la vilité
De l'homme de peu de naissance,
Que les richesses ont gasté ;
Aussi ce n'est pas l'opulence,
Mais la seule affabilité
Qui fait toute la difference
Entre l'homme de qualité
Et le faquin plein d'arrogance,
Qu'on appelle un vilain botté.

Mais ce noble Seigneur sçavoit bien qu'honnorant en moy les bonnes qualitez dont le Ciel m'a voulu doüer, et donnant plus qu'il ne devoit à mon peu de merite, il n'y alloit rien du sien. Je ne sçaurois exprimer icy ni les bontez qu'il eut pour moy, ny parmy tant de civilité, les graces qu'il fit à mon pauvre Parnasse. Suffit qu'aprés l'avoir entretenu de mes chants une bonne partie du jour, il se trouva tellement charmé de la voix de Pierrotin, de mes chansons et de la lecture de mes ouvrages, que si je l'eusse voulu croire, je n'eusse jamais party de son logis. Aussi, quelque instance que je fisse envers cet autre Jupiter-Hamon pour me permettre de m'en aller le lendemain, comme je ne pouvois me deffendre de ses civilitez, je ne pûs encore moins me deffendre de ses prieres ; bongré, malgré, il fallut luy promettre de demeurer encore huit jours auprés de luy, et, pour m'engager davantage à souffrir cette douce violence, il me pria de montrer quelques-uns de mes airs à sa femme, qui ayant, comme j'ay dit, toutes les qualitez d'un Ange, ne pouvoit pas manquer d'avoir une voix angélique. Durant tout le temps que je fus dans ce Palais enchanté, comme la dame du lieu estoit nouvellement mariée, je ne fis que des festins et que des nopces, et je peux dire

Qu'à cette table bien garnie,
Dans un large fauteüil assis,
J'y beuvois non la malvoisie,
Ny tous ces chiens de vins proscrits,
Ny le muscat que Dieu maudie,
Mais du Baune le plus exquis :
Et c'estoit dans ce Paradis
Où, quoy qu'on chante et que l'on die
Des merveilles de l'ambrosie,
La caille avecque la perdrix,
Qui n'estoit pas assez hardie
D'y venir sans la compagnie
Des hortolans les plus polis,
Me paroissoit assez jolie,
Et les perdreaux très-bien rostis,
Qui venoient toujours six à six,
Estoient fort à ma fantaisie,
Et me sembloient de trés-beaux fils.

# CHAPITRE V.

Dassoucy, ennemy de la bonne chere, regrette son épaule de mouton, et décrit les incommoditez que l'on reçoit à la table des Grands.

MAIS, comme Dieu qui a fait tant de galans hommes à un si beau tour, ne m'a pas tourné comme les autres, qui, pour la pluspart, sont plus amys des bons morceaux que de leur liberté, moy qui suis plus amy de ma liberté que des bons morceaux et que de la bonne chere, parmy ces continuels festins, n'ayant pas presque loisir de respirer, je m'ennuyois d'une si longue sequence de

bons repas; quoy que les viandes fussent exquises, et
qu'il ne manquast rien à l'excellence de leurs sauces, je
les trouvois insipides, pource qu'il me manquoit cette
sauce des sauces qui se nomme l'appetit. Et je croy bon-
nement qu'ainsy que l'on contracte des cors aux pieds à
force de marcher, qu'à force de manger il s'estoit fait
dans mon estomach un calus de lard et de graisse qui
causoit en moy cette insensibilité. C'est pourquoy comme
les Israélites s'ennuyoient de manger la manne dans le
Desert, et soûpiroient aprés leurs marmites et leurs
chaudrons, tout gorgé de venaison et tout farcy de petits
pieds, je soupirois aprés la longe de veau et la pièce de
bœuf, et, me ressouvenant de l'admirable saveur que, sans
jamais me lasser, j'ay toujours infatigablement recherchée
et trouvée dans la substantifique chair de ces gentils animaux, je trouvois la nature une fort bonne femme, et
luy sçavois un merveilleux gré d'avoir fait un mouton
plus gros qu'une aloüette, et un bœuf plus puissant
qu'une perdrix. Et, joignant à toutes ces considérations les
interminables cérémonies et les fâcheuses incommoditez
que ce fâcheux honneur a rendües inseparables de la
table des Grands, il me sembloit que le plaisir d'honnorer ses amis à sa table surpassoit infiniment celuy d'estre
honnoré à celle d'autruy, et principalement chez ces Nobles Seigneurs, où, si vous estes receu en qualité de bel
Esprit, au lieu de savourer les viandes, il faut toujours
avoir l'imagination tendue et l'esprit bandé comme une
arbalaiste pour viser à quelque complaisance et tirer à
quelque bon mot.

C'est à ces bonnes tables dont Dieu préserve tout esprit tourné comme le mien, où, bien loin d'ozer dire ce
que l'on pense, il faut tout écouter, tout loüer et tout en-

censer, et bien souvent jusques aux colibets d'un Parasite effronté.

Où l'on n'ozeroit proferer une liberté spirituelle, parler que des yeux, ny rire que du bout des dents.

Où, si le repas duroit un an, il faut s'y tenir attaché comme si l'on y estoit cloüé; où, hors de tendre la main et remuer les mâchoires, tout mouvement est interdit.

Où, dans la presse qui par fois s'y rencontre, bienheureux qui sur la moitié d'un siege trouve place pour la moitié d'une de ses fesses.

Où plus heureux est encore celuy qui, comme un manchot, ne pouvant disposer que d'un bras, peut porter en ligne directe le morceau jusqu'à la bouche sans pericliter.

Où la ceremonie de laver les mains et de prendre sa place est plus longue d'un tiers que le dîner, où l'on ne commence à manger que quand les viandes sont froides.

Où, de peur de s'échauder en mangeant sa soupe, on voit sans aucune pitié morfondre une miserable menestre[1], dans l'attente d'un tardif Benedicité.

Où l'abondance engendre la sassieté, et la superfluité le dégoust.

Où, quand vous n'avez aucune soif, trois personnes tout à la fois vous portent à boire, et quand vous en demandez on ne vous regarde pas seulement.

Où, comme les Gourmets, on porte à un homme qui a coûtume de boire pinte à son repas, autant de vin dans

---

[1] Menestre signifiait soupe ou toute espèce de ragoût.

un verre qu'il en faudroit pour en rainser le godet, et de l'eau comme si l'on avoit la fiévre.

Où, avec un bassin de Barbier qu'on vous applique sous le menton, chacun est forcé en beuvant de représenter le Roy Artus.

Où, à moins de clouer vostre assiette à la table, vous ne sçauriez vous garentir des insultes d'un maudit Page, qui, sous prétexte de vous en donner une autre, vous ravit impitoyablement le plus beau et le meilleur de vostre dìner.

Où, sous pretexte de vous faire honneur, un Ecuyer Tranchant vous sert du gras lors que vous voulez du maigre, et du maigre lors que vous voulez du gras.

Où vous n'ozeriez commander une grillade, faire réchauffer une sauce, porter une santé, ny dire une chanson à boire, faire un miserable carousse[1], ny seulement un pauvre rubis sur l'ongle. Bref, d'où l'on sort toûjours enflé comme un balon, farcy de ragoûts et crevé de viandes, et non jamais content ny rassazié.

Mais quoy que la table de ce genereux Seigneur fust exemte de la plus grande partie de ces incommoditez, comme on s'ennuye souvent d'estre trop aise, je ne laissois pas de m'y ennuyer. Il me sembloit que j'estois plus heureux à ma table, pource que j'y avois plus d'appetit, plus de joye et plus de liberté. Car enfin est-il un plus grand plaisir au monde que de commander dans son petit Empire, d'y estre maistre de son plat, et d'y recevoir, au sortir de la broche, une éclanche de mouton encore toute brûlante ? Quel plaisir d'affiler un couteau contre un autre pour en

[1] *Faire carousse* : Faire la débauche, boire à tire-larigot. *Dict. comique de Leroux.*

faire la dissection, et, cette dissection faite, en voir au fond
d'un plat nager les pieces encore demy sanglantes dans
une chopine de jus! Est-il quelque capilotade de perdrix
qui, sans compter l'os de l'Advocat[1], vaille les precieux
ragoûts qu'un sage friand comme moy y rencontre? Quel
plaisir, à l'exemple des sages chiens qui se mocquent de
nous quand on leur en jette les os, premièrement de les
bien ronger comme eux, et puis après les avoir bien
rongez, les casser adroitement sur la paume de la main :
et, pour montrer à ces sages chiens que nous sommes
pour le moins aussi sages et aussi fins qu'eux, d'en tirer
la moelle, et la convertir en nostre propre substance!
Aussi quand je me souvenois du temps que, bonnet en
teste, pantoufles aux pieds, armé d'un couteau bien
affilé, je servois Messieurs mes Pages d'une épaule de
mouton, que je tenois d'aussi bonne grace par le manche,
que Saumeur ou le petit Breton ayent jamais tenu ra-
quette, parmy cette diversité de mets, d'entremets, et de
salmigondis, je regrettois ma felicité passée, et, pensant
à ma chère et bien aymée épaule de mouton, je poussois
ces dolens et tristes regrets par cét air de Cour :

> Comment ai-je pû consentir
> A me separer de ma vie?
> O Ciel! devois-je icy venir
> Sans l'honneur de ta compagnie?
> Chere épaule, épaule ma mie,
> Epaule je m'en vais mourir,
> Si promptement, pour me guerir,

[1] Nous n'avons rencontré cette expression nulle part; mais nous
trouvons quelque chose d'approchant dans les *Curiositez françoises*
d'Oudin : L'Os du maistre clerc, un certain petit os au-dessous du
manche d'un gigot.

Dans la premiere hostellerie,
Tu ne viens pour me secourir.


Et puis, adressant mes soupirs au gigot sur un ton plaintif et lamentable, je luy chantois ces tristes vers :

Et toy, cher et friand morceau,
Ornement de la boucherie,
Qui, du premier coup de couteau,
Au fonds d'un plat te liquefie
Et te resous dans un chaudeau [1]
Qui nourrit et qui fortific
Le cœur, le foyc et le cerveau;
Eclanche de moy tant chérie,
Prés de qui jamais étourneau
Au sage humain ne fit envie;
Auprés d'une perdrix rostie,
Gigot, que tu me sembles beau.
Pour toy, mon gentil gigoteau,
J'irois jusque en Paflagonie,
Pour te faire le pied de veau.
Gigot, dont mon ame est ravie,
Je te suivray toute ma vie,
Et t'aimeray jusqu'au tombeau.


[1] Bouillon qu'on porte aux nouveaux mariés.

## CHAPITRE VI.

Dassoucy prend congé de son Marquis; sa funeste avanture au
sortir de son logis, et la peine qu'il eut de se deffendre d'un
homme qui le vouloit forcer d'aller à cheval.

Aussi, dans l'impatience de sortir de cette honneste
captivité pour courir après mon épaule et rattrapper
mon gigot, je comptois les heures et les jours, et je comptay si bien, que ce genereux Marquis ne me pouvant retenir davantage sans choquer les lois de l'hospitalité,
grâce au Ciel benin qui a pitié de ses creatures, je me
trouvay, avant que de crever, à la veille de mon départ.
Le soir mesme, après avoir remercié mon genereux hoste
et pris congé de sa chère moitié, je vis mes Pages fort
joyeux qui, sortant de sa chambre, venoient à moy avec
chacun une petite bague au doigt : c'estoit un present de
ma genereuse Ecolliere ; et, le lendemain, après avoir
tres-bien desjeuné, ce genereux et splendide Seigneur,
qui me vouloit faire honneur jusqu'au bout, me condui-
sit jusqu'en sa basse cour, où, selon mon espérance, n'y
voyant point paroistre mon asne sur les rangs, mais trois
chevaux de selle des plus fringans, avec un autre chargé
de mon cofre et de mes luths, comme c'est un acte de
bon naturel d'avoir soin de ses domestiques, je priay ce
noble Seigneur de me donner quelque nouvelle de mon
trés-aymé et trés-cher asne, sçavoir quelle disgrace luy
estoit arrivée, s'il estoit mort ou malade, ou s'il avoit
honte de paroistre dans la noble compagnie de ces braves

chevaux pour se cacher ainsi de moy, et n'estre pas venu
me dire au moins un pauvre adieu.— Non, me dit-il, il se
porte fort bien, il est gras à lard ; mais je le trouve si
honneste et si mignon, que j'en veux avoir de la race :.
aussi, comme je croy que vous voulez bien que je le conserve pour l'amour de vous, je veux aussi, me montrant
ce cheval chargé de luths, que vous conserviez ce cheval
pour l'amour de moy; cependant, quoy que je sçache fort
bien que vous n'avez pas de plus grand plaisir que d'aller à pied et de faire de petites journées, je vous prie de
ne trouver pas mauvais si je vous ay fait preparer ces
trois chevaux de selle ; ce n'est pas pour vous faire plus
d'honneur ny pour vous soulager, mais seulement pour
voir si vos Muses auront autant de grâces allant à cheval
que je leur ay trouvé de gentillesse et d'agrément allant
à pied. De sorte que, ne pouvant résister à des offres si
galantes et à des complimens si spirituels, je consentis,
pour mon malheur, à ce qu'il voulut, et m'accorday à ses
desirs, mais non pas pourtant sans quelque secrette repugnance, car ce cheval, que l'on m'avoit préparé, me
paroissoit un terrible sire ; et, selon que je pouvois juger
à la physionomie du personnage, il me sembloit fort capable de quelque extravagance, car il estoit toujours en
action, battoit du pied, et hannissoit comme celuy qui
s'ennuyoit dans l'impatience qu'il avoit de faire vistement
quelque coup de sa teste. Que maudit soit le Podagre qui,
premier, inventa l'art de chevaucher, et qui, premier,
joignant le cheval à l'homme, de l'homme et du cheval
en fit un centaure ! Helas ! à peine fus-je sur ce maudit
animal, qui sans doute devoit estre de l'honnorable famille des grands chevaux du Soleil, ou du moins proche
parent de Bucephal, que, sans me donner le loisir de me

poser en selle et de prendre la bride en main, ce fou,
qui sans doute avoit le diable au corps, se mit à courir
avec tant d'impetuosité, que j'eusse creu être sur le dos
du cheval aislé, n'estoit qu'il y a trop long-temps que le
sieur Pegaze et moy sommes cousins, pour me traiter
avec si peu de respect et avoir si peu de consideration
pour son parentage; car ce perfide, qui, ce jour-là, estoit
de concert avec mon mauvais genie, non pas pour me
rompre le cul, mais pour me rompre le col, sans attendre qu'on eust ouvert la grande porte de cette basse cour,
voulut passer malicieusement par le guichet; de sorte
que, sans la profondeur de mon humilité qui me conseilla
de m'incliner devant cette porte jusques à baiser l'arson
de la selle, j'estois irremissiblement décolé, car ce cheval ou plutost ce demon, ennemy de la musique et des
vers, qui, possible, ayant pris querelle avec mon asne,
lequel, après avoir demeuré avec un Poëte, devoit estre
beaucoup plus sçavant que luy, pour se vanger sur moy
de ce docteur à grandes oreilles, qui, sans doute, l'avoit
mis à *quia,* après plusieurs ruades et petarades entrelas-
sées de plusieurs sauts mortels et perilleux, et de plusieurs bonds capables de desarçonner tous les Amadis de
Grèce et tous les Cavalliers de la Table ronde, il me jeta
à terre aussi doucement que si j'y eusse esté porté par
un coup de foudre ou abattu par un coup de la lance de
Roland le Furieux. Mais ce n'estoit pas assez d'avoir évité
le guichet et fait cette rude casquade; car, ne m'estant
peu dépêtrer de l'étrier et y estant resté pendu par un
des pieds, après avoir esté trainé dans ceste posture plus
de cinquante pas, j'allois courir le miserable destin d'Hip-
polyte, si le plus puissant des Dieux, Amour, par qui tout
vit et tout respire, ne m'eust promptement secouru ; car

ce cheval amoureux, ayant attrappé une cavalle qui estoit le veritable sujet de ma disgrace et le principal motif de sa course, l'ayant accollée fort courtoisement, tandis qu'à grands coups de braquemar il faisoit ceder la vengeance à l'amour, j'eus tout le loisir de me tirer du piege que la fortune ennemye m'avoit preparé. Mais quoy qu'en cette rencontre j'eusse l'honneur de faire rire Monsieur l'Ecuyer et Messieurs les Laquais, je ne laissay pas de donner de la pitié et de l'effroy à tout ce qui n'estoit pas marqué de ce digne caractere. Il n'est pas croyable comme ce pitoyable Seigneur, qui croyoit que j'eusse quelque bras rompu ou pour le moins une épaule démise, témoigna de déplaisir de ma disgrace, ny combien, pour me montrer qu'il n'estoit point d'intelligence avec mon malheur, il en laissa de sensibles témoignages sur le dos d'un laquais qui se mocquoit de moy, et je crois que ce fut ce gracieux service qui, consolant mon esprit, aida beaucoup à consolider mes playes; car, au lieu que, dans ce danger mortel, un homme de bien se fust rompu le col, aprés avoir esté visité, on ne trouva sur moy qu'une petite égratignure, de sorte que ce bon Seigneur, estant bien aise de m'en voir quitte pour la peur, aprés m'avoir fait avaller un grand verre d'eau, qui est le souverain remede à ce mal, il me fit sur-le-champ sceller un autre cheval non pas veritablement si beau que le premier, mais, en recompense, beaucoup plus civil et plus traitable. Outre cela il me voulut aider à monter, m'accourcir les étriers et me mettre la bride en main. Enfin, aprés m'avoir donné autant d'inutiles leçons de manége que Phaëton, moins temeraire que moy, prest à monter sur le charriot du Soleil, en receut de son pauvre pere, il me laissa aller en la garde de Dieu, et moy je le laissay en la garde de la

Vierge et de tous les Saints. Je partis donc de ce Château fort joyeux d'en partir, fort joyeux de ne m'y estre pas crevé, et encore plus joyeux de ne m'y estre pas rompu le col; mais cette joye ne dura guere, car, estant arrivé à la dînée, au lieu que je croyois donner quelque relâche à mon estomach pour le rétablir dans son premier état et me remettre en nature, je trouvay que ce Monsieur le Marquis, que j'avois laissé à quatre lieues de là, estoit encore avec ses plats et toute sa cuisine à mes trousses. Cet homme, qui avoit charge de me faire la dépense, estant arrivé à l'hostellerie, fit mettre tout par écuelles; mais ce ne fut pas tout, car, au lieu que je croyois que cette bonne chere fust le *non plus ultra* de cette genereuse persecution, et que je me preparois à donner de la pratique au moule de mes escarpins pour me dégraisser un peu les tripes, je vis venir à moy ce zélé conducteur des Muses, qui, m'ayant assuré qu'il estoit deux heures aprés Midy, et qu'il falloit encore faire cinq grandes lieues avant que d'arriver au giste, me supplia de monter à cheval.—Comment, luy dis-je, monter à cheval, vous vous mocquez?—Pardonnez-moy, Monsieur, me répondit-il, je ne me mocque point; si vous voulez arriver de jour à la couchée, nous n'avons point de temps à perdre.—Je vous comprens bien, luy dis-je, mais vous ne me comprenez pas; c'est que je suis las d'aller à cheval, et je veux maintenant aller à pied.—Oh! Monsieur, me dit-il, vous vous mocquez vous-mesme; quand vous vous tueriez, vous ne pourriez jamais nous suivre.—Vous ne m'entendez pas encore, luy dis-je; c'est que je ne prétens pas que vous passiez plus outre, et je desire, s'il vous plaist, que nous nous separions dés icy bons amys.—Jesus, Monsieur, repliqua-t-il, que dites-vous là? Je ne vous quitterois pas pour mourir; j'ay ordre

exprés de mon maistre de vous servir et de vous conduire
jusques à Châlons-sur-Sône. C'est pourquoy je vous supplie, Monsieur, de ne point perdre de temps, et de monter vistement sur vostre cheval. Je ne te saurois dire,
cher Lecteur, la peine que j'eus de me deffendre de cet
homme, qui vouloit au moins que j'allasse à cheval jusques à la couchée; ce que j'eusse bien fait d'accepter.
Mais quoy, les hommes ne voyent goute dans l'avenir; et,
quand ils auroient des lumieres suffisantes pour penetrer
dans la suite des choses, ils ne pourroient éviter la fatalité de leurs destinées. M'estant donc affranchy de cette
persecution cavaliere, et me retrouvant en ma premiere
liberté, je me mis en chemin, mais non sans regarder
souvent derriere moy comme un homme qui craint les
Sergens, tant j'avois peur de revoir le visage persecutant
de ce Cavaleriste[1] persecuteur. Je fis encore deux lieues
ce jour-là, et, m'estant reconcilié, dés le soir mesme,
avec ma chere et bien-aimée épaule de mouton, et soupé
joyeusement avec mes petits chantres, le lendemain voicy
ce qui m'arriva. J'allois, comme j'ay déjà dit, toûjours
cinquante pas derriere mon train, et, ayant déjà oublié
mes miseres passées, j'achevois le dernier couplet d'une
chanson, lorsqu'environ le declin du jour je découvris
d'assez loin trois personnes qui, ayant chacun le mousquet sur l'épaule, me paroissoient trois furieux soldats.
Je costoyois alors un petit bois taillis et je marchois dans
un chemin qu'une infinité d'autres chemins, tant vieux
que nouveaux, étendoit en largeur de plus de cinq cens
pas. A cette effroyable vision soldatesque je demeuray

---

[1] Pour : cavalerisse, vieux mot tiré de l'italien et qui signifie
un écuyer, un maître de manége.

tout allarmé, et, ne voyant point de lieu plus propre pour
cacher ma bourse, pource que j'estois assez éloigné du
bois, je la mis dans l'orniere de l'un de ces chemins,
puis, l'ayant couverte d'un peu de terre, je fis comme
celuy qui, pour retrouver son thresor, l'enterra vis à vis
le clocher de son village; car, pour retrouver ma bourse,
je l'avois enterrée à plus de cent pas d'un arbre que je
croyois avoir fort bien remarqué. Et d'autant que dans ce
grand chemin, où il n'y avoit aucun bel endroit pour se
reposer, je ne pouvois m'arrester auprés de ma bourse
sans donner quelque soubçon à ces pretendus voleurs, je
continuay de marcher à petit pas jusqu'à ce que, nous
estans rencontrez les uns les autres, j'eus tout loisir de
contempler ces terribles objets de ma frayeur. C'estoit
un Curé de Village monté sur une bourique, avec deux
Paysans qui, aimans mieux user leurs pieds que leurs
souliers, portoient galamment, chacun sur les épaules,
leurs souliers au bout d'un baston. A l'aspect de ces
gens-là, je ne pus m'empescher de rire, et eux, aprés
nous avoir un peu contemplez, nous prenant pour ce que
nous les avions pris, c'est-à-dire pour des larrons ou plùtost pour des Bohemes, ils doublerent premierement le
pas et puis se mirent à fuir. Mais, comme on se moüille
souvent les yeux à force de rire et qu'on se les moüille
encore à force de pleurer, la fortune ne tarda gueres à
me moüiller les yeux et à changer mes larmes de joye
en de veritables larmes de douleur. Car ce fut bien la
pitié lorsque ces bonnes gens estant passez, je voulus aller à la recousse de celle que j'avois si injustement ense-
velie; car, estant arrivé au lieu où je croyois la retrouver, parmy la confusion de tant de chemins et de tant
d'ornieres, je me vis hors d'esperance de la pouvoir ja-

mais recouvrer avant mesme que de m'estre mis en devoir de la chercher. Je regardois dedans ce petit bois pour voir si je ne retrouverois point mon arbre; mais, parmy la conformité de tant d'arbres, ne pouvant distinguer celuy qu'il me sembloit avoir si bien remarqué, je demeurai au milieu de cette mer de chemins aussi éperdu qu'un pilote qui, dans la tempeste, a perdu l'estoile du Nord. Je ne laissay pas pourtant de faire toutes mes diligences pour retirer du tombeau celle qui me donnoit la vie. C'estoit une chose plaisante de nous voir chacun un baston à la main parcourir toutes ces ornieres, mais c'estoit tenter l'impossible et travailler en vain, car, comme dans un labyrinthe, plus on marche et plus on s'égare, plus je cherchois dans ce dedale de chemins, plus je m'éloignois de mon but. — Ohimé, disois-je, quel coup de foudre ! Est-ce la colere du Ciel ou quelque demon déchaîné qui sans cesse me persecute et me poursuit ? Est-ce le diable de Loudun [1] ou de Vauvert [2], ou ce coquin qui tenta Job qui est à mes trousses ? Quoy, je n'ay pas plûtost recouvert mon argent par un miracle, qu'il faut un autre miracle pour le recouvrer ! Quoy donc, je ne pourray faire un pas sans faire quelque sottise, et le Ciel, qui n'en peut mais, sera donc obligé de secourir un sot à chaque pas; ma foy, cela n'est pas raisonnable, et je trouve que cet employ est peu digne de sa grandeur. Cependant que, courant par ces champs comme un insensé, je poussois ces ameres doleances, je voyois d'un costé le

[1] Le diable dont les Ursulines de Loudun se prétendaient possédées ; — comédie de couvent dont Urbain Grandier fut la victime.

[2] Un vieux château de ce nom, situé près de la barrière d'Enfer, avait, au treizième siècle, la réputation d'être visité par les revenants.

jour qui déclinoit, mais je ne voyois point paroistre ma
bourse. A mesure que le Soleil se retiroit de l'horison
et que la Lune s'en approchoit, je sentois bien diminuer en moy l'esperance et augmenter la crainte, mais
non pas accroistre mon argent. Enfin les ombres s'estant emparées de toute l'hemisphère, et l'astre de la
nuit ayant pris le soin de nous éclairer en l'absence de
son frere, nous nous mîmes à travailler de plus belle à
la faveur de ses divins rayons. Quoy que mes Pages ne
sceussent ny lire ny écrire, c'estoit une chose admirable
de voir les belles écritures et les beaux caracteres qu'ils
faisoient sur ce large terrein, et je ne doute point que, si
quelque juge de village nous eust veus tirant ainsi des
lignes à la clarté de la Lune, il ne nous eust fait nostre
procés comme à des magiciens. Mais si le Soleil ne nous
avoit pû aider dans cette rencontre, que pouvions-nous
esperer de Mademoiselle sa sœur? Car enfin la pauvrette,
aprés avoir usé toute sa chandelle à nous éclairer, se
retira touchée, je croy, de nostre misere et confuse de
nostre confusion; et moy, ne sçachant où donner de la
teste, je me retiray aussi, attendant l'aube du jour sous
un arbre auquel, faute de ratelier, j'avois déjà fait attacher mon cheval. Ce fut là que, joignant mes soupirs
aux larmes de mes pauvres enfans epleurez, je me vis
entierement accablé du poids de mes miseres; de retourner à Paris, c'estoit quitter entierement la partie et tourner le dos à ma fortune, et de poursuivre mon chemin,
c'estoit s'embarquer sans biscuits et ramer contre vent
et marée; et d'ailleurs, de quitter mon arbre pour aller
chercher à reposer et à repaistre, c'eust esté exposer mon
argent à un trop grand peril. Aussi, dans ce desespoir,
j'estois inconsolable; mais celuy de la troupe qui parois-

soit le plus affligé, c'estôit Pierrotin, qui ne se pouvoit
aucunement consoler, non pas du détriment que je rece-
vois en mes biens par la perte de ma bourse, mais du
détriment qu'il recevoit en ses tripes par la perte de son
souper. Durant tout ce desordre mon cheval ne disoit pas
un mot, mais je croy qu'il n'en pensoit pas moins. Enfin,
la plus grande partie de la nuit estoit déjà passée, et mes
Pages endormis donnoient toute liberté à mon cheval et
à moy de resver à nos communes avantures. Je maudis-
sois l'heure d'avoir refusé les chevaux de cét honneste
Marquis, qui m'auroient tiré de cét embarras. Aussi, pour
un miserable, je me trouvois alors un peu bien delicat,
et ne blâmois plus tant ceux qui, au peril de leurs fesses,
vont en bonne compagnie à cheval ; et puis, faisant re-
flexion sur mes disgraces passées, à la rencontre fatale
de mon tueur de temps, à la fiere insulte de mon cheval,
au peril de la decolation et au trebûchement des Muses,
et, d'autre part, contemplant sous cet arbre mes pauvres
Pages desolez, et moy, sans pain, sans espoir et sans
argent, je tirois, tant du present que du passé, de fort
mauvaises consequences pour l'avenir. Il me sembloit que
je commençois fort mal mon voyage pour en esperer une
bonne fin ; et, dans ces ameres douleurs, quoy que je ne
visse, dans cette öbscure nuit, briller pour mon salut aucun phare sur la terre ny paroistre aucune étoile au Ciel,
je ne laissois pas au travers de ses ombres d'y jetter souvent mes yeux, lors que j'entrevis à travers les arbres
une petite lumiere errante qui me paroissoit à plus de
trois cents pas dans le bois. Pour moy, voyant cette clarté
dans une heure si extraordinaire, je la pris d'abord
pour l'un de ces ardans qui courent ainsi la nuit pour
faire fourvoyer et precipiter les malheureux passans. Mais

c'estoit bien le contraire, puisque cette clarté propice ne
paroissoit que pour m'éclairer dans mes tenebres et me
remettre en la voye de salut. Cependant je voyois toujours
approcher cette lumiere, jusqu'à ce qu'enfin je vis sortir
hors du bois comme une espèce de lanterne qui, traversant toutes ces ornieres, venoit droit à moy. Mais, ce qui
accroissoit mon étonnement, c'est que, bien qu'il n'y eust
point d'apparence de croire que cette lanterne marchast
toute seule, j'avois beau contempler la lanterne, je ne
voyois point le lanternier. Ce qui me fit juger que c'estoit
un homme qui portoit une lanterne sourde, comme il
estoit vray; car cette honneste lanterne, qui sans doute
devoit estre la Reyne des lanternes de tous le pays lan-
ternois, s'estant à la fin arrestée à trois pas de moy, je
vis, quoy que mal aisément, celuy qui la portoit. C'estoit
un homme qui ressembloit à un bùcheron, mais qui pourtant avoit tout l'air et l'aspect d'un homme grave. Il avoit
sur son dos comme une espece de cape de Beart[1] ; de
sorte que, sans une serpe qu'il avoit à la main, je l'aurois pris pour un Chartreux ou pour un Hermite. A cette
vision je demeuray fort étonné ; mais ce qui, dans cette
figure melancholique et extravagante, me scandalisoit le
plus, c'estoit cette serpe que je ne pouvois aucunement
digerer. C'est pourquoy, voyant cet homme si puissant,
si fort et si bien armé, et moy sans armes et sans deffense, ne pouvant penetrer dans son intention, je m'estois déjà ébranlé pour prendre la fuite, lors que, s'estant
aperceu de ma crainte, il me retint par ces paroles : — Je
croy bien que vous estes surpris de me voir devant vous à

---

[1] La cape de Béarn était un gros manteau surmonté d'un ca-
puchon.

l'heure qu'il est, mais vous ne devez pas vous en étonner.
Durant que je travaillois dans ce bois, je vous ay veu en
grande peine dans ce chemin, et, dans l'imagination que
j'avois que vous cherchiez quelque chose que vous aviez
perdu, je fus deux ou trois fois sur le point de quitter ma
besogne pour vous aller offrir mon secours. Cette nuit je
me suis levé pource qu'il faut que je me trouve à la
pointe du jour à ce prochain village, et, comme je traversois ce bois, me ressouvenant que vostre cheval estoit
hier bien tard dessous cet arbre, il m'est venu une inspiration de passer par icy pour sçavoir ce que vous estiez devenu. Maintenant je suis fort surpris de vous voir
encore en ce lieu, et je m'imagine qu'il vous est arrivé
quelque grand malheur et quelque accident extraordinaire ; c'est pourquoy dites-moy librement quelle est vostre digrace : comme il me semble que cette inspiration
m'est venue du Ciel, je croy fermement qu'il vous assistera. Cela dit, il se teut, et moy, voyant qu'il n'y avoit
rien à craindre, mais au contraire qu'il y avoit quelque lieu
d'esperer, je luy contay franchement l'accident qui m'estoit
arrivé ; que, pensant sauver ma bourse des larrons, je
l'avois enterrée dans l'une de ces ornieres, et qu'aprés
l'avoir long-temps et inutilement cherchée, j'estois enfin
hors d'esperance de la retrouver ; que je ne laisserois pas
toutefois de tenter encore la fortune, et que, pour cet effet, je m'estois retiré sous cet arbre, attendant la venue
du jour. — Puisqu'il est ainsi, me dit-il, prenez cette serpe
et donnez-moy vostre baston, et suivez-moy. Ce dit, il se
mit devant, et moy, tout tremblant, je me mis à le suivre. Mais, Dieu ! qui pourra jamais croire ce que je vais
dire ? à peine avoit-il fait cinquante pas dans ce grand chemin, qu'il s'arresta tout court, et, m'ayant fait appro-

cher de luy, il me dit ces mots : — Viens, mon amy, rends graces à Dieu, et prends ton argent. Puis, ayant levé avec un baston un peu de terre qui estoit dans l'une de ces ornieres, il me fit voir, avec non moins d'étonnement que de ravissement, ma pauvre bourse, laquelle, pour n'exposer plus long-temps au serain, je recueillis promptement. Mais je sentis bientost redoubler ma crainte, car, ayant ouvert la bouche pour lui rendre mille graces et ouvert ma bourse pour reconnoistre ses peines par quelque present considerable, au lieu d'accepter mon present comme je m'estois proposé et comme tout autre auroit fait, il s'approcha de mon oreille en riant, et me dit ces mots que, depuis, je n'ay trouvés que trop veritables : — Va, mon amy, en la garde de Dieu, je n'ay pas besoin de tes dons ; souviens-toy seulement que tu n'es pas au bout de tes miseres. Ce dit, il resserra sa lanterne sourde comme un homme qui ne veut plus estre veu, et moy, sans pouvoir découvrir de quel costé il avoit tourné ses pas, au lieu de reprendre le chemin de mon arbre, je pris le chemin du bois, et, quoy que je m'apperceusse de mon erreur, ce ne fut sans peine que je me rejoignis à mes gens; car, sans le hannissement de mon cheval, qui, sans doute, eut la mesme inspiration pour moy que jadis les oysons eurent pour sauver le Capitole, il est certain qu'ainsi que j'avois déjà passé une partie du jour à chercher ma bourse, j'aurois passé le reste de la nuit à chercher cet arbre, où enfin estant arrivé, le Ciel benin, qui ne vouloit pas me donner la peine d'éveiller mes pauvres Pages, aprés me les avoir fait voir endormis à la lueur du plus merveilleux éclair qui jamais ait éclairé, les réveilla aussi bien que tout le reste du monde avec le plus furieux coup de tonnerre dont il ait jamais tonné. A mesme temps le

ciel ouvrit toutes ses bondes, et les nuages se creverent en
tant de lieux, que, dans un moment, la campagne fut toute
noyée; et, quoy que nostre arbre fust assez grand et assez
touffu pour mettre à couvert un régiment de Mirmidons
comme nous, nous estions noyez aussi bien que la campagne, si ce vieil orme, en qui le temps avoit fait, en faveur des Bergers, une habitation capable de servir de Palais à un autre Diogene, ne nous eust presté dans ce
present besoin le creux de son ventre pour azile. De sorte
qu'à bien considerer mes avantures de cette nuit, ce n'estoit pas assez des Puissances célestes pour me garantir
des insultes de mon mauvais genie, il falloit encore que
les animaux et les choses insensibles prissent le soin de ma
deffense. Durant cet orage qui dura prés d'une heure, je
pris l'occasion d'entretenir mes Pages de ce qui m'estoit arrivé avec ce celeste bucheron, lesquels, comme bons
Chrétiens et bien appris, estant obligez de se signer à
tout moment à cause de la frequence des éclairs, ne furent, durant tout mon récit, occupez à autre chose qu'à
faire le signe de la Croix. Cet orage estant passé, qui,
sans la benoiste invention de la toile cirée dont j'avois
fait habiller mes luths tout de neuf, auroit infailliblement
saccagé mon pauvre Parnasse, aprés avoir remercié bien
humblement Monsieur de l'Orme, mon hoste, tant de sa
courtoisie que de son hospitalité, et rendu graces condi-
gnes aux divinitez du lieu, sans attendre la venue du
jour, qui, selon mon avis, ne devoit pas beaucoup tarder
à venir, je repris ma route avec intention de m'arrester au
premier endroit où je trouverois du feu et du vin pour
moy, et du pain et du fromage pour mes Pages, et de l'a-
voine pour mon cheval. Je m'entretenois de cette agreable
ble pensée, et je n'avois pas fait encore trois cens pas

que j'entendis un homme qui crioit à haute voix : — Pinte
et fagot, l'hostesse, pinte et fagot! De sorte que, croyant
estre parvenu au cabaret, je dirigeay promptement mes
pas vers le lieu où j'avois entendu les gracieux accens
de cette angelique voix. Mais comme la fortune, qui se
lassoit possible de me faire soupirer, vouloit à cette heure-
là me faire rire, au lieu d'un bouchon de cabaret, dont
l'aspect m'auroit bien plus charmé que tout le mirtre[1]
d'Amour et tout le laurier d'Apollon, je trouvay, au beau
milieu du chemin, un Suisse dans un bourbier couché
tout de son long, lequel n'avoit pas tant de raison, ce me
semble, de demander pinte à l'hostesse que de luy demander fagot; car, dans la situation où le Dieu des ven-
danges l'avoit trés-dignement posé, selon les regles de la
physionomie, il devoit avoir plus de froid que de soif ny
que de faim. Aprés avoir contemplé quelque temps ce
galand homme qui avoit du vin jusqu'aux yeux et de la
fange jusques aux oreilles, nous le laissâmes dans son
bourbier, demandant toujours à l'hostesse pinte et fagot;
et l'aube du jour commençant à paroistre, nous n'eusmes pas de peine à gagner le premier cabaret, mais nous
en eûmes beaucoup à nous y rassasier. Car, comme nous
n'avions pas soupé le jour precedent et que la joye ou-
vre les pores et aiguise l'appetit, il ne faut pas demander
avec quelle disposition Messieurs mes Pages joüerent des
mâchoires, ny combien, dans cette rencontre, mon cheval et moy perdîmes de nostre gravité. Le lendemain,
je fus coucher à Châlons-sur-Sône, où je fis cette rencontre.

[1] Le myrte, qui était consacré à Vénus.

# CHAPITRE VII.

Dassoucy s'embarque sur la Sône; la rencontre qu'il y fit de Triboulet.

JE m'embarquay donc sur la Sône, où, pendant que joüant
au piquet je tuois le temps avec un fort honneste Gentilhomme, je ne m'appercevois pas que Pierrotin, le Heros
de mon veritable Roman, faisoit de sa part tout ce qu'il
pouvoit pour se divertir et se joüer de ma réputation, et
qu'un certain cuistre engiponné [1] travailloit avec une
merveilleuse sollicitude à la conscience de Pierrotin, qui,
pour me délivrer de la peine de me confesser, luy faisoit
ingenuëment ma confession génerale. Ce quidam estoit
un Cuistre que j'avois veu autrefois dans le pays Latin,
couru et harcelé de tous les Ecoliers, qui le faisoient
passer pour un fol sous le nom de Triboulet. Mais quoy
que ce Cuistre nouvellement engiponné eust esté déja
plusieurs fois mortifié dans le monde, il manquoit pourtant à son visage cette mortification qui est si necessaire
à ceux qui veulent faire un bon trafic de la fausse devotion. Car, quoy qu'il fist tout son pouvoir pour joüer Dieu
et le monde sous le masque, il n'estoit pas pourtant assez
bien masqué pour un rôle si fin et si délicat. Car, soit
que la ferveur de son ardente devotion, ou que les traits
du bon pere Bacchus luy eussent trop échauffé les en

[1] Couvert d'une longue robe.

trailles, on voyoit sur son visage encherubiné de si furieuses marques de son intemperance, qu'on eust fait
aisément un chappelet de grenade des boutons qui rehaussoient l'éclat admirable de son embonpoint. Ce fut de
ce Cuistre malin que je fus attaqué, qui, tout beat qu'il
vouloit paroistre, n'estoit pas pourtant si beatifié qu'il ne
lui restast quelque reminiscence des choses de la terre.
Car, pour montrer qu'il ne craignoit ni Satan, ni le
monde, ni la chair, il estoit justement posté au milieu
de cinq ou six femmes, à qui (prenant du tabac en pipe,
et de temps en temps haussant le gobelet) il prenoit aussi
de temps en temps les mains et pinçoit les genoux pour
les faire rire et le tout pour la gloire de Dieu. Or, comme
ces saintes personnes ne pourroient pas travailler à la
conscience d'un valet, s'ils ne sçavoient à point nommé
tout ce qui est sur la conscience du maistre, celuy-cy
pour rhabiller la conscience de Pierrotin, ne manqua pas
de luy faire toutes les interrogations necessaires pour ce
sujet : de sorte qu'en moins d'un quart d'heure il sceut
de l'ingenu Pierrotin mon nom, mon surnom et toute ma
genealogie, mes facultez et ma profession, avec l'inven-
taire de toutes mes hardes. Il luy demanda si j'allois à
la Messe, à Vespres et au Sermon, à quoy Pierrotin qui
commençoit de se scandaliser de ces interrogations, luy
dit que j'allois encore au Salut.— Oüy, dit-il, c'est un vray
bigot, mais cela n'empesche pas qu'il ne soit le plus mauvais homme du monde. — Comment, dit le Cuistre, con-
tez-moy un peu ce qu'il fait. — Vous ne le pourriez jamais
croire, dit Pierrotin ; il me traite à la Turque, il ne me
donne pas une pauvre goutte de vin, je suis abreuvé
comme un canard, et me donne plus de coups que de
morceaux de pain ; c'est un vray lutin, il ne fait qu'é-

crire, chanter et palinodiser[1] tout le jour et toute la nuit.
— Ce n'est pas, dit le Cuistre, ce que je veux sçavoir;
je vous demande si c'est un homme de vertu ou un homme
débauché et de mauvaise vie. — Non, dit Pierrotin, je ne
connois point d'homme de meilleure vie que luy, surtout
quand il a de l'argent. — Vous ne m'entendez pas encore,
dit le Cuistre, je vous demande si vostre Maistre est un
homme vicieux ou de bonnes mœurs, s'il vous donne de
bons exemples et s'il vous nourrit bien. — Oüy, sans doute,
dit Pierrotin, il me nourrit fort bien et fort grassement,
mais il ne m'a jamais donné de bons ni de mauvais exemples; car, quoy qu'il soit assez bon Poëte, il est un fort
mauvais écrivain. — Ce n'est pas ce que je vous dis, reprit
le Cuistre, je vous demande si vostre Maistre est un
homme pieux et craignant Dieu, enfin un homme de bien?
— Ha! je vous entends, dit Pierrotin, vous me demandez
s'il est accommodé des biens de la fortune; non, je vous
assure qu'il n'a pas en son pouvoir un poulce de terre. —
Vous feriez enrager la beste et le marchand, dit le Cuistre; quoy, il n'y a pas moyen de sçavoir de vous si vostre
Maistre est un homme craignant Dieu, un homme vertueux et un homme pie, s'il observe les Vigiles et s'il
frequente les Sacremens? — Oüy, dit Pierrotin, mon Maistre est sans doute un homme vertueux, mais je ne vous
diray pas s'il est geay ou pie : au reste, je luy entends
souvent parler de Virgile, mais je n'ay pas oüy dire qu'il
ait beaucoup fréquenté les Sarquemanans. — Ah! je vois
bien, dit le Cuistre, que vous estes un petit libertin, et
que vous vous moquez de moy. Vous n'estes qu'un petit

---

[1] Palinod, espèce de poésie qu'on fait en l'honneur de la Vierge,
en quelques lieux de Normandie. *Dict. de Furetière.*

parpaillot[1]. — Les parpaillots sont dans vos chausses, dit
Pierrotin. Lors le Cuistre, se voyant traité de Pierrotin
avec si peu de respect, lui donna une chiquenaude sur le ·
bout du nez, qui fut suivie d'un soufflet, què Pierrotin,
qui estoit fierement outré, vengea sur-le-champ par un
coup de poing qu'il lui appliqua sur les mâchoires, ce
qui enflamma tellement cette beste farouche, qu'aprés luy
avoir arraché les cheveux, jetté à ses piedz et monté
sur le ventre, il l'auroit écrazé infailliblement sans ce
Gentilhomme, qui l'arracha des mains cuistrales de ce
furieux cagot. Alors le Cuistre, qui ne s'estoit pas satisfait
à son gré, commença à faire feu et flamme ; il dit que
j'estois un Juif, un réprouvé et une âme damnée ; une
vieille accroupie dit que j'estois un parpaillot, et que
les parpaillots iroient à cent mille pipes de diables ; une
autre vieille, édentée et barbuë, dit que j'estois un ateis-
tre, et que j'irois avec Datan et Abiron [2] ; une autre vieille
chassieuse, disant son chapelet, assuroit avec une extrême devotion qu'on ne pouvoit pas faire un sacrifice
plus agreable à Dieu que de nous jetter tous dans la riviere ; et, sans ce Gentilhomme, qui, avec deux bons
Peres Capucins, se declara hautement pour nous, je ne
sçay pas s'ils n'eussent point envoyé Pierrotin battre la
mesure avec les brochets de la Sône, car le murmure
que la scandaleuse insolence de Pierrotin avait causé
parmy tout ce peuple estoit si grand, que, dans cét aveugle emportement, les voyant sur le point de crier *tolle*
sur nous, je n'eus que le temps de tirer mes heures de

---

[1] On qualifiait ainsi ceux qui appartenaient à la religion ré-
formée.

[2] Deux lévites, qui, s'étant révoltés contre Moïse et Aaron, dispa-
rurent dans un abîme qui s'ouvrit sous leurs pas.

ma poche et de deboutonner mon pourpoint pour leur faire voir les marques de ma croyance et de ma devotion dans une petite croix d'or que je portois au col. A cette veuë le murmure cessa; outre cela, comme l'on oublie malaisément ce que l'on a bien sceu une fois, et qu'estant écolier estudiant sous les Jesuistes, j'avois toujours emporté le prix de la doctrine Chrestienne, je possedois encore si bien mon Catechisme et le sçavois encore si bien par cœur, que je l'aurois dit à rebours. C'est pourquoy, les voyant disposez à m'écouter, je leur en recitay, pour le moins, trente pages sans hésiter aucunement, ny manquer d'une syllabe. Ce qui causa tant d'admiration à tous ces passagers, que plusieurs Ecclesiastiques, joignans leurs suffrages à ces deux bons Peres Capucins, furent autant de voix qui servirent d'Echos à ma gloire. De sorte que, voyant, tant par la confusion de mon cagot que par l'applaudissement general de tout ce peuple zélé, que je m'estois rendu maistre des esprits, pour ne pas perdre une si belle occasion de mortifier mon Cuistre, je leur parlay ainsy : — Je croy que vous estes assez persuadez de ma Religion, et qu'à mon égard vous estes entierement desabusez ; mais ce n'est pas assez ny pour vostre utilité ny pour ma gloire, si je ne vous desabuse encore à l'égard de ce malin cagot, et ne vous fais connoistre quel est ce Monsieur Triboulet. A ce mot de Triboulet, ce Pedant, que la honte avoit petrifié, se tremoussa ny plus ny moins que si je luy eusse donné des coups d'épingles dans les fesses. Il me dit tout ce que la colere pedantesque put inspirer de plus offençant ; il m'appela impie, sorcier, athée, heretique et imposteur, *homo sceleratus atque nefandus.* Je luy dis que s'emporter ainsi c'estoit perdre le *decorum* et gâter le métier. Ces Peres Capucins firent de leur part tout leur pouvoir pour calmer son courroux, disant qu'à l'exemple de Jesus-Christ et des Saints il falloit tout pardonner et tout endurer; mais toute cette chrétienne éloquence n'eust jamais esté capable de fixer le mercure volatil du desespéré Triboulet, sans ce Gentilhomme qui, ayant un merveilleux desir de savoir quelque chose de ce Triboulet, ne luy eust, à force de menaces, imposé silence. De sorte que, me voyant en pouvoir de tout dire, je continuay ainsi : — Vous avez veu comme Monsieur Triboulet s'est tremoussé lors que je l'ay appelé par son nom de guerre; il ne faut pas s'en étonner, puisqu'il s'est senty touché dans la partie la plus sensible de son âme. Ce Triboulet que vous voyez, qui, sous cette robe de Docteur, voudroit bien passer à la montre pour un Docteur endoctriné, n'est qu'un Docteur enfariné, un cuistre ignorant et un veau engiponné, qui, dans le College de Boncourt[1], où les plus viles fonctions le tenoient attaché, a toujours esté traité de fol et de ridicule, principalement depuis que, pour couvrir sa misere et pallier ses vices, il a trouvé le moyen de s'enharnàcher de cette robe de Pedant dont vous le voyez si fort embarrassé. Il sçait du Latin pour ce qu'il en a appris quelque peu en ballayant les classes, et il le parle avec les valets et devant les femmes, pource qu'il n'en sçait pas assez pour s'en faire honneur parmy les hommes lettrez. Ce n'est pas que, depuis quelques coups d'étrivieres qu'il receut dans une Academie d'amour pour quelque argent qu'il y avoit dérobé, il ne se soit mis à couvert de toutes ces insultes, et que, sous cette robe de Pedant, il ne passe parmy le peuple ignorant pour un homme de grand

---

[1] Ce collége était situé rue Bordet, aujourd'hui rue Descartes.

mérite et de singuliere piété, comme vous pouvez voir
par les traits de sa physionomie que le feu de son ardente devotion fait étinceler sur son visage. Je l'ay veu
Laquais, depuis on l'a veu Cuistre, et, depuis qu'il s'est
fait Pedant, il n'est pas croyable combien de peines il a
pris, jusques à rechercher les mortifications et les disci-
plines pour parvenir au merite de cagot. Et si, malheu-
reusement pour moy, ce chappelet de grenade qui couronne son front n'a pas assez de force pour vous le
persuader, regardez à son dos, et, voyant comme il est
bien discipliné, vous apprendrez, quoy que les Pedans soient
indisciplinables, qu'ils ne sont pas pourtant indisciplinez.
Quoy que, selon les Philosophes, les yeux soient les miroirs
de l'ame, et que la longue reïtération des bonnes ou des
mauvaises habitudes imprime ordinairement sur le visage
des marques qui, trahissant nostre interieur, en découvrent
le vice où les vertus; comme ces marques exterieures, qui
brillent sur son visage encherubiné, ne sont pas suffisantes
pour vous découvrir entierement la beauté de l'interieur
de Triboulet, autant pour luy faire plaisir que pour luy
faire honneur, je vais le retourner comme un bas de
chausse; et, afin que vous ne donniez plus dans ces fausses
apparences, je vais, en l'honneur de tant de gens de bien
qui m'écoutent, vous laisser des marques infaillibles par
lesquelles, sans jamais vous pouvoir aucunement tromper, vous pourrez connoistre la difference qu'il y a entre
le zele saint d'un veritable devot et le zele feint d'un
dangereux hypocrite. Écoutez seulement ces vers que j'ay
autrefois composez sur ce sujet :

> Ce n'est pas par l'exterieur
> Que l'on peut juger du merite
> Du vray devot plein de ferveur.

Souvent un visage trompeur
Confond avecque l'hypocrite
Le veritable homme d'honneur.
L'hypocrite allant par la ruë,
Qui, comme Monsieur Triboulet,
Veut prendre le monde pour gruë
Avecque son grand chapelet,
Sa robe et son petit collet,
Peut imiter, baissant la veuë,
Dans sa demarche retenuë,
Un saint tiré sur le volet[1].

Mais, quoy qu'en toute chose l'affectation soit suspecte,
comme ces saintes apparences doivent estre inseparables
de ceux qui sont obligez de mener une vie exemplaire,
ce seroit faire injure aux gens de bien d'en vouloir à la
longue robe et au petit collet, pource que les hypocrites
s'en servent à authoriser leurs cruautez et couvrir leurs
malefices; mais voicy leur veritable caractere et la marque infaillible qui les fait connoistre et qui les distingue
entierement de tous les gens d'honneur et de tous les
gens de bien dont voicy la peinture :

### LE VRAY DEVOT.

Sans vanité, sans ostentation,
Du vray devot est la devotion.
Loin d'insulter le pecheur miserable,
Toujours humain et toujours pitoyable,
Secrettement il l'assiste en tout lieu,
Et des presens de sa main charitable
D'autres témoins il ne veut que son Dieu.

[1] Tiré a été mis pour *trié*. Expression proverbiale qui signifie
un saint choisi parmi les saints.

## L'HYPOCRITE.

Pleine de faste et d'ostentation
Du faux devot est la devotion.
Loin d'assister le pecheur miserable,
Toujours cruel, toujours impitoyable,
Publiquement il l'insulte en tout lieu,
Et sa vertu faussement charitable
Cherche le monde et se cache à son Dieu.

## TOUT AU CONTRAIRE.

Le vray devot qui, pour son Createur,
Porte en son sein le veritable culte,
Plein comme luy d'indulgente douceur,
Fuit en tous lieux le scandale et l'insulte.
Le vray pieux sans fiel et sans aigreur,
Comme son Dieu, prend pitié du pecheur
Et comme luy le releve en sa chute,
Courtoisement il reprend son erreur,
Et son prochain jamais ne persecute
D'un zele armé de feinte et de fureur.

## L'HYPOCRITE.

Le faux devot qui, pour son Createur,
N'a dans son cœur ny d'amour ny de culte,
Ny comme luy d'indulgente douceur,
Cherche en tous lieux le scandale et l'insulte
Le faux pieux plein de fiel et d'aigreur,
Comme le Diable irrite le pecheur,
Et comme luy precipite sa chute ;
Publiquement il reprend son erreur,
Et son prochain sans cesse il persecute
D'un zele armé de feinte et de fureur.

Voilà le veritable caractere de l'hypocrite, que vous avez pu remarquer en celuy-cy, qui n'a dans la bouche que des feux, des potences et des roües, et qui sonne partout le tocsin sur le pauvre pecheur. Cependant ce sont là les veritables athées que nous cherchons en vain parmy les plus débauchez et que nous ne trouvons pas mesme parmy les plus scelerats de tous les hommes, puisque, hors de l'hypocrite, je ne croy pas qu'il y ait aucun homme sur la terre qui ne reconnoisse la Divinité et qui n'encense ses Autels. Oüy, ce sont ces mocques-Dieu qui sont les veritables ennemis de sa puissance et de sa gloire, et qui de son Estre s'en font une chimere dont ils se targuent en public et se joüent en secret. Car, s'ils croyoient un Dieu comme nous le croyons et qu'ils eussent apprehension de sa justice, ils ne seroient pas si hardis de s'en mocquer. A peine eus-je achevé mon discours, que ce monde avoit écouté avec un trés-profond silence, qu'il s'éleva parmy eux un certain murmure, qui, parmy la confusion de leurs applaudissemens, me fit assez connoistre qu'ils estoient entièrement persuadez du merite de Triboulet et de la justice de ma cause. Il n'y eut que Triboulet seul qui, parmy ces publiques acclamations, manqua de voix et perdit la parole avec plus de la moitié de sa couleur; car il est certain que les rubis balays[1] qui rehaussoient le coloris incarnadin de son visage rubicond perdirent beaucoup de leur prix par la diminution de leur éclat, et qu'en cette mortelle angoisse un gros Saphir Oriental, qui, sur le bout de son nez teint en grene[2],

[1] Rubis couleur de vin paillet. Régnier dit du nez de son pédant :

.....Maints rubis *balais* tout rougissans de vin
Montroient un *hac itur* à la Pomme de pin.

[2] Bourgeonné.

faisoit le pot à deux anses, perdit beaucoup de sa gravité par la perte d'une partie de son lustre. Cette victoire emportée sur Triboulet, comme de tous les animaux il n'en est point de si haï que l'hypocrite, pource qu'il n'en est point de si cruel ny de si ennemy de l'homme, tout le monde tourna le dos à Triboulet et chacun me congratula; ces bons Religieux en firent de mesme, et mon Gentilhomme, de son costé, voyant qu'après la peine que j'avois prise à demasquer ce masquarade de devotion, je méritois bien un coup à boire, fit venir un grand pâté de veau avec deux bouteilles d'excellent vin, que nous décoiffâmes fort joyeusement avec ces deux bons Peres Capucins, qui, grâces à nos instantes prieres, ne dedaignerent point de se mettre de nostre écot. Tous les autres, à nostre imitation, en firent de mesme, et il n'y en eut pas un de la troupe qui, pour me témoigner son estime, ne portast une razade à ma santé.

## LA RENCONTRE DE L'ILLUSTRE SAVOYARD.

Dans cette publique allegresse, ce Gentilhomme, qui n'avoit point oüy chanter Pierrotin, me pria, conjointement avec ces deux bons Religieux, de luy faire dire quelque chanson, et moy, qui, aprés ce qu'ils avoient fait en ma faveur, ne demandois pas mieux que de leur en témoigner ma reconnoissance, je fis apporter mon teorbe sur lequel ayant fait dire à mes Pages de musique plusieurs chansons touchantes et passionnées, j'attiray un auditeur qui fera bien voir le progrés que j'ay fait dans l'empire des Muses, puisque celuy qui attiroit plus de bestes en un jour qu'Orphée n'en eust attiré en dix ans, me reconnut pour son Apollon et pour son maistre. Celuy-cy es-

toit un homme qui avoit beaucoup de sujet de se plaindre de
la nature, qui ne luy avoit pas accordé, comme au reste des
animaux, la faculté de discerner les objets, puisque, faute
d'une paire d'yeux, il estoit contraint d'en prendre à loüage
du tiers et du quart, et se laisser conduire comme la pluspart des Grands, qui ne voyent le plus souvent que par les
yeux d'autruy. Mais, en récompense, il n'avoit rien à re-
procher à cette bonne mere touchant la dispensation de ses
oreilles, dont il avoit de chaque costé des mandibules pour
le moins un bon quartier, mais si belles et si vermeilles,
que, bien que son nez ne fust pas moins haut en couleur,
on avoit de la peine à juger qui emportoit le prix, ou la
pourpre de son nez, ou le cinabre de ses oreilles. Pour
moy, me voyant abordé par ce prototype des borgnes,
comme je venois d'illuminer des aveugles, je crus que cét
homme, qui marchoit dans les tenebres, venoit encore à
moy pour en estre illuminé. Mais je me trompois fort dans
le jugement que je faisois de ce personnage enluminé. —
Dieu vous benit, nostre Maistre, dit-il en m'abordant;
croyez, Monsieur, quelque plaisir que j'aye pris à vous oüir
si bien dire et si bien chanter, que j'en prendrois encore
bien plus à vous voir et à vous contempler, quand ce seroit
mesme à la fourche [1]. — Je n'en doute pas, luy dis-je; mais
qui estes-vous, afin que je sache à qui je suis obligé de
tant de courtoisie? — Je suis, dit-il, de la race des Amphions et des descendans d'Homere, et j'oze dire que j'ay
encore quelque avantage sur ce divin personnage [2]; car,

---

[1] Pour : à la potence.
[2] G. Guéret, dans sa *Guerre des auteurs anciens et modernes*,
prête cette grotesque boutade à un contempteur d'Homère : « Ne
vous entêtez pas si fort de cet aveugle, s'écrie l'abbé Bois-Robert:
ses poëmes ne sont composez que des chansons qu'il chantoit devant la Samaritaine et sur le Pont-neuf de son temps; c'étoit un

bien qu'il fust aveugle comme je suis et qu'il chantast ses vers publiquement par les portes comme je chante les miens, il n'avoit que la jambe veluë, et moy je suis velu comme un ours par tout le corps. Tel que vous me voyez, Monsieur, apprenez que je suis un enfant des Muses des

coureur de cabarets qui suivoit la fumée des bons escots, et j'ay plus de deux garens parmy Messieurs les Anciens qui me font dire qu'il n'avoit pas un employ plus honnorable que celuy de nostre fameux Savoyard. » — Ouvrons le *Recueil nouveau des chansons du Savoyard, par luy seul chantées dans Paris.* (Paris, 1665, vol. in-18 de 159 pages.) Voici ce que Philippot chantait sur son propre compte :

> Je suis ce fameux Savoyard
> Qui, par l'adresse de mon art,
> Surmonte la melancolie :
> Je ne suis jamais si content
> Qu'alors qu'en bonne compaignie
> Je trouve à bien passer mon temps.

> Malgré la perte de mes yeux,
> Mon nom éclatte en divers lieux
> Sous ce titre d'incomparable :
> Si je passe pour débauché,
> Je n'en suis pas moins estimable,
> Moins heureux ni moins recherché.

> . . . . . . . . . .
> N'oubliez pas le Savoyard
> Avec ses chansons dissoluës !
> S'il n'eust pas été si paillard,
> Il n'aurait pas perdu la vue.

Et plus loin :

> Je suis l'illustre Savoyard,
> Des chantres le grand capitaine...
> . . . . . . . . . .
> Je suis l'Orphée du Pont-neuf,
> Voicy les bestes que j'attire :
> Vous y voyez l'asne et le bœuf
> Et la nimphe avec le satyre ;
> Accourez, filles et garçons.

> . . . . . . . . . .
> Homère, ce chantre divin,
> Comme moy digne de mémoire,
> Eut tant d'amour pour le bon vin,
> Qu'il perdit les yeux de trop boire...

plus celebres et des plus cheris, Poëte et Chantre fameuẍ, mais un Chantre doué d'un organe si puissant et d'une voix si éclatante et si forte, que, pourveu que j'aye pris seulement deux doigts d'eau de vie, si je chantois sur le Quay des Augustins, le Roy m'entendroit des fenestres de son Louvre. Cela dit, sans attendre d'estre prié, il tira de sa poche un petit livre couvert de papier bleu, et, l'ayant donné à un jeune garçon qui luy servoit de guide, ils unirent tous deux leurs voix, et tous deux, le chapeau sur l'oreille, ils chanterent ces agreables chansons :

> Helas, mon amy doux, etc.

Et cette autre, que chantoit autrefois Gautier-Garguille[1] :

> Baisez-moy, Julienne.
> Jean Julien, je ne puis.

Aprés celle-cy, il en chanta une de sa façon toute nouvellement fabriquée, dont le titre estoit celuy-cy : *Chanson pitoyable et recreative sur la mort d'un Cordonnier, qui se coupa la gorge avec son tranchet pour se vanger de l'infidelité de sa femme.*

Comme les choses excellentes touchent vivement les sens, cette chanson, la plus excellente que j'aye jamais oüy de cette nature, toucha si vivement ce Cavallier et moy, que cette eau lachrymale, qui se fait par la vehemente concussion du cerveau, s'exhala par nos yeux en tant de gout-

---

[1] Cet illustre farceur, gendre de Tabarin et collaborateur de Turlupin et de Gros-Guillaume, a laissé un petit volume de drôleries intitulé *Chansons de Gaultier Garguille*, et dont la première édition est de 1651. Nous y avons vainement cherché la chanson que cite Dassoucy.

tes, que je puis dire qu'à force de rire je ne vis jamais
tant pleurer. Ces bons Religieux, qui avoient participé à
nostre repas, ne purent s'empescher de participer à nostre
plaisir. Cette musique finie, au contentement de tous les
auditeurs, pour ne pas demeurer ingrat à ses peines, je
lúy dis que je me sentois insolvable pour luy payer le plaisir qu'il m'avoit donné et qu'il avoit bien raison d'appeler
sa chanson pitoyable et recreative, puisque, tout ensemble, elle nous avoit si bien fait rire et si bien pleurer,
que, dans son ingenuité, sa Poésie estoit tellement inimi-
table, que je défiois les plus beaux esprits du temps de la
pouvoir jamais imiter; et que, bien que ses rimes fussent
triviales et ses expressions vulgaires, ayant, par une
faculté occulte, la puissance d'émouvoir et de faire rire,
elles estoient infiniment preferables à toutes les rimes
plates et glacées de tant de Poëtes morfondus dont la Poésie insipide et fade ne sçauroit ny faire rire ny faire pleurer. Qu'au reste je ne voulois point perdre les traces d'un
homme si rare et si particulier, et, qu'avant de nous separer, je voulois sçavoir son nom et le lieu où il tenoit
son Parnasse. — Je m'appelle, dit-il, Philippot, à vostre
service, autrement le Savoyard, et, si vous passez jamais
sur le Pont-neuf, c'est sur les degrez de ce Pont que
vous verrez mon Parnasse; le Cheval de bronze est mon
Pegaze, et la Samaritaine la fontaine de mon Helicon. —
Ah ! Monsieur le Savoyard, luy dis-je, soyez le bien rencontré ; comme de Chantre à Chantre et de Poëte à Poëte
il n'y a que la main, il faut que nos Muses boivent ensemble. Cela dit, aprés l'avoir fait asseoir, je luy donnay
une tranche de pâté, et pour luy montrer l'estime que je
faisois de son merite, je portay plusieurs razades à ce
Gentilhomme, en disant à la santé du grand Savoyard,

Prince des Poëtes de la Samaritaine, et luy, pour me
rendre la pareille, me riposta autant de fois, en disant à
la santé du grand Dassoucy, Prince des Poëtes Burlesques. Cela fait, comme dans de semblables rencontres
les grands Princes s'entre-regalent, il me regala d'un de
ses livres de chansons, que je pris de sa main veluë avec
toute la reverence que je devois à une si belle main et à
de si beaux ouvrages. Et, pour ne paroistre pas moins genereux, je lui offris des miennes; mais, au lieu de les accepter, il me dit : — Helas ! Monsieur, si je n'avois que des
chansons de cette nature, mon pauvre Parnasse seroit
bientost à cu et mes pauvres Muses bien bas percées.
Quoy, j'irois parler Phœbus devant un compagnon boulanger ou un garçon rôtisseur qui n'a jamais lu que *Robert le Diable* [1] ou *Richard sans peur* [2]? Non, Monsieur,
gardez vos belles chansons pour les oreilles des Princes et
le cabinet des Roys. — Vous m'étonnez, lui dis-je, car je
suis certain, sans dépriser Messieurs vos Poëtes de la Samaritaine, que nos Musiciens et nos Poëtes de cour tenoient autrefois le haut du pavé sur vostre Parnasse. — Il
est vray, dit-il, feu mon pere, à qui Dieu fasse paix, a
chanté mille fois des chansons de Guedron [3] et de feu Boesset [4]; et si nostre monde ne se cabroit point contre leurs

---

[1] *La vie du terrible Robert le Dyable, lequel fut nommé Lomme
Dieu.*

[2] *L'Histoire de Richard sans Peur, duc de Normandie, fils de
Robert le Diable, qui fut Roy d'Angleterre; lequel fit plusieurs conquestes.*

[3] Pierre Guedron, maître de musique et compositeur de la
chambre du roi Louis XIII. — On trouve plusieurs chansons de
Guedron dans le recueil de G. Bataille : *Airs mis en tablature de luth.*

[4] Antoine Boesset, sieur de Villedieu, écuyer, intendant de la
musique du roi Louis XIII. Ses airs à plusieurs parties lui valurent
une grande vogue. — Il était mort en 1645.

productions, mais c'est qu'en ce temps-là les Poëtes parloient Chrétien pource qu'ils estoient plus Chrétiens que
ceux d'aujourd'huy, et faisoient les paroles de leurs airs
plus tendres, plus passionnées et plus naturelles, pource
qu'ils estoient plus amys de la nature que la pluspart des
nostres, qui en ont chassé la passion pour y introduire les
pointes, si bien qu'aujourd'huy on n'entend presque plus
chanter que des Epigrammes. Outre cela je vous diray que
les airs de ces doctes Amphions estoient si doux, si finis
et si achevez, que la beauté du chant excusoit auprès du
peuple la force peu entenduë des paroles; mais, depuis la
mort de ces grands genies, il n'en est presque plus de mention, et, sans un certain Ultramontin[1] que le Ciel pitoyable,
pour le salut de nos oreilles, nous a fait icy tomber des
nuës, et qui, par ses chants enjoüez, vient de temps en
temps rafraîchir nostre pauvre Parnasse, la Samaritaine
seroit bien ennuyée et Sa Majesté de Bronze bien mal à
cheval. C'est pourquoy, ne trouvant aujourd'huy quasi
plus de chants qui soient dignes de nos paroles, ny de
paroles qui soient dignes de nos chants, nous aimons
mieux avoir recours aux vieilles productions, comme :
*Appelez Robinette,* ou *Birene, mon amy,* qu'à leurs
miserables chansons ou plûtost à leurs miserables motets, où il n'y a ny mouvement, ny passion, ny expression, et qui, bien qu'elles ne parlent quasi que de tendre
et de tendresse, sont si aigres et si dures, qu'ainsi qu'on
sucre les médecines pour les faire avaler, s'ils ne les su-
croient pas par les fleurettes de leur methode de chanter, on ne les pourroit pas supporter. — Vous en parlez,
luy dis-je, non pas comme un aveugle des couleurs, mais
comme un homme bien clair-voyant, et je ne sçaurois

[1] Lulli, — Ses airs faisaient fureur sur le Pont-Neuf.

trop loüer vostre prudence d'avoir refusé mes chansons.
Mais, d'autant que vous m'avez donné des vostres, il est
bien raisonnable, puisque mes vers me donnent à vivre,
que vos vers vous donnent à vivre aussi. Cela dit, je tiray un écu de ma bourse, que je luy mis dans la main,
le suppliant de me conserver toujours l'honneur de ses
bonnes grâces et de son souvenir.

## CHAPITRE VIII.

### L'avanture de l'Ours, avec le plaisant combat de l'illustre Savoyard avec le Cuistre Cagot.

JE croy bien qu'aprés cela le Savoyard, qui n'avoit pas
accoûtumé de vendre si bien ses chansons, se fust
épuisé en actions de graces et moy en complimens éternels, si nous n'eussions esté interrompus par le cry de
tous les passagers. C'estoit un grand et furieux Ours qui
sembloit ne s'estre déchainé que pour prendre mon party
contre ce Cagot. Car, soit que les Ours haïssent les Pedans, ou que les Pedans soient ennemys des Ours, cet
Ours anti-pedant se jeta furieusement dans le quartier de
Triboulet, où, aprés luy avoir déchiré sa robe d'un bout
à l'autre et regalé de quelques soufflets, il le culbuta
avec toutes ces vieilles accroupies qui m'appeloient Parpaillot, qui, dans ce desordre, ne pûrent si bien faire,
qu'elles ne fissent voir le monde à la renverse et ne
montrassent publiquement les portes secrettes par où
l'on vient à la vie. Cela fit rire, mais fort peu de temps,
car l'Homme à l'Ours étant venu pour le reprendre, et
l'Ours voulant deffendre sa liberté, il se rua sur son

maistre et le colleta si bien, que, sans un prompt secours,
il l'auroit irremissiblement déchiré en mille pieces. Car,
quoy que ce maistre Ours fust environné de plus de
vingt épées et qu'il fust déjà percé de plusieurs coups,
cela n'empescha pas qu'il ne fit tout ce qu'un Ours de
bien et d'honneur peut faire pour la reputation des animaux de son espece, et qu'il ne se portast de sa personne
si vaillamment en ce perilleux combat, qu'aprés avoir
blessé son maistre en plusieurs endroits de son corps et
l'avoir presque devisagé, il ne laissast encore aux autres
des marques de sa ferocité; et je croy bien qu'il eust vendu
plus cherement sa peau, si ce Gentilhomme qui, le voyant
acharné sur un de la troupe, n'eust d'un seul coup de
mousqueton finy ce dangereux combat par la mort de
cette beste farouche. Cette bataille terminée, nous abor-
dâmes cet homme, qui nous fit beaucoup de peine et de
pitié ; car, outre les blessures qu'il avoit sur son corps et
qu'il avoit une partie du visage emportée, il estoit encore
si desespéré, qu'au lieu de rendre graces à ceux qui
avoient hazardé leur vie pour son salut, il dit qu'on luy
auroit fait plus de plaisir de le laisser étrangler que de
luy tuer son Ours; qu'il auroit bien vendu cet Ours au
Duc de Florence, que cet Ours estoit tout ce qu'il avoit
au monde, et qu'avec cet Ours ayant perdu tout son bien
et toute sa fortune, il ne se soucioit plus de vivre. De
sorte qu'à l'oüyr parler on avoit grand tort de ne l'avoir
pas laissé devorer à son Ours. Pour moy je croy que, sans
ses blessures, cet homme se seroit battu contre ceux qui
luy avoient sauvé la vie. De sorte que, voyant l'ingratitude de cét animal plus sauvage et plus Ours que son
Ours, plusieurs l'abandonnerent et luy laisserent faire les
obseques de son parent. Mais moy, qui estois déjà sçavant

dans les miseres humaines, je n'en fis pas de mesme.
J'excusay son ingratitude et pardonnay à son desespoir, et
pour luy témoigner ma compassion, je luy donnay un
écu et luy en fis donner un autre par .ce Gentilhomme.
Si bien que, voyant que mon intercession ne luy estoit
pas inutile, je questay pour luy par toute la barque, et
questay si bien l'Homme à l'Ours, qu'en moins d'un quart
d'heure je luy amassay prés d'une vingtaine de livres, qui
ne servirent pas moins à le rétablir en son bon sens que
les mielleuses paroles de ces bons Peres qui lui conseil-
lerent de vivre au moins tout le temps que dureroit cét
argent. Le reste du jour, le Pedant, l'Aveugle et l'Homme à
l'Ours fournirent de matiere à nostre entretien, et le soir,
estans arrivez au giste, ce Gentilhomme et moy, ne pouvant
nous separer de ces bons Religieux, nous les priâmes de
venir souper avec nous. Mais, comme j'entrois dans la
cuisine pour donner ordre aux sauces, j'entendis un grand
bruit; c'estoit le Savoyard et Triboulet qui contestoient
tous deux pour la trippe. Quoy que, parmy ces personnes
celestes, la discorde eust allumé un furieux debat, ils ne
disputoient pourtant pas pour une pomme, mais pour
une épaule de mouton qui, au sortir de la broche, par
son odeur aromatisante, flattoit l'odorat et attiroit les inclinations de tous ceux qui n'estoient pas dépourvûs d'appetit. Le Savoyard la vouloit avoir, et Triboulet la vouloit avoir aussi. Le cas estoit problematique, épineux et
difficile à resoudre. Car le Savoyard disoit que ladite
épaule, dont estoit question, luy appartenoit d'aussi bon
droit que le chappeau qu'il avoit sur la teste, et alleguoit
pour ses raisons que, selon les ùs et coûtumes établies
de toute ancienneté, on ne pouvoit, sans le lezer en ses
droits, le frustrer de ladite épaule, d'autant qu'il en avoit

déjà arresté le marché avec le maistre du logis. Le Pedant, d'autre part, qui s'en estoit déjà saisi, disoit en jurant que, *jure jurando*, l'épaule luy appartenoit, et, la prenant par le manche, se targuoit sur le droit des gens, et crioit de toute sa force : *Qui tenet, possessio valet.* — Quoy, dit l'Aveugle qui entendoit un peu le Latin de cuisine, ne tient-il donc qu'à se gourmer, et pour épaule s'épauler? S'il est ainsi, morbleu, la vache est à nous, car, *Monachus in bello non valet ova duo.* — Il est vray, dit le Pedant, mais *in culina valet bene triginta.* — Il n'importe, dit l'Aveugle (qui estoit un puissant ribaut), nous allons voir qui aura belle amie. Ce dit, aprés avoir soufflé la chandelle pour oster le jour à son ennemy, il se rua impetueusement sur Triboulet : mais ce Pedant, qui avoit preveu cette insulte, fit un pas de retrocession, puis, ayant levé le bras droit, disant, *vim vi licet repellere*, il luy donna de cette épaule, qui estoit encore toute brûlante, un si furieux soufflet par les mâchoires, que les marmites et les chauderons, qui servoient d'échos à cette furieuse bataille, en resonnerent tout alentour; de quoy l'Aveugle, indigné autant qu'un homme d'honneur le peut estre aprés un tel affront, et ne trouvant aucunes armes pour vanger son injure et deffendre la dignité de sa personne, il se saisit précipitamment d'une broche, où, sans penser à cette insulte, rôtissoit à loisir, une trés-grosse et trés-grasse éclanche de mouton, de laquelle broche, escrimant à tort et à travers, il alloit d'un seul coup percer les trippes et les boudins du malheureux Triboulet, si le marmiton, conjointement avec le cuisinier, ne luy eust promptement arraché d'entre les mains ce dangereux instrument de guerre; mais ils ne pûrent si bien faire que le juste Ciel, qui ne vouloit pas que ces deux valeureux champions se battissent avec des armes inégales, ne luy fist miraculeusement rester le gigot dans les mains. Adonc commença la furieuse et sanglante bataille

> Entre l'épaule et le gigot,
> Le Savoyard et le Cagot.

Qu'on ne me parle point du combat d'Enée et de Turnus, d'Achilles, ny d'Hector, ny des prouësses de Mandricart et de Ferragus [1] ; ces deux Heros de cuisine, qui s'entremassacroient pour la trippe, se battoient avec toute autre fureur. Et, quoy que l'on die des Cyclopes, jamais Brantes [2] ny Pyracmon ne frapperent si dru sur leur enclume en forgeant les foudres de Jupiter, que l'invincible Savoyard et l'agile Triboulet, qui, parant et portant tantost en tierce et tantost en quarte, faisoient bien voir par leur velocité, quoy qu'ils eussent en main l'épaule et le gigot, qu'ils ne s'endormoient pas sur le rosty. Aussy l'on ne tarda gueres à voir les sanglans effets de leur ferocité par les sanglantes marques que leurs armes imprimerent sur leurs habits et sur leur visage. On ne vid jamais une si grande effusion de graisse ny tant de sang répandu. Mais, comme ces armes n'estoient pas d'assez bonne trempe pour resister à de si longs et de si furieux efforts, on vid bientost le champ de bataille tout jonché des pieces de leurs harnois, et ce fut alors que ces valeureux combattans furent bien étonnez, le Savoyard, pour n'avoir plus que le manche du gigot dont il faisoit teste à Triboulet, et Triboulet, pour n'avoir plus de toute l'épaule que la paix [3] qu'il luy presentoit et luy portoit à

---

[1] Personnages du *Roland furieux*.
[2] Brontes.
[3] Os plat et large qui forme l'épaule de mouton.

tous coups dans le ventre, et que le Savoyard, amy de la
guerre, ne vouloit pas accepter. Enfin, les restes de leurs
armes estans volés en éclats, et n'ayant plus que les
poings et les griffes pour terminer leur different, aprés
quelques gourmades reciproques, ils se prirent au corps.
Et ce fut dans ce champ d'honneur déjà tout jonché de
leurs collets, de leurs cheveux et de leur barbe, qu'attachez à la lutte, au grand plaisir des spectateurs, ils ne
firent pas moins paroistre les ruses des plus fameux
Athletes du temps passé, qu'épaule et gigot en main, ils
avoient déjà fait voir tous les tours d'escrime des modernes et des anciens Gladiateurs. On ne vid jamais tant de
force et tant d'adresse, de ruses et de détours, de contre-
temps et de surprises. Mais enfin, aprés plusieurs croc-
en-jambes et plusieurs secousses, le Savoyard, indigné de
voir durer si longtemps son antagoniste, rassembla toutes
ses forces; il prit le malheureux Triboulet par le milieu
du corps, et, comme jadis Hercules fit à Antée, aprés luy
avoir fait perdre terre, il le renversa, et, le renver-
sant, ô destin pitoyable! ô désastre inoüy! ô malheur ir-
reparable! le diray-je! oüy, Lecteur; le Savoyard ne se
pouvant détacher de Triboulet, ni Triboulet du Savoyard,
ils tomberent tous deux ensemble sur les broches et sur
les landiers[1], mais si rudement que, dans leur chute, ils
briserent tous les pots, renverserent toutes les broches et
culbuterent toutes les marmites, dont s'ensuivit un si
grand deluge de broüet, de sauces et de bouillon, que la
cuisine en fut incontinent toute inondée. Et ce fut dans
ce changement de scene que, parmy les vagues enflées
des naveaux[2] de cette mer potagere, il faisoit bon voir

[1] Grands chenets de cuisine.
[2] On disait indistinctement naveau ou navet.

nos valeureux combattans quitter le combat de terre pour
commencer un combat naval qui, sans doute, n'auroit jamais finy, sans l'extinction de l'un et l'autre Palladin.
Mais le Ciel, qui ne vouloit pas perdre des personnes si
rares, si belliqueuses, si sçavantes et si nécessaires à l'E-
tat, permit que l'hoste arrivast à point nommé pour leur
salut, qui, accompagné de quatre valets *cum armis et
fustibus*, prit d'abord le party du Savoyard contre le
malheureux Triboulet, qui, se voyant accablé par la multitude, crioit vainement : *Ne Hercules contra duos*,
tandis que cet hoste, qui n'entendoit pas le latin, frap-
poit comme un sourd et vangeoit à grands coups de
cuillier à pot l'excés commis en ses biens, et l'outrage
perpetré en la dignité de ses pots et de ses marmites. La
bataille finie, les landiers redressez, les pots reintegrez
et remis avec honneur dans leur place, il fut dit que le
Pedant, comme aggresseur et perturbateur du repos public, payeroit le gigot et l'épaule avec tous les dommages
et interests, et que le Savoyard qui, selon le droit naturel, n'avoit agy que pour sa deffense, seroit entierement
dédommagé et envoyé hors de Cour et de procés; et, pour
augmenter les trophées de cet illustre combattant, nous
le menâmes, tout triomphant et tout couronné des lauriers de sa victoire, souper avec nous, où, pendant qu'assis à nostre table il se recompensoit de ses fatigues sur
une autre épaule, qui, jointe à un gros dindon, faisoit le
prix de ses conquestes, je fis ces vers à sa gloire, que je
luy donnay pour son dessert :

> Savoyard, je t'apreste à boire
> Et te rends graces, Phillippot,
> D'avoir, à grands coups de gigot,
> Vangé les Filles de memoire,

Et de ce Docteur ostrogot
Demantibulé la machoire.
Mais, bien qu'il soit à tous notoire
Que la cuillier et le tricot[1]
Ayent eu part à la victoire,
Que perdit en ce territoire
Triboulet le malin cagot,
Pardonnez-moy, cuillier à pot,
Si, sans offenser vostre gloire,
Ainsi qu'on void en mon histoire,
Je tiens toujours pour le gigot.

---

## CHAPITRE IX.

Dassoucy arrive à Lyon, où Pierrotin court fortune de la vie par
la jalousie de son camarade. — Il suit Moliere en Avignon, où il
est filouté. — Éloge de Moliere.

LE lendemain, suivant la coûtume de nos Bateliers,
nous partimes dés la pointe du jour, où je ne vis plus
paroistre ny le Pedant échaudé, ny l'Homme à l'Ours, et,
le jour suivant, j'arrivay à Lyon, qui, au respect de Paris,
me parut d'abord un trés-beau Village. Cela n'empescha
pas, aprés l'avoir bien considéré, que je n'en trouvasse
le séjour fort agreable, et le peuple trés-honneste.

Et l'on peut dire de Lyon,
Ville sur toute autre fidelle,
Que son peuple est charmant et bon,
Autant qu'elle est charmante et belle.

[1] Bâton grossier, tiré d'un fagot.

Ce n'est pas qu'en mainte ruelle,
On n'y redoute le fripon,
Et que l'argent de l'escarcelle
N'y craigne l'attrappe-minon,
Du moins autant que la prunelle
De la Nine et de la Nannon.

Aussi, quelque desir que j'eusse de passer les monts dont je pouvois à toute heure contempler les croupes blanchissantes, je ne pûs resister aux caresses que je receus de tout ce beau monde, qui fit tout honneur et tout accueil à mes Muses. J'y vis Madame de Saint-Pierre, qui me donna sa musique, aprés luy avoir donné la mienne. Je la donnay encore à tous les Couvens des Religieuses chantantes à qui je sçavois le meilleur gré du monde ; car il n'y avoit pas une de ces filles devotes qui n'eust déjà une copie de mon Ovide en belle humeur. Mais ce qui m'y charma le plus, ce fut la rencontre de Moliere et de Messieurs les Bejares[1]. Comme la Comedie a des charmes,

[1] Les Béjart, qui, comme on le sait, faisaient partie de la troupe de Molière, se composaient de :

1° Madeleine (née en 1618), que des relations très-intimes unissaient au futur époux de sa sœur Armande, laquelle n'avait alors que huit ans ;

2° Jacques (né en 1622), qui, en 1655, a publié un volume in-folio intitulé : *Recueil des tiltres, qualités, blazons et armes des seigneurs barons des Etats generaux de la province du Languedoc, tenus par Son Altesse Sérénissime Monseigneur le prince de Conty..... Dédié à Son Altesse Sérénissime.* Il débute ainsi dans son Avant-Propos : « Ce n'a point esté la vanité d'escrire en ce genre qui m'a fait entreprendre cet ouvrage..... J'ay creu qu'il estoit du devoir d'un véritable François de faire connoistre l'abus qui s'estoit glissé dans le Languedoc, et principalement dans Montpellier, touchant les armes de leurs souverains. »

3° Louis (né en 1630), qui créa le rôle de *la Flèche* dans l'*Avare* et quitta la scène en 1670, avec une pension de mille livres que lui firent ses camarades. — C'est là l'origine des pensions de retraite de la Comédie-Française.

je ne pus sitost quitter ces charmans amys; je demeuray trois mois à Lyon parmy les jeux, la Comedie et les festins, quoy que j'eusse bien mieux fait de ne m'y pas arrester un jour; car, au milieu de tant de caresses, je ne laissay pas d'y essuyer de mauvaises rencontres. Je ne diray pas à quelle extremité je fus reduit avec un autre yvrogne, qui vouloit à toute force que je luy prétasse mon argent, ny ce qui m'arriva au trente et quarante avec un trés-habile et trés-expeditif Allemand qui, par miracle, avoit tout l'air et le visage de mon tueur de temps. Mais je ne puis passer sous silence le danger que courut Pierrotin par la malignité de son camarade. Ce n'est pas une chose extraordinaire de trouver des hommes cruels et méchans, mais il est rare de trouver des enfans aussi méchans et aussi cruels que les hommes. Caïn, envieux de son frere, tua Abel, et Joseph fut jeté dans un puits par la jalousie de ses freres. Celuy-cy, par le mesme motif, conspira contre la vie de Pierrotin. Je tenois cet enfant de la main galeuse d'un pere que la maladie et la pauvreté n'avoient pû humilier : quoy que la pluspart du temps il ne vécust que de la soupe qu'il alloit mandier aux portes des Couvens, et que son plus beau revenu fust assigné sur le fonds de la marmite des Cordeliers, il ne laissoit pas de se picquer terriblement de Noblesse, et qui luy eust disputé à la porte des Chartreux le titre de Noble, il luy auroit rompu la teste de son écuelle et vomy un plat de potage sur le nez. Son fils estoit de mesme humeur; c'est pourquoy, sçachant que Pierrotin n'estoit que le fils d'un faquin, il le méprisoit cruellement. Aussi Pierrotin, qui estoit fier et fort, le battoit de mesme, c'est-à-dire fortement et fierement. Outre cela, quoy que Pierrotin, dans son art, fust un ori-

ginal sans copie, ce noble impertinent et incommode ne
laissoit pas de s'estimer autant que luy; et sans considerer que, pour l'execution de mes airs, sa qualité de noble
estoit à mon égard une qualité trés-inutile, il ne laissoit
pas de s'imaginer que je luy faisois un grand tort de
preferer le merite de la voix de Pierrotin à la dignité de
sa condition et de ses titres. Dans cette imagination, autant de faveurs que je manquois à luy faire et que je faisois à Pierrotin luy sembloient autant d'actes de mon injustice, et tout le bien que, dans les compagnies, on disoit de Pierrotin, estoit à son avis autant d'attentats à sa
gloire. C'est pourquoy il ne faut pas demander si ce mauvais
garçon, qui cherchoit tous les moyens de luy nuire, manqua de luy témoigner les cruels effets de sa haine et de
son envie à la premiere occasion qu'il en rencontra. J'estois logé sur la Sône, et mon logis avoit une issue sur
le bord de cette riviere. C'est pourquoy, dans la crainte
que j'avois de quelque desastre, je leur avois deffendu
l'eau aussi étroitement qu'à consideration de leurs voix je
leur deffendois le vin. J'estois pour lors embarrassé dans le
jeu, et mon absence, donnant à Pierrotin plus de liberté de
transgresser mes commandemens, et à son camarade plus
de commodité de mal faire, ce petit dragon, plus caute-
leux que celuy qui enjôla nostre premier Pere, eut moins
de peine que luy à persuader à ce petit miserable de se
baigner; et, voyant une si belle occasion de se deffaire
de son antagoniste, aprés l'avoir fait dépoüiller, comme
il n'est rien de plus aisé que de faire croire tout ce que
l'on veut à un fol, il fit croire à celuy-cy, le plus fol de
tous les fols, qu'en cet endroit où Pentagruel eust eu de
l'eau par-dessus la teste, qu'il n'en auroit pas jusqu'aux
genoux. De sorte que Pierrotin, qui nageoit non pas

comme un poisson, mais comme une pierre, et qui estoit un garçon trés-sincere, tout niais et de bonne foy,
s'estant jetté dans ce gouffre, se noyoit encore de trés-
bonne foy sur la parole de son camarade, qui, le voyant
noyer à trois doigts du bord, au lieu de luy prester la
main ou d'appeler quelqu'un à son secours, disoit trés-
devotement un *De profundis* pour le salut de son âme.
Mais comme Dieu vouloit que Pierrotin fust l'instrument
fatal de toutes mes disgraces, il ne permit pas qu'il perist
en cette rencontre; il suscita un Ange pour son salut,
c'estoit un Peintre qui travailloit dans une chambre haute
répondant sur cette riviere, qui, ayant mis la teste à la
fenestre pour prendre un peu d'air, et voyant noyer Pierrotin, courut promtement à la corde du puits, et arriva
si justement au secours de ce miserable beuveur d'eau,
qu'un moment plus tard cet archibiberon ne beuvoit jamais
plus que dans le fleuve d'oubly. Pour moy, qui n'estois
point averty de ce desordre, je fus bien étonné, arrivant
au logis, de trouver Pierrotin pendu par les pieds qui
achevoit de rendre à la Sône une partie de la Sône qu'à
son grand regret il avoit si sottement avallée. Je fis incontinent chercher son camarade pour sçavoir le détail
de cette belle affaire; mais comme il se sentoit la conscience chargée de cet assassinat et qu'il apprehendoit ma
justice, il avoit déjà prevenu mon ressentiment par une
soudaine fuite. De sorte que, voyant ma musique decon-
certée par la perte de l'un de mes Pages et mon fonds alteré par la perte d'une bonne partie de mon argent, je
commençay à m'apercevoir de la faute que j'avois faite
de sejourner si longtemps dans une Ville où je n'avois
aucune affaire. Et comme un precipice attire l'autre, ayant
oüy dire qu'il y avoit dans Avignon une excellente voix

de dessus dont je pourrois facilement disposer, au lieu de
suivre par le col de ses montagnes cét agreable torrent
qui mène à Thurin, je m'embarquay avec Moliere sur le
Rosne, qui mene en Avignon, où, estant arrivé avec quarante pistoles de reste du debris de mon naufrage, comme
un joüeur ne sçauroit vivre sans cartes non plus qu'un
matelot sans tabac, la premiere chose que je fis ce fut
d'aller à l'Academie ; j'avois déjà oüy parler du merite
de ce lieu et de la capacité de plusieurs galans hommes
qui divertissoient fort galamment les bienheureux passans qui aymoient à joüer à trois dez, j'en fus encore adverty charitablement par un fort honneste marchand de
linge, qui, voyant ma bourse assez bien garnie, que j'a-
vois ouverte pour luy payer quelques rabats, me dit :
Monsieur, tandis que vous avez la main au gousset, vous
feriez bien de faire vostre provision de linge. Car je vous
voy souvent entrer dans cette porte, me montrant la porte
de cette Academie, où j'ay bien veu entrer des estran-
gers aussi lestes que vous, mais je vous puis assurer par
la part que je pretens en Paradis, que je n'en ay jamais
veu aucun qui, au bout de quinze jours, en soit sorty
mieux vestu que nostre premier pere Adam sortit du Paradis terrestre. Comme cette maison est un petit quartier de la Judée et que les Juifs sont fort amoureux des
nippes, ils joüeront sur tout, et, bien que vous ayez le visage d'un febricitant, ne croyez pas que ce peuple Mozaï-
que, qui ne pardonne pas à la peau, pardonne à la chemise ; aprés avoir gagné vostre argent, ils vous dépoüille-
ront comme au coin d'un bois et vous gagneront vostre
habit ; c'est pourquoy je vous conseillerois d'acheter au
moins une paire de calessons pour, dans un besoin, cacher ce que le monde cache et couvrir vostre nudité.

Mais, comme j'estois trop amoureux de mon foible pour écouter un conseil si contraire à ma passion dominante, je profitay si bien de cét avis, que, jour pour jour, je me trouvay, au bout du mois, au mesme estat que mon marchand de linge m'avoit predit. Comme dans ce lieu il n'y avoit autre Chrétien que moy, et que, jusqu'au maistre qui donnoit les dez et les cartes, tout y estoit juif, il me fallut passer par les rigueurs de la Synagogue. Un grand Juif nommé Melchisedech, qui avoit le nez long et le visage pasle, me gagna mon argent, Moyse-le-Cornu me gagna ma bague, et Simon-le-Lépreux, aprés m'avoir eu le manteau, me donna la galle, et Pierrotin, qui faisoit gloire de m'imiter, rafla son baudrier contre Abraham, qui fut raflé aussi bien que tout le reste de mes nippes. Je laissay donc tout à ce peuple circoncis, jusqu'à ma fiévre quarte que je perdis avec mon argent. Mais comme un homme n'est jamais pauvre tant qu'il a des amis, ayant Moliere pour estimateur et toute la maison des Bejards pour amie, en depit du Diable, de la fortune et de tout ce peuple Hebraïque, je me vis plus riche et plus content que jamais. Car ces généreuses personnes ne se contenterent pas de m'assister comme ami, ils me voulurént traitter comme parent. Estans commandez pour aller aux Etats [1], ils me menerent avec eux à Pezenas, où je ne sçaurois dire combien de graces je receus ensuite de toute sa maison. On dit que le meilleur frere est las au bout d'un mois de donner à manger à son frere, mais ceux-cy, plus genereux que tous les freres qu'on puisse avoir, ne se

---

[1] « Assemblées qui se font en quelques provinces qui se sont conservées en la possession de ce droit, afin d'ordonner elles-mêmes des contributions qu'elles doivent faire pour soutenir les charges de l'*État*, et les régler et faire payer; comme sont les provinces de Bretagne, de Languedoc... » *Dict. de Trévoux*.

lasserent point de me voir à leur table tout un hyver, et
je puis dire :

> Qu'en cette douce compagnie
> Que je repaissois d'harmonie,
> Au milieu de sept ou huit plats,
> Exemt de soin et d'embarras,
> Je passois doucement la vie.
> Jamais plus gueux ne fut plus gras ;
> Et quoy qu'on chante, et quoy qu'on die
> De ces beaux Messieurs des Estats
> Qui tous les jours ont six ducats,
> La Musique et la Comedie,
> A cette table bien garnie,
> Parmi les plus frians muscats,
> C'est moy qui soufloit la rostie,
> Et qui beuvois plus d'ypocras.

En effet, quoy que je fusse chez eux, je pouvois bien
dire que j'estois chez moy. Je ne vis jamais tant de bonté,
tant de franchise ny tant d'honnesteté que parmy ces
gens-là, bien dignes de representer reellement dans le
monde les personnages des Princes qu'ils representent
tous les jours sur le theatre. Après donc avoir passé six
bons mois dans cette cocagne et avoir receu de Monseigneur le Prince de Conty[1], du genereux Monsieur de
Guilleracque[2] et de plusieurs personnes de cette Cour, des
presens considerables, je commençay à regarder du costé
des monts : mais comme il me fâchoit fort de retourner
en Piémont sans y amener encore un Page de Musique,
et que je me trouvois tout porté dans la Province de

---

[1] Frère du grand Condé ; protecteur de Molière, puis ardent détracteur des spectacles.

[2] Le comte de Lavergne de Guilleragues, président de la cour
des aides de Bordeaux.

France qui produit les plus belles voix aussi bien que les
.plus beaux fruits, je resolus de faire encore une tentative,
et pour cét effet, comme la Comedie avoit assez d'appas
pour s'accommoder à mon desir, je suivis encore Moliere
jusques à Narbonne ; mais n'en ayant pû trouver dans
tout ce territoire qui approchast du merite de Pierrotin,
je quittay Narbonne pour reprendre mes premieres bri-
sées : c'est-à-dire le chemin des monts, pour aller à Thurin. Mais helas ! que j'estois bien éloigné de mon compte,
et que les Cieux irritez me preparoient bien d'autres barrieres à passer ! Je craignois les montagnes à cause des
precipices, pour ce que je ne sçavois pas que dans ces
plaines du Languedoc si douces et si fertiles, il en fust
pour moy de plus perilleuses à franchir. O moy miserable ! je me réjoüissois approchant de mon Paradis terrestre, tandis que mes destins enragez m'entrainoient tout vivant daus les Enfers. Enfin j'arrivay à Montpellier, faisant
toûjours la mesme recherche que j'avois faite dans toutes
les autres villes du Languedoc, où il m'arriva parmy un
peuple méchant et sot cette extravagante et cruelle avanture qui a donné lieu à tant d'injurieuses fictions, et a
fourny de calomnie à la malignité de tant de langues et
de tant de plumes.

## EPISTRE

A Messieurs les Sots, tant ultramontains que citramontains, con-
tenant les actions de graces de l'autheur, des biens et des faveurs
infinies que par toute terre il en a receus.

LES méchans haïssent les bons, les fous méprisent les
sages, et les sots n'ont point de plus grand objet de
leur aversion que les hommes spirituels et éclairez. Quoy

que cette haine soit tout à fait injuste, elle est pourtant
excusable, puis qu'elle est contrainte et necessitée par la
force de cette antipatie qui vient de la disconvenance et
de la disproportion qu'il y a entre les choses de differente
nature, et qui sont directement opposées les unes aux autres. Mais comme cette haine qui ne procede que de cette
antipatie est mal fondée, et que les honnestes gens ne
contribuënt pour la meriter qu'autant que leur esprit et
leur vertu les rend plus dignes de cette aversion, Dieu,
qui a creé les sots pour l'utilité des sages, et sans lesquels les sages ne seroient veûs qu'en pourfil, ne permet
pas que les sots servent aucunement à la destruction des
sages. Au contraire, comme un peintre sans les ombres
ne sçauroit donner jour à son ouvrage, et que les sots et
les méchans font les ombres qui font paroistre les bons et
les sages, ce Peintre des peintres se sert du vice, de l'ignorance et de la sottise des méchans pour donner le jour,
la grace et le relief au merite des bons et à la sapience
des sages. Quoy que je ne sois ny des plus sages ny des
plus sots, cela n'a pas empesché que les sots et les méchans n'ayent trouvé en moy quelque chose assez dissem-
blable à eux, pour avoir esté digne de leur haine, et meriter l'honneur de leur persecution. Je n'avois pas encore
six ans que les sots enfans de mon quartier, issus du
sang le plus abject de la lie du peuple, me poursuivoient
à grands coups de pierres, parce qu'estant déjà plus raisonnable qu'eux, ils connoissoient en moy quelque chose
digne de leur aversion ; à neuf ans, estant hors de la maison de mon pere, je passay pour magicien parmy le sot
peuple de Calais, parce qu'estant doüé d'un esprit vif, et
parlant grec et latin, ces gens matériels ne pouvoient pas
s'imaginer que sans l'aide de l'esprit malin, je pusse en

un âge si tendre estre devenu si sçavant. Depuis, estant parvenu dans un âge plus avancé, cette vermine de sots·et méchans me dévaliserent en Angleterre. Mon sort ne fut pas plus doux à Thurin, et toute l'estime que j'acquis auprés de leurs Altesses Royales ne me put pas sauver des atteintes de ces sots, dont le nombre est si grand, que Salomon a dit qu'il estoit infiny. Aujourd'huy ces mesmes sots ont couronné leur ouvrage, et ont tant fait par leurs soins et par leurs peines, qu'ils m'ont rendu dedans Rome le plus glorieux et le plus illustre persecuté de l'univers. Venez donc à moy, sots qui m'estes si chers et si precieux, venez à moy, que je vous embrasse; venez, sots, mes cheres·delices, dont j'ay plus de besoin que du pain que je mange et de l'air que je respire, et que les sages, s'ils estoient bien sages, devroient estimer plus que tout l'or du Perou et toutes les perles de l'Orient, s'ils en connoissoient comme moy le merite et le prix. Quoy que je ne sois pas extrémement obligé à vos bonnes intentions, et que de tant de disgraces que depuis le berceau jusqu'à la tombe vous avez essayé de me procurer, Dieu qui haït les méchans ne vous en sçache pas beaucoup de gré! n'est-ce pas assez pour me confesser votre redevable, d'en avoir toûjours ressenty les salutaires effets si conformes à la justice et à la misericorde de sa toute-puissance, si utiles à ma gloire et si necessaires à mon salut? Vous qui avez toûjours eu un soin plus particulier de ma conscience que de la vostre, et qui avez toûjours fait une observation si exacte de mes mœurs, que vous n'avez pas eu le temps de corriger les vostres, comment vous pourray-je dignement remercier? à qui dois-je aprés Dieu, plus qu'à vous? Messieurs les sots, sots tant bons que méchans, tant endiablez que stupides (car il en est de toutes les couleurs)

ne vous souvient-il point de l'honneur que vous me pro-
curàtes auprés du fils naturel du grand roy Charles de
Valois, Monsieur d'Angoulesme[1], quand aprés vous avoir
tiré de dessus le pavé, pour vous mettre auprés de moy
dans un poste avantageux, vostre ingratitude en vain fit
tous ses efforts pour me debusquer du service de ce grand
Prince, où aprés vous avoir remis sur vostre fumier, à
vostre grand perte, et à vostre extreme confusion, comme
un Appollon à la teste des Muses, je parus si glorieux et
si triomphant? Du temps du Roy Louys XIII, que ne fistes-
vous pas pour moy auprés de ce grand Monarque? quand,
à force de mépriser mes vers et mes chansons, vous luy
fistes appercevoir qu'il falloit que j'eusse quelque merite,
puisque, pauvre comme j'estois, je ne laissois pas d'estre
digne de vostre envie. Sans vous, mes chansons et mes
vers eussent-ils esté dignes de ses oreilles? et, sans vous,
ce grand Prince auroit-il tenu à mes Muses si longtemps
ouverte la porte de son cabinet? Auprés de celuy-cy, son
digne Successeur, que n'avez-vous point fait pour moy! et,
sans vous, me pourrois-je vanter aujourd'huy de l'honneur
que j'ay receu durant trois ans du plus grand Monarque
du monde? Quoy que ce grand Prince ne dedaignât point
de prester l'oreille à mes chants, ny de les executer luy-
mesme, estoit-ce assez pour approcher si prés de sa personne?
Et ma Muse auroit-elle jamais pû esperer de l'entretenir
au chevet de son lit, si le fond inépuisable de vostre sottise, qui a tousjours donné carriere à mon esprit, ne m'eût
fourny des pensées assez agreables pour le divertir? Ne
vous souvient-il plus, Messieurs les sots, des grands biens
et des grands honneurs que vous m'avez procurez à Thurin aupres de leurs Altesses Royales? fustes-vous jamais

---

[1] Fils naturel de Charles IX et de Marie Touchet.

si bouffons, ny si plaisans, qu'en cette rencontre, quand
aprés avoir diverty vingt ans durant le Roy Louis XIII,
servy actuellement un Prince de son sang, et avoir donné
par mes écrits à toute la France des preuves de ma capacité, vous fustes assez sots pour cracher contre le Ciel, et
vous irriter contre mes talens? Sans vous, eussay-je eu
jamais assez de force pour acquerir l'estime que l'on conserve encore pour moy dans cette cour, y auroit-on veu
mon ame remplie de cette noble ardeur qui mène à la
gloire, si vostre sottise ne m'en avoit attiré le desir? Et
de cette belle Chanson, de cet adieu[1] que je fis, qui vous
fit rougir de honte et pallir d'envie, et qui, hors la dureté
de vos ames petrifiées, tira des larmes de tout ce qui n'estoit
pas insensible dans ce Paradis terrestre, à qui en dois-je
l'honneur qu'à vous qui m'en fournistes le pitoyable sujet?
à qui dois-je ce riche et superbe vestement qui en fut la
recompense, et de tant de dons et de riches presens que
je receus de la magnanimité de ses genereuses puissances,
à qui en dois-je rendre graces qu'à vostre tres-precieuse
sottise, qui m'inspira assez d'ardeur pour les meriter? Et
vous, Luteriens de Montpellier, sots plus obstinez que les
Demons, n'estiez-vous pas bien à plaindre, et n'eussay-je
pas esté bien dur de n'avoir point de compassion de vos
souffrances? Vous quittiez vos marteaux et vos enclumes
pour forger mes crimes, et laissiez vos aulnes, vos eguilles
et vos cizeaux, pour déchirer ma reputation. Vous vous
exposiez à la necessité pour entretenir mon abondance,
et tandis que je mangeois de grands pastez de pigeonneaux à la table de mes Juges, pauvres gens! vous man-
giez des raves et diniez tout de bout dans vos miserables tannieres. Je beuvois frais, et vous beuviez chaud, et

[1] *Adieu à Monseigneur le duc d'Angoulême.* (Voy. ses *Poésies*).

vous dormiez sur des épines d'un sommeil interrompu, cependant que je reposois sur des rozes. Tout de bon, Messieurs, je croy que vous vous mocquez, de me combler de tant de biens et de tant de graces; je croy que vous resvez, de travailler si obstinément à ma gloire et à mon profit; quand vous m'auriez tiré de vos costes vous n'en feriez pas davantage. Je croy que vous me prenez pour vostre frere, comme en effet je le suis du costé d'Adam, quoy que j'aye bien de la peine à comprendre comme un pere si bon et si sage ait jamais pû faire des enfans si sots et si méchans, et comment cette premiere matiere qui servit à ce premier homme ait pû s'èstre assez alterée, par la succession des temps, pour produire des hommes assez méchans et des peuples entiers assez sots, pour faire passer un enfant à neuf ans pour magicien, et à soixante-dix chercher du feu dedans la glace pour le rendre coupable des crimes dont la nature n'est plus capable; pour un insensé, celuy à qui les insensez ont fourny tant de matiere pour devenir sage; pour impie celuy que Dieu n'a exposé à vos persecutions que pour le raffiner dans l'exercice de la piété; pour un Ecrivain ennemy des choses sacrées, celuy qui dans ses écrits a deffendu Rome des attentats de l'ennemy de sa gloire et de ses Autels[1], et qui a employé toute son encre et répandu tout son encens en faveur de ses saints Ministres et de ses sacrez Prelats[2]; pour un homme exilé de sa patrie, celuy qui a déjà fait son paquet et plié ses chemises pour y retourner; pour un fugitif de la Cour et exposé à la haine de son Roy celuy qui, la veille de son départ, luy donna la musique au chevet de son lit, et qui luy donne encore tous les jours

[1] Allusion à la *Rome ridicule* de Saint-Amant.
[2] Voir les *Pensées* de Dassoucy.

la musique et les vers; pour un homme de qui le portrait a servy d'epouvantail de cheneviere [1], et de terreur
publique aux méchans, celuy de qui le portrait n'a jamais
esté veu que chez les libraires du Palais, qui brille encore au front de tous ses Ouvrages, et que les peintres
les plus curieux recherchent aujourd'huy comme un Original digne de leurs copies, et que vous-mesmes, Messieurs les sots, par vos charitables soins avez rendu digne
des yeux de la Posterité et du Temple de memoire; pour
un débauché, celuy qui est, et a tousjours esté ennemy
de tout excès, et de qui la continance et la temperance
ne paroist pas seulement dans toutes ses actions, mais
encore dans tous les enfans que depuis cinquante ans il a
rendus dignes du Cabinet des Roys, dont on en voit encore
aujourd'huy briller auprés du Soleil un dont la sagesse
et la discrétion fournit à toutes les vertus de plus rare
et de plus fameux exemple. Enfin ce sont ces mesmes
Sots qui, servant d'échos à l'ouïr-dire, m'ont tant de fois
tué dans leurs Gazettes [2], et qui aprés m'avoir noyé à Fer-
rare et à Venise, auparavant que j'y eusse jamais mis le
pied, m'ont tiré de la mer et de tous ses fleuves, pour me
venir cuire à Montpellier, et qui enfin aprés m'avoir bien
jetté de la poësle au feu, éventré, mis à l'étuvée, et haché
menu comme chair à pasté, m'ont remis en mon premier
état pour me refricasser de nouveau en Avignon, dont de
leur grace ils m'ont encore retiré sans aucune lezion ny
solution de continuité, pour me confiner pour le reste de
mes jours dans le saint Office, dont pourtant je viens de
sortir aussi brillant et aussi entier que si je venois de

---

[1] Mannequin propre à effrayer les oiseaux; — personnage grotesque.
[2] La *Muse historique* de Loret.

naistre, sans que, dans tous ces voyages, que Messieurs les
Sots m'ont fait faire, le temps seulement m'ait osté un
cheveu de la teste. Aussi vous verrez que comme tout ce
sot monde m'a tué durant ma vie, que ce mesme monde
tuant me fera revivre aprés ma mort, et qu'aprés m'avoir
mis en capilotade par tous les lieux du monde, ils ras-
sembleront toutes les pieces de mon corps pour en faire
un autre philosophe Anaxagoras[1]. Et je ne doute pas que
comme il faut mourir une fois tout de bon, que cette admirable espece de Sots, qui m'a toujours condamné durant ma vie, ne me condamne encore aprés ma mort, afin
que Dieu qui a toujours esté contre leurs pensées, chan-
geant mes miseres en des éternelles felicitez, me place
dans le Ciel auprés du bon Lazare. Car enfin, hors de me
faire cannoniser dans Rome, que pouvoient-ils faire davantage que ce qu'ils ont fait pour moy? En quel lieu de
l'Univers pouvoient-ils trouver un theatre plus grand et
plus éclairé pour y faire paroistre leur méchanceté avec
plus de honte, et étaller mon innocence avec plus d'éclat?
O source inépuisable de sottise! ô precieuse manne des
sots, cent fois plus nourrissante et plus exquise que la
manne qui nourrissoit les Enfans d'Israël dans le Desert!
Sots qui depuis si long-temps que je vis à vos dépens,
n'estes pas encore las de me deffrayer de toutes choses;
venez, non à milliers, mais à millions, et comme des torrens inondez toute la terre. Pour la felicité des sages, que
le Ciel nous refuse sa rosée, les Astres leurs influences,
la terre ses fleurs et ses fruits, mais non jamais cette precieuse engeance de sots, dont la semence, quoy que feconde, est icy bas si necessaire, que nous n'en avons pas

---

[1] Accusé d'impiété, il quitta Athènes pour Lampsaque, où on lui
éleva deux autels dédiés à la Vérité et à l'Intelligence.

à demy. Croissez donc et multipliez, Messieurs les Sots, et faites-nous, si vous pouvez, des enfans encore plus sots et plus méchans que vous, afin que les bons et les sages ne manquent jamais d'exercice et de persecution, sans laquelle nul ne peut se vanter d'aucun merite. Oüy, tres-sage Lecteur, apprends de moy, qui ne suis pas si sage que toy, que les foûs, les sots et les méchans sont, comme j'ay déjà dit, les ombres dont ce Peintre éternel se sert pour donner le jour à ses tableaux, et faire paroistre l'excellence de ses ouvrages. Ce sont ces accords imparfaits et ces faux tons, dont ce grand Maistre de musique fait ses agreables dissonnances si necessaires à l'harmonie du monde, et ces insectes, dont ce divin Esculape tire l'antidote qui de nos ames infectées fait exhaler le poison, honnore-les partout, et revere-les en tous lieux comme les outils de ta gloire et les instrumens de ton salut, puisque ce ne furent pas les sages, mais les sots qui crièrent *Tolle*, et qui condamnerent le sang juste par qui furent lavées nos iniquitez, et pour monstrer qne la plus-part des grandes actions doivent une partie de leur éclat à Messieurs les Sots, il ne faut que considerer les progrez d'Alexandre. Croyez-vous que ce grand Conquerant eust jamais estendu si loing la grandeur de son Empire, sans Messieurs les Sots? sans les poüilles que luy chanterent les habitans de Tyr, se seroit-il jamais avisé de combler la mer pour les reduire à son obéissance? sans ces coquins qui furent assez sots pour l'appeler bastard et se mocquer de luy, eust-il jamais trouvé l'invention de prendre ce rocher inaccessible, qui seul estoit capable d'arrester le cours de ses conquestes ; et cét autre Alexandre des Alexandres, mon Roy, le fleau des sots et la terreur des méchans, quoy qu'il doive beaucoup à son cou-

rage, auroit-il eû jamais la pensée de prendre la Bourgogne
en plein hyver, si les sots ne l'eussent assez picqué pour
l'obliger à montrer au monde ce que peut son esprit et
sa valeur?

Sans ces Grenoüilles croassantes, ces sots marins, ce
grand Monarque qui, dans ses executions, est plus viste
que le vent, et plus prompt que l'eclair, auroit-il comme
un tonnerre foudroyé tous leurs remparts, et comme un
torrent inondé toutes leurs Provinces, si ces Pigmées audacieux ne se fussent attaquez à sa gloire, et sans ces
bestes aquatiques, toute la terre qui a les yeux attachez
sur ses prodiges, le verroit-elle aujourd'huy seul resister
à tant d'ennemis, (et toute l'Europe sur bras) estre encore en pouvoir de les reduire à avoir besoin de sa pitié?
Non, et, si le temps dure, vous verrez que ces Messieurs
les sots, ennemis de ses progrez et jaloux de ses merveilles, seront encore assez sots pour luy faire prendre
cette année le reste de la Flandre. Mais pour retourner
à cette source premiere, croyez-vous que Dieu qui fit les
sots et les sages, et qui est venu mourir autant pour les
uns que pour les autres, eust jamais fait tant de merveilles
sans les sots, qui, ne voulant point croire à ses paroles,
l'appeloient Sorcier et Magicien, faloit-il plus d'un miracle pour convertir un sage, et n'estoit-ce pas assez
d'avoir ressuscité le Lazare, pour faire connoistre à tous
ce qui estoit bien sensé, qu'il estoit un Dieu? Ainsi tout
ce que nous voyons aujourd'huy de mécreans et d'in-
fidelles ne vient d'ailleurs que de cette pepiniere de sots,
à qui ny la verité de ses paroles, ny la grandeur de ses
merveilles ne purent rien persuader. Et enfin, sans Messieurs les sots, qu'auroit fait cette primitive Eglise? Ces
mesmes sots ne furent-ils pas ceux qui respandirent le

sang de tant de Martirs, et n'est-ce pas sur ce precieux Sang que fut fondé ce grand bastiment de nostre salut, et n'est-ce pas de ce beau Sang qu'elle tire encore son principal éclat? Seroit-elle maintenant si pompeuse et si triomphante, si les sots d'aujourd'huy, pour le moins aussi obstinez que ceux du temps passé, ne contribuoient par leur persecution à la grandeur de ses trofées, et à l'honneur de ses victoires? Conservez-nous donc cette precieuse graine (grand Monarque de l'Univers), je vous le demande les larmes aux yeux. Helas! Seigneur, qu'aurois-je fait sans Messieurs les sots? ce sont eux qui jusqu'à cette heure m'ont toujours fourny de pain, de vin, de chausses et de souliers, qui m'ont toujours tiré les bas, écumé mon pot, et lardé mes poulets, qui m'ont toujours servi de bouffons et qui m'ont fait rire; qui, à force de déchirer ma reputation, m'ont toujours procuré des habits tout neufs. Ce sont eux qui ont donné le jour à mes ouvrages, le feu à mes vers, la grace à mes chansons et l'éclat à ma vertu. C'est par eux que je me suis rendu digne du cabinet des Roys, de l'estime des Princes, et generallement de toutes les honnestes gens. C'est par eux que je suis aujourd'huy tout à fait uny à vous, et que j'ay l'honneur d'être aujourd'hui connu du plus grand et du plus saint de tous les Mortels, votre trés-saint et trés-sacré Lieutenant. Je sçay bien que quelque sot me dira que la voix du peuple est la voix de Dieu, mais aussi je sçay qu'il y aura quelque sage qui dira que la voix du peuple est la voix des sots. Ils ont tous raison, et ce seroit folie de disputer contre une si constante verité; mais le tout est de bien s'entendre, car il y a autant de difference entre le peuple et la lie du peuple, comme il y a de difference entre la lie et le vin. Le vin nourrit et alimente,

et on ne se sert de la lie que pour en écumer les plats et
les pots. Mais afin que l'on ne prenne pas la lie pour le
vin, ny le vin pour la lie, il faut que l'on sçache que ce
n'est pas toujours la soye ny la toile qui distingue les
sots d'avec les sages. Tel qui sous un habit de bure paroist un homme vulgaire, n'est rien moins que de la lie
du peuple ; et tel qui dans son bel habit paroist un sage
et fort honneste homme, n'est bien souvent qu'un sot
empaqueté de soye, une hapelourde bien enchassée, un
faux brillant, à qui, pour se faire distinguer du commun,
de rien ne luy servent ces apparences trompeuses, si les
belles qualitez de l'ame n'en font la difference. Aussi
quoy que le vin soit bien prés de la lie, le peuple sage
est bien éloigné des mauvaises qualitez de cette lie populaire. C'est pourquoy bien loin d'estre condamné par
la voix du peuple, j'ay tout le peuple pour moy ; c'est
par cette voix de Dieu que j'ay toujours esté connu pour
avoir quelque merite, et c'est par la voix des sots de ce
peuple qui en est la lie que j'ay toujours esté si bien
recuré, qu'il n'y a point de boutique d'orfévre ny de po-
tier d'étain si brillante que mon Parnasse. De cette canaille sotte et méchante, le plus honteux et le plus vil
excrement se rencontre en Italie ; ce sont des gens parlans François, chassez de leurs pays qui font les lizieres
de la France, sots rebutez pour leur ignorance et fugi-
tifs pour leurs crimes, vermine toujours piquante,
gueuse et affamée, membres putrides des pays étrangers,
que l'Italie, l'égout de toutes les Nations, souffre ramper
dedans son sein, comme on souffre partout les insectes ;
bestes effectives, portant visages d'hommes, non pas
hommes comme l'on croit, mais plus bestes que les
bestes. Et c'est de cette sorte d'animaux que saint Paul

parle quand il dit, qu'il y a plus de difference de l'homme
à l'homme, que de la beste à l'homme. Quand ceux-ci
ont reglé toutes les affaires de tous les Etats et de tous
les empires du monde sur le cû d'un tonneau, detracté
de tout le spirituel et le temporel, ils se mettent sur la
fripperie des particuliers, encore bien qu'ils ne les connoissent pas; et lors que cette matiere vient à leur manquer, comme la medisance est en eux une qualité inseparable de leur nature, comme la chaleur est au feu, ils
ne pardonnent pas à eux-mèmes. Ce sont ces gueux que
vous voyez aujourd'huy dans Rome entassez comme des
punaises dans leurs mortaises, qui à ma grande gloire et
à mon trés-grand honneur ont trouvé toujours en moy
un sujet digne de leur aversion. Ce sont eux qui, comme
j'ay déjà dit, sur la foy des joyeux écrits de C...¹, disoient
que je n'osois retourner en France, quoy que mon bien,
qui consiste en lettres d'échange, fust déjà tout à Paris.
Cependant il y a des gens qui passent dans le monde
pour estre bien sages et bien fins, qui ont crû tout cela
comme un article de foy. Dieu, quelle pitié! nous avons
tant de peine à croire à l'Evangile, et nous n'avons point
de honte de donner nostre creance aux plus méchans de
tous les hommes! Ne meritons-nous pas bien d'estre dé-
chirez, puisque nous prenons plaisir à déchirer les autres? Quoy donc! avec toute leur vertu pensent-ils se sauver des atteintes de la calomnie? croyent-ils que la qualité
ait des armes à l'épreuve de la medisance? ils pensent
donc estre plus que Dieu, que les Saints, que les Papes
et que les Roys? S'ils sçavoient ce que l'on dit d'eux, ils
auroient plus d'indulgence pour autruy, et ne prendroient
pas le party des sots et des méchans contre les bons et

¹ Chapelle.

les sages, qui font éclatter leurs vertus, qui excusent leurs
foiblesses, et qui couvrent leurs desfauts.

———————

## CHAPITRE X.

Dassoucy décrit plaisamment sa genealogie, et dit ce qui luy
arriva en ses plus jeunes ans auprès d'une abbesse.

DIEU nous garde de l'approche des fous, et plus encore de la sottise du peuple, qui est souvent plus
dangereuse que sa fureur. Dés mes plus tendres années j'en avois déjà fait une merveilleuse épreuve
parmy le sot peuple de Calais, et j'en fis à cette fois
une autre encore bien plus étrange parmy le sot peuple
de Montpellier; et comme ces deux admirables avantures ont beaucoup de rapport ensemble, en l'honneur
de l'impertinence de certains animaux qui s'imaginent
être des hommes, à cause qu'ils en ont la figure, je veux
te divertir par le plaisant recit que je te vay faire de ces
deux plaisantes rencontres, mais d'autant qu'aprés tant
d'étranges accidens que tu verras dans la suitte de mon
Histoire, il pourroit manquer quelque chose à ton plaisir,
si lisant mes avantures tu ne sçavois pas qui est ce merveilleux Avanturier qui a fait rire tant de fois ceux qui
tant de fois l'ont si ingratement déchiré; afin que tu ne
croyes pas que je sois venu de la cuisse ou du cerveau de
Jupiter, ou que je sois quelque Grenoüille tombée des
nues, je te diray quel est mon nom, mon pays, et ma
genealogie. Comme il n'est rien de si beau que l'homme,
il ne faut pas s'étonner si les hommes de toutes parts

viennent à grandes troupes pour greffer un si beau fruit, et s'ils donnent jusques à la derniere goutte de leur sang, pour l'accomplissement d'un si digne Ouvrage. C'est pourquoy comme ma mere n'estoit pas des plus mal faites, et que l'amour qu'elle avoit pour la Musique et les vers attiroit chez nous tout ce que Paris avoit de gens de merite et de vertu, comme je ne suis pas plus delicat que Thelemaque, je ne sçaurois t'assurer que je sois le fils d'un Avocat en Parlement que j'appelois mon pere, de Monsieur son clerc, ou de quelque gentil autheur, car dans le mélange des matieres, la confusion des choses de ce monde est si grande, que tel qui se croit le fils d'un marquis n'est que le fils de son cocher, comme aussi tel qui croit estre fils d'un cocher a quelquefois un marquis, voire un duc et pair pour pere. Je te diray donc à tout hazard que mon pere estoit de Sens en Bourgogne, mon oncle de Paris, ma mere de Lorraine, et mon grandpere de Cremone. Et afin que l'Italie et la France, qui dans la fabrique de mon composé ont également concouru, n'ayent aprés ma mort aucune dispute pour ma nativité, et qu'ainsi que la Grece livra des batailles pour s'attribuer l'honneur de la naissance d'Homere, le monde en ma faveur ne s'aille point entre-tuer pour le mesme sujet, je ne te diray pas que j'ay comme luy la cuisse veluë, mais seulement que j'ay la teste longue[1], c'est à dire que je suis enfant de Paris, né à l'Etœuf d'argent ruë saint Estienne des Grez[2], et fait Chrestien sur les fonts de saint Estienne du Mont, auparavant que l'on

---

[1] « La maladie des enfans de Paris, la teste pas plus grosse que le poing, *badauderie.* » *Curios. franç.* d'Oudin.

[2] Désignée en 1230 sous le nom de *rue par où l'on va de l'église Sainte-Geneviève à celle Saint-Estienne.*

m'en eust demandé mon consentement, ny donné aucun avis. Pour ma qualité, personne ne me sçauroit disputer le tiltre de noble, car je suis noble en deux manieres, noble premierement par les lettres du costé de mon pere, qui estoit *Homo litteratus*, item, noble encore d'extraction par mon grand pere, qui estoit cavalier Cremonois nommé d'Agnanis, qui, outre mille preuves qu'il a renduës dans le monde de sa gentilhommerie, par autant d'actions gentilhommesques, a laissé pour monument à sa memoire quantité de violons de sa façon, qui, parmy les violons de Cremone, feront durer sa renommée tant que le monde violonnant sçaura joüer du violon. Ce pere donc, ne vous déplaise, estoit, comme j'ay déjà dit, un Avocat au Parlement de Paris, nommé maistre Gregoire Coypeau sieur Dassoucy, non moins consideré dans le Barreau pour son esprit et pour son éloquence que mon oncle, qui ne sçavoit ni A ni B, estoit remarquable pour une grande et vénérable barbe qui luy venoit jusqu'à la ceinture, et plus encore pour cinquante mille écus qu'il avoit plus que son frere l'Avocat mon pere, qui n'avoit que l'esprit et le code en partage. Pour sa femme, laquelle, si je n'ay point esté changé en nourrice, estoit sans doute ma mere, c'estoit un petit bout d'Amazone, prompte et colere, qui pour reparer les deffauts de sa petite taille, portoit des patins si hauts, que qui en auroit fendu le liege, en auroit fait aisément de fort beaux cotraits de l'école ; si bien qu'elle ne se déchaussoit jamais sans perdre justement la moitié de son illustre personne. C'est pourquoy mon pere, qui n'estoit pas tant spirituel qu'il ne fust encore attaché à la matiere, disoit que ma mere estoit si petite, qu'elle se perdoit dans le lit, et ne la trouvant point dans les draps, se plaignoit qu'elle n'avoit point de corps, et qu'elle estoit tout esprit. Mais en recompense, outre la qualité qu'elle avoit de chanter comme un ange, et de joüer divinement du lut, elle estoit doüée d'un si merveilleux esprit de contradiction et d'une humeur si imperieuse, que durant quarante ans, n'estant encore jamais convenuë avec mon pere l'Avocat d'aucune chose, Monsieur l'Avocat mon pere n'ozoit presque plus ouvrir la bouche de peur de faire un outrage à sa capacité. Et quoy que je fusse encore bien jeune, il me souvient qu'un jour mon pere parlant des loix, et ma mere en voulant parler aussi, ils eurent un si furieux contraste sur un passage de Justinian, qu'ils mirent tous deux l'épée à la main, et se battirent en duel pour l'explication de la loy, *Frater a fratre* [1]. Aussi comme l'esprit dans ces sortes de femmes est une qualité insupportable, cette simpatie qui produit l'amitié ne se rencontrant point dans la disconvenance de leurs humeurs, aprés avoir partagé leurs enfans et leurs biens, ils se separerent volontairement l'un de l'autre. Ma mere se retira avec ma sœur dans une maison qu'elle avoit en Lorraine, et mon pere me retint auprés de luy dans Paris. Et ce fut dans ce fatal instant, qu'estant soumis au caprice d'une servante, je commençay à goûter les aigreurs de la vie auparavant que d'en avoir ressenty les douceurs. Car cette servante, ou plutost cette maistresse, qui avoit des libertez avec mon pere que je puis bien donner à penser, mais non pas à lire, ayant autant de haine pour moy que j'en avois pour elle, il n'y avoit point d'heure du jour que nous ne fussions aux couteaux. Elle m'appelloit petit diable, et je l'appelois carogne ; elle me jettoit les pin-

[1] L. XXXVIII, ff., liv. XII, t. VI.

cettes à la teste, et moy la cuiller du pot. Et quoy que dans ce combat inégal, je fusse toûjours l'aggravé, pource qu'elle joüoit des griffes et qu'elle me tiroit aux cheveux, quand mon pere revenoit du Palais j'avois beau plaider ma cause, j'estois toujours le delinquant. Comme mon pere estoit Docteur en droit, et que cette servante qui estoit aimée de mon pere disposoit du code, elle avoit toujours le droit de son costé. Si bien que ne croyant point trouver de pire maison que la mienne, je faisois souvent des escapades; et quoy que je fusse quelquefois reduit à d'étranges extremitez, je trouvois plus d'appas dans cette misere que dans l'abondance de ma maison. Le premier voyage que je fis fut à Corbeil auprés d'une Abbesse, qui aprés m'avoir trouvé assez joly et assez bien vestu, pour me témoigner l'estime qu'elle faisoit de mon merite, m'envoya d'abord garder les codindes, mais depuis m'ayant oüy parler Grec, et jugeant, tant par mon discours que par les traits de mon visage, que j'estois quelque enfant de famille, pour montrer la reverence qu'elle avoit pour les Grecs, elle me tira de cette condition trop vile et trop abjecte, pour me charger non seulement du soin de ses souliers, de son pot de chambre et de son éponge, mais encore de son empoule[1] au fard, et de la boëte où elle tenoit le lierre precieux de son cautere. Et pour me combler encore de plus d'honneur, elle ne dédaigna point de m'honnorer de ses couleurs, et me couvrir les épaules d'une mandille[2] tannée, chamarrée de quatre beaux passemens verds qui n'avoient encore servy

[1] Petite bouteille.

[2] Manteau que portaient les laquais : il se composait de trois pièces, dont l'une pendait sur le dos et les deux autres sur les épaules. .

qu'à vingt-quatre lacquais, parce qu'elle n'en changeoit
que toutes les semaines. Mais le Ciel ne permit pas que
je joüisse long-temps d'un si precieux bonheur : car
comme cette Abbesse alloit souvent à Paris, et que j'estois
obligé de luy faire cortége, il avint que je fus rencontré
dans les ruës par un clerc de feu mon pere, qui, m'ayant
attrapé par la mandille, me ramena triomphant à mon
logis, où n'y pouvant encore compatir, le Printemps
estant de retour, je fis comme les hirondelles : à cette fois
je pris mon vol jusques à Calais, où voici ce qui m'y arriva.

## CHAPITRE XI.

Dassoucy, pour montrer que la sottise du peuple n'est pas moins
redoutable que sa malice, dit comme à l'âge de neuf ans il fut
pris pour magicien à Calais, et comme feu Monsieur Gaultier,
seigneur de Néve, fut battu dans un bois par des paysans, qui
le prinrent pour le loup-garou.

Quoy que je n'eusse encore que neuf ans, je m'expli-
quois déja proprement, pource que j'avois esté nourry
auprés d'un pere éloquent. Outre cela, comme il avoit
grand soin de moy, j'estois encore assez bien vestu : ainsi
chacun se divertissant de mon caquet, je n'eus pas de
peine d'y trouver parti; je fus introduit dans la maison
du gouverneur de la ville, qui pour lors étoit un Espagnol, qui m'ayant oüy jazer me prit pour tenir compagnie à son fils, qui s'appelloit Don Diego. Mais d'autant
que ce Don Diégue, qui étoit un Don diable, n'avoit pas
de plus grand plaisir pour me témoigner l'amitié qu'il
avoit pour moy, que de me donner des croquignolles et
de me tirer les oreilles; moy donc, Charles Coypeau Das--

soucy, qui n'estois pas moins Don diable que Don Diego,
n'estant point accoûtumé à ses caresses Espagnolles, je
quittay au bout de trois jours le Seigneur Don Diegue,
avec les oreilles plus longues d'un tiers que quand j'y
estois entré. Estant donc sorty des mains de ce petit dia-
blotin, qui estoit de Bajados, cherchant toujours ma fortune, je rencontray une jeune veuve, qui, suivant les
mesmes intentions de cét Espagnol, me receut auprés
d'elle pour tenir compagnie à son fils, qui estoit un jeune
Picard âgé de quatorze ans, et par conséquent aussi éloigné de l'humeur de ce diable d'Espagnol, que Calais est
éloigné de Bajados. Toute cette famille estoit de mesme;
il n'y avoit rien de si simple ny de si innocent; aussi
comme j'estois déja assez malin pour remarquer en eux
cette simplicité, je leur persuadois tout ce que je voulois.
Comme je parlois déja Grec, je leur disois que je parlois
encore Siriaque, Hébreu et Caldéen; que j'estois Astrologue : et afin qu'ils n'en doutassent nullement, je leur
faisois croire que j'estois le fils de ce grand et fameux
faiseur d'horoscope nommé Cesar [1]; et pour leur faire
voir que j'estois sçavant dans les choses celestes, quand
la nuit étoit venuë je leur montrois le chariot de David,
les trois Roys et l'étoille poussiniere, et leur faisois des
contes merveilleux sur la vertu des sept Planetes et des
douze Signes, que je sçavois par cœur pour les avoir leus
dans l'Almanach. De sorte que, lorsqu'ils vouloient aller
à une maison qu'ils avoient aux champs, ils n'eussent jamais party de la ville, sans auparavant avoir consulté l'o-
racle Césarin, et m'avoir demandé s'il pleuveroit ou s'il

---

[1] Dassoucy confond le fils avec le père. C'est de Michel Nostradamus qu'il veut parler. Son fils César ne s'occupait pas d'astrologie, mais de poésie et d'histoire.

feroit beau temps, à quoy je reüssissois presque toujours
par l'observation que je faisois de la constitution de l'air.
Outre cela je leur prenois les mains et leur disois leur
bonne avanturè, si bien que debitant ces vanitez, incontinent la ville fut tellement imbuë de ma capacité, que,
passant par les ruës, chacun me regardoit avec admiration et avec étonnement. De sorte que cette bonne mere,
me croyant un abrégé des merveilles du monde, me
traittoit ny plus ny moins que si j'eusse esté son propre
enfant. Son fils et moy ne faisions qu'un mesme lit et
qu'une mesme table. Soit qu'il fallust aller à la promenade ou à l'Eglise, nous étions inseparables. Mais toute
cette estime degenera bien-tost en une étrange reputation :
car, comme en ce pays-là les meres ne reconnoistroient pas
leurs enfans s'ils n'estoient aussi sots que leurs peres,
et que je ne pouvois faire un pas sans estre obsedé de
ces sots enfans, il avint un jour au sortir d'une Eglise
où mon camarade et moy nous avions oüy le salut, que
je fus environné de plus de trente petits garçons, avec
un desquels ayant eu déja de la dispute, m'estant re-
broüillé de nouveau, et me voyant en peril d'estre op-
primé par la multitude, je fis de necessité vertu; au lieu
de témoigner de la crainte, je les deffiay tous l'un aprés
l'autre, et leur inspiray tant de peur par mes menaces,
que, bien que je fusse le plus petit de la trouppe, pas un
n'eut la hardiesse de se venir joüer à mes griffes; au
contraire, ayant tiré de ma poche un certain livre, dont
je les menaçois, ils s'enfuirent tous à leur logis comme
s'ils eussent eû le Diable en queuë. Mais cette victoire
fut bien fatalle au vainqueur, car un matin que j'estois
encore au lit, je vis entrer dans ma chambre un grand
homme fort bien vestu et de bel aspect qui, après m'a-

voir abordé courtoisement, me pria de me lever pour me communiquer, disoit-il, quelque chose d'importance. M'estant donc habillé en haste, cét homme, qui estoit de qualité, m'ayant tiré dans une autre chambre à part me tint ce langage, qui merite bien d'avoir place dans mes croniques.— Mon mignon, me dit-il, est-il vray que vous êtes le fils de ce grand Astrologue Cesar, si sçavant dans les sciences ocultes, et si renommé par ses Predictions ?— Oüy, Monsieur, luy dis-je, je suis son fils. — Il ne faut pas donc demander, repliqua-il, si, estant fils d'un tel pere, vous avez des connoissances toutes particulieres, et si vous estes sçavant non-seulement dans l'astrologie, mais encore dans la geomantie[1], la piromantie, la chiromantie, et en la nigromantie[2]. Pour moy, qui n'avois jamais oüy parler ny de piromantie, ni de nigromantie, et qui croyois qu'il me faisoit beaucoup d'honneur de me prendre pour un Nigromantien, je luy dis, renfrongnant les sourcils, qu'il estoit vray que je sçavois un peu de toutes ces choses.— Quoy ! vous sçavez la nigromantie ? me dit-il. —Fort bien, luy dis-je.—Vous êtes donc Nigromantien ? repliqua-il.—Ho, ho, si je le suis; en doutez-vous ? luy dis-je. —J'en suis ravy, dit-il, car je suis Magicien aussi bien que vous : j'ay chez moi l'Almadel et la Clavicule de Salomon [3], des Talisements, des Figures et des Carracteres, avec quoy je fais mille agreables malices et mille petites galanteries. Moy qui de tous ces mots n'entendois que celuy de Magicien, je luy dis franchement que je n'estois point Magicien.— Il faut bien que vous le soyez, me dit-il,

[1] Divination par le moyen de points tracés au hasard sur la terre.

[2] Pour : nécromancie, divination qui se fait en évoquant les morts. — Quant à la pyromancie et à la chiromancie, c'est l'art de prédire l'avenir au moyen du feu et par l'inspection des mains.

[3] Livres de cabale supposés.

puisque Magicien et Nigromantien est·la mesme chose.
- De sorte que me voyant ainsi embarassé entre la crainte
de perdre ma reputation et la crainte que j'avois de luy
confesser mon ignorance, j'aimay mieux passer pour Magicien que pour ignorant. Je luy dis que j'estois donc
Magicien, mais que pourtant je ne parlois pas au Diable,
de sorte qu'ayant attrapé de moy ce qu'il desiroit, et
croyant fortement que je fusse un fort sçavant Magicien:
—Vrayment, mon fils, puisque vous en sçavez tant, vous
me pourriez bien servir en quelque chose. J'ay un fils
qui est tombé malade depuis trois jours, et sa maladie
est si extraordinaire, que les Medecins n'y connoissent
rien; c'est pourquoy ayant oüy parler de vostre capacité,
je suis venu icy pour vous supplier de le venir voir, et
comme je ne doute point qu'il ne soit en vostre pouvoir
de luy rendre la santé, aussi je vous prie de ne point
douter que je ne vous fasse un present digne de vostre
merite; je sçay que vous avez eû quelque petite querelle
ensemble, mais il faut que vous demeuriez bons amis;
si-tost que par vostre moyen il aura recouvré la santé,
je vous promets de vous faire un habit tout neuf. Je te
confesse, Lecteur, que jamais enfant de neuf ans ne fut
plus étonné que je le fus à cét étrange discours, ne pouvant m'imaginer qu'un homme de quarante ans, si grand
et si gros, pust estre si sot et si beste; mais d'autant que
cette opinion qu'il avoit de moy s'accordoit avec ma vanité, et que cét habit qu'il me promettoit estoit un leurre
assez puissant pour m'obliger à le confirmer dans le fol
excez de son inexplicable impertinence, au lieu qu'un
autre se seroit efforcé de le delivrer de ses soupçons
et de le guerir de son erreur, je ne me contentay pas
de luy promettre toute assistance, je fus encore assez

temeraire pour luy faire esperer la guerison de son
fils. Il me mena donc en son logis, ou, aprés m'avoir
fait déjeuner avec d'excellent vin blanc, du pain chaud
et du beure frais, il m'introduit dans la chambre de
ce fils malade, qui, quoy que plus sot que son pere,
n'estoit pas encore si sot que le Medecin que je rencontray au chevet de son lit, qui luy tatoit le poulx. Ce Medecin disoit qu'il ne connoissoit rien à sa maladie; il disoit vray; mais pour moy qui n'estois pas Medecin, j'y
connus quelque chose, car, ne voyant aucune diminution,
ny dans sa couleur, ny dans son embonpoint, et l'ayant
remarqué pour un de ces garçons à qui j'avois fait peur,
je m'allay imaginer incontinent qu'il n'estoit malade que
par imagination, et suivant cette pensée, ne voulant pas
pourtant perdre le titre de Magicien dont je faisois mon
principal honneur, je dis à son pere qu'il le fist promptement habiller, et qu'aprés avoir pris son boüillon, il luy
fist faire trois fois le tour de la Ville par dessus les Remparts, et que, retournant à son logis, il se gardast bien de
passer par une certaine ruë que je luy nommay à tout hazard. Cette ordonnance receuë, et son pere ayant ponctuellement fait executer mes ordres, devinerois-tu, Lecteur, ce qui en avint? Il avint que ce garçon aprés s'estre
promené tout le jour, revint à son logis aussi gay d'esprit
comme il estoit sain de corps. De sorte que cette cure,
dont le hazard avoit toute la gloire, étant divulguée
parmy ces peuples grossiers, incontinent toute la ville
fut en rumeur, et sans considerer de quoy l'homme peut
estre capable à neuf ans, ils me prirent à neuf ans pour
un celebre magicien. De sorte que lors que j'y pensois le
moins, ces bonnes gens qui m'avoient receu dans leur logis, ayant eu le vent que le sot peuple me vouloit jetter

dans la Mer, aprés m'avoir baisé mille fois au visage, et
témoigné par leurs larmes le regret qu'ils avoient de me
quitter, ils me firent sortir secrettement de Calais. Mais
quoy que, pour faire remarquer l'ignorance et la sottise
des peuples, cette avanture soit des plus remarquables,
ce n'est rien en comparaison de ce qui arriva à Monsieur
Gaultier [1] le vieux, Seigneur de Néve. Cét illustre Amphion
de nostre siecle, connu pour le premier du monde en son
art, estoit un homme bazanné ; et, comme les personnes
extraordinaires ont quelque chose dans le visage qui les
distingue du commun, on remarquoit à travers le brun
de son coloris une certaine ferocité, qui parmy les autres
hommes le faisoit paroistre comme un lutin. Il avint que
traversant une forest pour aller visiter quelqu'un de ses
amis, il rencontra une trouppe de paysans qui cherchoient
un enfant que, selon leur opinion, le loup-garou avoit
mangé ; mais comme ils avoient presque cherché tout le
jour sans en avoir appris aucunes nouvelles, ayant apperceu le visage noir de cét illustre mauricault, qui par
malheur avoit l'habit et le cheval de mesme, ne pouvans
s'imaginer que Monsieur Gaultier fust un homme, ils le
prirent pour le Loup-garou devorateur de cét enfant.
Dans cette pensée l'ayant appellé plusieurs fois Loup-garou et redemandé cét enfant à Monsieur Gaultier, et ce
Monsieur Gaultier ne voulant aucunement avoüer qu'il
fust un Loup-garou, et moins encore leur revomir cét
enfant qu'il n'avoit pas mangé, ils le jetterent du haut
de son cheval, et luy donnerent tant de coups, que si
Monsieur Gaultier n'eust esté un puissant homme et d'un

---

[1] Pierre Gaultier, compositeur distingué qui dirigeait un opéra
nomade et qui périt misérablement, lui et toute sa troupe, en vue
du port de Cette.

trés-robuste temperament, il n'en eust jamais échappé.
C'est pourquoy considerant la sottise de certains hommes,
je ne m'étonne pas si nostre Satyrique moderne dit que
l'homme est le plus sot de tous les animaux [1], mais je
m'étonne comme les veritables hommes n'ont point inventé quelque nom pour se distinguer d'avec ces brutes
qu'on prend pour des hommes, mais qui n'en ont en effet que la figure. Il est vray que nous les appellons quelquefois veaux pecores, et que les hommes éclairez leur
ont donné des freins, des mors et des brides pour les
empescher de ruer et de mordre. Mais ce n'estoit pas assez, il falloit les laisser marcher à quatre pattes et paistre
l'herbe, et pour éviter les traits venimeux de leur langue
pestiferée, qui ne sert qu'à tout ruiner, tout gaster et
tout détruire, leur laisser parler le jargon qu'il auroit
pleu à la mere nature leur enseigner. Ce fut de cette engeance de sots bien plus méchans que ceux qui prirent
Monsieur Gaultier pour Loup-garou, et moy pour magicien à Calais, que je fus attaqué dans Montpellier, quoy
qu'à la verité ce ne fust pas tant ce sot peuple qui m'y
causa ma disgrace que l'insolente indiscretion de Pierrotin, qui, jointe à mes destins enragez, m'y procura
quatre puissans ennemis, qui pour se vanger sur moy
des crimes de sa langue, employerent la leur pour faire
croire à ce peuple mécreant ce que le sot peuple de Calais
n'auroit pas mesme voulu croire, comme vous allez entendre.

[1] On se rappelle le vers de Boileau :

Le plus sot animal, à mon avis, c'est l'homme.

## CHAPITRE XII.

Dassoucy passe à Montpellier, d'où il sort glorieux et triomphant, après avoir confondu tous ses ennemys. La cause de sa disgrace.

PIERROTIN, le plus grand chantre de l'Univers et le plus grand fou du monde, estoit si insensé, qu'il disoit ordinairement tout le contraire de ce qu'il vouloit dire, et si médisant, qu'il ne pardonnoit pas seulement à soymesme; c'est pourquoy, comme l'indiscretion et l'insolence des domestiques rejaillit ordinairement sur ceux qui ont soin de leur conduite et qui sont en puissance de les reprimer, Pierrotin, qui estoit un fou indisciplinable et incorrigible, me faisant tous les jours de nouveaux ennemys, n'eut pas de peine, durant six semaines que je demeuray à Montpellier, de me rendre l'objet de la haine publique. Comme le merite de sa voix luy donnoit accés dans toutes les bonnes compagnies, il n'en sortoit jamais sans avoir drappé le tiers ou le quart; nul ne se pouvoit sauver des mortelles atteintes de sa langue; il n'y avoit point de puissance qui luy fist peur, pas mesme celle du Tresorier Closel, du Président Grille et de plusieurs personnes de qualité qu'il traittoit de ridicules. Ainsi défrayant les uns aux dépens des autres, il n'y avoit ny merite, ny condition, ny sexe qui fust exempt de ses morsures. Aprés avoir attaqué la reputation de la femme d'un Conseiller, il porta son insolence jusques dans le Temple d'une Divinité mortelle, qui estoit adorée de tout Montpellier : c'estoit la femme d'un Colonel appelé B. Comme les belles personnes puissantes et accreditées s'oublient quelquefois, cette Dame, oubliant le respect qu'elle devoit aux couleurs de Madame Royale, voulut attirer à soy Pierrotin, qui de sa part ne pouvant s'oublier soy-mesme jusques à ce point que de quitter, pour une Bourgeoise de Montpellier, une si merveilleuse Bourgeoise de Thurin, au lieu de répondre à ses présens et à ses caresses, la traita avec tant d'indignité, que cette Dame se voyant premierement méprisee, et puis outragée par cette espece d'injure qui doit estre la plus sensible au beau sexe, elle tourna toute sa fureur contre moy ; et quoy que je n'aye jamais offensé personne, m'attribuant trés-injustement ce qui venoit purement du crû de Pierrotin, elle ne manqua pas de bander tous les ressorts de son esprit, et d'employer toutes ses machines pour me perdre. De sorte qu'ainsi qu'on void des Peuples entiers s'armer pour venger aveuglément les querelles de leurs Souverains, sans s'informer si elles sont justes ou injustes, cette femme puissante n'eut pas de peine d'armer toute une Ville contre moy, qui avoit déja la plus belle disposition du monde à épouser ses ressentimens. Cette femme souffroit chez elle un homme dont je ne vous sçaurois dire le nom, pource qu'il en changeoit tous les jours. C'estoit un adroit qui couroit de ville en ville pour trouver la duppe, et qui, l'ayant trouvée, avoit de merveilleux secrets pour la plumer ; mais doutant qu'il avoit écumé toute cette langue de terre, et qu'il n'y trouvoit plus rien à frire, il estoit reduit au grand prejudice de sa noblesse de faire le metier de Bateleur, prenant de l'argent à une porte pour montrer une Ville de carte, qui sans fil ny colle, représentoit parfaitement la Rochelle ; mais d'autant que je m'estois raillé de cette Ville de carte, et qu'aucun habitant de Montpellier ne venoit voir la Rochelle, au lieu de s'en prendre à sa folie ou à son mal-heur, il s'en prit à moy, si bien que, ne me regardant plus qu'avec des yeux de rage, il ne faut pas demander si étant logé avec cette Dame irritée, il manqua de joindre sa colere à sa fureur, et du souffle de son desespoir attiser le feu de son injuste couroux. Comme la médisance est de la nature du feu, dont il ne faut qu'une étincelle pour embraser tout un monde, incontinent cette Ville fut toute embrasée du feu de sa médisance contre la fureur de cette femme irritée et la rage de ce filou desesperé. De rien ne me servit ny la bien-veillance de l'Archidiacre de saint Pierre, Monsieur de Rohannel, ny l'amitié de Monsieur de Vitrac, ny la protection de l'illustre maison d'Agel, ny mesme l'estime de tous les honnestes gens; et le renom que j'avois déja acquis dans le monde, et qui m'avoit fait connoistre de tout ce qui estoit de spirituel dans Montpellier, ne put empescher que je n'en fusse méconnu, et qu'ils ne fissent croire de moy tout ce qui est de plus incroyable à ce peuple mecreant; quoy qu'ils sçeussent tres-bien que je fusse à Madame R.[1], que Pierrotin en portast les couleurs, qu'ils fussent enchantez du merite de sa voix, et des charmes de mes chansons, et que depuis la Servante et le Laquais, jusqu'au compagnon Tailleur, et le Garçon Boulanger, tout ce beau monde chantant ne dedaignast point en frottant ses souliers, ou lavant ses écuelles, de chanter principalement celuy-cy, que je fis à Pezenas, et qui depuis a eû vogue en cette Cour :

> Jeune beauté que j'ay tant poursuivie,
> Et qui pour moy n'avez que des refus...

[1] Royale.

Au lieu d'attribuer au merite de mon art la recherche
que je faisois d'un enfant pour chanter pour le service de
cette grande Princesse, il disoit que c'estoit pour en tra-
fiquer avec les Princes d'Italie. Et ce qu'on ne pourra jamais s'imaginer, c'est que bien qu'ils fussent témoins des
actions publiques que je faisois souvent chez les Jesuistes,
qu'ils n'oüissent parler d'autre chose que de mes concerts, et que mes ouvrages burlesques qui contribuoient
beaucoup au divertissement de ce peuple ennemy, leur
pouvoit persuader facilement que j'estois un homme de
vertu, ou du moins un homme fait comme un autre, comme
il n'est rien de si extravagant qu'on ne puisse persuader au
peuple, qui jadis fut capable de crucifier un Dieu, de massa-
crer des Saints, et d'adorer des Serpens, et des Cocodril-
les, ils disoient que, sous pretexte de Musique, j'allois ainsi
par le monde chercher des enfans, non pas pour les faire
chanter, mais pour les vendre aux Chirurgiens de Montpellier, pour en faire des Anatomies. Je ne sçay comment
ils ne s'aviserent point de faire courir le bruit qui a tant
de fois couru dans Paris, que l'on déroboit les enfans pour
se servir de leur sang à la guerison d'un Prince ladre[1].
Et certe je puis bien remercier mon pere et ma mere
qui ne me firent pas mauricault, comme feu Monsieur Gaultier, Seigneur de Néve, qui en qualité de Loup-garou fut
si bien batu. Mon destin parmy ce sot et méchant peuple
n'auroit pas esté plus doux; je ne pûs pas pourtant éviter
qu'ils ne fissent allusion à mon nom, et qu'au lieu de
Soucy Musicien, ils ne m'appellassent Sorcier et Magicien.
Je fus bien encore favorisé du Ciel de ce qu'après une
longue secheresse le bon Dieu, qui eust pitié de moy, leur
envoya de la pluye, car comme ils commençoient déja à

----

[1] Lépreux.

m'acuser de l'intemperie de l'air, je ne doute point que, comme une autre Iphigenie, ils ne m'eussent immolé pour la conservation des biens de leurs terres. Que diray-je plus? les Catholiques qu'en ce païs-là on appelle Catholiques à gros grain, m'appelloient Parpaillot, et les Parpaillots m'appelloient Athée; mais les femmes galantes, plus amyes de leurs interests, et plus speculatives, laissant le bon Dieu à part, m'appelloient heretique, non en fait de religion, mais en fait d'amour, et sans se resouvenir de tant de serenades que je leur avois données, et de tant de tendresses que j'avois eues pour elles, quand dés mes plus jeunes ans, passant à Montpellier, je leur enseignois à joüer du Luth, et leur mettois la main sur le manche, elles m'accusoient injustement des duretez que jadis Orphée eut pour les Bacchantes, et tout cela sans autre fondement que leur chimerique imagination déja preoccupée par la renommée qui leur avoit apris les longues habitudes que j'avois euës avec C.[1], feu D. B.[2] et feu C.[3], et fomentée par la malignité de ces esprits irritez, qui tous ensemble, afin d'émouvoir le Presidial contre moy, faisoient croire à tous ces Messieurs qui dans ce glorieux Tribunal administrent la Justice, que je les traittois d'ignorans et de ridicules, et que je me mocquois de leur authorité; mais d'autant que ce Presidial n'est composé que de gens sçavans et sages, et que la Justice a par tout le monde ses formes pour arrêter les criminels, Messieurs du Presidial ne voyant aucune accusation ny aucune plainte, ny la moindre cause apparente pour se de-

---

[1] Chapelle.
[2] De Bergerac (Cyrano), mort en 1655.
[3] De Chavennes (?), dont on lit le nom au bas de sept vers très-laudatifs mis en tête du *Jugement de Pâris*.

clarer contre moy, quoy qu'ils fussent journellement sollicitez par mes ennemys pour me faire piece, ne voulant point blesser leur honneur et leur conscience, ny prophaner leur authorité pour servir à leur injuste passion, ils se railloient de ces gens là. C'est pourquoy comme j'estois bien averty de la sincerité du Presidial, et que je ne sentois en moy aucune humeur peccante qui peust m'empescher de me réjoüir, je me raillois aussi, avec tous les honnestes gens de Montpellier, des vains efforts de cette canaille. Comme il n'y avoit point de jour que je ne fusse entraîné en quelque compagnie spirituelle, il n'y avoit point aussi de jour que des sots contes qu'ils faisoient de moy, je ne fisse de trés-bons contes d'eux. Il y avoit toûjours sur ce sujet quelque bon mot sur le tapis, et quelque piece nouvelle en campagne. Si bien qu'ayant appris que certaines precieuses, de celles pourtant qui ne sont pas si precieuses que l'on ne les puisse approcher, prenant le party de cette femme irritée, avoient juré sur leurs mouches et par leur ampoule au fard, de ne se plâtrer jamais qu'elles n'eussent fait jetter mes cendres au vent, je leur envoyay ces vers pour les pacifier :

### ARTICLES DE PAIX AUX PRECIEUSES DE MONTPELLIER.

Astres brillans et radieux,
Qui me voulez reduire en poudre,
Des traits malins et furieux
De vostre langue et de vos yeux,
Ma foy! je ne crains pas la foudre.
Si je dois perir icy bas,
Croyez que ce ne sera pas
Par l'atteinte fiere et mortelle
De vostre main lasche et cruelle,
Mais bien par les charmans appas

De quelque Yris charmante et belle,
Qui pour me donner le trépas,
Pourra joüer de la prunelle
A la lueur de mes ducats.

Assuré d'un destin si beau,
Quoy que l'on fasse et que l'on die,
Autre que l'amoureux flambeau
Ne causera mon incendie.
Et quoy que de vostre cerveau
L'extravagance et la furie,
Que j'incague[1] et que je deffie,
M'envie un si rare tombeau,
Nul autre Dieu, Roy de ma vie,
N'en finira la Tragedie,
Que celuy qui porte un bandeau.

Je vous rends graces de bon cœur,
Astres plus chauds que canicule;
A moy n'appartient tant d'honneur,
De mourir de la mort d'Hercule.
Sous vos aspects malicieux,
Je ne crains pas dedans ces lieux
Un si triste et fatal encombre;
Et bien que ces filles des Cieux
Qui conservent ma teste à l'ombre
De leurs lauriers plus precieux,
Dans la tempeste la plus sombre,
Me doivent un port glorieux,
Je ne suis pas ambitieux
De l'honneur d'accroistre le nombre
Ny des Saints ny des demy-Dieux.

Possible que vos fiers esprits
Veulent par ma gloire étouffée,

---

[1] Incaguer est synonyme de narguer.

Se vanger sur moy du mépris
Que pour vous eut jadis Orphée.
Mais rassurez vos cœurs jaloux :
Esclave des charmes plus doux,
J'adore toute la nature,
Sans m'appliquer à la torture,
Que la plus belle d'entre vous
Vienne un peu tenter l'avanture.
Je veux mourir sous l'imposture,
Si je n'appaise son courroux.

Sec et passé comme je suis,
Et non du tout si beau qu'un Ange,
Je fais pourtant ce que je puis ;
Je ne suis pas un masle étrange.
Garçon loyal et bon Chrétien,
J'aime plus que vostre entretien.
Pourquoy donc, sexe au teint de roze,
Quand la charité vous impose
La loy d'aimer vostre prochain,
Me pouvez-vous haïr sans cause,
Moy qui ne vous fis jamais rien ?
Ha ! pour mon honneur je voy bien
Qu'il vous faut faire quelque chose.

Sexe si charmant et si doux,
Pour qui j'ay versé tant de larmes,
Helas ! sur qui déployez-vous
L'injuste rigueur de vos armes ?
Nimphes dont mon cœur est épris,
Dont tant de fois dans mes écrits,
J'ay vanté les traits et les charmes ;
Sexe ingrat, est-ce là le prix
Qu'on doit à mes Muses galantes ?
Parmi tant d'injustes soupçons,

Quoy donc, en vos fureurs constantes,
Sans boûcher l'oreille à mes sons,
Serez-vous les fieres Bacchantes
Du charmant pere des chansons ?

Belles dont le moindre regard
Peut embraser toutes les ames,
Ma foy, je ne crains pas vos flammes,
Je ne crains plus que vostre fard.
Quoy que l'on die et que l'on fasse,
Icy plus ferme qu'un pillier,
Au beau milieu de Montpellier,
Je me ris de vostre menace,
Et tout contre vostre attellier,
Fussiez-vous encore un millier,
Je vous attens avec audace ;
L'Ange qui deffend ma carcasse
Est un esprit particulier.

Troupe folle, troupe insensée,
De qui les lasches sentimens
Et les honteux deportemens
Font rougir jusqu'à la pensée ;
Noirs esprits, monstres des Enfers,
Mes lauriers seront toûjours verds,
Et vos bruits iront en fumée.
Mais si des filles que je sers
Contre vous la troupe animée,
De vos deffauts bien informée,
Jusques au bout de l'Univers,
En peut porter la renommée,
Craignez, craignez, esprits pervers :
Vostre ame a droit d'estre alarmée
Du bruit des foudres de mes vers.

Ésope, qui fut injustement précipité du haut d'un ro-

cher, n'en avoit pas tant dit des Habitans de Delphes [1],
qui luy firent croire qu'il avoit dérobé un vase d'or dans
le Temple d'Apollon. Aussi il ne faut pas s'étonner si ces
gens-cy, déja offensez par la langue de Pierrotin, et en
suite par la raillerie piquante de mes vers, déployerent
toute leur colere et employerent, quoy qu'inutilement,
toute leur puissance pour se vanger. Mais qui se peut
assurer contre les traits capricieux de la fortune, quand
elle a resolu de nous precipiter, et que l'homme qui bien
souvent n'a pas de plus grand ennemy que soy-mesme,
pour hâter sa ruine, employe miserablement tout son
pouvoir pour se détruire? Cela pourtant n'eust esté rien
sans l'incomparable Pierrotin, qui, non content d'avoir
offensé cette belle dame, comme j'ay déja dit, voulut encore affliger de sa médisance un Senechal qui commandoit au Prevost; c'estoit un homme vieux et sec, prompt
et colere, qui, estant déja piqué contre moy pource que
je ne luy avois rendu aucune civilité, n'eut pas de peine
à croire ce qu'on luy voulut persuader touchant la médisance de Pierrotin; de sorte qu'autant pour vanger ses
interests que pour obliger cette femme qui avoit quelque
empire sur son ame, il ne manqua pas le jour suivant de
m'envoyer de trés-bon matin Monsieur son Prevost, avec
intention non pas de me faire justice, ny de s'informer
de ma vie et de mes mœurs, mais de me surprendre;
et quoy que je ne fusse aucunement prevostable, coupable
ou non me juger prevostablement pour en suite me faire
périr sourdement et me sacrifier à sa vangeance. Mais,
comme dit C.[2], un Grand me sauva. Il ne l'a pas pourtant
nommé dans son libelle; il faut bien dire que ce Grand

[1] Il les avait irrités par la franchise de son langage.
[2] Chapelle.

n'estoit pas de sa connoissance, puisqu'il ne sçavoit pas
son nom ; c'est un Seigneur pourtant connu de toute la
terre, aussi je ne l'ay jamais méconnu : c'est pourquoy il
ne faut pas s'étonner si j'en fus secouru, et si ce Grand
qu'il ne connoist pas, qui tira les Enfans d'Israël de captivité, et qui noya Pharaon, confondit mes ennemys, brisa
mes fers, et rompit ma prison, comme vous allez entendre.

## CHAPITRE XIII.

### Dassoucy fait une plaisante et courte description de sa prison.

J'avois déjà fait mon paquet, et dit adieu à tous mes
amys, et cette nuit qui estoit la derniere de mes triomphes et la veille de mon départ, je dormois d'un très-
bon somme, et le matin étant venu j'achevois de songer
que l'on me venoit arrester, lorsqu'un honneste homme
qui ne va jamais dans de pareille occasion sans suite ny
sans épée, entra dans ma chambre : il ne me surprit
pas, car mon genie n'ayant point manqué depuis quarante ans de me reveler tout ce qui m'est arrivé de si-
nistre, mon songe, ou plutost ma revelation m'avoit
preparé à le recevoir. Bien que je ne l'eusse jamais vû,
je ne luy demanday pas ce qu'il vouloit, car je l'avois
déjà apris en dormant; je pris seulement en haste mes
habits, mais il me dit que je ne me pressasse pas
tant. Par là je connus que mes ennemys n'estoient pas
d'intelligence avec luy, car ils estoient bien pressez de
ma peau; habillé que je fus, il me dit fort courtoisement

que je n'avois rien à craindre, et que Monsieur le Juge
Mage qui me vouloit parler estoit un fort honneste
homme. Je ne doutay nullement de cette verité. Lors
que nous fusmes à la ruë, je luy demanday s'il me mé-
noit à son logis, mais il me dit que nous ferions mieux
de l'aller trouver au Palais, et que je serois bien aise de
voir un fort beau Bastiment. J'allay donc au Palais, où,
aprés avoir demeuré trois heures dans une chambre
sans parler à personne, trois Conseillers avec qui je n'estois pas en estat de faire de ceremonies, aprés m'avoir
commandé de les suivre, passerent devant. Pour moy qui
les suivois, je crus que comme à un étranger, ils estoient
deputez pour me faire voir la rareté du lieu, et je ne
fus pas trompé, car on me fit descendre dans un lieu
aussi rare pour son obscurité que pour sa puanteur. On
me mit donc dans un cachot avec une harangue fort la-
conique, qui fut que la Cour trouvoit bon que je demeurasse là quelque moment ; dés lors je commençay d'apprendre qu'il y a des momens bien plus longs les uns
que les autres, car j'y fus depuis le matin jusques à
quatre heures du soir sans boire ny manger. A la lueur
d'un rayon du jour qui paroissoit par une demie fenêtre
treillissée, j'aperceus quatre hommes, ou plutost quatre
miroirs de Constance,  qui avoient bien la mine d'avoir
pris bien de la peine en ce monde, pour essayer de meriter en l'autre une couronne de gloire par un proche
martyre; les voyant aux fers, je m'étonnay comme ils
estoient ainsi pûnis par les pieds, n'ayans, ce disoit-on,
failly que par les mains. Mais à la fin, comme je commençois à estre de la maison et à m'apprivoiser, je pris
la hardiesse de m'approcher d'eux pour leur demander
ce qu'ils avoient fait pour estre si maltraittez. Ils me

répondirent tous quatre qu'ils estoient innocens. Cela me fit presque croire que j'estois coupable, ne pouvant m'imaginer que la justice, qui void si clair au travers de son bandeau, pust si fort errer que de mettre tout à la fois tant d'innocens ensemble dans un mesme lieu. Cependant j'estois en mon cachot comme un homme qui auroit esté frappé de la foudre, lors qu'un honneste homme portant clefs me vint querir de la part de Messieurs. Je montay donc en haut avec mes gands et ma casaque, mais d'autant que je n'avois pas affaire en ville, on me les fit oster comme des ornemens superflus. En cét état j'aborday mes Juges avec une contenance accompagnée d'une certaine humilité qui ressembloit fort à celle d'un homme qui fait amende honorable. Qu'on ne me parle point des horreurs des tempestes, des combats ny des naufrages; le visage d'un Juge severe accompagné d'un Prevost, armé des foudres de la Justice, est tout autrement redoutable. Ils voulurent m'interroger, mais l'un de ces quatre Messieurs avec qui j'estois logé, grand clerc et fort stillé en ces matieres, et qui pour marque de sa suffisance avoit déja les clefs d'Avignon sur les épaules, m'avoit averty de ne pas répondre devant le Prevost. De sorte que je puis dire,

> Laissant à part toute innocence,
> Que, sans cét objet de souffrance,
> Qui ne sçavoit ny *A* ny *B*,
> Et qui pour avoir dérobé
> Quelque chose de la pitance
> D'un gras Prieur ou d'un Abbé,
> Avoit bien gagné la potence,

Jamais ny Quinet ny Courbé[1].
N'auroit reveu ma corpulence.

Je demeuray donc muet, pratiquant en cette rencontre
fort sagement le Proverbe qui dit, qu'il vaut mieux se
taire que mal parler. On me demanda pourquoy je ne
répondois pas. Je dis qu'outre que je n'estois pas prevostable, que me voyant environné de tant de puissans ennemys qui avoient juré ma perte, et considerant que mes
Juges estoient hommes et par consequent sujets aux passions, j'apprehendois avec raison de succomber sous
l'oppression de la calomnie. Ils me répondirent qu'ils
estoient Juges, mais sans passion. Ils disoient vray,
comme j'ay bien connu depuis; mais pour moy je n'en
pouvois pas dire autant, car pour lors j'avois une passion
trés-violente de me voir seulement à cinq cens lieues de
là. Ce premier acte finy, je fus reconduit dans mon cachot avec la mesme ceremonie qu'auparavant, où aprés
avoir longtemps medité un si étrange et si funeste accident, finallement mon cœur, ne pouvant plus resister aux
coups de sa douleur, s'allegea par l'effusion d'un torrent
de tant de larmes, que ces gens de fer en furent touchez,
et je m'étonnay, n'ayant sceu trouver de la pitié sur la
terre, comme je l'avois rencontrée dans les Enfers. Enfin,
parmy ces ameres pensées, la nuit vint, mais non pas
pour le repos de tous les hommes, puisque je ne reposay
point; mon matelas, qui, dans la septentiéme année de son
service, pouvoit encore disputer de la blancheur avec
mes draps, et qui, avec la couverture, ne faisoient pas tout
ensemble l'épaisseur de la langue d'un chat, ne me
donna pas beaucoup d'envie de me dépoüiller. Je me

_____
[1] Deux de ses éditeurs.

couchay pourtant, d'autant que je ne pouvois plus me tenir debout, et bien que, par honneur, on m'eust mis gesir[1] à part, je ne couchay pas pourtant tout seul. Et j'aurois trop mauvaise grace de me plaindre de la bonne et fidelle compagnie qui me fit si bien passer la nuit jusqu'au jour, que je n'eus aucune envie de dormir. Quatre regimens de pictons affamez avec chacun autant de pieds et de mains que Briarée me saisirent en mesme temps en tant d'endroits du corps, que moy qui n'en avois que deux pour me deffendre, je puis dire que j'eus besoin de toute la charge de mes iniquitez pour n'être pas enlevé comme un corps saint. Le jour venu, mon Geollier, par ordre du Presidial, me sortit de mon cachot, et au grand regret de ces Messieurs me tira de leur honorable compagnie, et me fit un lit dans sa chambre pour moy et pour Pierrotin : jugez par là de l'humanité de mes Juges, et de l'opinion qu'ils avoient de ma conduite; et le jour suivant j'apris tout à la fois la vertu de Pierrotin avec la nouvelle de mon élargissement et de mon innocence. Mais, comme j'estois entré en prison sans plainte, sans partie et sans accusation, ny sans aucune forme de justice, on pria Monsieur Ramisse, Procureur du Roy, de conclure en ma faveur. Et d'autant qu'il disoit qu'il ne s'en estoit point meslé, et qu'aussi il n'y avoit pas d'apparence de m'accuser que j'y fusse venu de mon plein gré, il s'en excusa. Si bien qu'entre ces contestations et renvoys de civilitez, dont je me fusse bien passé, afin que je sortisse plus[*] luisant et plus beau, on me retint encore pour m'y raffiner comme l'or dans la fournaise pour quelque temps, durant lequel il ne se passa aucun jour que je ne fusse visité par quelqu'un de la compagnie joyeuse

[1] Coucher.

de ces beaux esprits de Montpellier, qui, pour entendre Pierrotin, me faisoient des repas de Luculles, et c'estoit parmy les garafons [1] et les tourtes de pigeonneaux que je faisois dire à Pierrotin cette chanson :

> Au profond des Enfers,
> Où bien peu d'esperance
> Flattoit mon innocence,
> Grand Roy de l'Univers,
> J'ay tous les maux soufferts;
> Mais enfin ta puissance
> A finy ma souffrance,
> Et brisé tous mes fers.
>
> En vain la trahison,
> D'un coup illegitime,
> A blessé mon estime,
> Et vomy son poison.
> Les Cieux et la raison,
> Qui m'ont connu sans crime,
> Ont sauvé la victime
> Et rompu sa prison.
>
> Aprés tant de langueurs,
> Tout se rend à nos charmes,
> Dieu se rend à nos larmes,
> Et nous rend tous les cœurs;
> Nos astres sont vainqueurs,
> Et contre tant d'allarmes,
> Le Ciel a pris les armes,
> Et tary tous nos pleurs.

Je demeuray donc encore huit jours dans cette prison,

---

[1] « Carafon, grosse bouteille de verre épais, à long cou, qui sert à faire rafraîchir la boisson dans un seau avec de la glace. » *Dict. de Trévoux.*

qui valoit bien une malheureuse liberté, jusqu'à ce qu'un matin Monsieur le Prevost, nommé Deslandes, homme de bien et d'honneur, et qui avoit toûjours témoigné avoir autant de déplaisir de mes peines qu'il en devoit avoir des siennes qui ne luy avoient point esté payées, me vint annoncer de la part de Messieurs que j'estois libre, et que je pouvois sortir quand il me plairoit; que si pourtant le sejour m'estoit agreable, je n'avois qu'à dire, et que la maison étoit toute à mon service. A quoy, aprés l'avoir remercié bien humblement, je luy dis, qu'ayant demeuré toute ma vie à la Cour, que je commençois enn de me lasser des Cours et des Palais, et que j'essayerois desormais de vivre en des maisons particulieres et sous de plus humbles toicts, comme plus convenables à l'état de ma fortune. Cela dit, aprés avoir serieusement pris congé de l'honnorable compagnie et payé mon hostesse, je passay des tenebres à la lumiere, et de la mort à la vie; mais comme je fus sur le seuil de l'huys, me ressouvenant qu'Orphée, pour avoir regardé derriere soy, fut contraint de retourner aux Enfers, pour éviter un pareil inconvenient, je m'en allay sans regarder derriere moy droit à la maison de Monsieur de Vitrac.

## CHAPITRE XIV.

Dassoucy, aprés son élargissement, passe encore trois mois à Montpellier chez M. de Vitrac.

Ainsi aprés avoir demeuré dix ou douze jours dans cette captivité, où, parmy la Musique et les Festins, je me fusse sans doute fort aisement accoutumé, je quittay cette co-

cagne pour aller chez Monsieur de Vitrac, qui pour confondre
mes ennemis me voulut donner la direction de ses propres
enfans, pour leur enseigner quelques Chansons, mais d'autant que du moment que je fus aresté mes ennemys croyoient
avoir leur victime toute assurée, sans attendre les effets
de la Justice divine qui preside à la Justice des hommes,
ils manderent incontinent à Paris les nouvelles de ma mort,
qui n'estant aucunement desagreable à feu Loret, sans en
attendre la confirmation, luy inspira ces beaux vers qu'il
fit en grand haste à ma loüange[1], et que depuis à sa
confusion on a vû courir la pretantaine dans sa Gazette.
Aujourd'huy ce mauvais Poëte est allé mentir en l'autre
monde[2], et moy je suis encore en celuy-cy; sa calomnie
est déjà étainte avec sa vie, et dans mes productions plus durables que ses écrits, sa calomnie se verra
autant de temps que le monde sçaura lire. Deux ans après
cette couple de beaux esprits, Chapelle et B., qui dans leur
voyage n'avoient garde de me rencontrer sur le chemin
d'Avignon, puisque j'estois à Thurin[3], traversant le Languedoc, passerent à Montpellier, où après avoir bien ry
avec mes amis de ce qui m'y estoit arrivé, au lieu d'employer leur esprit pour la gloire du Parnasse à vanger les
interests de leur serviteur et leur ami, et divertir la
France de la sotte et barbare iniquité de ces peuples,
comme Monsieur d'Aubijou[4], qui, parlant de moy, disoit

> Que Dassoucy, dans son passage,
> Avec son Theorbe et son Page,

[1] Voyez la notice préliminaire.
[2] Loret mourut vers 1666.
[3] Le voyage de Chapelle et de Bachaumont n'eut lieu, en effet,
qu'en 1656.
[4] François-Jacques d'Amboise, comté d'Aubijoux.

Avoit fait passer pour un sot
Maint homme qu'on croiroit bien sage,
Maint Docteur pour un Ostrogot,
Maint bon Chrétien pour un cagot,
Et maint Bigot pour un sauvage,
Maint Chevalier pour un palot,
Le Senéchal pour un falot,
Et Montpellier pour un village;

au lieu, dis-je, de donner carriere à leur plume sur un sujet qui leur auroit fourny des fictions bien plus plaisantes que celles que, pour ma destruction, ils ont empruntées de la calomnie, ces ravissans genies, qui, sans necessité, comme font encore aujourd'huy beaucoup d'autrés, ont enrichi leurs écrits de l'honneur d'autruy, plus cruels que les sauvages de Montpellier, voire que les Hurons et les Antropophages, firent cette belle pasquinade, qui aprés avoir déchiré ma reputation et servy d'écüeil à ma fortune, conduit dans le fond de tant de cachots, et tiré de mes yeux tant de larmes, n'empesche pas que, sans aucune sinderése [1], ces Messieurs ne vivent dans une heureuse tranquillité, et qu'ils ne joüissent aujourd'huy dans une profonde paix du repos de la conscience, et de la satisfaction de soy-mesme, qui est la recompense des belles actions, et qui enfin, au lieu de revenir à rescipiscence, et de me rendre quelque témoignage de leur compassion, m'ayant depuis exposé à la dent cruelle du Satyrique médisant, n'empéche pas aussi qu'aprés avoir terrassé plus de monstres qu'ils n'ont bû de verres de vin, on ne me voye aujourd'huy dans un poste glorieux, plus gay, plus sain, plus content et plus heureux à soixante

[1] Synderèse est synonyme de remords.

et douze ans, qu'ils n'estoient quand, le broc sur la table et le verre à la main, ils composerent ce merveilleux Libelle. Ce sont les effets de la justice de Dieu, qui, tout pecheur que je suis, a pris depuis le berceau toûjours le soin de ma défence, et qui, tout rebelle que je sois à ses inspirations, m'assistera jusqu'au tombeau pour me rendre plus coupable au dernier terme de ma vie, si j'abuse de l'excez de ses graces et de ses boutez. Estant donc chez Monsieur de Vitrac, ce sage Gentilhomme avec plusieurs dé mes amis ayant trouvé qu'il estoit de mon honneur de donner au public la relation de cette tragicomique avanture, je la fis voir à Monsieur le Juge Mage, qui en suite me donna la permission de la faire imprimer à Montpellier, et que je t'aurois donnée dans son lustre, si le temps devenu plus chagrin, ou pour mieux dire plus modeste, m'eust permis de te faire rire sur un sujet de cette nature; mais d'autant que la saison étoit fort avancée, et que je n'avois plus de temps que pour passer les monts, et que d'ailleurs je ne pouvois croire que parmy les hommes il y eust des esprits assez méchans et assez diables pour ozer entreprendre de déguiser une affaire qui a esté si solemnelle et si publique, plûtost que de passer encore l'Hyver à Montpellier, je me desistay de cette entreprise, pour continuer celle que tant de fâcheux obstacles et accidens avoient interrompuë.

## CHAPITRE XV.

Dassoucy repasse en Avignon, où il est encore filouté; il y rencontre M. de Candale et M. de Mondevergues; comme il en fut traitté.

JE quittay donc Montpellier trois mois après mon élargissement, non seulement avec l'amour et l'estime de tous les gens de bien, mais encore avec plusieurs presens qui me furent faits par plusieurs personnes de qualité, et principallement par le bon et genereux Monsieur de Vitrac, duquel ayant pris congé par quelques larmes, qu'il me paya sur le champ par quelqu'une des siennes, je continuay encore mon chemin devers les monts, et toujours devers les monts. Mais comme un vaisseau qui a le vent contraire ne sçauroit entrer dans le Havre, quoy qu'il soit tout voisin du Port, je pouvois bien contempler ces montagnes comme les hyperboles que l'on découvre de loin, mais qu'aucun mortel n'a jamais pû franchir. Car ne pouvant éviter de repasser en Avignon, qui estoit la pierre d'achoppement qui s'opposoit à mon passage, je n'y fûs pas plûtost arrivé qu'au lieu d'aller droit à la boutique de mon Marchand Linger, pour y employer en rabats et en chemises trente pistoles qu'au moins j'aurois eu de reste en marchandise, je fûs tout droit en cette Synagogue, où veritablement je ne fûs pas dépoüillé comme la premiere fois par les sieurs Moyse et Melchisedech, mais par un autre grand juif nommé Merdaca, que je trouvay aux prises avec le pau-

vre Monsieur de Mondevergues, qui, estant déjà aux agô-
nies, aprés plusieurs coups d'estramaçon qu'il receut
dans ce combat, acheva quasi à mesme tems d'expirer
avec moy par les puissantes mains de ce vaillant He-
breu. Mais quoy que dans ce lieu, où je n'eusse pas
trouvé à emprunter un teston sur Pierrotin ny sur toutes les Muses, je n'eusse point d'autre recours qu'à une
corde pour m'y aller pendre, comme la Providence ne
m'a jamais abandonné d'un seul pas, et que plûtost que
de me manquer, je croy qu'elle me suiveroit jusque dans
les Deserts de l'Arabie; quoy que je n'eusse plus de
Moliere ny de Bejards pour me secourir, c'estoit assez
qu'il y avoit un Mondevergues, qui pour moy n'estoit pas
moins que la Providence mesme en personne. Quoy que
ce genereux Seigneur perdist tous les jours son argent,
comme c'estoit sa coutume, il ne laissa pas de me donner plus de vingt pistoles en plusieurs fois, que j'employay encore tout au profit du sieur Merdaca et de Si-
mon-le-Lepreux, pource que Monsieur de Mondevergues,
qui disoit qu'il y avoit plus de plaisir à joüer qu'à manger, ne vouloit pas que son argent me servist à manger,
et disoit qu'on estoit obligé de me donner à manger par
tout le monde. Mais enfin Monsieur de Mondevergues
perdant d'un costé et moy de l'autre, et estant trop éloigné des mines du Perou, pour pouvoir deffrayer le sieur
Dassoucy, et fournir au sieur Merdaca, estant prés de
sortir d'Avignon, il me fit encore un petit present, que
sur l'heure mesme, suivant toujours les premieres intentions de ce genereux Seigneur, j'allay encore hazarder
dans cette Synagogue; mais d'autant que j'y rencontray
un Chrétien qui n'estoit pas encore devalizé, en dépit du
Judaïsme, je luy gagnay à la barbe de tout ce peuple cir-

concis environ une vingtaine d'écus, qui me mirent en
si belle humeur, que bien que j'eusse déjà pris congé de
Monsieur de Mondevergues, je luy voulus faire part de
ce petit miracle, par cette Lettre :

## A MONSIEUR DE MONDEVERGUES.

*Comme les Demons n'ont point de pouvoir sur
les choses benistes, les dernieres pistoles qu'en me donnant vous avez accompagnées de vostre benediction,
n'ont sceu pericliter; au contraire elles sont devenuës
fermes et intrepides au milieu de tous les Juifs et de
tous les Diables, et ont retiré de leurs griffes une partie de leurs cheres compagnes, à qui je fais toutes les
caresses qu'il m'est possible, jusqu'à les mettre coucher avec moy pour les obliger à m'estre desormais
plus fidelles. Je crains pourtant qu'estans la pluspart
étrangeres elles ne demeurent pas long temps ensemble, non plus qu'en ma compagnie. Cela n'empeschera
pas pourtant que je ne fasse tout mon possible pour
demeurer avec elles; mais je suis fort embarrassé
d'un gros quadruple Espagnol, qui, bien qu'il ait perdu
plus de cinquante grains de sa gravité, tout écourté
qu'il est, ne laisse pas pourtant de faire l'entendu, et
de témoigner son antipatie à quatre petits demy-Loüis
qui me paroissent les plus jolis enfans du monde : toutefois j'espere, tout superbe qu'il est, de le ranger
bien-tost à la raison, et d'éprouver s'il a autant de
cœur qu'il a de vanité et de presomption : car j'ay
resolu de le mettre toujours à la teste de mes troupes,
et l'envoyer reconnoistre l'ennemy, comme le plus
leger.*

Un peu aprés le depart de Monsieur de Mondevergues,
Monsieur de Candalle qui m'avoit déja vu à Montpellier, et qui avoit oüy ma musique chez Monsieur de Vitrac,
au sortir de ma prison, repassa en Avignon, où m'y ayant
encore rencontré, il voulut oüir Pierrotin, et en suite il
me mena chez Madame de ¹...... Mais comme aux gens
de cette qualité je ne donne guerre la musique sans les
vers, je luy donnay ceux-cy, que je composay sur le champ,
me promenant dans sa chambre :

### A MONSIEUR DE CANDALLE.

Prince des modes raisonnables,
Astre des Galans de la Cour,
Qui, dans la guerre et dans l'amour,
Passez tous les incomparables;
Astre qui, dans ce bas sejour,
Par tant de vertus, admirables,
Effacez tout ce que la Cour
A de brillant plus adorable ;
Bien que tout cede sous les Cieux
A vostre bras comme à vos yeux,
Et que tout Cœur se vienne rendre
Au Dieu qui regne en vostre sein,
Amour qui vous preste la main,
Pour tout ferir et tout comprendre;
Seigneur, n'en faites pas le vain;
Il est bien aisé de tout prendre,
Aujourd'huy comme au temps jadis,
A qui porte un cœur d'Alexandre
Sous un visage d'Amadis.

¹ Sans doute, madame de Castellane. — « Une galanterie qu'il
(le duc de Candale) eut à Avignon, avec madame de Castellane,
depuis marquise de Ganges, si fameuse par sa mort tragique, lui
causa la fièvre dont il mourut à Lyon (1658). » DEMAIZEAUX, *Vie de
saint Évremond.*

Il ne faut pas demander si cét autre commis de la Providence, ce Seigneur gallant et regallant gallamment me regalla, mais d'autant qu'une certaine Dame de la Cour qui faisoit alors grand bruit en Avignon dans une semblable occasion, en avoit trés-mal usé avec moy, je fis ces autres vers pour me recompenser de mes peines :

Je me puis bien passer, graces au Dieu Phœbus,
Tant de Dame Doris, que du sieur Judeus,
Malgré vous et vos dents, ô Seigneur Malevoles ;
Nous avons rencontré deux Seigneurs Benevoles,
Lesquels ont nos goussets remplis de carolus.
Mondevergues le bon m'a donné vingt pistoles,
Et Candalle le beau cinquante beaux écus.

## CHAPITRE XVI.

Dassoucy va à Orange au mariage de M. le comte Donat. L'admirable rencontre du cousin-prieur de Carpentras ; qui estoit ce pretendu cousin, et comme il en fut filouté.

Estant un peu revenu de ma defaillance, et ayant le gousset encore une fois assez bien garny, n'estant qu'à quatre lieux d'Orange, je voulus aller voir cette Forteresse, où aprés y avoir passé quelques jours avec le Comté Donat, et y avoir esté regallé d'une bague de vingt pistoles, je repris encore mon chemin devers les Monts; mais, helas ! qu'un homme qui veut passer les Monts est éloigné des Monts ! quand, pour y passer par ces étroits chemins de Paradis, il ne trouve point de salut en aucune religion, et que le Christianisme aussi bien que le Judaïsme, pour s'opposer à son passage, s'arment contre ses bonnes intentions. Las! à peine avois-je fait cent pas hors les portes d'Orange, que je rencontray sur le chemin d'Avignon un homme assez bien monté qui alloit son petit pas : cét homme estoit habillé de noir avec les cheveux fort courts, et estoit suivy d'un Laquais vêtu de violet. De sorte que, hors une emplastre qu'il avoit sur l'œil, laquelle emplastre n'estoit pas tout à fait de l'essence d'un homme d'Église, il avoit toute la mine d'un petit Abbé ou d'un Prieur. Si-tost que je l'eus abordé, il dit en Provençal : *Ont annas, Moussu*[1] *?* —Je m'en vais, luy dis-je, en Avignon.—Si vous voulez, dit-il, nous irons de compagnie?—Volontiers, luy dis-je ; mais où allez-vous? —Je m'en vais, dit-il, passer quelques jours à un petit Prieuré que j'ay dans le Comtat.— A la bon-heure, luy dis-je, je m'en vais un peu plus loin ; mais à vostre langage je suis bien trompé si vous n'estes Gascon.—Pardonnez-moy, Monsieur, j'ay l'honneur d'estre né Provençal ; je suis natif de Carpentras, pour vous servir.—Ma foy, luy dis-je, j'y ay eu autre fois un oncle, qu'on appeloit Coypeau.—Quoy, me repondit-il tout étonné, Monsieur Coypeau estoit vostre oncle ; je ne le sçaurois croire, car, à ce compte, Monsieur, nous serions parens? — Je ne sçay pas si nous sommes parens, luy dis-je ; mais je vous puis assurer que feu M. Coypeau de Carpentras estoit mon oncle. —S'il est ainsi, dit-il, comme je croy que vous ne voudriez pas mentir, il est certain que nous sommes Cousins.—Je m'en rejoüis, luy dis-je ; mais, s'il est ainsi, vous avez sans doute oüy parler d'un frere qu'il avoit à Paris, qui estoit Avocat au Parlement?—Oüy, me dit-il, mon Cousin, c'estoit un des plus beaux esprits du Palais ; et j'ay oüy dire

---

[1] *Ount annas, moussu?* (Où allez-vous, monsieur?)

qu'il avoit un fils qui, au lieu de suivre le Barreau, s'étoit
amusé à faire des Vers.—Il est vray, Monsieur, luy dis-je,
cét Avocat estoit mon pere, et je suis ce fils que vous
dites qui s'amuse à faire des Vers. — Voila, dit-il, une
étrange rencontre.—Sans doute, luy dis-je, car, selon que
vous parlez de ma famille, il faut de necessité qu'il y ait
du parentage entre nous.—Oüy, dit-il, nous sommes parens, et, quand vous ne voudriez pas, je vous appelleray
mon cousin Coypeau.—J'y consens, luy dis-je, ce m'est
beaucoup d'honneur; mais je ne m'appelle pas ainsi. —Et
pourquoy, mon cousin, avez-vous quitté le nom de feu
vostre pere?—Je n'ay pas pour cela quitté le nom dé mon
pere, luy dis-je; il est vray que mon pere s'appelloit Coypeau, mais il s'appelloit encore Dassoucy, et je m'appelle
Dassoucy Coypeau, comme mon pere. — Vous estes donc
Monsieur Dassoucy? me dit-il.—Pour vous servir, luy dis-
je.—Ha, mon cousin Dassoucy Coypeau, que je me tiens
glorieux d'avoir un parent de vostre merite! je vous connoissois déja de reputation, sans sçavoir qu'il y eust aucune affinité entre nous; mais aprés le malheur qui vous
est arrivé, vous ne devez pas douter que je ne sois ravy
d'avoir icy vostre rencontre; et si en faveur de la consan-
guinité vous me voulez bien obliger, comme nous ne sçavons que faire par le chemin, et que, pour tuer le temps,
il faut s'entretenir de quelque chose, vous me direz quelque circonstance de cette affaire qui vous est arrivée à
Montpellier.—Ma foy, luy dis-je, à propos de tuer le temps,
puisque vous voulez que je vous entretienne de mes avantures, j'en suis content, aussi-bien estant plein de mes
disgraces, je ne demande pas mieux que de m'en décharger dans le sein d'un si honneste parent; mais puisque
nous sommes sur le propos de tuer le temps, et que

mon avanture de Montpellier est enchaînée avec celle qu
m'arriva dans le coche d'Auxerre, j'en commenceray le
récit par ce qui m'arriva sur cette route avec un tueur
de temps, qui tua ma bourse, et qui fut tué aprés cela.
Et là-dessus je .commençay à luy conter tout ce qui
m'estoit arrivé depuis ma sortie de Paris. Tant que je luy
parlay de mon tueur de temps, ce cher cousin ne me dit
pas un seul petit mot; mais quand je vins à parler de la
filouterie Avignonnoise, il fit une exclamation.—Ha, cousin, dit-il, que ne vous ay-je rencontré plùtost, je vous
aurois bien empesché de joüer contre ces filoux marrani-
zez[1]; je ne vous sçaurois dire combien de fois ils m'ont
mis au blanc, 'ny combien d'argent ils m'ont attrappé;
mais, graces à Dieu, je m'en suis retiré.—Vous êtes donc
joüeur, mon cousin? luy dis-je.—Oüy, mon cousin, cette
passion m'a gourmandé fort long-temps, me dit-il; mais
comme je voy qu'elle est tout à fait opposée à mon plaisir et à mon repos, et que dans le jeu il y a si peu de
fidelité, qu'il ne faut pas se fier mesme à ses parens,
j'essaye à mon tour de gourmander cette passion autant
qu'elle m'a gourmandé.—Vous faites fort bien, luy dis-je,
mon cousin, mais vous joüerez bien encore une petite
pistole au Piquet.—Ma foy, cousin, repliqua-t-il, à moins
que de la joüer contre un honneste homme, comme vous,
j'aurois de la peine à m'y resoudre.—J'en suis de mesme,
dis-je, je cherche à joüer contre les gens de ma sorte;
c'est pourquoy, comme nous nous sommes rencontrez
tous deux de mesme humeur, et que je ne sçaurois vivre

---

[1] Fils de Juifs. — De *Marrana*, « terme injurieux qu'on dit aux
Espagnols, ou à ceux d'entre eux qu'on ne croit pas bons chrétiens,
qui sont descendus des mahométans ou des *Juifs*. » *Dict. de Tré-*
*voux.*

sans joüer, si vous voulez, le cousinage n'empeschera pas
que nous ne nous divertissions au Piquet quand il vous
plaira.—J'en suis content, dit-il; mais je ne voudrois pas vous
gagner vostre argent. Cela accordé, nous arrivâmes au
déclin du jour à un Bourg qui fait la moitié du chemin
d'Orange et d'Avignon ; et ne pouvant passer outre, parce
qu'il estoit trop tard, nous mîmes pied à terre dans une
assez bonne hostellerie, qui est sur le bord d'une fort
agreable petite riviere. La premiere chose que je fis y
estant arrivé, ce fut de demander une chambre, du vin
et des cartes ; mais d'autant que mon cousin le Prieur
s'estoit déja saisi de son breviaire, nous remîmes la partie aprés souper. Durant tout le repas, qui me duroit
bien autant qu'à mon cousin le Prieur, qui n'avoit pas, je
croy, moins de desir que moy de voir la nappe levée, je
considerois attentivement ce nouveau parent à l'emplâtre
sur l'œil, et plus je le regardois, plus il me sembloit, à
l'emplâtre prés, avoir veu cét homme en quelque autre
endroit du monde. Ayant donc achevé de souper, et le
tapis et les cartes étant venus, nous nous mîmes à joüer
une pistole en deux parties de cent de Piquet, que je perdis
par deux repics contre le cousin à l'emplâtre sur l'œil,
aussi viste que s'il n'eust eu sur l'œil aucune emplâtre.
De sorte qu'étant piqué, et ce jeu ne s'accordant point au
desir que j'avois de luy gagner vistement son argent et
luy crever l'autre l'œil, je luy demanday à joüer au Brelan. Il s'y accorda. Je tiray donc dix pistoles devant moy,
et luy qui pour me gagner n'avoit pas besoin de tant
d'argent non plus que de tant d'yeux, n'en tira que quatre.
Dés le premier coup, ce cousin, qui à cause du parentage
ne me vouloit pas ennuyer, me fit de son reste, qu'avec
un trente-un dans la main je luy tins fort courageuse-

ment, mais qu'encore plus constamment je perdis ; et
comme il fermoit déja l'autre œil, et qu'il avoit envie de
s'en aller coucher, comme bon et charitable cousin, il ne
me voulut pas faire languir long-temps, car, aprés trois
ou quatre passes, je me trouvay trois beaux As dans les
mains. A cét Angelique aspect, je me sentis tout émeu,
et comme, pour faire un grand coup, il faut beaucoup d'argent devant soy, croyant avoir tout gagné, je coulay encore subtilement dix pistoles avec les six qui me res-
toient ; je luy dis du jeu, et luy me dit de quatre pistoles
aprés ; et moy croyant tout engloutir avec mes trois As,
je luy dis de mon reste ; mais comme le mien estoit plus
grand que le sien, il me dit, pour me faire donner plus
aisément dans le panneau, que je n'y pouvois aller que
de l'argent qu'il avoit devant soy, et que si je croyois
avoir si beau jeu, il en tireroit autant que moy si je luy
voulois permettre. De sorte que, ne pouvant m'imaginer
que cét emplâtré cousin Prieur eust meilleur jeu que moy,
je luy laissay tirer encore huit pistoles, qui, jointes aux
huit qu'il avoit déja devant soy, avec les seize que j'avois
devant moy, faisoient trente-deux ; tout cét argent estant
mis dans une masse au milieu de la table, sans attendre
qu'il me montrast son jeu, je luy montray le mien ; et
comme, sous la foy de mes trois As que je tenois infaillibles, je voulois me saisir de l'argent :—Tout beau, mon
cousin Coypeau, me dit-il en me montrant son jeu, vous
avez perdu : voilà trois Roys et un retourné, et vous sçavez
que le brelan emporte le tricon[1]. Puis s'estant impatro-
nisé des trente-deux pistoles : — Loüé soit Dieu, dit-il, il

---

[1] Tricon signifie trois cartes semblables à celle qui retourne. On
dit aujourd'hui brelan carré.

y a plus de quatre ans que je n'en avois tant gagné ; il y
a du plaisir de joüer contre des gens d'honneur. De mon
costé j'estois si confus et si étonné, que ne croyant point
que cela se pust faire naturellement, quand je regardois
cét homme avec son Breviaire, son habit long, et son em-
plàtre sur l'œil, il me sembloit que ce cousin Prieur estoit
un cousin trés-extravagant, et je doutois que ce ne fust un
diable qui s'estoit ainsi habillé en Prieur pour me gagner
mon argent. Je luy demanday pourtant s'il vouloit encore
joüer : — Non pas pour cette heure, me dit-il, il se fait tard,
et je n'ay pas encore achevé de dire mon Breviaire; je
ne voudrois pas pour six fois autant avoir manqué de
m'acquitter de ce pieux devoir; vous sçavez, mon cousin, qu'au respect des tresors du Ciel, tous les biens du
monde ne sont rien. Et ce disant, emportant d'une main
mon argent, et de l'autre prenant son Breviaire, il se
retira dans sa chambre aprés m'avoir souhaitté le bon
soir. Toute la nuit je ne fis que rêver à cette rencontre :
car il me sembloit avoir veu et mesme pratiqué cét
homme auparavant mesme que nous fussions cousins.
Enfin le jour m'ayant attrappé dans mon lit, sans y avoir
fermé l'œil, je fis lever Pierrotin, pour aller de ma part
donner le bon jour à mon cousin le Prieur. Mais je fus
fort étonné : car au lieu que je m'attendois à rejoüer
avec mon cousin, je vis revenir Pierrotin avec la plus
grande joye du monde, qui aprés m'avoir remis une
Lettre dans la main, me dit que le cousin Prieur estoit
déjà party, et qu'il avoit payé le souper pour toute la
compagnie.—Voilà qui va bien, luy dis-je, j'ay bien-tost
perdu mon argent et mon cousin. Mais voyons un peu
cette Lettre. Aprés donc l'avoir décachetée, je lûs ces
mots :

A MONSIEUR DASSOUCY, MON COUSIN DEPUIS HIER.

*Vous ne devez pas trouver étrange que, suivant vostre
doctrine, j'aye par mon adresse retiré quelque
partie de ce que vous m'aviez arraché par le droit de
force. Au contraire, vous me devez sçavoir gré de
vous avoir laissé une bague avec quelque argent, c'est
tout ce que le meilleur cousin du monde pourroit
faire. Je me souviendray toujours des neuf écus que
vous me donnastes avec vos bons avis. Ressouvenez-vous
de mesme de la grace que je vous fais, et n'accusez que
vous de vostre desastre, puisqu'aprés les protestations
que vous aviez faites de profiter de mes conseils, vous
avez esté assez fol pour perdre cinquante pistolles à
Lyon contre moy qui estois cét Allemand qui vous les
gagna chez la Lere; et icy contre un Prieur Provençal que vous ne connoissiez pas. Cela fait bien voir
que vous estes un Poëte incorrigible. Corrigez-vous
donc, mon cousin, et n'oubliez jamais les documens
du sage Marchand de Pourceaux.*

Vostre Cousin le Prieur de Carpentras.

---

# CHAPITRE XVII.

Dassoucy, dévalisé par son cousin le Prieur, tourne le dos aux
Monts pour aller aux Estats à Beziers. Ce qui luy arriva.

A la lecture de cette Lettre, je ne sçavois si je devois
rire ou pleurer, car je trouvois cette avanture

bouffonne, qu'il me sembloit que j'aurois fait tort au
Dieu Momus de n'en pas rire jusques aux larmes : car
quand je me souvenois du jargon de cet Allemand de
Lyon, et que je me representois ce Prieur de Carpentras
avec son emplâtre, son Breviaire et tout cet attirail de
devotion, je trouvois mon tueur de temps trop plaisant
sous ces diverses figures, pour ne pas rendre à ce nouveau Prothée ce que je devois à son bel esprit. Mais
quand de l'autre part je regardois ma bourse vide et
mon fond épuisé, et que je considerois la grande faute
que j'avois faite de hazarder un argent qui m'estoit si
necessaire, et qu'enfin cette rencontre qui m'exposoit de
nouveau à la necessité ruinoit toutes mes esperances de
Savoye, et m'éloignoit d'autant plus de ce port tant desiré que je ne voyois plus dans le fond de ma bourse aucun Astre pour m'y conduire : j'estois si honteux de ma
faute, et si confus de ma folie, que j'eusse souffert que
Pierrotin, à qui je donnois souvent le foüet pour de moindres fautes, m'eust à son tour donné les estrivieres pour
luy avoir osté le pain. Estant donc en ce triste estat, et
ne voyant point dans tout le Languedoc autre puissance
pour me remettre que celle des Estats, par qui j'avois
déja esté remis une autre fois en fort bon état, je tournay le dos aux Monts. Ce fut donc pour aller à Beziers

> Que je tournay le dos aux monts,
> Ou, si vous voulez, les talons.
> Mais je n'y trouvay plus ce Prince
> Qui donnoit écus à milliers.
> C'estoit Monseigneur de Viviers[1],
> Qui, dans cette large Province,
> Tenoit les Estats à Beziers.

[1] Louis-François de la Baume de Suze.

Je fus donc à Beziers, où je ne tarday gueres à connoistre que j'estois tombé de fievre en chaud mal.

> Cette Ville est trés-belle et bonne,
> Et son muscat trés-bel et bon ;
> Elle est gentille, elle est bouffonne,
> Et, dans mainte honneste maison,
> Mainte noble et riche personne
> Y plume la Poule et l'Oyson.
> On y boit en toute saison,
> On y chante, on y carrillonne,
> Et soir et matin l'on y donne
> Colle de Beziers[1] à foison.
> Mais comme, chez cette pouponne,
> Petit et court est le teston,
> Il ne faut pas que l'on s'étonne
> Si l'on y grippe, on y gasconne,
> Et si l'on tire l'espadon ;
> Et si, dans l'enceinte mignonne
> De cette petite friponne,
> Le petit peuple est si fripon.

Ce fut dans cette Ville où, comme j'ay dit, je ne tarday gueres à connoistre que j'estois tombé de la fievre en chaud mal : car je n'y vis plus de Prince de Conty, de Lavardin[2] ny de Guilleraque; mais en recompense un fort charitable Prelat, qui pour les Muses tenoit ordinairement deux Cerberes[3] à sa porte : aussi Pierrotin et moy nous eussions eu beau chanter, beau palinodiser, et faire des Vers hors de Monsieur l'Evesque de Beziers[4], qui nous

[1] Bourdes.
[2] Henri-Charles de Beaumanoir III, que Louis XIV envoya (1677) en ambassade extraordinaire à Rome.
[3] Pour les empêcher, non d'entrer, mais de sortir.
[4] Clément de Bronzi.

faisoit manger presque tous les jours à sa table, nous n'aurions pas tiré de la quinte essence de tous les Estats seulement un plat d'Olives. Il y en eut un pourtant qui nous regala d'un plat de Figues; de sorte que, voyant que la Poësie et la Musique, qui sont des Arts en tout pays, n'estoient pas seulement un miserable mestier en ce pays-là; et ny moy ny Pierrotin ne sçachant ny coudre ny fi-ler, n'ayant parmy ce peuple joüant d'autres ressources que le jeu, je me resolus de tenter le hazard et de m'ex-poser à sa misericorde; et, pour cet effet, la premiere chose que je fis ce fut de vendre ma bague, dont j'eus bien de la peine à retirer la moitié de sa juste valeur. Je me mis donc à joüer au Lansquenet avec les Messieurs des Estats; et, dans ce jeu, malgré l'inconstance de la fortune, je m'estois entretenu de pain, de chausses et de souliers, la plus grande partie de l'Hyver : mais comme enfin il faut que tout cede à sa volubilité, dans un petit quart d'heure que j'eus de vent contraire, je vis mes fi-nances épuisées et ma pauvre barque à fonds. Ce fut en ce fatal instant que me voyant dans un pays perdu sans aucune ressource, je me vis sur le point de me faire une jambe de Dieu [1], ou de me scarifier quelque bras, et me ranger aux portes d'une Eglise pour y demander l'au-mosne conjointement avec Pierrotin, qui pour émouvoir les bonnes gens à pitié, estoit déjà suffisamment atteint de la maladie incurable de Monsieur Saint-Hubert [2]. Ce qui pourtant dans ce commun desastre me consoloit au-cunement, c'estoit qu'ayant joué jusques à mon dernier sol, il me sembloit, après la confiance que j'avois euë en Dieu, qu'il ne me pouvoit pas refuser sa providence. Je

[1] C'est-à-dire : se couvrir la jambe d'ulcères factices.
[2] La rage.

ne laissay pas pourtant de fort mal souper ce jour-là ; et
le lendemain, me ressouvenant d'un vieil habit d'Esté
que j'avois au fond d'un coffre, je commanday à Pierrotin, qui estoit fort practic en ces choses, d'en découdre
le passement d'or, et de l'aller vendre promptement au
premier Orphevre : ce que, selon sa coûtume, il fit avec
tant de fidelité, que de ce qui valoit dix écus, il m'apporta genereusement dix testons. Mais, comme nos intentions estoient differentes, et que Pierrotin pretendoit
dîner sur les dix testons, et que moy, qui les voulois joüer
tous dix, me voulois passer de disner plûtost que de faire
une si notable breche à mon fonds, il s'éleva parmy
nous une furieuse contestation : mais d'autant que j'estois le Maître de Pierrotin aussi bien que de mes volontez, aprés avoir tous deux disné d'un fort joly rabat à
passement, je pris les dix testons pour les aller joüer,
ce qui estoit autant que de les jetter par les fenêtres :
car c'estoit une conversation où l'on ne joüoit pas moins
qu'aux écus à la Belle ; de sorte qu'il s'en falloit justement cinq écus que je n'eusse pour faire ma main, ou
pour payer, si j'eusse esté pris le premier de la main
d'un autre. Je ne laissay pas pourtant de me placer effrontément parmy Messieurs des Estats, et de m'en faire
donner une carte, laquelle, comme c'estoit bien la raison, ne manqua pas d'estre prise toute la premiere ; de
sorte que de neuf personnes que nous estions, aprés en
avoir payé trois de l'argent du passement d'or de mon
habit, je me vis ensore endebté de cinq autres écus, sans
avoir d'autre argent ny d'autre passement d'or pour m'en
pouvoir acquitter : mais comme le desespoir fait tout
oser et tout entreprendre, et qu'il ne me pouvoit pas arriver pis que de mourir de la male rage de faim, au lieu

que tout autre seroit sorty de ce jeu, et s'en seroit allé
fort honnestement coucher sans souper, je ne branlay pas
seulement de ma place; au contraire, comme j'attendois
les indubitables effets de la Providence, je m'y tins ferme
comme un pillier; et comme jadis Alexandre le Grand
par son asseurance rétablit dans une bataille sa fortune
chancelante au milieu de ses combattans, je rétablis la
mienne par mon visage asseuré : et, pour montrer à ces
Messieurs des Estats, par le peu de compte que je faisois
de mon argent, la grandeur de mon opulence, je pris ce
teston, qui de dix que j'avois apportés, restoit seul devant
moy, lequel, ainsi qu'on jette un double à un pauvre, je
jettay à un valet, en luy disant : Tien, mon amy, voilà
pour boire; de sorte que ces Messieurs ne pouvant s'imaginer qu'un homme pust estre assez fol pour jetter tout
son bien par les fenestres, et assez effronté pour vouloir
joüer sans argent, outre qu'ils me connoissoient pour un
assez honneste joüeur, croyant que j'eusse plein une gi-
beciere d'écus, ils ne me regarderent pas seulement.
Avec tout cela, ma fortune estoit mal asseurée, car mon
credit ne pouvant pas s'étendre plus loin que d'une autre
main, à moins que d'un petit miracle, je ne voyois point
comment je pourrois sortir à mon honneur d'une si dou-
teuse et si mauvaise affaire : aussi la Providence, qui se
sert de tout, et qui est toûjours au guet pour maintenir
ses creatures, ne manqua point à faire ce petit miracle
à point nommé : car, comme à la premiere main j'avois
esté pris le beau premier, je fus pris le dernier à cette
seconde main; ainsi ayant payé mes debtes par cette seconde main, qui estoit la propre main de la Providence,
et recouvré mon argent, la fortune continuant de me favoriser, au bout d'une petite demy-heure je me vis en

possession de quinze petites pistolles, mais bien de poids,
que je contemplois avec autant d'étonnement que si elles
fussent tombées des nuës, comme en effet elles venoient
du Ciel. Aussi, comme il ne faut pas abuser des graces
que Dieu nous envoye, aprés avoir serré mes quinze petites pistolles, et fait une profonde reverence à ces be-
noists Messieurs des Estats, je me retiray avec ce petit
gain, aussi ravy qu'un homme qui, aprés avoir eu la corde
au col, s'en retourne à son logis avec sa grace. De mesme
je retournay dans le mien, et le lendemain, voyant que
le Ciel, qui dispose de la fortune, se declaroit visiblement
pour moy, je retournay encore au jeu, d'où je sortis encore victorieux et triomphant : et consequemment ayant
toûjours le vent en poupe, je poussay mes conquestes si
loin, qu'au bout de huit jours, aprés avoir habillé Pierrotin, et fait bonne chere à tous mes amis, je me vis encore, tous frais faits, six-vingts pistolles de reste.

## CHAPITRE XVIII.

Dassoucy reprend sa route devers les Monts ; il repasse en Avignon, va à Aix, et puis à Marseille : la pretieuse omelette qu'il
y mangea, et comme il y fut traitté.

APRÉS ce merveilleux coup de la Providence, tout brillant des faveurs de la fortune, et chargé des dépoüilles de ces Messieurs des Estats, je repassay à Montpellier,
non sans visiter le genereux Monsieur de Roanel et le
bon Monsieur de Vitrac, mais je n'y demeuray qu'un
jour, de peur que la sotte canaille qui m'avoit pris pour

un athée et pour un magicien, me voyant tant d'argent,
ne me prist à cette fois pour un faux monnoyeur.
Puis, refoulant aux pieds de mes chevaux le mesme chemin où le tems, en l'honneur de mes Muses, conservoit
encore bien precieusement les vestiges des semelles de
mes souliers, je repassay en Arles, non sans y boire de
ce vin de Cros [1] qu'on appelle vin de pierre à fusil; et
puis en Avignon, où, me ressouvenant des grandes peines
que ces admirables degraisseurs de bourses avoient
pris par deux fois à me degraisser la mienne, pour ne
demeurer ingrat à leurs soins, je leur voulus laisser
quelques marques de ma reconnoissance dans ce Sonnet,
qui servira de très-salutaire avis à tout joücur peregrinant portant argent monnoyé sur soy, et descendant par
le Rhône en Avignon :

### A QUELQUES FILOUX D'AVIGNON.

#### SONNET

Adieu, restes honteux d'une semence vile,
Corsaires déguisez qui regnez en ces lieux,
Qui déjà par deux fois avez eu la roupille [2]
Au Fils infortuné des neuf filles des Cieux.

Icy, pour des marans [3], j'en connois plus de mille,
Mais, pour d'honnestes gens, si j'en croys à mes yeux,

---

[1] La Crau est une vaste plaine qui s'étend entre le Rhône et
l'étang de Berre. Les pierres dont elle est couverte l'ont fait appeler par les Romains *Campi lapidei*. Selon Pline, Hercule étant
aux prises avec quelques géants en cet endroit, et ne pouvant les
vaincre, Jupiter, pour lui venir en aide, fit pleuvoir sur eux une
grêle de pierres, dont le sol de la Crau est resté comme pavé.

[2] Petit manteau, sorte de hongreline serrée et courte.

[3] Juifs.

Ma foy, j'en connois peu qui, dedans vostre Ville,
Soit digne de l'encens que meritent les Dieux.

Autrefois, parmy vous, un Dieu fut confondu ;
Icy le Dieu des chants n'est pas moins éperdu,
Graces à vos bons dez, ô gent patibulaire !

Si pour trente deniers le Juste fut vendu,
Pour autant de patars[1] vous pourriez bien pis faire,
Et je rends grace au Ciel de mon argent perdu.

Ces témoignages rendus de mon estime à cette troupe
de filoux maranisez (cecy soit dit sans blesser l'honneur
de ceux qui croyent au Messie), je fus à Aix, avec qui,
n'en déplaise à son Parlement, si la filouterie Avignonnoise touchant la preéminence a quelque chose à disputer, au moins on ne peut pas nier que l'orgueil et la
superbe Provençalle n'y soit dans son plus haut lustre.
Ce fut en cét endroit que je commençay à devenir plus
sage, car ayant oüy parler à tout le monde des merveilleux faits de ces joüeurs de passe-passe, je me contentay de les croire et de les admirer, sans les aller voir ;
au contraire, aprés avoir serré mon argent sous trois
clefs, de peur qu'il ne prist l'essor, je me fis informer
par un experimenté Pilote des lieux où estoient ces
dangereux Carrybdes pour les éviter. D'Aix je fûs à Marseille sur de trés bons chevaux de relais, qui, moyennant
vingt-cinq sols, me firent faire cinq lieues fort gaillarde-
ment à pied. Je vis donc ma chere et bien-aimée Marseille pour la troisiéme fois, que j'aime mieux ny que
mon cœur ny que mes yeux ; Marseille ville sans pareille,
où je fûs jadis amoureux :

_____

[1] Petite monnaie valant un sou.

Marseille si sage et si belle,
Dont les Habitans si courtois
Ont fait boire plus d'une fois
Nos Guabelliers et la Guabelle[1];
Où les faquins furent les Roys;
Où les Massons portans truelle
Chantoient nos Edits et nos loys,
Sur le chant de la Perronnelle[2];
Marseille où, comme la chandelle,
A la livre on y vend le bois;
Où Monsieur et Madamoiselle,
Pour s'alleger un peu du poids
De cette masse corporelle,
Vont fianter dessous les toicts;
Où, du matin jusqu'à la brune,
La Mourre[3] occupe les cinq doigts;
Où la basse et vile commune
Boit toute nuit, rotte et petune[4];
Où tant le gueux que le Bourgeois,
Tous les mois, ainsi que la Lune,
Change de face et de fortune;
Où la raison n'a voix aucune;
Où tout le sang est Iroquois;
Où l'on n'adore que Neptune,
Les vents, la mer et la pecune;
Où, pour quatre livres tournois,
On ne soupe que d'une prune,
Ou de deux œufs, ou de trois noix;
Où la musique plus divine
Est le cornet et le haubois,

[1] En les jetant dans la mer.
[2] C'est-à-dire : s'en moquaient.
[3] Jeu qui consiste à lever autant de doigts que l'indique celui qui commande.
[4] Fume.

La conque ou la trompe marine ;
Où le plus musqué sent la poix ;
Où la Nymphe la plus poupine
Sent la merluche et la saline ;
Où l'on voit en tous lieux fumer,
Au Port ainsi qu'en la cuisine,
Le ton, l'anguille et la sardine,
Et par tout le pot écumer ;
Où la science la plus fine
Est la vertu de bien ramer ;
Bref où si grande est la doctrine,
Que les matelots sans houssine,
Comme les Vaisseaux sur la mer,
Vont à cheval à-la Bouline[1].

Quoy que cette ville ait un Port le plus beau du monde, cela n'empesche pas qu'on ne l'appelle Marseille la brute, et que le menu peuple n'y soit tout à fait barbare, rude et grossier. J'en avois durant ma jeunesse déja fait une fatalle épreuve, et à cette fois j'en fis encore une fàcheuse experience ; je m'en souviendray toùjours ; ce fut un Samedy au soir que j'arrivay dans une fort bonne hostellerie, mais où pour mon malheur tout le monde avoit soupé ; cela n'empescha pas pourtant que de quatre œufs couvez qu'on y trouva de reste avec un peu d'huile de lampe, on ne me fist une trés-excellente omelette Florentine, dont on me fit payer bien cherement la façon : car, quoy que de peur d'estre accusé de gourmandise, je me fusse abstenu de manger d'un si friant morceau, on ne laissa pas, le lendemain qui fut le Dimanche, d'exiger tiranniquement quatre testons pour mon souper.

_____

[1] La bouline est une des principales cordes qui servent à la manœuvre du vaisseau. *Aller à la bouline* signifie tenir le plus près du vent.

,Pour moi, qui n'avois jamais acheté les œufs plus d'un
sol la pièce, je demanday si on avoit mis de l'ambre
dans cette omelette pour la mettre à un si haut prix.
On me dit que non, mais qu'il falloit quatre francs pour
mon souper. Je luy demanday encore si les renards
avoient mangé toutes les poules du pays, pour vendre les
œufs plus que les poules, et luy me répondit encore que
non, mais qu'il falloit quatre francs pour mon souper.
Je poursuivis tout en colere, et je luy dis s'il se mocquoit
de moy et s'il me prenoit pour un Allemand; et luy me
répondit encore sans s'émouvoir que non, mais que si
je voulois ma valise, il falloit quatre francs pour mon
souper. De sorte que, voyant que celuy-cy ne sçavoit
qu'une chanson, je m'adressay à l'hoste, et luy dis que
cela estoit bien vilain de couper ainsi la bourse aux
pauvres passans. Il me dit qu'oüy, mais qu'il falloit quatre francs et demy pour mon souper. — En voicy d'une
autre, luy dis-je, et vostre garçon ne me demande que
quatre francs. — Oüy, dit-il, mais il faut quatre francs et
demy pour vostre souper. — Hé pourquoy? luy dis-je. —
Pource que le garçon a oublié de compter vostre giste. Et
quand je voulus repliquer, il me dit que je ne faisois que
francimendeyar [1]; par où l'on peut voir le mépris que cette
populace a toujours fait et fait encore de nos genereux
François, qu'ils appellent Francimens, car francimendeyar veut dire lanterner. Il me fallut donc subir la
rigueur de cét arrest deffinitif sans murmurer, et payer
ces quatre testons et demy sans replique, et quand je fus
hors du logis, je vis paroistre un homme à la fenestre qui
me cria : — Monsieur, une parolle. — Qu'est-ce? dis-je.
— Souvenez-vous, s'il vous plaist, quand vous reviendrez

___
[1] Pour *franchimandegear*, se conduire en *franchiman*.

loger icy, qu'il faut quatre francs et demy pour vostre souper. — Je ne m'en souviendray que trop, luy dis-je. Dieu !
qu'eussay-je fait si, au lieu des œufs, j'eusse mangé la
poule ? J'ay veu pourtant plusieurs personnes qui m'ont
assuré que, depuis quelque temps, les Francimens y mangent non seulement les œufs, mais encore les poulets à
fort bon marché, et que, graces au grand Roy des Francimens [1], qui a esté assez éloquent pour leur persuader
par la bouche des canons un Roy, une foy et une loy,
ils ne disoient plus le Roy de France, mais le Roy simplement, comme ses bons et loyaux Sujets l'appellent
à Paris. Cela n'empesche pas pourtant qu'ils ne fassent toujours sur les toits de leurs maisons des actions
de trés-mauvaise odeur, et que, quand il pleut, les feutres,
sans respect ny de Castor ny de Pollux, n'y reçoivent de
vilains outrages. Avec tout cela, je ne laissay pas d'y
sejourner plus d'un mois, pour y manger du Thon et de
la Sardine, et mesme des figues, que, pour ne point choquer les loix fondamentales du pays, je me garday bien
de manger sans le sel. Durant ce temps, j'eus loisir d'y
voir mes amis, entr'autres ce merveilleux Aveugle qui,
avec un pion, une dame et deux yeux de moins que feu
Monsieur de Guise [2], gagnoit aux Dames tout ce qu'il

---

[1] Ce fut Louis XIV qui enleva aux Marseillais les quelques privi-
léges dont ils jouissaient encore. Une brèche fut ouverte dans le
rempart, et le roi entra en maître dans la ville (2 mars 1660).

[2] Henri II de Lorraine, célèbre par la part qu'il prit à la révolte
des Napolitains contre l'Espagne (1647). Trahi par quelques nobles
que ses galanteries avaient indisposés contre lui et qui introdui-
sirent l'ennemi dans la ville, il fut fait prisonnier et ne recouvra
sa liberté qu'en 1652. Il mourut douze ans après, sans laisser de
postérité. Il proteste dans ses *Mémoires* contre les légèretés de
conduite qui lui furent attribuées; mais Guy-Patin prétendait savoir « de bonne part que Guise gâta tout à Naples pour aller à un

joüoit contre ce noble Seigneur; ce merveilleux Aveugle,
si amateur des belles peintures, et si jaloux de son portrait, qui pour vingt pistolles n'auroit pas souppé sans
chandelle; Vidal qui n'avoit ny chien ny valet, ny mesme
de baston pour se conduire. J'y vis encore mon ancienne
Maîtresse qui campoit[1] de son luth. Elle fut bien étonnée,
me voyant si joly et si ajusté; mais je le fus bien davan-
age, la voyant si vieille et si ridée. Comme elle m'avoit
autrefois méprisé, je la méprisay à mon tour; ainsi le
temps et la patience nous font raison de toutes choses.
Avec cela, quoy que de tous les lieux de marine, l'air de
Marseille soit le plus rude, je ne laissay pas d'y passer le
temps fort agreablement. J'y joüay dans plusieurs Aca-
demies; et, s'il est quelque chose à dire en l'honneur de
Marseille, c'est que je puis assurer qu'il n'est point de
lieu au monde où l'on joüe avec plus de fidelité. Ce n'est
pas pourtant qu'il n'y ait quelques filoux comme par tout
ailleurs; mais c'est qu'estant si proche de la mer, comme
le chat échaudé craint l'eau froide, les filoux, qu'on y
abreve de temps en temps, craignent extremement l'eau
salée : outre cela, comme il n'est point de terre si barbare qui n'ait ses honnestes gens, il n'est pas croyable
combien de caresses je receus de plusieurs personnes de
merite. En suite je fus à la sainte Baume[2], où, quoy que
je ne fusse pas encore averty par l'amy Chapelle des

---

rendez-vous qu'il avoit donné à une dame qui le vendit aux Espagnols. » (*Patiniana*, p. 112.)

[1] Vivait de l'italien *campare*.

[2] Montagne du département du Var, au sommet de laquelle se
trouve une grotte profonde où, selon la tradition, sainte Madeleine
passa ses trente années de pénitence. — La chapelle de la Sainte-
Baume attire de nombreux pèlerins. Les Provençaux sont très-
dévots à sainte Madeleine.

mauvaises intentions de l'esprit malin, je ne laissay pas
de tromper le malin esprit. Mais je me sens lassé d'un
si long voyage, et cette montagne est fort haute. Lecteur
humain, permets-moy de reposer et de reprendre un peu
d'haleine aux pieds de ce rocher, pendant que tu liras
cette Lettre que j'envoy à mon amy Chapelle, avec la ré-
ponse à son libelle :

De Rome, le 25 Juillet 1665.

### A MONSIEUR CHAPELLE [1].

Depuis le jour que vous me donnâtes à dîner à Paris
au Chesne verd, où!, si je ne me trompe, vous beustes
tant à ma santé, que vous en alterastes la vostre, je ne

---

[1] Voici quelques-uns des passages du *Voyage* de Chapelle et de
Bachaumont, qui sont l'objet des récriminations de Dassoucy. — Ils
viennent d'entrer dans Montpellier par la grande rue des Parfu-
meurs. « Nous fûmes, disent-ils, bientôt épouvantés

> De rencontrer en cette place
> Un grand concours de populace.
> Chacun y nommoit Dassouci :
> « Il sera brûlé, Dieu merci,
> Disoit une vieille bagasse.
> Dieu veuille qu'autant on en fasse
> A tous ceux qui vivent ainsi.

« La curiosité de savoir ce que c'étoit nous fit avancer plus avant.
Tout le bas étoit plein de peuple, et les fenêtres remplies de personnes de qualité. Nous y connûmes un des principaux de la ville
qui nous fit entrer aussitôt dans le logis... Nous apprîmes qu'effectivement on alloit brûler Dassoucy pour un crime qui est en abomi-
nation parmi les femmes... Nous trouvâmes grand nombre de dames qu'on nous dit être les plus poiies, les plus qualifiées et les
plus spirituelles... Insensiblement la conversation tomba sur Dassoucy, parce qu'il leur sembla que l'heure de l'exécution appro-

me souviens pas de vous avoir veu dans aucun autre
endroit de cét Hemisphere; cependant vous dites dans vos
écrits que vous m'avez rencontré à Montpellier, et depuis
sur le chemin d'Avignon. Cette fiction eust esté mieux

choit. Une de ces dames prit la parole, et s'adressant à celle qui
nous avoit paru la principale et la maîtresse précieuse :

> « Ma Bonne, est-ce celui qu'on dit
> Avoir autrefois tant écrit,
> Même composé quelque chose
> En vers sur la métamorphose ?
> Il faut donc qu'il soit bel esprit. »

Et la maîtresse précieuse dans sa réplique de gratifier géné-
reusement Dassoucy du titre d'académicien.

> Puis, d'une mine sérieuse,
> Avec certain air affecté,
> Penchant sa tête de côté
> Et de ce ton de précieuse,
> Lui dit : « Ma chère, en vérité,
>
> C'est dommage que dans Paris
> Ces Messieurs de l'Académie,
> Tous ces Messieurs les beaux esprits,
> Soient sujets à telle infamie. »

« L'envie de rire, ajoutent les auteurs du *Voyage*, nous prit si
furieusement, qu'il nous fallut quitter la chambre et le logis pour
en aller éclater à notre aise dans l'hôtellerie. Nous eûmes toutes
les peines du monde à passer dans les rues, à cause de l'affluence
du peuple.

> Là d'hommes on voyoit fort peu;
> Cent mille femmes animées,
> Toutes de colère enflammées,
> Accouroient en foule en ce lieu
> Avec des torches allumées.
> Elles écumoient toutes de rage...
>
> L'on auroit dit, à voir ainsi
> Ces bacchantes échevelées,
> Qu'au moins ce monsieur Dassouci
> Les auroit toutes violées.

Et cependant il ne leur avoit jamais rien fait. Nous gagnâmes
avec bien de la peine notre logis, où nous apprîmes, en arrivant,

receuë si vous eussiez ajouté dans un cabaret, puis qu'il n'y a point d'apparence qu'on vous puisse trouver dans un lieu si éloigné de votre centre. Et certainement je m'étonne bien qu'estant toujours dans le Temple de

qu'un homme de condition avoit fait sauver ce malheureux, et quelque temps après on vint nous dire que toute la ville étoit en rumeur, que les femmes y faisoient une sédition et qu'elles avoient déjà déchiré deux ou trois personnes, pour être seulement soupçonnées de connoître Dassoucy. Cela nous fit une très-grande frayeur ;

> Et de peur d'être pris aussi
> Pour amis du sieur Dassouci,
> Ce fut à nous de faire gille.
> Nous fûmes donc assez prudens
> Pour quitter d'abord cette ville,
> Et cela fut d'assez bon sens.

« Nous nous sauvons donc comme des criminels... A une demi-lieue de Montpellier, nous rencontrâmes notre Dassoucy avec un petit page assez joli qui le suivoit. En deux mots, il nous conta ses disgrâces; aussi n'avions-nous pas le loisir d'entendre un long discours ni de le faire. Chacun donc alla de son côté, lui fort vite, quoique à pied, et nous doucement, à cause que nos chevaux étoient fatigués... » Ils devaient se rejoindre à Avignon. « Le soir, continuent les deux auteurs, le soir que nous prenions le frais sur le bord du Rhône, par un beau clair de lune, nous rencontrâmes un homme qui se promenoit, qui nous sembla avoir de l'air du sieur Dassoucy. Son manteau, qu'il portoit sur le nez, empêchoit qu'on ne le pût voir au visage. Dans cette incertitude, nous prîmes la liberté de l'accoster et de lui demander :

> « Est-ce vous, monsieur Dassouci ?
> — Oui, c'est moi, messieurs, me voici,
> N'ayant plus pour tout équipage
> Que mes vers, mon luth et mon page.
>
> Vous me voyez sur le pavé
> En désordre, malpropre et sale ;
> Aussi je me suis esquivé
> Sans emporter paquet ni malle ;
> Mais enfin me voilà sauvé,
> Car je suis en terre papale. »

« Il avoit effectivement avec lui le même page que nous lui avions

Bacchus, et par consequent dans cette aimable liqueur où l'on trouve la verité, vous ayez esté assez ennemy de cette noble Fille du Ciel, pour emprunter tous les traits du mensonge et de la calomnie pour me deshonnorer dans un libelle qui vous deshonnore bien plus que moy, puis qu'après les témoins immortels de l'estime que vous m'aviez fait paroistre, et de l'amitié que vous m'aviez jurée, ces vers que vous aviez mis au commencement de mes Ouvrages, et que pour vostre honte je vous represente aujourd'huy en cette Lettre, vous ne sçauriez vous retracter sans passer pour un flatteur ou pour un perfide :

### SUR LE PORTRAIT DE MONSIEUR DASSOUCY.

On vous avertit que voicy
Le Portrait du grand Dassoucy,

vu lorsqu'il se sauva de Montpellier, et que l'obscurité nous avoit empêchés de pouvoir discerner. Il nous prit envie de savoir ce que c'étoit que ce petit garçon, et quelle belle qualité l'obligeoit à le mener avec lui; nous le questionnâmes donc assez malicieusement, lui disant :

« Ce petit garçon qui vous suit
Et qui derrière vous se glisse,
Que sait-il? en quel exercice,
En quel art l'avez-vous instruit?
— Il sait tout, dit-il, s'il vous duict,
Il est bien à votre service. »

« Nous le remerciâmes lors bien civilement, ainsi que vous eussiez fait, et ne lui répondîmes autre chose

« Qu'adieu, bonsoir et bonne nuit.
De votre page qui vous suit
Et qui derrière vous se glisse,
Et de tout ce qu'il sait aussi,
Grand merci, monsieur Dassouci,
D'un si bel offre de service,
Monsieur Dassouci, grand merci. »

12

Cette merveille de nostre âge.
Contemplez-le donc bien ; et si,
A peu prés aux traits du visage
Vous croyez qu'un tel personnage
Ne peut qu'avoir bien reüssi,
Achetez viste son ouvrage,
Et vous verrez qu'il est ainsi.

CHAPELLE.

Depuis ces vers que vous me donnastes pour mon Portrait, et tant d'autres que vous avez composez à ma gloire [1], que vous a fait ce grand Dassoucy, pour, aprés en avoir fait un Geant, le reduire à la taille d'un Nain ? que vous a fait cette merveille de nostre âge, pour en faire le Tersite de nostre siecle ? Avoit-il choqué dans la

---

[1] Citons, entre autres, ceux qui se trouvent en tête des *Poésies et Lettres :*

C'est à cette fois, Dieu merci,
Que vous allez l'avoir entière,
La gloire d'avoir réussi
Sur toute sorte de manière.
Vous ne sauriez manquer ainsi
D'estre illustre en toute matière,
Mettant tous les jours en lumière
De nouveaux ouvrages, par qui
Sera bientôt vostre libraire
De beaux escus blancs tout farci
Et plus riche qu'un lapidaire.
Mais, à propos de riches, si
Vous me demandiez en colère :
Quand le serais-je donc aussi ?
Je vous dirois : Grand Dassouci
(Entre amis il ne faut rien taire),
De bien n'entrez point en souci.
Quoique nos œuvres puissent plaire,
Ni vous ni moi n'en aurons guère :
Oui bien Loison et Chamhoudry ;
Car, pour des vers, c'est chose claire,
Qu'il vaut bien mieux en ce temps-ci
Les débiter que de les faire.

subtilité de vos pensées, en quelque chose, la délicatese
de vos sentimens? vous avoit-il trop pressé à la table,
presché l'abstinence, vanté la diette ou baptisé vostre vin?
quand il a fallu rendre la bourse au coin d'une ruë, n'a-
t-il pas toujours suivy vostre exemple? s'est-il fait tirail-
ler pour donner son manteau? et lors qu'oyant crier
aux voleurs il vous a veu prendre la fuite, dans cette
extremité, vous a-t-il jamais abandonné d'un seul pas?
Pourquoy donc, aprés tant de témoignages reciproques
d'amitié, l'avez-vous pû traitter ainsi, ce pauvre Dassoucy qui ne vous fit jamais rien, et qui seroit bien
marry de vous avoir fait quelque chose? Qui, aprés cela,
voudra se fier desormais sur l'instabilité de vostre naturel, lors qu'assis entre les Dieux du temps vous leur
faites avaller des loüanges aussi sucrées que leurs com-
potes! Croyez-vous que ces duppes de vostre éloquence,
qui, dans leurs tablettes, écrivent en lettres d'or tout ce
que vous dites, puissent désormais avoir beaucoup de
confiance en vos faits ny en vos parolles, et qu'ils n'apprehendent pas justement, aprés que vous les aurez élevez
jusqu'au Ciel, que, comme à moy, vous ne leur donniez
le croc en jambe pour leur faire rompre le col? Est-ce
ainsi que vous traittez vos amis, vous qui, du temps que
vous recherchâtes ma connoissance, n'estiez encore qu'un
Ecollier, et qui, adorant mon esprit, pour le moins autant
que les amys de vos bonnes qualitez en adoroient les
charmes, pour conduire vos pas sur le sacré mont, n'avez
point eu d'autre guide que moy, ny d'autre cheval pour
vous y porter que mon Pegaze? Est-ce là le progrés que
vous avez fait, marchant dessus mes traces et suivant le
chemin que je vous ay frayé? Indigne fils des Filles de
memoire, qui, au lieu de conserver leur splendeur et

leur pureté dans la personne de leurs plus illustres favoris, les avez si indignement prophanées en contaminant ce qu'elles avoient de plus precieux! Malheureux que vous estes, qui, avec le mortel aconit [1] de vostre plume, étoufant les plantes les plus rares que le Parnasse avoit cultivées avec plus de soin, et infectant nuit et jour les nettes eaux de l'Helicon, m'exposez tous les jours aux reproches d'un Apollon qui me veut chasser de son Temple pour vous avoir montré à faire des vers! Est-ce là, ingrat, ce que je vous ay enseigné? Cruel, qui après m'avoir osté le bien, l'honneur et la vie, faites encore aujourd'huy trophée de mes disgraces, et qui, comme un autre Phalaris [2], après m'avoir égorgé en riant, avez trouvé le secret de faire rire le monde de mes soupirs et de mes plaintes! Dites-moy, vous qui devez tirer vanité de me suivre, vous ay-je servy de modelle à de semblables inhumanitez? Si vous aviez si grande envie de faire parade de vostre bel esprit, que ne vous attaquiez-vous à l'ignorance du siecle? que n'imitiez-vous ces grands Genies, qui, en faisant admirer leurs ouvrages, ont diverty mesme ceux qu'ils ont attaquez? Quoy! prophane rimeur, petit Clerc des Muses égarées, qui, dans un ouvrage dont vous étes la partie la plus defectueuse, ne vous contentez pas d'avoir osté la forme à tant de gens mieux faisans et mieux faits que vous, estes-vous encore assez hardy de vous joüer à vostre maistre? Osez-vous bien tourner en ridicule celuy qui se raille des Geans et des Dieux, et des Foudres de Jupiter? Petit Cavalier de Bacchus, qui, pour

---

[1] Plante vénéneuse.

[2] Tyran d'Agrigente qui trouva plaisant de faire faire l'essai d'un nouveau supplice à l'inventeur lui-même. Ce dernier, nommé Pérille, avait imaginé un taureau de cuivre destiné à enfermer des condamnés qu'on voudrait brûler à petit feu.

vous porter jusqu'à son Temple, n'avez jamais eu en vostre
pouvoir seulement l'asne de Sylene ! C'est donc vous qui
me faites aller à pied, vous que je n'ay jamais veu à cheval, et qui, faisant semblant d'ignorer pourquoy je tiens
des enfans, qui après moy n'ont point eu d'autres Maistres que des Roys, voulez par vos malicieuses interrogations que l'on croye ce qu'après la trés-particuliere connoissance que vous devez avoir de mes inclinations et de
mes mœurs vous deviez dissuader ! Enfin c'est vous qui
ne faites aucun scrupule de vous servir contre moy de
mes propres armes; mes expressions et mes pensées, tout
vous est bon; et comme, entre amys, les biens sont communs, vous ne vous souciez pas que l'on sçache que vous
vous accommodez du plus beau et du meilleur de mon
cru, quand, pour divertir le Lecteur, vous avez si ingé-
nieusement transplanté dans vos écrits ce que mes Vers
avoient dit avant vostre prose; après l'avoir arraché de
ce couplet que je fis à Montpellier pour me mocquer de
ces femmes à qui je n'avois jamais rien fait :

Sec et passé comme je suis,
Et non du tout si beau qu'un Ange,
Je fais pourtant ce que je puis,
Et ne suis pas un masle étrange;
Garçon loyal et bon Chrétien,
J'aime plus que vostre entretien.
Pourquoy donc, sexe au teint de roze,
Quand la charité vous impose
La loy d'aimer vostre prochain,
Me pouvez-vous haïr sans cause,
Moy qui ne vous fis jamais rien ?
Ha ! pour mon honneur je voy bien
Qu'il vous faut faire quelque chose.

Je ne leur fis jamais rien, dites-vous; vous ne me ressemblez pas : vous ne leur en avez que trop fait. Cependant vous qui, sans mes malheurs, ne seriez pas connu dans le monde, qui n'avez presque de nom que ce que vostre médisance et mes disgraces vous ont acquis, et qui, dans vostre esprit, n'avez point d'autre feu que celuy qui n'a servy que d'ardent à precipiter ma reputation, quoy que vous n'ayez que le Dieu de la grappe pour patron, et le cabaret pour Helicon, la fumée de la vendange pour antousiasme, et pour tout laurier que de la defroque de quelque jambon, vous croyez n'en rien devoir au beau Phœbus : quand on vous a dit que mes ennemys, pour me détruire, avoient fait voir vostre libelle au Pape Clement [1], comme vous estes avide de gloire, vous ne vous sentiez pas d'aise et, dans vostre extatique ravissement, je gage que vous n'auriez pas trocqué cét honneur contre un Evesché ; et je ne doute pas mesme que dans vostre imagination blessée de la vanité que vous tirez des blessures que vous avez faites à ma reputation, vous ne vous estimiez le premier Ecrivain du siecle, comme sans doute vous en estes le plus dangereux et le plus redoutable. Mais vous vous estes bien trompé ; car qui sera l'homme assez méchant pour prendre party contre mon innocence si publiquement reconnuë, ou qui sans passer pour un fou, pourra croire que, sans le char de Medée ou d'Urgande la déconnuë, je me sois pù sauver d'une ville dans un temps où tout le peuple, dites-vous, estoit répandu par les ruës, et toutes les Dames aux fenestres pour donner le bonsoir à un homme qui alloit briller dans le Ciel par la mort d'Her-

[1] Le Clément dont il s'agit (Clément IX) ne fut élu pape qu'en 1667. La lettre de Dassoucy est datée de 1665. Il n'y regarde pas de si près.

cules; et qu'ayant un Page et des theorbes à charier, je sois
sorty de Montpellier en plein jour, et marché sur le chemin qui meine en Avignon, avec la mesme quiétude
que si j'eusse marché dessus vos terres? Puisque vous
estiez en si beau train d'écrire des sottises, que n'ajoû-
tiez-vous, pour faire une fable qui fust tout à fait digne de
son autheur et de mon intrepidité, que vous m'aviez prié
de faire dire à Pierrotin une chanson, et qu'ayant oublié
mon livre de Tablature [1] (comme Enée retourna dans la
conflagration de Troyes), je retournay à Montpellier, où à
la barbe de toutes ses Baccantes je repris mon Theorbe
et mon livre que j'avois laissé dans ma prison? Qu'en
dites-vous? cela auroit-il esté beaucoup plus sot que ce
que vous avez si sottement inventé? Faut-il pas avoüer
que vous estes un pauvre faiseur de Romans? Mais ce
n'est pas en cette seule rencontre

> Que vostre plume criminelle,
> Dont mieux que de vostre allumelle [2]
> Vous ferissez les innocens,
> Fait une blessure mortelle
> A vostre ennemy le bon sens,
> Et que l'on voit, Monsieur Chapelle,
> Que les plus beaux esprits du temps
> Quelquefois manquent de cervelle,
> Comme je manque d'écus blancs.

Il ne faut que lire l'interrogation que vous me faites,
quand vous feignez de m'avoir rencontré en Avignon me
promenant au clair de la Lune, le visage couvert de mon

[1] Livre de musique.
[2] Épée.

manteau. En bonne foy, n'estes-vous pas plaisant de me
faire marcher de nuit, et cacher le visage dans un lieu où
vous me faites dire que suis sauvé, et par conséquent où
je n'ay plus rien à craindre; et qu'au contraire m'ayant
trouvé à demie lieuë de Montpellier, où, estant encore
à la porte de mes ennemys, j'avois sans doute tout à craindre, vous me faites aller en plein jour et à découvert? A
vostre avis, vous qui si faussement m'accusez d'un injuste
choix, n'avez-vous pas pris à ce coup l'un pour l'autre?
Où estoit alors la clef de vostre bel esprit, dont la serrure
est si souvent mêlée par le vin? où estoit alors cette clef
que vous perdez encore quelquefois dans la pinte? ne l'a-
vez-vous pas depuis retrouvée quelque matin, sous le chevet de vostre lit, pour chercher dans le vuide de vostre
cerveau ce petit débauché de bon sens qui couche si rarement avec vous, qui s'enfuit si tost qu'il voit la chandelle,
et que vous avez encore bien de la peine à ratraper au
point du jour? est-il bien possible que ce petit deserteur
ne vous ait point averty de ce deffaut, et commé se peut-
il faire qu'ayant l'esprit si délié et la taille si dégagée,
vous ayez esté capable d'une si lourde faute? Cependant
comme il n'est point de sottise si expresse ny de calomnie assez grossiere qui n'ait son debit, pource que par
tout il y a des sots et des méchans pour en faire em-
plette, cela n'empesche pas que, parmy le grand monde, il
ne se trouve des gens d'une assez rare capacité; pour
ajoûter foy à ces grossieres fictions, ny plus ny moins que
le Turc à l'Alcoran; j'en vois encore tous les jours des
plus éclairez qui me demandent s'il est vray que vous
m'ayez trouvé sur le chemin d'Avignon. Je sçay bien que
vous direz que cette piece fut un jeu de vostre bel esprit;
que feroit donc ce bel esprit s'il ne se joüoit pas? Certes

il s'en faut bien que celuy qui me gagna jusqu'à ma chemise fust un si rude joüeur; aussi ceux qui se connoissent aux jeux du bel esprit ne disent pas que cecy soit un jeu, mais une barbarie sans exemple, et une cruauté sans pareille, que vous n'avez exercée sur moy qu'autant que mon absence vous a donné lieu pour un si barbare attentat, et que vous n'oseriez aujourd'huy exercer sur le moindre faquin de Paris. Cependant j'ay encore tant de charité pour vous, que si mon silence n'estoit mortel à ma reputation et à l'honneur de ma famille, estant accoutumé à rire de toutes les sottises qu'on dit de moy, j'eusse ry de celle-cy comme des autres, et vous vous fussiez sauvé des traits de ma plume aussi honnestement que j'espere me sauver de la vostre, je n'eusse point esté troubler vostre repos dans le fond d'un cabaret : et bien que pour moy vostre calomnie, qui n'eut jamais de pareille, m'ait rendu un objet bien digne de pitié, j'aurois encore eu pitié de vous aussi bien que de vostre plume, que vous avez employée avec tant de succés pour mon deshonneur et si peu de reüssite pour vostre gloire. Ce fut dans cette intervalle que la privation de cette judiciaire, dont vous beuvant et moy joüant, avons tous deux quelquefois si grand besoin, fit voir en vous les merveilleux effets de la bouteille qui vous inspire de si belles pensées et de si beaux Vers. Vous n'étiez pas si gasté quand la peur d'un destin contraire vous fit sortir si promtement de Montpellier, où vous fistes un acte de trés-bon sens de plier vistement vos chemises et gagner au pied, voyant ces pretendües Baccantes si fort irritées contre ces beaux esprits, et mes Juges en si belle humeur d'en faire grillade; autrement je croy bien qu'on ne vous verroit pas aujourd'huy de retour dans Paris, joüissant

comme je joüis dans Rome, d'un repos digne de mon innocence et de l'honneur de mes Muses, ou pour reprimer
les ardeurs de ce climat, beuvant mon vin à la neige, à
l'ombre des treilles et à la fraîcheur des eaux; dans le
besoin que vous en avez, je vous offre par cette Lettre
toute l'eau de mes fontaines et toute la glace de mes garafons :

### AU LECTEUR

#### EN FAVEUR DE MON AMY CHAPELLE.

.Bien que de mon amy Chapelle
Pour moy la plume assez cruelle
M'ait assez galamment traité,
Et que maint Scribe au cul crotté,
Plus badin que Jean de Nivelle
Et plus sot qu'un asne basté,
M'ait sans coupret dechiquclé
Dans maint écrit et maint libelle,
Plus menu que chair à pasté :
Je traitte cette cruauté
De sottise et de bagatelle;
Puisque, malgré l'iniquité
De Loret et de sa sequelle,
Que le grand diable a saqueté[1],
Je n'ay point passé la nacelle,
Ny bû du fleuve de Leté.
Au contraire j'ay rapporté
A ma tres-chere Damoiselle,
A la France qui m'a presté
Le doux nectar de sa mamelle,
Jusques à la moindre parcelle
Des outils de l'humanité,

---

[1] De l'italien *sacchettare*, battre à coups de sachets pleins de
sable.

Sans que leur plume m'ait osté
Ny peau, ny crin, ny pied, ny aisle.
Mais ce n'est pas chose nouvelle
De voir maint esprit deboité :
Car, sous cette voûte eternelle,
Quand on n'est pas bien garotté,
Aucun de la race mortelle,
Quand la Lune se renouvelle,
N'a pas l'esprit trop arresté.
Je suis de tous le plus gasté,
Ma pauvre plume d'Hyrondelle,
Non plûs que ma pauvre cervelle,
N'agit pas sans legereté.
Aussi quand nostre amy fidelle,
Nostre amy Chapelle a goûté,
Et qu'au lict il va sans chandelle,
Si, parmy cette obscurité,
Son esprit, faute de clarté,
Par fois comme son pied chancelle,
Ce n'est pas la faute à Chapelle,
Chapelle est plein de fermeté ;
La faute en est à la javelle
Qui cette liqueur a porté,
Si charmante et si naturelle,
Dont Chapelle boit à planté [1],
Que Noé jadis a planté,
Que nous plantons, et par laquelle
Ce beau planteur fut supplanté ;
Car autrement l'amy Chapelle
N'auroit jamais assez pinté,
Pour pintant avoir avorté
Dans une encre si criminelle
D'un poison si fort infecté.
Chapelle est sans malignité,

---

[1] Plantée, abondance.

Il est humain, il est traitable,
Et son esprit incomparable,
Sur le Parnasse tant vanté,
N'auroit jamais esté capable
D'une telle inhumanité,
Si le Diable ne l'eust tenté.
Mais aujourd'huy c'est bien le diable ;
Car il faut par necessité
Parer le coup qu'il m'a porté :
C'est un destin inevitable.
Dieu, que mon sort est déplorable !
Que faire en cette extremité ?
Lecteur pieux et charitable,
Uze icy de ta charité,
Chapelle t'en a bien conté,
Dassoucy t'en fait le semblable :
Mais pour dire la verité,
L'un et l'autre de son costé
N'a rien écrit de veritable ;
Croy, Lecteur, que c'est une fable
Et que le tour est inventé [1].

# CHAPITRE XIX

### Ample réponse de Dassoucy au Voyage de Monsieur Chapelle.

JE fus donc à la sainte Baume, où je ne vis point ny
l'amy Chapelle, ny les illustres compagnons de son
voyage, non plus que sur le chemin d'Avignon; il faloit
que ces Messieurs eussent alors de grandes affaires à
vuider à Frontignan, ou à la Ciutat [2]. Je grimpay donc

---

[1] La lettre à Chapelle se trouve dans les *Rimes redoublées.*
[2] Les vins de la Ciotat étaient et sont encore estimés.

comme les autres à cet affreux rocher, où, quoy que le
chemin soit encore plus endiablé que ne l'a décrit nostre
amy Chapelle, qui dit fort agreablement que le demon a
fait ainsi ce chemin, afin de faire enrager le pelerin, et
le faire donner au diable, moy tout au contraire je fis
enrager le demon;

> Car, pour tromper l'esprit malin
> Qui sur ce rocher effroyable,
> Qui ne produit ny bled ny vin,
> Doit estre un protomiserable,
> Fort malheureux et fort coquin,
> Comme je suis Grec et Latin,
> Et que pour un choix raisonnable
> J'ay le goust sans doute assez fin,
> Au lieu qu'allant par ce chemin,
> Des chemins le plus detestable,
> L'amy Chapelle tout en feu
> Pesta comme un diable en ce lieu,
> Et se donna cent fois au diable,
> Je me donnay cent fois à Dieu.

Et je ne pouvois, ce me semble, mieux faire; car bien
que je ne sois pas plus devot que l'amy Chapelle, comme
il ne couste pas plus de se donner à Dieu que de se donner au diable, je fis voir en me donnant à Dieu que j'a-
vois le discernement meilleur que ce devot Pelerin, et
qu'enfin

> J'avois un peu plus de cervelle
> Que ce grand amy du piot :
> Car si le diable eust pris au mot
> Nostre feal amy Chapelle,
> Et, le happant par le gigot,
> L'eust fourré comme un huguenot

Dans le fond de son escarcelle,
Ou gobé comme un escargot,
En disant : Passe, matagot [1],
Adieu la pinte, adieu le pot,
Adieu Salame [2] et Mortatelle [3];
Chapelle estoit pris pour un sot.

Ainsi estant venu là pour me voüer à Dieu, il ne faut pas s'étonner si, moyennant son assistance, estant déja accoùtumé de grimper sur le Parnasse, je grimpay sur ce rocher sans me donner au diable; où aprés avoir reveré ce qui s'y void de plus saint et de plus considerable, comme j'estois pourveu d'un merveilleux appetit, et que je ne suis pas si delicat que l'amy Chapelle, qui ne sçauroit digerer les perdrix, si elles ne sont toutes chaudes, je trouvay bon tout ce qu'on m'y presenta. Je revins donc à cette Nòtre-Dame de la Garde, que ces plaisans ennemis des pauvres Muses ont si gentillement décriée, et qui leur a fourny de matiere à des fictions qui n'auroient esté qu'agreables à tout le Parnasse, si ses plus illustres favoris n'y avoient esté cruellement offensez aussi bien que moy, qui ne me souviens pas de leur avoir jamais méfait. En bonne foy cette couple de beaux esprits m'ont bien fait rire. Qu'ils sont malins ! ou plutost qu'ils sont droles, quand pour se railler du pauvre Monsieur de Scudery et de son Gouvernement, ne trouvant personne à qui parler, ils feignent que le Gouverneur, qui s'en estoit allé par le Coche, en avoit depuis quinze ans emporté les clefs dans sa poche, et qu'ils y lurent un écrit avec ces mots : *Portion de Gouvernement à loüer.*

---

[1] Pour : magot. Rabelais, liv. I", ch. LIV.

[2] Salam est le nom que l'on donne dans l'Inde aux *rubis* orientaux.

[3] La mortadelle est une sorte de gros saucisson qui vient d'Italie.

La chose est plaisante, à vray dire,
Et je suis contraint d'avoüer
Que c'est fort galamment écrire;
Mais c'est, à mon avis, un peu trop se joüer,
Que joüer telles gens en qui l'on void reluire
Les talens dont le ciel les a voulu doüer,
Non pour regir un fort, mais regir un empire;
Et qui, dans leur cervelle, à qui Phebus inspire
Ce que tout bon esprit est contraint de loüer,
Ont des appartemens que tout le monde admire,
Mais point de cabinet ny de chambre à loüer;
Et qui n'ont pas besoin d'aller en Anticyre [1],
Ny du grand Saint Hubert le secours implorer,
Pour se guerir du mal qui des maux est le pire,
Dont tel qui ne s'en plaint en devroit soûpirer,
Quand il produit au jour une injuste satyre,
Dont le poison fatal fait l'honneur expirer :
Mais ce mal est rebelle, et fascheux à curer
Quand, au feu de nos vers, le cerveau se retire,
Comme on void le velin au feu se retirer.

Cependant ce sont là ces beaux genies du temps et ces beaux esprits à la mode, qui publiquement insultent toutes sortes de personnes, et qui, dans leur particulier, ne pardonnent pas mesmes à ce qui est de plus saint et de plus sacré. On le void, on le sçait et l'on n'en fait que rire. Cela n'empesche pas qu'ils ne soient assez bouffons quand ils disent qu'abordant cette Forteresse [2],

[1] Ville de Phocide, célèbre par l'ellébore qu'on recueillait aux environs.

[2]
Notre-Dame de la Garde,
Gouvernement commode et beau,
A qui suffit pour toute garde
Un Suisse avec sa hallebarde
. Peint sur la porte du château.

ils n'y trouverent pour toute garde qu'un Suisse en peinture qui estoit sur la porte; mais c'est mentir agreablement. Il est bien vray qu'aussi-tost que l'on eut avis de
la venuë de C. dans Marseille, sçachant bien qu'un
homme si devot ne manqueroit pas. de visiter Notre-
Dame de la Garde,

> Afin de mettre en seureté
> Le vin de cette place forte,
> Le Portier en ferma la porte ;
> Autrement cet enfant gasté,
> Qui tout fricasse et tout embroche,
> Et qui tant l'hyver que l'esté,
> Tient le cervelas dans sa poche,
> Et la bouteille à son costé,
> Auroit mis à sec cette roche,
> Tout cuit, tout frit et tout frippé,
> Tout avalé, tout mis en broche,
> Et tout bu, jusques au râpé [1].

Ce bon Suisse aimoit le piot, et fit un acte d'un Suisse
bien sensé, de mettre Bacchus à couvert, et de remparer
son tonneau contre la soif inextinguible de C., et s'il dit
tant de mal de cette place forte, ce n'estoit sans raison :
il estoit trop offensé dans la dignité de sa personne, n'y
ayant pas trouvé de quoy se desalterer : mais pour moy
chez qui il a toujours trouvé la porte ouverte, le baril en
perce et les verres bien rincez, il me semble qu'il a tout
le tort du monde de me faire sentir dans ses écrits les
plus fiers accés de sa colere. Feu B [2]. avoit raison de me
vouloir tuer, puisque dans son plus famelique accés je

---

[1] Vin gâté ou affaibli, passé sur du raisin nouveau.
[2] Cyrano de Bergerac.

fus assez inhumain pour soustraire à sa necessité un chappon du Mans, qu'en vain, au sortir de la broche, je fis cacher sous mon lit, puis que la fumée qui en mesme temps luy ouvrit l'appetit et luy serra le cœur, luy fit assez connoistre qu'il n'avoit plus en moy qu'un cruel et barbare amy. Mais avec l'amy C. je n'ay jamais eu de si mortel different; au contraire nous n'avons jamais eu ensemble d'autre dispute que pource qu'il vouloit toujours mettre la main à la bourse. Sa generosité, son esprit et sa conversation m'estoient cheres, et, quoy qu'il n'eust pas lieu de m'estimer beaucoup, il ne laissoit pas d'admirer en moy avec peu de raison ce que j'admirois en luy avec beaucoup de justice. Je ne pouvois vivre sans luy, et luy avoit de la peine à vivre sans moy. Toute autre compagnie que la sienne me paroissoit ennuyeuse; et, si je l'en dois croire, il ne trouvoit point de conversation plus agreable que la mienne : aussi, hors de certaines opinions particulieres qui surpassoient ma capacité, il n'y avoit rien que je n'admirasse dans la subtilité de ses pensées. Il s'en devroit bien souvenir, l'amy C., quand, pour nous railler de ces braves à quatre poils, qu'on appelle vulguairement mangeurs de charettes ferrées, nous contestions si agreablement entre deux treteaux la preéminence de cette pacifique qualité si amye du jour et si necessaire à la vie. Quand je disois que j'estois le plus timide de tous les enfans du Parnasse, il disoit que j'en avois menty par la gorge, et qu'i estoit non-seulement le plus poltron de tous les favoris d'Apollon, mais plus encore que ces gens qui, avec ces grandes moustaches attachées avec des boucles de fer aux deux oreilles, font peur aux petits enfans; qui estoit beaucoup dire. J'avois beau luy alleguer Ciceron et Demosthenes les mieux disans et les

plus grands poltrons de tous les siecles, ce presomptueux
les traittoit de petits garçons, et ne les vouloit reconnoistre pour ses maistres qu'en fait d'éloquence. Bon Dieu!
comment est-il possible de trouver tant de vanité dans
un si bel esprit? Je ne veux pourtant rien dérober à sa
vertu; et je me sentirois la conscience chargée si je ne
disois à sa gloire qu'il n'a jamais ouï tirer le canon de la
Greve sans fremir, n'y d'épée nuë, pas mesme de fleuret,
sans trembler, et que, quand il s'agit de faire retraite, non
pas pour le salut de son ame, mais pour le salut de son
corps, comme il n'a presque point de corps, et qu'il est
tout esprit, il ne courre aussi viste qu'un esprit qui n'a
point de corps. Est-il quelque maistre en fait d'armes,
disoit-il, qui ait jamais si bien joüé de l'espadon, que je
joüe de l'épée à deux jambes, quand, au sortir d'un cabaret, aprés avoir jetté au coin de la rue Tirechappe ma
casaque à la teste d'un homme qui n'avoit pour toutes
armes qu'une guytherre sous son manteau, plus viste que
la navette d'un tisserant je traversay tous les pilliers des
Halle? Jamais Hypomenes et Atlante, qui passoient les
vents à la course, eurent-ils les jarets si souples que moy?
et cét homme qui, pour me rendre ma casaque, couroit
de toute sa puissance aprés moy, me put-il jamais r'a
trapper? Mais, en revanche, je croy, luy dis-je, que vous
n'avez pas perdu la memoire de feu S. Jean le Brutal, qui
mourut si constamment à la porte de Paris, un Crucifix à
la main, et qu'il vous souvient bien que ce devot assassin
qui ne tuoit les gens que les jours ouvriers à cause du
respect qu'il avoit pour les Festes, m'ayant rencontré sur
le Pont-neuf, un Vendredy Saint, au lieu de m'oster la vie
comme il avoit dit, il se contenta de m'oster le manteau
et le chappeau, pource qu'il avoit fait son bon-jour; mais

vous ne sçavez pas que je luy fis present de deux pistolets
chargez, bandez et amorcez, que, durant trois mois, j'avois
portez dans mes poches pour me défendre de sa férocité;
et vous ne sçavez pas non plus que huit jours aprés, estant
accouru avec plusieurs autres personnes à cette porte de
Paris, où estoit plantée la colomne du *non plus ultra* de
sa vie, il lança un si furieux regard sur le passement d'or
de ma casaque, bien qu'il fust lié par les mains et attaché par le col, comme il s'estoit tant de fois sauvé de la
potence, l'apprehension que j'eus, non pas pour ma casaque, mais pour ma vie, me donna la fiévre quarte, dont
tout Paris m'a veu affligé plus de trente mois; et sans ce
charitable maistre des hautes œuvres, qui luy serrant un
peu sa cravatte, luy ferma les beaux yeux, avec une autre
œillade j'allois tenir compagnie à ce paladin que jadis
Charlemagne tua d'un seul regard. Je sçay bien que vous
me direz que, pour avoir veu Mont-fleury combattant dans
une Tragedie l'épée à la main, aprés vous être sauvé de
l'Hostel de Bourgogne, vous vous enfonçâtes dans un
cabaret, dont vous ne sortites qu'aprés avoir épuisé le
tonneau que l'on avoit mis en perce pour vous faire revenir de vostre défaillance. Mais vous ne sçavez pas non
plus que le feu sieur D. B.[1], fâché de m'avoir fâché, venant en mon logis pour se rapatrier avec moy, la peur
que j'eus d'un fourreau de pistolet qu'il portoit raccom-
moder chez un guaignier, me fit fuir de France en Italie;
et qu'après sa mort, allant de Paris à Thurin, et voyageant au clair de la Lune, la peur que j'eus de mon
ombre me fit jetter dans une riviere, croyant que ce
fust l'ombre vengeresse de ce furieux soldat, la terreur
des vivres, et l'épouventail des braves, qui, pour se ven-

[1] Cyrano de Bergerac.

ger de l'affaire du chappon, estoit encore à mes trousses.
Quoy donc, moy qui ay dit adieu à toutes les vanitez du
monde, seray-je contraint aujourd'huy de me glorifier en
vous disant qu'en ma jeunesse la peur en moy plus forte
que l'amour me fit renoncer aux charmes d'une Maîtresse, pour avoir veu parmy ses naissans attraits seulement trois petits poils de barbe qu'elle avoit au menton.
Ainsi, le verre en main, nous nous raillons de cette vertu
farouche que l'on trouve parmy les élephans et les tigres
aussi bien que parmy les hommes, et, le verre à la main,
nous dressions des autels à la Déesse Poltronnerie, pour
nous mocquer de ces faux braves qui servent d'épouventail aux petits enfans. Mais, pour parler sérieusement,
laissant la raillerie à part, je veux faire voir par une demonstration plus claire que le jour que l'amy C. est plus
vaillant qu'il ne croit, et plus guerrier qu'il ne pense; il
ne faut que s'informer de ces nobles enfans de Mars : ils
vous diront que, dans une bataille, les plus braves sont les
enfans perdus qui marchent toûjours en teste, et qui vont
les premiers aux coups. Or, je vous demande, en quel pays
du monde trouvera-t'on un enfant perdu plus perdu que
notre amy C.? N'est-il pas plus perdu que moy, puisqu'aprés avoir esté quinze ans perdu, je me retrouve aujourd'huy sain et sauf dans ma patrie, et que luy depuis
prés de trente ans qu'il marche à la teste des enfans perdus, il ne s'est pas encore retrouvé en lieu du monde, et,
possible, ne se retrouvera-t'il jamais? Et si vous ne voulez
pas en croire à ma prose, vous pourrez en croire à mes
Vers; vous sçavez qu'un Poëte ne voudroit pas mentir :

> Depuis que le pere goulu,
> Par le serpent plein de cautelle,
> Perdit tout par un devolu,

Et que ce diable chevelu,
Qui, pour luy rogner son écuelle,
En tapinois estoit venu,
Luy fit croquer son revenu,
Et perdre toute sa sequelle,
Pour s'estré, comme un goguelu,
Embarrassé la gargamelle
D'une pomme de capandu ;
Comme un Forçat je sois tondu,
Si, parmy la race mortelle
Que perdit sa dent criminelle
Pour aller au fruit défendu,
On vit jamais enfant perdu,
Plus perdu que l'amy C.

Cependant, pour ne pas affliger davantage son esprit par la juste opiniâtreté d'une si noble concurrence, luy pouvant contester un honneur que je meritois mieux que luy, et qui n'appartient qu'à moy, je luy ay cedé tous mes droits ; je l'ay reconnu pour mon Capitaine, pouvant estre, au moins en quelque chose, le premier du monde ; je l'ay laissé seul joüissant et paisible possesseur d'un titre qui n'appartient qu'aux hommes sages ; je l'ay déclaré Roy des ames pacifiques, tant de l'un que de l'autre Hemisphere, et l'ay hautement proclamé, à la barbe de tous les poltrons de l'Univers, Generalissime, tant de ceux qui ont vieilly sur la terre, que de ceux qui blanchissent aujourd'huy sous le Ciel. Ainsi luy attribuant ce qui n'étoit dû qu'à moy, je me suis dépoüillé de toute ma gloire pour l'en revêtir ; et l'ingrat qu'il est, sans se ressouvenir de ma tendresse et de mon affection, au lieu de continuer de composer des vers à ma loüange, comme il avoit commencé, et de donner des Apollogics au public en faveur de la probité de mes mœurs aprés tant

de témoignages qu'il a de ma vertu et de mes bonnes qualitez, il n'a point eu de honte de dementir son cœur pour
faire dire à sa Muse ce qu'en son ame secrettement il
desavoüe. Il a passé à Montpellier, où quand il n'auroit
eu aucune preuve de ma conduite, la verité mesme, dans
la bouche de mes plus cruels ennemis, luy fournissoit
assez d'armes pour me deffendre de la calomnie. Cependant il a mieux aimé se deshonnorer en détruisant son
amy par les armes du mensonge, que le rendre glorieux
et se faire honneur en le deffendant par les armes de la
verité, et ne se soucie pas qu'on sçache qu'estant issu
d'une famille considerée, il a pris le party de la canaille
pour fâcher tous les honnestes gens, affliger tous les illustres et devenir bourreau de son amy. Il croit que,
pour acquerir de la reputation, il suffit de faire de beaux
Vers, mais qu'il n'importe pas d'en faire de bons ; et
quoy qu'il sçache trés-bien qu'on n'entre point dans le
sacré Temple d'Apollon par de si noirs attentats, qu'on
n'y voit point ny de pasquin ny de libelle, et qu'on ne
monte point sur le sacré Parnasse par une si vilaine
route, il croit que c'est assez de rimer pour en meriter
les lauriers, comme s'il y avoit plus d'honneur à faire des
Vers que de honte à mentir, plus de gloire à devenir Auteur que d'infamie à devenir imposteur. Il s'imagine que,
pour se faire estimer au monde, il suffit d'y montrer que
l'on a de l'esprit, comme si cette qualité, qui est le partage des Anges, n'étoit pas encore le partage des Demons et des hommes les plus pervers ; que l'esprit sans
la bonté est une qualité purement diabolique, et que l'on
ne distingue les Anges d'avec les Demons que par cette
difference, que les uns sont tout bons et les autres tout
méchans. Cependant ce nouvel Autheur d'une feuille de

papier qui, pour ne pas se perdre, a bien fait de se faire
attacher avec une autre, aprés avoir fait rire peu de
sages, et défrayé bien des sots et des méchans aux dépens de tous les illustres, il croit avoir bien merité :
mais il s'est vilainement trompé, car en pensant faire
admirer son bel esprit, il en a fait mépriser la sterilité.
Il a médit du tiers et du quart, pource que son ordinaire
employ estant la raillerie et la médisance, sa capacité,
non plus que celle de beaucoup d'autres, ne s'étendoit
pas plus outre que de railler et de médire. Autrement il
y a bien de l'apparence que le monde n'estant presque
remply que de personnes ridicules qui ont fourny de sujet aux plumes satyriques de tant de beaux esprits, il
n'eust point choisi son meilleur amy pour en faire le sujet de sa cruelle médisance dans une si injuste Satyre.
Quoy que depuis que nous dinâmes ensemble à Paris au
Chesne-verd [1], je ne l'aye veu ny rencontré en aucun endroit de cét Hemisphere, il ne laisse pas de faire dire à
son libelle effrontément que, fuyant de Montpellier
comme Enée de la conflagration de Troye, il me rencontra sur le chemin d'Avignon, allant à pied, chargé d'un
theorbe et suivy d'un Page. C'estoit bien assez, ce me
semble, voire trop pour un homme qui fuyoit de la ro-
tisserie comme Panurge, et qui comme luy avoit tant de
chiens afriolez à sa queuë. Mais ce grand Cavallier de
Fœbus, qui estoit si bien monté, et qui, du haut de son
grand cheval Pegase, voyoit avec tant de fierté un enfant
de sa ville si las et si crotté, n'estoit-il pas bien cruel de
me railler dans un état si miserable?

Ce cœur barbare et sans pitié
Qui, sans respect d'une amitié

[1] Cabaret situé à la sortie du préau du Temple.

Qui fut si sainte et si fidelle,
Dans ses écrits m'a dénié
Une méchante haridelle,
Et m'a contraint d'aller à pié,
Quelle ame jamais plus cruelle
Montra plus d'inhumanité?
Voyant cet enfant si crotté,
Sans souliers battre la semelle,
Avec un luth à son côté,
Quand sur son grand cheval monté
Dans cette avanture mortelle,
Sur Pegaze il m'auroit porté,
Amy Lecteur, aurois-je esté
Le seul à qui l'amy C.
Auroit fait cette charité?

Je croy que non, mais il estoit desormais trop dur pour estre capable de telles tendresses; aussi je pardonne à sa dureté aussi bien qu'à la malignité de ses criminelles interrogations, dont il se sert malicieusement pour me railler sur un sujet dont on ne peut jamais faire qu'une fort mauvaise raillerie, et dont les fins débauchez ne se servent jamais pour s'en mettre à couvert, pource qu'ils sçavent bien que c'est par ce mauvais jeu que les simples évantent d'autant plus leurs miserables deffauts, que les habiles, qui connoissent leurs œuvres par leurs parolles, sçavent trés-bien de quel bois ils se chauffent, et de quel bois il les faudroit chauffer. Mais il luy faut pardonner cette sottise; s'il eust creu écrire pour le public [1], il auroit esté plus sage, et se seroit tenu clos et couvert. Il n'avoit pas encore dix-sept ans, l'amy C., que feu B. qui mangeoit déja son pain et usoit ses draps, me donna l'honneur de sa connoissance. C'est pourquoy

[1] N'est-il pas superflu de rappeler que le *Voyage* est adressé au marquis et au comte du Broussin?

il ne faut pas s'étonner si j'en ay si bien profité. Comme en ce temps-là il estoit fort genereux, quand il m'avoit retenu à souper chez luy, et que, pour me retirer chez moy l'heure étoit induë, il me cedoit fort librement la moitié de son lit. C'est pourquoy, aprés avoir eu de si longues preuves de la qualité de mes desirs, et m'avoir bien daigné honnorer plusieurs fois de sa couche, il me semble que c'estoit plutost à luy à me justifier qu'à Messieurs du Presidial de Montpellier, avec lesquels je n'ay jamais couché. Mais quoy! il faut bien pardonner quelque chose à ses amys; on n'est pas toûjours dans son bon sens, le cerveau ne joüit pas toujours d'une égale temperature; mon amy C. a comme les autres de bons et de mauvais intervalles. Quoy que je tienne ses productions très-galantes et très-dignes du jour, nostre maistre Apollon ne partage pas tant à la gloire de ses ouvrages, que le pere Bacchus n'y ait encore sa bonne part. On dit pourtant qu'il est bien changé, et l'on m'a assuré, depuis qu'il est reduit au lait,

Que ses pieds sont ferrés à glas,
Qu'il ne fait plus de patratas,
Qu'il ne porte plus d'alumelle,
De jambon ni de cervelas,
Ny de poivre en son escarcelle
Au maniement de sa bouteille,
Bien que du fruit de la javelle
Le jus ne luy déplaise pas :
Que sa conduite est sans pareille,
Qu'il ne s'endort plus sur les plats,
Et qu'enfin cet amy fidelle
De l'illustre enfant de Semelle [1],

[1] Sémélé,

Qui, ce dit-on, estropié,
Non du pied, mais de la cervelle,
Couroit risque d'estre lié,
Nostre féal amy C.,
Est aujourd'huy rectifié,
En veau qu'il n'est plus relié,
Qu'il n'écrit plus de bagatelle,
Qu'il est autheur qualifié,
Et qu'il ne fait plus à moitié
Ny de pasquin ny de libelle,
Ny de conte à faire pitié.


En effet, c'est une chose digne de pitié de voir des gens
qui ont de l'esprit et de la qualité profaner ainsi leur qualité, et user si mal de leur esprit, ou à tort ou à droit. C'est
toujours un fort bas employ que de médire, et je tiens qu'il
est encore bien plus bas de mentir, mais la derniere honte
c'est d'estre calomniateur. Aussi, hors quelques esprits qui
ont quelque affinité avec le pere du mensonge, je n'ay
veu que fort peu d'honnestes gens, qui, aprés avoir ad-
miré ses beaux Vers, n'ayent craché contre ce libelle. Pour
moy je suis le premier à les admirer ; je les trouve trés-
galands, et, quoy que j'en deusse pleurer, j'en ay pourtant ry jusqu'aux larmes : mais, aprés avoir essuyé mes
yeux, je ne suis pas le seul qui, les considérant de plus
prés, ne les regarde comme on regarde le sublimé et
l'arsenic, qui sont très-beaux en apparence et très-mé-
chans en effets. C'est pourquoy il ne faut pas s'étonner
si la canaille, qui est toùjours affamée de poison, a de-
voré ce libelle et s'en léche encore les doigts avec d'autant plus d'avidité, qu'elle trouve dans ces sortes d'ouvrages des alimens plus conformes à sa nature. Je ne

diray pas à combien de perils cét étrange libelle m'a exposé, ny combien de fois il a servy de pretexte à la làcheté des hommes pour en persecutèr en moy une vertu miserable et desolée. Il suffit que l'on sçache que cette médisance a sappé en plusieurs endroits le fondement de ma fortune, et que ce fut sur la foy de ce joyeux libelle que la canaille Françoise renegate de Rome disoit que je n'ozois plus retourner à Paris, dont s'ensuivit cette étrange affaire, qui dans cette premiere Ville du monde a couronné toutes mes avantures. Comme ils ont quelque bien et quelque esprit, ils laissent Dieu au Ciel, et font les petits Dieux en terre, et croyent à l'ombre de leurs qualitez que tout leur soit permis. Voila le caractere de ces faux precieux toujours enchantez de leur merite et de leur bel esprit, et toujours bien plus amoureux de la beauté de leurs pensées que des charmes de leurs Maîtresses; Miserables narcisses en qui la philastie [1] a tellement perverty le sens, qu'ils aimeroient mieux perdre cent amys, que d'avoir étouffé un bon mot. Pour moy qui n'ay point d'esprit comme eux, je prie Dieu de tout mon cœur de ne m'en envoyer jamais à ce prix. Mais c'est trop se reposer dans un si mauvais chemin; poursuivons nostre voyage, cher Lecteur, ne te lasse point, accompagne-m'y jusqu'au bout, et tandis que ces sages esprits, qu'un peu de mes miseres pourroit rendre encore plus sages, se mireront dans le tableau que je leur laisse de leurs perfections, viens te mirer dans le tableau de mes folies, de mon ignorance et de mes disgraces, que tu verras dans la suite de cette merveilleuse histoire.

[1] Pour : philautie, amour de soi-même.

# LES AVANTURES

## D'ITALIE

# DE MONSIEUR DASSOUCY

# LE DUC DE SAINT-AGNAN [1]

## PAIR DE FRANCE.

---

MONSEIGNEUR,

COMME il n'est point de si petit Poëte qui n'ait sa Muse au chevet de son lict, et son Pegaze à l'estable, je ne doute pas que ces doctes resveurs, estant si bien montez, n'ayent esté quelquefois se divertir sur leur double mont, et qu'ils n'y ayent veu au moins en songe ce Dieu qu'ils appellent leur pere et leur Apollon. Mais pour moy, MONSEIGNEUR, qui n'ay ni Cheval ni Mule, et qui, pour faire de si longues traittes, n'ay pas eu, en toute ma vie, seulement un petit Bidet, je mentirois si je me vantois d'avoir jamais veu Apollon, ni les Muses, si ce n'est en peinture chez Ballard. C'est pourquoy, MONSEIGNEUR, il ne faut pas trouver estrange, si je ne connois point d'autre Parnasse que le lieu de vostre sejour, ny d'autres Muses que ces sçavantes filles du Ciel vos rares productions, et vos excellentes pensées : et par consequent point d'autre Apollon que vous, qui ayant tousjours esté le pere nourricier des Muses, meriteriez bien mieux d'estre appelé leur pere, que ce pere ingrat et dénaturé, si ces filles,

---

[1] François de Beauvilliers, duc de Saint-Aignan, qui jouit d'une grande faveur auprès de Louis XIV et la consacra à la protection des gens de lettres.—Il se signala aux siéges de Dôle et de Landrecies.

encore plus ingrates que luy, avoient autant de reconnoissance que moi ou autant de generosité que vous en avez pour elles. Aussi, MONSEIGNEUR, je ne me soucie guere que ce Dieu chimerique me chasse de son Temple, comme indigne de ses faveurs, pourveu que je me puisse rendre digne des vostres, et que celuy qui tient les clefs du veritable Parnasse, vostre Suisse, me permette quelquefois l'entrée du veritable Palais des Muses, vostre maison. C'est dans ce brillant reduit de toutes les belles qualitez, ou plutost dans ce sacré Temple de toutes les vertus, que sans aller plus loin que ces proches rivages de la Mer, ou ces rives de la Seine, je pourray contempler à mon aise, et porter mon encens à un Saint, de qui les moindres actes de cette vertu pure (qu'à peine pourroit-on trouver aujourd'hui parmi les hommes) valent mieux que tout ce qu'on dit de ces Dieux de la fable, et de tous ces Heros de l'antiquité. C'est là, MONSEIGNEUR, que sans grimper si haut, vous voyant tantost sous le Casque de Mars, et tantost sur le Char d'Apollon[1] cueillir des lauriers à toutes mains, et partager avec tous les gens de cœur, et tous les gens d'esprit, la gloire que vostre espée et vostre plume moissonne de toutes parts, je pourray dire hardiment, sans choquer le merite de tant de grands hommes, si dignes de l'immortalité, qu'il n'est guere de brillans qui vous soient comparables. Car enfin, MONSEIGNEUR, il me semble que, parmy tant de Heros, dont grace au Ciel la presse est assez grande, on ne void guere de Cesars capables comme vous de nous don-

[1] Le duc de Saint-Aignan a composé quelques pièces de vers conservées dans les Œuvres de Scarron, dans celles de Mme Deshoulières et dans le *Recueil des pièces académiques de Vitron*. Il remporta, en 1667, le prix fondé à Caen pour l'Immaculée Conception. L'abbé de Marolles lui attribue une tragi-comédie, intitulée *Bradamante*.

ner leurs Commentaires, ni guere de champions qui, aprés avoir escaladé une muraille (bien loin d'estre assez vaillans pour escalader un cœur et le forcer comme vous à se rendre à la grandeur de ses bien-faits, et au merite de ses charmes), daignent seulement prester l'oreille à nos Chansons.

Depuis qu'aux champs de Mars le bruit de la Trompette
A du Pere des sons estouffé la Musette,
On n'entend plus la voix de la belle Agara,
De Luth, de Clavessin, ny quasi d'Opera :
Ce grand Dieu des combats qui du beau chant se pique
D'instrumens bien plus doux compose sa Musique;
Pour charmer nos Cesars, le bruit de ses Canons
A des tons bien plus forts que nos foibles Chansons;
Tout se rend aux attraits de ce Dieu des allarmes,
Et tout ferme les yeux et l'oreille à nos charmes;
Pour ces filles du jour dans ce siecle ferré,
Mars sous son corcelet porte un cœur acéré;
Et, sans le grand Louis qui, comme un autre Achilles,
Cherit les doctes chants de ces sçavantes filles,
On verroit Apollon plus maigre qu'un furet,
Son Luth et son crin d'or en gage au Cabaret.

On ne vid jamais tant d'ardeur pour aller à la gloire, tant de feu, tant de fer, et tant de poudre à Canon, et si peu de poudre de projection[1]. C'est pourquoy, Monseigneur, voyant, parmi une si grande abondance de merite, une si grande sterilité de Mæcenas, ne sçachant à quel Saint me voüer, j'ay crû qu'aprés le grand saint Louis, qui de tous les Saints me semble le plus secourable, je ne pourrois pas trouver dans tout le Calendrier aucun Saint qui eust plus de disposition à recevoir mes tres-humbles

---

[1] Poudre qui a, selon les alchimistes, la vertu de changer en or les métaux sur lesquels on la projette.

14

offrandes que vous. Recevez donc, Monseigneur, dans ce
tableau de mes Avantures qui n'ont guere d'exemple, le
témoignage d'un zele qui n'a guere de pareil; et si mes
prieres sont de quelque efficace auprés d'un Astre qui,
comme le Soleil, ne se sert de sa lumière que pour la
répandre sur tout le monde, et en esclairer tous les honnestes gens, daignez, Monseigneur, luire à cet ouvrage :
quelque assaisonnement que nous puissions donner à nos
escrits, il est bien difficile de satisfaire à la diversité des
goûts de tant de beaux esprits differens; quelques miracles
que puissent faire nos Saints, il n'apartient qu'à Dieu de
faire ces miracles. Aussi c'est trop, Monseigneur, pour
mon ambition et pour mon bon-heur, que cét ouvrage,
qui ne peut avoir de jour qu'autant que luy seront favo-
rables les sublimes clartez de vostre esprit, soit assez
fortuné pour meriter quelque part dans vostre aprobation,
et contribuer dans vos heures perduës quelque chose à
vostre divertissement; avec cét avantage que j'espere
beaucoup plus de la grandeur de vostre jugement que
des vains efforts de mon foible genie, il triomphera de
tous ses ennemys comme son auteur a triomphé de toutes
ses disgraces; et portant sur le front le nom d'un Saint
qui fait trembler tous les meschans, et qui donne la chasse
à tous les sots, ces ombres, qui pourroient ternir son
éclat, s'il ne l'empruntoit de vostre lumiere, ne serviront
que de relief à sa gloire, et de matiere à faire paroistre
vostre pouvoir dans la protection de celuy qui estant enchaisné par une si longue suite de vos bien-faits, fut
tousjours et sera toute sa vie,

    Monseigneur,

  Vostre tres-humble et tres-obeïssant Serviteur,

            -C. DASSOUCY.

# PREFACE

---

JE n'escris point ces choses pour te faire admirer
mon bel esprit : mais pour te faire admirer mes
estranges Avantures et pour me faire connoistre un
peu mieux à bien des gens dont je ne suis pas trop
bien connu; c'est pourquoy je ne me soucie pas
beaucoup que ceux qui ne sont pas trop amoureux de
mon bien dire, non plus que de mes bonnes œuvres,
regardent de travers ces enfans de mon génie, puisqu'avec tout leur chagrin, ils ne peuvent pas s'empescher de les acheter et de les lire, avec d'autant
plus de raison que, ne pouvant pas les desavoüer
pour estre les veritables enfans de leur iniquité aussi
bien que de mes malheurs, à moins que d'être des
peres bien dénaturés, ils ne peuvent pas leur refuser
en passant du moins quelque petite œillade. Je sçay
bien que ce n'est pas une petite entreprise pour un
particulier comme je suis de vouloir intéresser le public à lire son Histoire; c'est sans doute tout ce que

le plus grand homme et le plus nécessaire à l'Estat
pourroit faire, et qu'à moins de déguiser la verité,
les plus beaux esprits n'oseroient entreprendre : aussi
c'est par cette genereuse audace qui est fondée sur
une suite de persecutions qui n'ont point d'exemple,
que j'espere me rendre considerable à la postérité ;
puisque malgré les efforts de ceux qui pour leur
honneur font bien de fermer les yeux à mes estranges
Avantures, elles sont leües et seront releües tant que
le monde sçaura lire. Le temps et la patience t'en
apprendront le secret.

# LES AVANTURES

## D'ITALIE

### DE

# MONSIEUR DASSOUCY

---

## CHAPITRE PREMIER.

Dassoucy passe à Toulon. — Le traitement que luy fit le chevalier Pol. — Comme il fut défrayé dans un bourg par les musiciens d'un Chapitre. — Plaisante description de leur musique.

JE diray donc qu'autant lassé de la fumée des Sardines
que de la senteur du goldron de Marseille, pressé du
desir de revoir le sejour de mes Dieux, je quittay les Ne-
reïdes et les Tritons, pour traverser la basse Provence,
et passer ces merveilleuses barrieres, qui des deux plus
beaux climats du monde font l'admirable separation ; et,
pour cet effet, monté comme un S. George, sur des chevaux de pas[1], je dirigeay les pas de mes grands chevaux
vers la ville et Port de Toulon. J'estois accompagné de
Pierrotin, et d'un autre petit Chanteur Marseillois nommé
Valentin, qui, parlant du Roy, se seroit laissé plûtost tuer
que de dire autrement que le Roy de France, ou de confesser qu'il estoit son sujet : quelque impatience que

---

[1] On appelle cheval de pas celui qui va habituellement d'un grand
pas.

j'eusse de passer les Monts, il me fallut de gré ou de force, m'arrester encore en cet endroit. Quoy qu'en ce temps-là le Chevalier Pol[1] ne fust pas encore commandeur, il fallut obeïr au Chevalier Pol, qui, dés le lendemain aprés mon arrivée, me vint dénicher de mon Hostellerie, pour me loger dans sa Vigne ; c'est ainsi qu'on appelle une petite maison de plaisance qu'il a fait bâtir à vingt pas de la porte de Toulon. Ce fut dans le beau jardin de cette maison qu'à l'ombre d'un grand berceau tout couvert de ses Lauriers, cét Heros maritime me festina durant huit jours, non pas comme un Chevalier de Malthe, ny comme le Prince des Corsaires, mais comme le Dieu des ondes et le Monarque de toutes les mers. Je ne vis jamais tant de chasse, ny tant de poisson, plus de generosité, plus d'honnesteté, ny plus de franchise. Ma chambre répondoit sur ce beau jardin, et des fenestres, sans bouger de mon lict, je pouvois parcourir des yeux toute la mer, et contempler les Vaisseaux. Cette chambre estoit toute lambrissée, et toute parquetée, non pas de cedre, n'y d'ébene, mais en guise d'une grotte, de Nacre de Perles, et de Pierres precieuses[2]. Mon lict estoit tout de brocard, et tout le reste de l'ameublement si riche, que bien que ma casaque fust toute dorée comme

---

[1] Paul de Saumur, connu sous le nom de chevalier Paul. Tout fils de lavandière qu'il était, il parvint, à force d'exploits de toute sorte, au grade de vice-amiral des mers du Levant. Le grand maître de Malte l'avait remarqué le premier et l'avait nommé chevalier servant ; de là le titre gardé toute sa vie par ce brave marin.

[2] Le chevalier Paul, dit Chapelle, qui reçut aussi de lui une hospitalité splendide, était « le plus considérable du pays par son mérite et par sa dépense. » On cite un fait qui donne la mesure de ses prodigalités. Louis XIV étant allé à Toulon en 1660, le chevalier Paul dama le pion d'avance au duc d'Antin : il fit confire sur les arbres une grande partie des oranges de son jardin.

un Calice, et mon pourpoint de toile d'argent, quand je me dépouillois pour aller au lict, je ne sçavois où mettre mes hardes, tant que j'avois peur (voyant ces meubles si rares et si precieux) de les offenser en leur honneur, et contaminer la propreté d'un si beau et si brillant reduit. Outre cela, comme je croy qu'il sçavoit qu'aprés le son du Luth il n'en est point qui me charme tant que celuy de trois Dez dans un cornet, il fit venir un cornet et des Dez, avec des Joüeurs et de l'argent. Tout de bon, je croy que ce genereux enfant de Mars n'eut pas esté fâché que j'eusse perdu mon argent, afin d'avoir le plaisir de m'en rendre d'autre ; mais bien que je sortisse victorieux de ce dangereux combat, aprés m'avoir régalé magnifiquement, il ne laissa pas de regaler jusques à mon petit Marseillois, qui disoit toujours qu'il n'estoit pas sujet du Roy de France. Mais quoy que cette Vigne avec tous ses charmes fust pour moy un second Paradis, ne pouvant oublier la Vigne de leurs Altesses Royales, pour qui j'avois mesme oublié la Vigne du Seigneur, aprés avoir visité les Galeres, et le grand Admiral de France, je pris congé de Toulon, et de son Heros, pour aller en cette Terre de promission, où de tout temps j'avois borné tous mes desirs, et fixé toutes mes espérances.

Mais bien que, pour flatter mon impatience et favoriser mon desir, le cheval Pegaze n'auroit pas eu à mon gré d'assez bonnes aisles, je ne laissay pas d'estre encore arresté dés le premier giste. Pour moy je croy que, comme une bonne mere pleure sur le visage de son fils, et le baise en luy disant adieu, la France, pour me faire ressentir plus amerement l'aigreur de mes futures disgraces, et me faire repentir de mon ingratitude, me combloit ainsi de la douceur de ses caresses. C'estoit environ le Soleil

couchant que j'arrivay dans un Bourg, dont le Clocher
me sembloit assez haut, et dans une Hostellerie, dont le
vin me sembloit assez bon, où comme j'estois accoûtumé
aux bons morceaux, je fis tout mettre par escuelles, et
donner double avoine aux Chevaux : de sorte qu'aprés
avoir bien soupé, et compté ma dépense par mes doigts,
j'eusse bien voulu, selon ma supputation, en estre quitte
pour six livres tournois, sans la bonne andate[1], et les es-
pingues de la Servante ; le lendemain, comme c'est la
coustume, je fis appeler l'Hostellier pour sçavoir ce que
j'avois dépensé ; mais ayant pris quelque monnoye pour
compter, il me dit que je n'en prisse pas la peine, que
c'estoit une affaire faite, et que je pouvois me délivrer
de ce soin, qu'il venoit seulement pour m'avertir que dedans ce lieu mon argent n'estoit point de mise, et qu'attendant le disner qui s'aprestoit, le déjeuner estoit déja
tout préparé ; de sorte que si je n'eusse eu és parties pos-
terieures des témoignages trés-sensibles du chemin que
j'avois fait à Cheval, j'eusse crû estre encore dans la Vigne
de cét honneste Chevalier Pol. J'estois dans cette pensée,
lorsque je vis entrer, dans ma Chambre, deux hommes
vestus de noir, qui aprés avoir espuisé tous les complimens de la basse Provence, pour m'assurer de leur estime, me dirent (tirans deux grosses bouteilles de vin
de dessous leurs manteaux) que le Chapitre[2] qui avoit
déja payé ma dépense à l'Hostellerie, me vouloit encore
deffrayer tout ce jour-là, qu'il me falloit resoudre à cette
mortification, et que pour commencer cette Penitence,
j'estois condamné à venir disner chez Monsieur le Doyen,
que j'y verrois toute la Musique en bon ordre, et que j'y

[1] Le pourboire du garçon.
[2] Le corps des chanoines.

entendrois de fort belles voix, et chanter mes airs par excellence; et qu'en attendant il n'y auroit point de danger de décoiffer ces deux bouteilles, et d'en taster un petit doigt pour chasser le mauvais air. Ces Semonneurs [1]
estoient des Chantres, qui le soir precedent ayant veu des
Luths que je faisois porter avec moy, eurent la curiosité
de sçavoir qui j'estois, et ayant apris du petit Marseillois,
Valentin, mon nom qui leur estoit déja connu, en avoient
fait le raport à ce Doyen, qui estoit un gentil nourrisson
des Muses; car il estoit environ de la taille d'un muy.
Après le disner, qui dura bien trois heures, car parmy ces
Messieurs de la Simphonie, le fort du repas c'est toûjours
entre la poire et le fromage, on emporta les assiettes et
les plats; mais on laissa les verres et les pots, car sans la
pinte les Musiciens ne sçauroient chanter. Pourtant ils n'en
chanterent pas mieux; car parmy cette sorte de Chantres
on y void plus de Rossignols d'Arcadie que de Serains de
Canarie; mais comme il faloit payer mon écot, et que je
ne pouvois pas leur payer de bonne grace sans les admirer, ce fut alors que, pour me garantir de la plus fiere insulte qui jamais ait esté faite à mes oreilles, faute d'un
peu de bourre, de laine, ou de cotton, j'eus besoin de toute
ma Philosophie, et de toute ma patience; car outre une
Basse extrêmement rude, qui chantoit comme l'Asne de Sylene, et qui estant vis à vis de moy, me portoit de temps
en temps en ligne directe des soupirs qui n'estoient point
marquez dans sa Musique, j'estois posté justement au
milieu de deux autres Chantres, qui crioient au meurtre,
quoy qu'on ne leur fist aucun mal : celuy qui estoit destiné pour me rompre le cartillage de l'oreille droite,

---

[1] On appelait semonneurs les gens dont l'emploi était de porter
des billets de faire part pour les enterrements.

c'estoit une Taille qui crioit chantant un *Crucificus*,
comme si luy même eut esté attaché à l'arbre de la Croix ;
et celuy qui sans aucune misericorde vouloit me tuer par
l'oreille gauche, estoit une impitoyable voix de Cornet, si
penetrante et si aiguë, que je m'estonne comme il ne
m'en coûta point une oreille comme à Malcus, ou du
moins que je n'en demeuray sourd tout le reste de ma vie ;
mais en récompense ils avoient d'excellens dessus : c'estoit quatre petits Chats habillez de rouge, vulgairement
appellez des Enfans de Chœur, qui chantoient si cruellement mal, que je ne crois pas que les Chats de Monsieur
Lambert [1], qui sont nourris parmy les sons, ne miollent
avec plus de grace et de methode. Pour celuy qui condui-
soit la Musique, c'estoit un homme tout à fait venerable ;
mais non pas tant pour son antiquité, que pour la quantité de precieux Saphirs qui reluisoient sur son visage, et
rehaussoient l'éclat de son front, et qui, comme l'Aurore
tout parsemé de Rubis, faisoient bien voir en l'honneur de
la vigne, combien ce grand Musicien estoit excellent par
dessus tous les autres en l'art d'entonner. Quoy que ses
ongles fussent assez grands, ils n'étoient pas pourtant assez clairs pour servir de cornes de Lanternes, pour ce
qu'il s'en servoit de Peigne pour peigner et decrasser ses
Enfans de Chœur, qui sous les rudes atteintes de sa mesure, montrant un crane aussi pelé que celuy de Monsieur
de.......... faisoient assez voir que sous un tel Maître on
pouvoit devenir chauve avant le temps. Outre ces qualitez éclatantes, il estoit doüé d'une voix tout à fait Angelique, qui jointe aux autres parties de ce corps Musical,
faisoit un concert arcadique si excellent, que je crûs que

---

[1] Célèbre compositeur de motets, qui eut Lulli pour gendre.

(comme il n'est point de Loup en Angleterre) il n'y avoit
point d'Asne en ce Bourg; autrement, comme c'est le
propre des Animaux de répondre à chaque Animal de
son espece, ces Musiciens à grandes oreilles n'auroient pas
manqué de leur répondre fraternellement, et de servir
d'Echo aux gracieux accens de cette charmante Musique.
Aprés avoir fait chanter plusieurs motez de sa façon capables de chasser tous les Saints de cette Eglise, ils
chanterent plusieurs de mes airs à quatre parties; mais
avec tant d'art et de politesse, que, si je ne les eusse veus
imprimez par Ballard, et sous mon nom, je les eusse des-
avoüez pour mes enfans; je n'y pûs jamais rien reconnoistre, et je croy que lorsque Pierrotin les rechantant
aprés eux leur rendit leur premiere forme, qu'ainsi que
je les avois méconnus dans leur bouche, ils les méconnu-
rent dans celle de Pierrotin : je ne laissay pas pourtant
de leur en sçavoir gré, et de les estimer; car s'il est
quelque chose d'estimable dans un homme qui fait ce
qu'il peut, c'est la bonne volonté; je ne vis jamais des
pauvres plus honnestes, ny de plus precieux ignorans.
Tout le reste du jour ils ne m'abandonnèrent point d'un
pas, ils me menèrent dans les plus beaux jardins, et me
chargerent de tous les plus beaux fruits qui se trouverent;
et comme en l'honneur de mes Muses, ce jour estoit ferié
pour eux, ils joüerent à la boule le souper qu'ils firent
apprester splendidement à mon Hostellerie, où il ne faut
pas demander si l'on y but et chanta; je ne diray pas
jusques à minuit, mais jusques à ce que leurs voix se mé-
lerent au chant du Coq qui annonce le jour. Le matin il
falut encore déjeuner à leurs frais et dépens, et souffrir
qu'ils m'accompagnassent encore à une grande lieuë de
là, dans un Village où il fallut encore boire le vin de

l'étrier ; car avec ces sortes de gens ce n'est jamais fait.

---

## CHAPITRE II

### Comme Dassoucy, traversant la basse Provence, fut volé dans un bois.

CETTE affaire vuidée, ils reprirent le chemin de leur grand Clocher, et moy le chemin des Alpes; mais, helas! qu'il est difficile de faire de longs voyages sans faire quelque mauvaise rencontre! Ce même jour je fus coucher dans une Hostellerie, située à l'orée[1] d'une tres-grande Forest, qu'on disoit estre fort dangereuse à passer, à cause de quelques Compagnies de Dragons volans qui, estant logez à un Bourg voisin de-là, détroussoient tous les passans et ne pardonnoient à personne. Mon Hoste, qui estoit un tres-charitable Larron, m'en avertit aussi fort charitablement; mais comme il ne manquoit pas aussi de charité pour luy même, aprés m'avoir inspiré toute la peur qu'un homme qui n'a point envie de mourir doit avoir pour sa vie, il me conseilla pour le plus seur de m'arrester dans son logis, et me dit que dans un mois tout au plus tard ces Troupes que le Roy envoyoit en Italie passeroient les Monts; que durant ce petit espace de temps, je ferois bien de me tenir clos et couvert dans sa maison, et qu'aprés cela nous traverserions seurement cette Forest, et qu'il nous tiendroit compagnie : de sorte

[1] Au bord.

que voyant que d'un costé ou d'autre je ne pouvois pas
manquer d'estre dévalisé, plutost que me laisser couper
la gorge par cét Hostellier, qui estoit un parfait brigand,
je me resolus de passer la Forest. Cependant toute cette
nuit je ne fis que ruminer pour trouver quelque bon preservatif contre cette peste venimeuse de Dragons; car
j'estois bien embarassé de quatre vingts Pistoles, dont
pourtant je n'eusse aucunement voulu estre debarassé
dans cet embaras; je regardois mon argent, et je me contemplois depuis les pieds jusques à la teste, pour voir en
quelle partie du corps humain je le pourrois cacher, mais
je travaillois en vain; car d'avaler tant d'or, pour après
le rendre et le recevoir en lieu secret, à moins que de
rendre mon or potable, je ne me voyois point ny les
tripes, ny le gozier assez large pour avaler vingt doublons
et dix pieces de quatre Pistoles; l'ensevelir dans la semelle
de mes souliers, j'avois trop de peur de perdre l'argent
et les souliers. J'estois bien empesché, et il estoit déja
grand jour avant que j'eusse encore resolu aucune chose,
lors que l'ingenieux et subtil Pierrotin, qui sans doute
avoit aussi bien que moy resvé toute la nuit sur le mesme
sujet, après s'estre jeté en bas de son lict, vint à moy et
me dit avec la plus grande allegresse du monde :—Courage,
mon Maistre, nous avons dequoy faire la nique aux Larrons; il ne faut que compter, payer et s'en aller. J'ay
trouvé, dit-il, la plus belle invention du monde pour
mettre nostre argent à couvert; il ne faut sinon du filet
et une esguille, et puis en coudre la moitié dans la ceinture de vostre haut de chausse, et l'autre dans le collet
de vostre pourpoint. Il ne faut pas demander comme j'ad-
miray son bel esprit, et combien je loüay la subtilité de
ses merveilleuses inventions; mais je luy dis que l'or

ainsi appliqué sur ces parties engendroit la squinance[1] et
la gravelle; et il me crût; mais pour moy qui n'étois pas
si subtil, ny si fertil en inventions que Pierrotin, j'en
trouvay une qui me sembla un peu plus seure; je jettay
mes yeux sur mon Luth, et sçachant bien que ces Nobles
Seigneurs, Messieurs les Larrons, se chargeroient plûtost
d'un tirebours ou d'un crochet, que d'un Instrument de
Musique, sans rien dire à personne de mon dessein, aprés
m'estre enfermé dans ma chambre, j'employay une partie
du jour, non à coudre mon argent dans la ceinture de
mon haut de chausse, mais à le fourer entre le bois et la
frise, dont l'estuy de mon Luth estoit bien doublé : puis
me ressouvenant combien de mains ont perdu les doigts
pour avoir porté dans de semblables rencontres des Bagues trop étrestes, combien dans Paris de Braves ont
esté frotez pour avoir osé contredire aux Edits de Messieurs les Filoux, et porté des Boutons au collet de leurs
Manteaux au prejudice de leurs ordonnances; sçachant
bien que ces nobles Seigneurs qui ont tousjours de grandes
affaires, n'ont point de temps à perdre, et qu'on ne leur
sçauroit faire un plus grand plaisir que de depescher besogne, et de ne point faire de ceremonie avec eux pour
estre plus prompt et plus preparé à obeïr à l'honneur de
leurs commandemens; je pris dix-huit escus blancs sur
moy pour en faire une gracieuse offrande au premier honneste homme qui me témoigneroit courtoisement sa necessité, le Pistolet à la main, et avec cette honneste precau-
tion je me mis en voyage à la garde de Dieu et de sa
sainte Mere. J'avois fait déja plus d'une lieüe et demie
dans ce Bois sans avoir trouvé d'autres Voleurs, que ceux
que la Justice, pour servir d'exemple aux autres, avoit

[1] L'esquinancie.

fait attacher à quelque Gibet, et j'avois déja quelque
esperance de salut, lors que je sentis redoubler toutes
mes craintes, par une rencontre qui auroit fait trembler
le Diable mesme s'il eust porté de l'argent sur soy :
c'estoit quatre Cavaliers sans cravatte et sans colet, si
noirs, si maigres et si secs, qu'à les voir on les eust pris
pour quatre pendus évoquez par art magique du Gibet
de Montfaucon. Pour moy, je les pris d'abord pour les
cousins ou pour les freres de ces honnestes pendus que je
venois de voir à ces beaux Gibets, si gentillement attachez; et je ne me trompois pas, car ils en avoient toute
l'encolure, tous les traits, les lineamens et les attraits.
A leur aspect je me tins pour mort, et comme on est
tousjours creancier[1] de telles gens quand on les rencontre, je pris tous mes escus blancs à la main pour n'a-
voir pas le regret de mourir sans payer mes debtes; mais
je fus fort estonné, car au lieu que je croyois qu'ils m'al-
loient emporter tout brandy[2], et me mettre tout vif dans
leurs chausses, ils se contenterent en passant de jetter
sur moy quelques amoureuses œillades, qui dans ce moment firent une si puissante attraction sur mes biens, que
j'en sentis diminuer de deux onces le passement d'or de
ma Casaque. Cependant comme je n'estois pas encore
trop asseuré, je faisois des vœux secrets, et je priois le
bon Larron d'interceder auprés de Dieu pour destourner
cet orage; car j'avois tousjours peur qu'il ne prist à ces
Messieurs quelque nouveau desir de revoir mon visage,
et que le Diable tentateur ne les tentast de rebrousser
sur leurs pas, et n'excitast leur curiosité pour sçavoir au
vray si cet or qu'ils avoient veu briller sur mon habit

[1]. C'est débiteur qu'il voulait écrire.
[2] Tout d'un coup.

estoit de bon ou de mauvais alloy; j'eusse bien desiré
pour lors que le pere Apollon m'eust presté, seulement
pour un quart d'heure, son cheval Pegaze pour mettre
promptement ma vie en sureté et ma bourse à couvert,
car le temps estoit pluvieux, le chemin fort méchant et
mon cheval encore pire. Je ne laissois pas pourtant
d'aller de cul et de teste, de le presser de la voix, et le
solliciter à grands coups d'éperons : mon voiturier de
son côté faisoit tout son possible pour seconder mes bons
desseins, et dans la passion aveugle qu'il avoit de me servir, frapant encore plus aveuglement son cheval, il n'est
pas croyable combien de sensibles témoignages il me
laissa de l'ardeur de son zele sur les pieds, ny combien
de grands coups de bastons il me donna sur les os des
jambes pour me prouver sa fidélité; mais nous travail-
lions tous deux en vain : il faloit sans doute que ce cheval
fût descendu en ligne directe de quelque Cavalle Espa-
gnolle; car on l'auroit plûtost tué que de le faire hastér
d'un pas, tant il avoit peur de perdre quelque chose de
sa gravité. Au contraire, je croy qu'il estoit d'intelligence avec ces voleurs, car il alloit le plus souvent à re-
culons. Cependant, je sentois trembler la terre, et courir
au grand galop derriere moy, quand, à peine m'estois-je
recommandé à Dieu et à tous ses Saints, je fus abordé
par un homme qu'il me sembloit avoir autrefois veu à
Grosbois[1], faisant la mesme fonction dans une Compagnie
de Bohêmes. Il avoit le visage noir et affreux, mais pourtant guerrier; les cheveux cours et crespus comme un
More, les yeux enfoncez, et le nez eschancré et rongé, ~

---

[1] Village du département de Seine-et-Oise. — Dassoucy l'avait ha-
bité lorsqu'il était attaché au duc d'Angoulême, à qui appartenait
le château de Grosbois.

comme si les rats en eussent emporté la piece. Il me dit
en m'abordant : — Demeurez là. Ce qui estoit un commandement superflu; car mon cheval qui ne demandoit pas
mieux qu'à faire pose, dés son arrivée, avoit déja pré-
venu l'honneur de ses commandemens. Quoy que je ne
l'eusse jamais offensé, il ne laissa pas de me demander
avec un ton de voix d'un homme fort irrité, d'où je venois et où j'allois.

Je luy répondis avec une voix tremblante, accompagnée
d'une trés-profonde humilité, que je venois de Toulon et
que j'allois à Nice. Aprés, un fort diligent valet qui m'a-
voit plié la toillete : — Vous estes un menteur, me dit-il, je
voy bien que vous estes un espion. Puis prenant un de
ses pistolets à la main : — Vite pied à terre. Je ne croy pas
que jamais homme du monde ait esté obeï avec plus de
promtitude que celuy-là; car de la grande frayeur que
j'eus, je tombay du haut de mon cheval aussi soudainement que si j'eusse esté frapé d'un coup de foudre. M'é-
tant relevé, croyant tousjours qu'il m'alloit décharger ce
pistolet dans la teste, je fis toutes les bassesses que tout
homme auroit fait dans une si pressante necessité. Je luy
embrassay les genoux, et lui demanday cent fois la vie;
et je croy bien que pour penetrer un homme tout habillé de fer, et toucher une ame si dure, que je n'en fis
pas plus que de raison : car c'estoit un experimenté voleur et un sçavant assassin. — Non, me dit-il, je ne vous
tueray pas, mais dépeschons besogne; sus vite, où sont
vos Lettres? Alors je commençay un peu à respirer; mais
n'ayant point d'autres Lettres, que ces Lettres du Roy,
que je portois gravées dans cette monnoye qui est alentour de son aimable Portrait, et que j'avois prises sur
moy, pour dans une semblable rencontre m'en servir de

Lettres de remission, je tiray promtement mes dix-huit
écus blancs de ma poche, lesquels, aprés avoir étalez sur
la paume de la main, je luy presentay, protestant que je
n'avois point d'autres Lettres que celles qu'il pouvoit
contempler sur cette monnoye, qui estoit fort à son service. A cet aspect, comme il estoit bon serviteur du Roy,
et qu'il ne vouloit pas faire mauvaise mine à son Maistre,
je vis rasserener son beau visage, et je sentis aussi rassurer mon cœur; et comme en cette occasion il ne s'a-
gissoit pas du service de ce grand Monarque, pour luy
témoigner encore plus de respect, il remit son pistolet
dans le foureau. Aussi, comme dans la Musique la con-
trarieté des mouvemens engendre les plus parfaits accords, moy dégainant d'un costé, et luy rengainant de
l'autre, nous sentîmes tous deux couler dans nos ames le
gracieux effet de ces deux mouvemens contraires, dont
s'ensuivit entre nous deux un parfait accord : car pour
me montrer combien il honoroit son Roy, et estimoit mes
presens, je ne vous sçaurois exprimer avec quelle grace
sa belle main de couleur d'ébene déchargea la mienne de
ce precieux fardeau, ny avec quelle gentillesse cette
mesme main, qui avoit les doigts crochus, et du poil jusques aux ongles, transfera mes Lettres d'abolition dans
sa poche. Avec tout cela, n'en déplaise au bon Larron, si
je dis que je ne croy pas que, dans tout le païs Larron-
nois, on ait jamais vû un Larron plus charitable, ny plus
honneste : car comme il estoit de mon interest de faire le
pauvre, afin qu'il ne crûst pas que j'eusse d'autre argent, je luy demanday un écu pour dîner, qu'il m'accorda
gracieusement : de sorte qu'estant déja tout apprivoisé
avec cette beste farouche, je fus assez temeraire pour luy
demander encore une piece de trente sols pour donner

à mon voiturier ; et luy fut encore assez bon de me donner un autre écu blanc : de sorte que voyant contre toute
sorte d'esperance, tant de generosité et de courtoisie
dans cet honneste Larron, et contre toute sorte d'apparence, de la charité dans un voleur, et de la pitié dans un
assassin, je ne pùs pas m'empescher de luy en montrer
un veritable ressentiment par mille actions de graces, et
mille veritables remercimens : car enfin il ne faut pas
prendre garde si cet homme estoit bon ou méchant, il
faut seulement considerer que cet homme estoit un Larron, et que sa profession estoit de voler le monde et de
tuer les gens ; et que ma mauvaise fortune m'ayant exposé
à l'honneur de sa rencontre, selon le droit de la force
dont il faisoit son métier, et tiroit sa substance, que je
n'avois plus rien à moy ; mon habit aussi bien que mon
argent estoit à luy acquis de bonne guerre, et au peril
de sa vie. Cependant il me le laissa, et pour comble de generosité il m'ouvrit encore sa bourse, se défit de ses propres facultez, et me donna de son argent plus que je ne
luy en avois demandé : c'est bien assurement ce que
tout autre Larron que luy n'auroit pas fait, et que celuy-cy
possible n'auroit pas fait à tout autre qu'à moy. Aussi,
bien loin de me pouvoir jamais persuader que cet homme
m'ait volé, je dis et soûtiens que c'est moy qui l'ay volé,
et qui par mes prieres, mes soûmissions et mes larmes,
luy ay soustrait, emporté et dérobé ce que mon malheur
et sa bonne fortune conjointement, et d'un commun accord, avoient incorporé à ses biens et à sa propre substance. C'est pourquoy, bien loin de luy demander
jamais aucune chose, comme tout vol est sujet à restitution, je confesse publiquement de luy devoir deux
escus, lesquels je proteste et promets luy rendre en

quelque part du monde que je le pourray jamais rencontrer.

---

## CHAPITRE III.

La rencontre que fit Dassoucy à Antibes d'un marchand, que les mesmes voleurs avoient volé, lequel préféroit son argent à sa vie.

CET honneste voleur estant party trés-content de moy, et moy trés-content de luy, je poursuivis mon chemin, et estant arrivé à Antibe à la disnée, j'aperceus dans l'Hostellerie un homme à qui un bandage qu'il avoit à la teste n'empeschoit pas de joüer fort gentillement des machoires. Je demanday à l'Hoste du logis qui estoit cet homme; il me dit que c'estoit un Marchand qui venoit d'estre volé. — Ma foy, dis-je, il aura dequoy se consoler avec moy. Et là-dessus esperant de me consoler encore avec luy, je fis porter mon disner, et me mis à table avec ce compagnon de ma disgrace. Il me conta son avanture, et je luy contay la mienne; mais il n'en avoit pas esté quitte à si bon marché que moy. Il me dit qu'aprés avoir donné à ces quatre Messieurs tout ce qu'il avoit en sa bourse, on l'avoit encore foüillé jusques sous les aisselles. Je lui demanday pourquoy il avoit la teste ainsi embeguinée; il me dit qu'aymant autant mourir que de perdre son argent, il s'estoit voulu mettre en défence, et que l'un de ces quatre voleurs, qui avoit le nez mangé d'un chancre, l'avoit ainsi ajusté. — Mais, luy dis-je, il me semble

que vous estiez bien fol de vouloir resister tout seul avec
une meschante espée roüillée, à quatre hommes armez
jusques aux dents, cela estoit bon à ces paladins du temps
jadis, qui d'un seul revers coupoient quatre hommes par
le milieu du corps, armez de toutes pieces; qui d'un seul
taillant fendoient homme et cheval, et défaisoient tout
seuls des armées toutes entieres. Mais quand vous auriez
esté aussi vaillant que Cesar, nos Cesars d'aujourd'huy ne
sont pas si méchans : nous avons veu des plus grands
Capitaines de nostre siecle, et mesme jusques à des Conquerans rendre la bourse fort courtoisement au party le
plus fort, et mesme accompagner leur argent de trés-
belles et trés-mielleuses paroles. Qui fait autrement, mon
cher amy, n'est qu'un sot : et quand par miracle un
homme auroit conservé sa bourse par l'excés d'une semblable temerité, comme Dieu ne fait pas tousjours des
miracles, cét homme ne laisseroit pas d'estre tousjours
un sot, et bien digne des petites Maisons, d'avoir preferé
son argent à sa vie. — Vous avez raison, me dit-il, mais
vous sçavez, Monsieur, que qui perd son bien, perd son
sens, et qu'il y a des gens qui aiment autant mourir que
de perdre leur argent; et je suis de ce nombre. — Vous
parlez ainsi, luy dis-je, parce que vous n'avez jamais esté
mort; mais si vous aviez esté mort seulement un petit quart d'heure, croyez-moy, vous changeriez bien de
langage. Je confesse qu'il est fort glorieux de mourir
son corps défendant; mais quand on se défend mal à propos, il me semble qu'il est encore bien plus glorieux de
ne s'estre point défendu, et estre encore en vie, et principalement quand il ne s'agit que de l'argent.

— Vous parlez d'or, Monsieur, me dit-il, mais il me
semble que l'argent est une autre vie, et que la privation

de ce metal est une seconde mort. Pour moy je croy que
cet homme estoit de la race de ce Patissier, qui se pendit
à Paris pour avoir perdu son argent : ou de cét autre,
qui se laissa mourir pour avoir esté mis aux aisez [1] : de
sorte que ne luy pouvant persuader que la vie estoit preferable à l'argent, pour m'accommoder à son humeur, je
luy en vantay le merite; et aprés disner, sa blessure ne
l'empeschant point d'aller à cheval, luy tousjours soûpi-
rant aprés son denier, et moy tousjours riant du mien,
nous prîmes tous ensemble le chemin de Nice, où l'ayant
laissé dans sa boutique qui valoit encore plus de dix mille
francs, et dans les bras d'une femme qui en valoit davantage, admirant l'imprudence des hommes dans la sotte
avarice de ce Nissard, je laissai ce pleurard pour poursuivre mon malheureux voyage.

## CHAPITRE IV.

### Comme Dassoucy alla voir le prince de Morgues. La description de son palais, et comme il y fut traité.

Mais comme je ne pouvois sans crime me dispenser de
rendre une visite au genereux prince de Morgues [2],
à cause de la proximité des lieux, je pris le chemin de
terre pour aller à Monacho, où, quoy que l'étroit sentier

---

[1] Qui étaient soumis à une taxe.
[2] Pour : Mourgues, qui n'est autre que Monaco. Le prince ré-
gnant, dont parle Dassoucy, est Honoré Grimaldi II, qui chassa les
Espagnols de Monaco en 1641, et mit sa principauté sous la protection de la France.

qui conduit à cette fameuse Forteresse soit le plus dé-
testable de tous les chemins du monde, j'irois encore, au
hazard de m'y rompre le col, si ce Prince courtois autant
que genereux estoit encore en vie [1]. Aprés estre parvenu
par ce chemin de Paradis jusques au pied de ce Rocher,
et laissé mes hardes dans une Hostellerie, qui est si grande
et si belle, que le plus grand Roy du monde y pourroit
loger, je montay dans cette Place de guerre, où Messieurs
de l'Hospital commandoient alors la soldatesque pour le
Roy : ces Messieurs, dont j'avois l'honneur d'estre connu,
ne tarderent guere de me faire connoistre à cette Altesse,
qui à mesme temps me fit introduire dans sa chambre
par un de ses Gentilhommes. Abordant ce Prince, il eut
la bonté de me faire donner un siege, et de s'entretenir
plus d'une heure avec moy, avant que de parler de joüer
du Luth, ny de chanter. Enfin, ayant fait tomber adroitement le discours sur la Musique, il me pria de faire chanter Pierrotin ; et ce fut en cet instant que je connus que
ce Prince n'estoit pas moins intelligent dans les beaux
arts, que dans le métier de la guerre ; car il dit de Pierrotin, non-seulement qu'il avoit la plus belle voix du
monde, mais qu'il sçavoit encore toutes les ruses du
chant. Après l'avoir entretenu prés d'une bonne heure de
mes chansons, je pris congé de luy pour retourner à cette
Hostellerie, où j'avois laissé mes hardes ; mais comme je
me disposois à la retraite, je fus arresté au sortir de la
chambre par un Gentilhomme, qui me dit qu'il avoit ordre

---

[1] Il était mort dès 1662.

[2] Les souvenirs de Dassoucy le servent mal : il n'a pu voir à
Monaco que François de l'Hôpital, frère de Nicolas de l'Hôpital. Ce
dernier, connu sous le nom de maréchal de Vitry, était mort le
26 septembre 1645.

de son Altesse de me faire voir son Palais. Il me mena
donc par toutes les chambres, et me fit voir tant de differentes sortes d'ameublemens, avec une si grande quantité d'argenterie que, bien que j'aye vû la Foire Saint-
Germain, et les Galleries du Grand Duc, je ne me souviens
point d'en avoir vû tant pour une fois en toute ma vie ;
mais ce que dans ce lieu j'y trouvay de plus singulier et de
plus admirable, c'estoit un parterre tout de marbre blanc,
construit avec tant d'artifice que, n'en pouvant découvrir
le secret, j'ay depuis tousjours creu que la sterilité des
marbres qui ne produisent rien en aucun endroit du
monde, produisoient à Monacho des feüilles, des fleurs et
des fruits. Aprés avoir vû cent choses rares, qui sont à
voir dans ce merveilleux Chasteau, un Page me vint dire
que son Altesse m'attendoit à sa Chapelle, et qu'il me
prioit de venir entendre sa Musique. Je fus donc à cette
Chapelle encore toute revestuë de marbre blanc ; où, aprés
y avoir oüy bien devotement le Salut, je remerciay mon
conducteur de ses soins, pour me retirer à mon logis ;
mais il me retint, et me dit que je n'avois pas encore vû
le principal. Il me mena donc dans un fort joly appartement, où je fus fort surpris de voir d'un costé toutes mes
hardes en fort belle ordonnance, et de l'autre du vin au
frais, avec une table dont le linge plié et damasquiné estoit un gracieux pronostic d'un splendide et magnifique
souper : — Voicy, ce dit mon gentil conducteur des Muses,
le Cabaret où son Altesse a accoutumé de loger les gens
de vostre sorte, où quelque dépense que vous fassiez, je
vous assure que vous n'aurez point de dispute avec l'Hoste.
Ce disant, je vis entrer un homme avec une serviette sur
l'epaule et un baston à la main, suivi d'un régiment
d'Estafiers, tous chargez de plats, qui remplirent incon-

tinent cette chambre d'une odeur veritablement aromatique ; car, n'en déplaise au musc et à l'ambre, je parle à ceux qui ont l'appetit ouvert, et le nez fin, l'odeur de la cuisine conforte tout autrement le cerveau que tous les parfums de l'Arabie.

Incontinent la table fut couverte, non pas pour moy seulement, mais pour trois ou quatre Musiciens, que cét autre Jupiter Hammon m'envoyoit pour me tenir compagnie. Tout le temps que je demeuray dans ce Temple de la generosité, je vis sans aucune diminution briller sur ma table la splendeur de ce Prince, amy de tous les honnestes gens, et de toute les vertus ; je fus tousjours servi par ses Officiers, et honoré de la compagnie de ses Musiciens. Le troisième jour sur la fin du souper, au lieu que par tout la poire et le fromage font ordinairement la conclusion du repas, on m'apporta un bien plus friand et plus savoureux dessert : c'estoit trente pistoles, que ce genereux Souverain m'envoyoit en deux pieces d'or, qui estoient si grandes, que j'eus de la peine à les faire entrer dans mes pochettes : présent qui à la verité estoit trop considérable pour moy, puis que luy disant adieu, je ne luy pûs laisser pour tant de grâces que ce miserable Sonnet :

Superbe bâtiment d'une riche structure,
Riches ameublemens, alcoves précieux,
Retraite des Heros, où l'art et la nature,
Paroissant à l'envi, brillent à qui mieux mieux ;

Riches appartemens, où l'or et la peinture,
Dans des planchers plus beaux que le lambris des Cieux,
Conservent la splendeur à la race future
Du genereux mortel qui regne dans ces lieux ;

Riche et belle Maison, adorable sejour
De toutes les vertus, de Mars et de l'amour,
Où, comme dans le Ciel, la vertu se contemple;

Qui vous voit est contraint de vous considerer,
Et vous meritez bien qu'on vous nomme le Temple
Du plus digne Heros que l'on puisse adorer.

## CHAPITRE V.

### Comme Dassoucy passa les monts.

Après avoir pris congé de ce Prince, qui pour nous
avoir fait liberalité, et employé ses tresors à faire du
bien et du plaisir à tout le monde, n'en est pas, je croy,
moins riche aujourd'huy dans le Ciel, ny son digne fils
plus pauvre sur la terre, nous reprîmes le chemin de
Nice, pour de là passer le col de Tende, qui de toutes les
montagnes du monde est, je croy, la plus difficile; et
pour moy je ne sçay par quel art les chevaux de ce païs
là se peuvent dispenser honnestement de se rompre le
col, aussi-bien que ceux qu'ils portent par des détroits si
dangereux, et des pas si étranges; cela me feroit quasi
croire ce que l'on dit de ces elephans qui avoient appris
à danser sur la corde. Pour moy qui me dispose à les repasser, je n'y puis penser sans horreur, et je m'étonne
comment les Dieux de ces Appenins, qui jadis ont tant
consommé d'or et d'argent, et employé tant de fer et de
feu pour se faire des passages à travers l'une de ces mon-

tagnes, ne font encore aujourd'huy quelque dépense en
faveur des miserables passagers, quand ce ne seroit que
pour les guerir de la peur. Enfin, aprés avoir franchy mille
Caribdes; c'est-à-dire, les Bandits et les précipices, je vis,
non sans une extréme joye paroistre ces agreables collines
qui regnent le long des rives du Po, qu'il semble que la
nature n'ait renduës si fertiles, que pour faire voir, à la
honte de ces sourcilleuses montagnes, que ce qui dans le
monde est le plus excellent, n'est pas toûjours ce qui paroist le plus relevé : et m'approchant toûjours plus prés
de mon centre, je vis l'adorable sejour de mes Anges et
de mes Dieux, que j'avois preferé, non seulement aux douceurs de ma patrie, mais encore aux grâces de mon Roy.
Je vis ce celeste reduit du plus beau sang de nos Rois,
pour qui j'avois tant soûpiré. Enfin, je vis, non sans ex-
taze, avec les Tours de Thurin, ce beau Palais Saint Jean,
ou plutost, ce Temple de la gloire et de la generosité,
qui dans l'espace d'un bien petit cabinet, contenoit ce
que le monde avoit alors de plus precieux, de plus auguste et de plus grand. Mais quoy qu'à l'aspect de ce lieu
où j'avois borné toute mon ambition, et fixé toutes mes
espérances, je sentisse tout mon sang s'émouvoir, et que
ma joye fust extréme, je sentis pourtant peu à peu mo-
derer beaucoup cette joye par la crainte que j'avois de
l'iniquité des hommes méchans, qui sont ceux qui bien souvent ont le plus de credit auprés des Princes. Je n'en avois
déja que trop éprouvé les fatales atteintes, et pour m'en
garantir je ne portois plus, comme à mon premier voyage,
des recommandations. Comme c'est le propre de la calomnie de laisser par tout où elle s'attache quelque impression de sa rage, je craignois que cet homme, qui, possible, souffre aujourd'huy les peines qu'il m'a fait si injuste-

ment souffrir dans sa Gazette, ne m'eust scandalisé dans cette Cour, ce qui n'estoit que trop veritable, comme vous allez ouyr.

---

# CHAPITRE VI.

Comme Dassoucy arriva à Thurin, où estant crû mort, d'abord il fut pris pour un ombre : il insulte[1] contre Loret, et la tolérance des libelles.

ESTANT arrivé à Thurin et descendu de cheval, à peine l'avois-je fait deux pas dans la ruë, que je trouvay un homme qui estoit si fort imbu du merite de cette Gazette qui m'avoit reduit en cendre, que dans cette rencontre inopinée qui le fit pallir, et puis chanceler, peu s'en falut qu'il ne tombast de son haut à la renverse, croyant sans doute que je fusse quelque fantosme, ou l'ame vengeresse des mauvais offices qu'il m'avoit autrefois rendus dans cette Cour. Je trouvay encore plusieurs autres de mes amys, qui, sur la foy de ce mauvais Gazetier, m'asseurerent serieusement que j'estois mort. De sorte qu'autant pour les desabuser, que pour les remercier du souvenir qu'ils avoient eu de moy, priant Dieu pour les ames des Trepassez, il me falut pour me rendre palpable boire avec eux, et les mener au Cabaret; si cet imposteur eust vescu, possible qu'aujourd'huy il seroit bien estonné de me voir aux pieds du Roy luy demander Justice; je m'asseure que ce Grand et Juste Monarque, le protecteur des bons

---

[1] S'élève.

et le fleau des meschans, ne me l'auroit pas refusée ; car
enfin est-il rien de plus juste que de punir de tels attentats, ny de plus injuste que de les laisser impunis? Faut-
il estouffer un homme pour avoir derobé une juppe ou un
manteau, et laisser vivre ceux qui, outre les biens, nous
ostent encore l'honneur, cent fois preferable à la vie?
Faut-il pendre, roüer et escarteler des gens que la faim
et le desespoir a rendus voleurs et assassins, et laisser regner ceux qui, de gayeté de cœur, assassinent le pauvre
monde, et qui, sans aucune necessité que celle qu'ils ont
de satisfaire à leur vengeance, à leur envie et à leur vanité, volent ce que les hommes ont de plus precieux et de
plus cher? Qu'avois-je fait à ce beau rimeur des halles,
pour insulter si fierement contre l'honneur de mes Muses,
plus éclairées et plus honnestes que les siennes? Quoy
que son mestier de piper au jeu le put bien dispencer de
faire de si meschans vers, l'avois-je appellé filou? l'avois-je
appellé Poëte de balle? ne l'avois-je pas toûjours nommé
Loret? Quoy donc! joüant contre luy chez feu Monsieur le
Mareschal de Chombert [1], ne m'avoit-il pas derobé assez
d'argent avec ses fausses cartes, sans derober encore mon
honneur et ma fortune avec ses fausses rimes? Quoy, mon
Ovide en belle humeur l'avoit-il pû rendre assez chagrin
pour se venger de mes Vers au prejudice de mes mœurs?
Cependant ce barbare Rimeur s'en est bien vengé, puisque
c'est sur cette baze que la sotte canaille, encore plus barbare que luy, a depuis fondé sa medisance pour m'en per-
secuter par toute la terre, aussi bien que tant d'honnestes
gens qui croiroient jusques au Jugement final que j'au-

[1] Armand-Frédéric de Schomberg, qui se distingua en Espagne et
dans les Pays-Bas.

rois esté boucanné[1] par les Sauvages de Montpellier, si
mes écris, pour le moins aussi durables que les siens, ne
verifioient le contraire. Oüy, ce pied plat s'en est bien
vengé ; puisque c'est luy qui a fourny des armes à tous
mes ennemys, et de pretexte à la calomnie de tous mes
envieux, qui a ravagé ma fortune et ruiné mes esperances,
qui de mon meilleur amy en a fait mon persecuteur, et
qui enfin m'a exposé à tant de perils et à tant de mortelles disgraces. Dieu ! peut-on voir sans fremir de tels
assassinats ? et la France peut-elle souffrir sans honte de
tels assassins ? Car, enfin, je ne fus pas long-temps sans
en ressentir les ameres atteintes, et si je n'eusse opposé
à cette extraordinaire calomnie une extraordinaire vertu,
j'avois beau montrer en cette Cour que j'estois encore en
vie, et Pierrotin auroit eu beau bien chanter, j'y demeu-
rois ensevely sous les ruynes de ma fortune et de mes
bonnes qualitez. La premiere personne illustre que je vis
à Thurin, ce fut Madame Servien[2], l'Ambassadrisse; cette
Dame toute bonne et toute charmante, après avoir ouy
mes airs executez par la voix de Pierrotin, n'eust pas de
peine à se rendre au merite de sa voix, et aux charmes
de mes chansons. Aussi cette bonne Dame me fit paroistre
mille bontez, et ne se contenta pas de m'honorer de son
estime, elle daigna bien encore m'honorer de sa table et
prendre ma protection dans cette Cour. Mais comme je
me preparois à porter mon encens à leurs Altesses Royalles, et joüir de la vision celeste de mes Anges et de mes
Dieux, il arriva un accident à Pierrotin, que je puis mettre au nombre de mes plus cruelles disgraces.

[1] Rôti.
[2] Femme d'Abel Servien, tour à tour financier et diplomate. —
Il eut part à la paix de Westphalie.

## CHAPITRE VII.

Comme Pierrotin perdit sa voix à force de boire. — L'imprudence de Dassoucy dans cette rencontre. — Et la pitoyable musique qu'il fit devant leurs Altesses Royalles.

CE mal-heureux enfant, né pour le desordre et pour l'intemperance, perdit entierement sa voix : depuis dix ans il ne m'avoit jamais manqué, pas mesme dans les moindres occasions, et dans celle-cy, la plus importante de ma vie, le demon ou plûtost sa mauvaise conduite voulut que j'en fusse abandonn. Les Musiciens de Madame Royalle [1] qui estoient aux écoutes en furent incontinent avertis, et sçachant trés-bien comme il est dangereux de mal debuter devant les Princes, ils ne manquerent pas de se servir de cette mauvaise rencontre pour me défaire auprés de ces puissances Couronnées : ils exciterent la curiosité de Madame, et la presserent si fort de m'envoyer querir, que lors que j'y pensois le moins, je vis un Carosse à six chevaux devant la porte de mon logis, avec un ordre fort pressant de la venir trouver à son Palais de la Vigne, qui est un lieu de plaisance que cette magnifique Princesse a fait bastir à un mille de Thurin, sur les rives du Po. Si j'eusse esté bien avisé, j'eusse monté seul en Carosse, et j'eusse laissé Monsieur Pierrotin dans la chambre meurir son rume et cuver son vin : j'en aurois esté quitte pour faire mes excuses; on auroit remis la

[1] Christine, sœur de Louis XIII et veuve de Victor Amédée Ier.

partie à une autre fois; ainsi j'eusse évité ce piege, et j'eusse éludé la malice de mes envieux; mais, bien loin de faire ces reflexions, j'estois si transporté de joye et de ravissement, que je ne me souvins pas seulement que Pierrotin fust enrumé, ny mesme de prendre mes Livres d'airs que j'ay fait imprimer chez Ballard, et que j'avois dediez à cette Princesse. Mais je pouvois bien oublier toute chose, puisque, usant si mal de mon experience et de ma raison, je m'estois encore oublié moy-mesme. Je fus donc à la Vigne, où Madame ne m'accueillit pas à cette fois comme la creature de Monsieur le comte de Harcour, mais comme la victime de la rage de Loret; car elle ne me receut point comme la premiere fois dans son cabinet, mais seulement dans sa Chambre de parade. Elle estoit assise au milieu de Mesdames les Princesses ses filles, et, comme un Soleil parmy les Estoiles, elle estoit environnée de plusieurs autres Princesses et de plusieurs Dames de qualité. Outre cela, afin qu'il y eust plus de témoins de ma disgrace, et qu'il ne manquast rien à ma défaite, elle estoit accompagnée d'un si grand nombre de Courtisans, que je ne me souviens pas d'avoir jamais veu une si solennelle Assemblée : ce fut en face de cette brillante Cour, et devant un Soleil, dont toute la terre adoroit les charmes, que, pour luy exprimer la joye que j'avois de revoir ses beaux rayons, je fis dire à Pierrotin cette Chanson :

Loin de moy, loin de moy, tristesse,
    Sanglots, larmes, soupirs,
    Je revoy la Princesse,
    Qui fait tous mes desirs :
O celestes plaisirs, doux transports d'allegresse !
    Viens, mort, quand tu voudras,

Me donner le trespas,
J'ay reveu ma Princesse.


Finissez, finissez, mes larmes,
Sanglots, plaintes et pleurs,
J'ay reveu tous ses charmes;
Finissez, mes douleurs.
O celestes douceurs!
Plus d'ennuis, plus d'alarmes;
Viens, mort, quand tu voudras,
Me donner le trespas,
J'ay reveu tous ses charmes.


Vous, Monsieur Moliere, qui fistes à Beziers le premier couplet de cette chanson, oseriez-vous bien dire comme elle fut executée, et l'honneur que vostre Muse et la mienne receurent en cette rencontre. Ouy, je vous le diray, écoutez: qui a jamais ouy mioller un chat quand il donne une serenade à sa Maistresse, ou grogner un cochon quand il fait un compliment à une truye, a ouy chanter comme Pierrotin chanta vostre Chanson et la mienne. En tout autre lieu où je n'eusse pas rendu des témoignages de ma capacité, il est certain qu'on nous auroit bernez tous deux, pour nous aprendre à venir de si loin abuser des oreilles d'une si grande Princesse, et rompre la teste à tant d'honnestes gens. Aussi je puis dire que nous eusmes besoin de toute la pitié de Madame pour nous pardonner une si lourde faute; ce n'est pas à la verité que nous manquassions d'admirateurs, et que, cependant que Pierrotin chantoit si agreablement, nous ne fussions l'objet de l'admiration de toutes ces Princesses: car qui n'eust pas trouvé admirable que des gens comme nous fussent capables d'une si admirable impertinence?

Pour moy, je m'étonne comme dans cette admiration les
ennemis de ma gloire ne moururent pas de joye, et je
m'estonne encore bien plus comme je ne mourus pas de
douleur; car je n'étois pas seulement confus et interdit,
mais j'avois encore perdu l'usage des sens et de la raison.
Quoy que toutes ces Princesses fussent à deux pas de moy,
je ne les voyois plus que comme on void le Soleil au travers d'un crespe, et quoy que Pierrotin fust à mes oreilles, je n'entendois plus sa voix, non pas mesme l'harmonie de mon Luth ; je prenois à toute heure une touche
ou une corde pour une autre. Et, afin que ma disgrace
fust complette, le diable, qui estoit sans doute ce jour-là
l'intendant de cette belle Musique, me fit tomber ma casaque, et peu s'en falut que le mesme accident n'arrivast
encore à mes chausses, qui n'étoient attachées qu'à un
bouton; et comme c'étoit luy qui dans cet instant battoit
la mesure, il voulut encore qu'en ramassant ma casaque
je donnasse un grand coup de manche de mon Teorbe
dans la teste de Madame la Princesse de Basle qui estoit
tout contre moy ; peu s'en falut qu'en me relevant je ne
tirasse encore un œil à un Cavalier qui estoit à la portée
de mes coups : de sorte que dans cette alienation d'esprit,
qui representoit parfaitement l'yvresse d'un homme qui a
haussé le gobelet, il prit un si grand éclat de rire à Madame Royalle, que, sans me trop vanter, je puis dire que
jamais personne ne fit rire cette grande Princesse, ny
mieux, ny avec plus de raison, et je doute encore si la
plus excellente Musique du monde eust pù produire
en faveur de ses plaisirs un meilleur effet; car enfin je ne
croy pas qu'il y ait rien de plus plaisant au monde que
de voir deux personnes faites comme nous, qui, au lieu
de faire Musique à Madame Royalle, semblions n'estre

partis de France et n'avoir passé les Monts que pour venir rompre les oreilles à toute sa Cour, crever les yeux à ses Cavaliers, et casser à coups de manche de Teorbe la teste des Princesses de son cabinet. Enfin, pour conclusion, la troisiéme de mon Luth estant rompuë, la Musique finit, et Madame, aprés avoir essuyé ses beaux yeux, et cessé de rire, au lieu de nous envoyer aux Galeres, nous envoya diner, où Pierrotin, aprés avoir chanté, non comme une creature humaine, mais comme une beste, ne mangea pas aussi comme un homme, mais comme un loup : comme il n'avoit aucun sentiment de gloire, la perte de tout l'honneur du monde ne luy auroit pas fait perdre un coup de dent ; et comme rien ne luy demeuroit à la bouche, aussi rien ne luy tenoit au cœur : c'estoit un Philosophe stupide préparé à toutes sortes d'evenemens, pourveu qu'on ne le separast point de la bouteille.

Pour moy, je n'en estois pas de mesme : j'estois trop rempli de ma honte pour donner place à ces precieux alimens, et l'amertume de mon cœur estoit trop grande, pour pouvoir estre temperée par la douceur de tant de vins exquis, et de tant de confitures excellentes. Au contraire, j'eusse bien voulu que Madame, au lieu de me faire banquet, m'eust condamné à jeûner trois mois au pain et à l'eau, et n'avoir pas fait une si lourde faute. Ce n'est pas qu'au milieu de cette disgrace je ne trouvasse encore quelque petit sujet de consolation ; car cette grande Princesse, qui n'ignoroit point ce que je sçavois faire, me traitant encore comme si j'eusse esté son domestique, me faisoit assez connoître qu'elle ne manquoit ny de bonté, ny d'estime pour moy. Les autres qui n'avoient pas le mesme esprit, ny la mesme bonté, n'avoient pas aussi la mesme indulgence ; mais pour moy j'avois beaucoup d'indulgence pour eux; car, bien qu'ils insultassent cruellement contre ma Musique, il me suffisoit pour leur pardonner de connoistre qu'ils avoient raison. Quand on presente un Instrument en desordre à quelque excellent Joüeur de Luth, et qu'aprés s'estre tué d'en bien joüer, on dit qu'il n'a rien fait qui vaille, de rien ne luy sert d'accuser les cordes de son desastre; on luy dit : Pourquoy joüez-vous d'un Luth mal monté? Et quand un Poëte a écrit quelque sottise, et mis au jour quelque impertinence, il ne luy sert de rien de dire : J'ay fait cét Ouvrage dans une nuit. On luy répond : Pourquoy ne l'avez-vous fait en trois mois? Aussi je ne cherchois point à m'excuser, car on m'auroit répondu : Puisque vous veniez pour faire montre de vostre vertu, et faire paroistre Pierrotin dans cette Cour, que n'attendiez-vous qu'il fust en estat d'y paroistre? Aussi, comme il n'est rien qui nous ulcere tant que les malheurs qui nous arrivent par nostre faute, j'estois si irrité contre moy-mesme, que sans l'esperance que j'avois de recouvrer mon honneur, voyant mes envieux triompher de ma défaite et rire de ma douleur, je ne sçay pas ce qu'il fust arrivé de moy; mais le Ciel qui me reservoit pour de bien plus sanglantes disgraces ne permit pas que je succombasse dans celle-cy; au contraire, il voulut que je remontasse sur le trône de ma gloire, plus brillant que jamais, et si brillant, que les jaloux de mon peu de merite n'en pûrent supporter l'éclat; et pleust à Dieu qu'ainsi que par mon imprudence je m'estois rendu digne de leurs mespris, je ne me fusse pas rendu par ma vertu encore plus digne de leur envie !

## CHAPITRE VIII.

Le désespoir de Dassoucy aprés ce malheureux débat : il venge
son affront sur Pierrotin, et l'enferme sous la clef pour l'empescher de boire. — Et l'admirable machine que Pierrotin inventa
pour éluder tous ses desseins.

Aprés disner on nous fit encore cet honneur de nous
ramener en Carosse, lequel bien qu'il allast à la mode
de France, c'est à dire, comme la foudre, il me sembloit
qu'il alloit lentement, tant que j'avois haste d'estre au
logis pour chastier Pierrotin. La premiere chose que je
fis, aprés m'estre enfermé dans ma chambre, ce fut de
prendre une espée à quinze pointes[1], pour venger mon
affront sur Pierrotin, et esprouver s'il seroit aussi insensible à mes coups qu'il avoit esté insensible à son honneur ; et ayant apris parmy ses sanglots et ses larmes,
que le vin avoit esté l'instrument fatal de nostre commun
desastre, aprés une longue invective contre la bouteille,
afin de reparer par la sobrieté les crimes de son intemperance, je me resolus de l'enfermer. Je passay tout le
reste du jour à luy faire des predications et des reproches, et le jour ayant fait place aux ombres, je m'allay
coucher sans souper : aussi comme je n'avois point
mangé de tout le jour, je ne dormis point de toute la
nuit ; je ne cessay de faire des reflections sur ma honte et
sur ma disgrace : et à cet amer souvenir j'y meslay tant

[1] Un martinet.

de larmes, que si Pierrotin qui ronfloit auprés de moy, et
mesloit alors à mes soupirs de tres-gracieux accens, se
fust éveillé, je ne doute pas, voyant l'excés de ma douleur, qu'il ne m'eust bien pardonné les marques qu'il
avoit encore sur la peau des sanglans effets de ma justice. Quand je pensois à la malice de mes envieux, à la
calomnie de Loret, et à la brutalité de ce garçon, et que
je joignois à tout cela le peu d'honneur que je m'estois
acquis dans un si malheureux début, il me sembloit
que c'estoit beaucoup entreprendre de chercher un establissement dans un lieu où tant de gens avoient sappé
les fondemens de ma fortune, et où moy mesme je venois de contribuer de toute ma puissance à la destruire.
Cependant je me trouvois fort embarrassé ; car de m'arrester davantage en cette Cour, où je venois de ruiner
mes esperances, il me sembloit qu'il y avoit peu d'apa-
rence aussi de passer outre pour aller chercher du pain
auprés des Princes d'Italie, je sçavois fort bien que j'en
eusse plutost trouvé au Royaume de Monopotapa ; outre
qu'aprés avoir respiré l'air de la Cour d'un Roy de
France, et de son Altesse Royalle de Savoye, cela ne
s'accordoit point avec mes ambitieux desseins; de retourner en France, c'estoit encore pire : Pierrotin avoit
porté trop long-temps les livrées de Madame Royalle,
et le Roy qui l'appelloit Page de Madame de Savoye, sçavoit trop que je l'avois élevé pour son Royal service,
pour nous revoir si-tost de retour sans mépris; d'autre part je voyois dans ma famille Valentin aimant le
Rossoly [1], un valet mangeant comme quatre, et Pierrotin beuvant comme six, sans avoir pour satisfaire à tout

[1] Liqueur digestive.

ce peuple devôrant, qu'une petite bourse de cuir de grenoüille, où mes finances épuisées faisoient voir ce vuide
tant abhorré de la nature, sans avoir pour la remplir
d'autre poudre de projection que le miserable fonds
d'une vertu desolée. Mais quoy que la privation de ce
Soleil me deust estre bien sensible, pourtant ce n'estoit
pas ce qui me touchoit plus sensiblement. La privation
de ces Astres benins, loin desquels le Soleil mesme n'a-
voit point, à mon avis, assez de lumiere pour m'éclairer
et me conduire, estoit le sujet de mes plus ameres pensées. Je ne pouvois me separer de ces benignes clartez,
dont j'avois tant adoré les charmes, sans mourir de douleur ; et comme on dit que la privation de la veuë de
Dieu fait le principal supplice des malheureux, quittant
ces Divinitez mortelles, il me sembloit éprouver tout ce
qu'on dit de la peine du dam [1]. Je ne pouvois abandonner,
sans un mortel regret, ce Palais où mes Muses avoient
esté autrefois trop bien receuës, pour n'en estre pas encore enchantées ; et quoy que mes bonnes qualitez
m'eussent déjà donné l'entrée dans les Cabinets les mieux
dorez, il me sembloit que les chambres de ce Palais, où
j'avois paru avec tant de succés, estoient encore bien
mieux dorées. Nos campagnes les plus fertiles me paroissoient arides auprés des collines de Thurin ; et quoy
que nos Boulangers ne fussent pas encore partis de
Paris, pour venir montrer aux Piemontois à faire du
pain, je ne trouvois pas que nostre pain de Gonesse
eût tant de saveur que leurs longues et noires Miques [2]

[1] Terme de théologie : peine des damnés, consistant en la privation de la vue de Dieu.
[2] Pour : miches.

faites en baston de côtret. Comme le Soleil m'y sembloit plus beau, aussi les objets m'y paroissoient plus agreables; j'y trouvois l'air plus pur, et le Ciel plus serein, les jardins plus delicieux, et les parterres plus émaillez ; et quoy que je me fusse bien souvent piqué les doigts en cueillant des roses, je ne laissois pas d'en cueillir tous les jours, parce que je ne pouvois pas m'imaginer que dans un climat où j'avois éprouvé tant de douceur, j'y pûsse jamais rencontrer des épines. Enfin, je croy que la fièvre et la mort y auroit encore eu pour moy des appas, si j'eusse esté certain qu'elle n'eust voulu de mon sang que pour le sacrifier à ces adorables objets de mon amour et de ma reverence. Telle est la force des bienfaits des Princes, quand ils sont placez dans une ame qui n'est pas ingrate ; et telle est la force d'une ame reconnoissante, quand elle a pour objet de son amour et de sa gratitude un merite extraordinaire, dans le sublime rang d'une qualité suprême. Aussi, transporté par la vehemence de cet amour qui applanit les plus âpres difficultez, et donne de l'accés aux choses inaccessibles, je changeay mon desespoir en une forte resolution d'employer toute ma vertu à combattre ma mauvaise fortune ; et ne pouvant demeurer dans le lit au milieu de tant de mortelles angoisses, sans attendre que pour prendre mes habits l'Aurore vint à mon secours, aprés avoir pris dans cette obscurité le haut de chausse, et les bas de mon valet pour les miens, je pris mon Luth ; et voyant que je n'avois que Dieu seul pour moy dans cette Cour, sans qui toutes les qualitez du monde ne valent pas un festu, aprés avoir reclamé son assistance, je m'avisay de faire deux couplets de chanson, que je composay au milieu de ces obscuritez de mes plus ardens

soûpirs et de mes plus chaudes larmes. Aprés avoir ainsi
un peu distrait ma douleur, et fait exaler à mes yeux
une partie de l'amertume de mon cœur, le Soleil à sa
venuë m'ayant fait appercevoir l'innocent larcin que
j'avois fait à mon valet, je luy restituay ses hardes ; et
ne trouvant point d'autre remede pour empêcher de
boire l'incomparable Pierrotin que de mettre ce precieux enfant de Bacchus sous la clef, aprés avoir fait sortir mes gens, je l'enfermay. Mais Dieu ! qu'il est difficile
de corriger les defauts de la nature : Monsieur son pere
estoit un puissant faquin, en qui la force corporelle n'empeschoit pas que Bacchus encore plus fort que luy, ne
le fist tomber de son haut, et ne le terrassast au moins
une fois le jour. Il ne payoit point de loüage de maison,
pource qu'il estoit tousjours au Cabaret, ny moins encore
de giste, pource qu'il couchoit dans les boüës : quoy qu'il
beust incessamment, il avoit beau boire il ne s'enyvroit
point ; car il ne desenyvroit jamais. Outre cela, il estoit
naturellement fol, et si cruellement insolent que, bien
que Messieurs les Crocheteurs ses confreres, pour maintenir l'honneur de leur societé, le battissent reglement
trois fois la semaine, on l'auroit plûtost tué que de le
rendre sobre, ou le faire devenir sage. Aussi, Pierrotin
estant le propre fils et l'unique heritier des grandes qualitez d'un si digne personnage, il eust mieux aimé mourir que de ne se pas montrer le digne fils d'un si digne
pere. Quand pour l'enfermer j'aurois eu autant de portes et autant de clefs que le Jaloux d'Estramadure, je
n'aurois rien avancé : on auroit plûtost beu toute la
mer que de l'empescher de boire ; et pour faire voir
comme le pere Bacchus luy avoit déjà illuminé l'entendement, pour en faire un jour un des principaux pilliers

de son Estat, voyez comme il éluda mes desseins, et la merveilleuse machine qu'il inventa pour se rejoindre, en dépit d'Apollon et des Muses, au Dieu tant aimé de cette precieuse liqueur. Il n'y avoit pas un quart d'heure que j'estois sorty du logis, quand à mon retour j'apperceus un jeune garçon avec une bouteille dans une main, et un verre de vin dans l'autre, qu'il tenoit comme attaché à la porte de ma chambre; puis m'estant approché de plus prés, et fait signe au garçon de continuer sa fonction, ô prodige! je vis disparoistre insensiblement tout ce vin comme par voye d'enchantement. Aussi-tost j'entendis Pierrotin, qui, moyennant encore un autre teston qu'il luy presentoit par dessous la porte, le prioit de luy vouloir doubler la doze. Je fis signe au garçon de luy remplir le verre: vive les beaux esprits qui se levent du matin pour boire! je vis sortir par le trou de la serrure un festu, qui, venant fondre dans ce second verre de vin, en moins de rien le mit à sec. A mesure que je voyois disparoistre cette agréable liqueur, je ne sçavois si je devois plus estimer, ou l'industrie, ou la liberalité de Pierrotin, qui, aprés avoir déja donné deux testons à ce fidelle garçon, luy en promettoit encore deux autres pour aller jusques à trois prises. Pour moy je croy que comme Esaü vendit sa primogeniture pour une escuellée de lentilles, celuy-ci auroit donné à ce jolly Marchand de vin encore sa part de Paradis pour ce qui restoit dans le cul de la bouteille: de sorte qu'aprés avoir ouvert ma porte, loüé la gentillesse de l'invention, et exageré trés-serieusement le merite de celuy qui inventa l'art de chalumer et les chalumeaux, au lieu de me fascher davantage, je luy rendis sa liberté, et tournay le tout en raillerie.

# CHAPITRE IX.

Pierrotin se desenrume. — Dassoucy ravit Madame Royalle dans le jardin du Valentin, recouvre sa gloire, et fait crever ses envieux.

ENFIN, le temps qui emporte et restituë toutes choses, ayant restitué la voix à Pierrotin, je me disposay à une seconde tentative, mais auparavant je voulus consulter l'Oracle, et pour cet effet je fus voir Madame l'Ambassadrice, qui aprés m'avoir témoigné le déplaisir qu'elle avoit eu de ma disgrace, me conseilla de me presenter à Madame dans le Jardin du Valentin, où elle alloit reglement tous les soirs à la promenade. Cet avis receu de la bouche de cette femme illustre, je me resolus d'en profiter. Je mis premierement toutes choses en ordre, et n'oubliay rien pour reparer ma faute; et le lendemain je ne manquay pas de me rendre dans l'agreable jardin de ce beau Palais, où à peine y eusmes-nous fait un tour d'allée que Madame, qui nous apperceut, nous fit appeller par un Capitaine de ses Gardes. Je ne croy pas que quand ç'auroit esté pour venir prendre une Couronne, qu'on m'eust pù faire un commandement plus doux; aussi comme j'estois bien assuré de mon fait, j'estois bien certain qu'allant devers cette merveilleuse Princesse, je n'allois pas moins prendre qu'une couronne de gloire; à chaque pas que je faisois vers elle, il me sembloit que j'allois au Ciel, et quand je fus en sa presence, je crûs y estre parvenu. Elle estoit alors assise

sous un grand berceau de jasmin, sans autre compagnie
que Madame la Princesse Marguerite, sa fille; où la revoyant à cette fois, je ne l'envisageay point comme une
Reine assise sous un berceau de fleurs, pour prester
l'oreille à mes chants, mais comme une Divinité assise
dans son Trône pour me juger en dernier ressort, et de-
cider de mon sort, de toute ma gloire, et de toute ma
fortune. Aussi, quoy que, dans l'esperance que j'avois
de profiter d'une si belle occasion, ma joye fust extrême,
ma joye n'estoit pas pourtant toute pure, et mon esperance n'estoit pas sans crainte. Quand je considerois que
cette Héroïne, dont la voix se faisoit entendre par tout
l'Univers, m'alloit juger sans appel, et que de cette
seule action dépendoit le bonheur ou le malheur de toute
ma vie, comme les ignorans sont tousjours les plus presomptueux, et que les plus habiles sont ceux qui ont
moins d'opinion de leur merite, bien que je n'aye pas
l'honneur d'estre de ces habiles, je ne laissois pas d'avoir
beaucoup de défiance de mes forces; quoy que mon
Luth fust admirablement bien monté, il me sembloit
pourtant que les cordes n'estoient pas encore assez
bonnes; et quoy que Pierrotin n'eust point de pareil au
monde, et que sa voix me parust dans son plus haut
éclat, comme auprés de cette sorte de personnes il n'est
rien de si dangereux que la mediocrité, dans le besoin
que j'avois de ce poinct d'excellence, à qui tout aspire,
ce qui dans ma chambre m'avoit paru digne du plus
grand Monarque de l'Univers ne me paroissoit point
alors assez digne des oreilles de ce grand Miracle du
monde. Mais enfin, comme je n'estois arrivé dans ce
beau champ d'honneur que pour y moissonner de la
gloire, aprés avoir pris mon Luth des mains de Pierro-

tin, à qui, pour luy donner du cœur, j'avois fait faire un habit tout couvert de passement d'or, je luy fis exprimer l'ardeur de mon zele par cette chanson, que, parmy les ombres de la nuit, ce jour de ma disgrace, j'avois composée au plus fort de mon affliction :

### CHANSON.

Bel Astre qui conduis mes pas,
Dont je viens aprés mon trépas
Revoir la lumiere feconde,
Rends-moy le jour, viens m'eclairer :
Las! ce n'est que pour t'adorer
Que je reviens de l'autre monde.

Grand Soleil, source de vertu,
Helas! pourquoy ne me luis-tu?
Tire-moy de la nuit profonde :
Rends-moy le jour, viens m'éclairer,
Las! ce n'est que pour t'adorer
Que je revins de l'autre monde.

Et comme alors on ne parloit quasi d'autre chose que du Mariage du Roy avec Madame la Princesse Marguerite, je luy fis dire encore cette Chanson que j'avois composée quelques jours auparavant sur ce sujet :

### CHANSON
#### POUR MADAME LA PRINCESSE MARGUERITE.

Aveugle Deïté, Deesse vagabonde,
  Qu'adore tout le monde,
  Prends des yeux une fois,
  Fixe ton inconstance,

Et, par un juste choix,
Donne, aux yeux de la France,
La plus belle des fleurs au plus digne des Rois.


Volage Deïté, reconnois le merite
De nostre Marguerite,
Voy ses dons precieux,
Romps l'injuste silence
Des destins envieux,
Pour donner à la France
La plus aimable fleur qui soit dessous les Cieux.


Brillant pere du jour, courrier incomparable,
Dont l'éclat adorable
Tient nos yeux ebloüis,
Achevant ta carriere,
Dis au jeune Louïs
Qu'il n'est point de lumiere,
Ny de plus belle fleur, plus digne de ses Lys.


Et toy, Maistre des Dieux, amour qui de ses charmes
Fais tes plus fortes armes,
Prens un trait de ses yeux,
Montre-nous ta puissance,
Pour donner à la France
La plus aimable fleur qui soit dessous les Cieux.


Ce n'est pas que son chef, que la gloire environne,
Ait besoin de Couronne
Pour regner en ces lieux :
Tout pour elle soupire,
Et qui dessous les Cieux
Ne connoist son Empire,
N'est pas digne des traits qui partent de ses yeux.

Je ne croy pas que Bacchus dans tout son Empire ait
jamais eu pour sujet un si merveilleux Chantre, non plus
qu'Appollon un si merveilleux yvrogne : quoy qu'on die
de cet enfant de Thrace, c'est folie, il ne chanta jamais
si bien pour recouvrer son Euridice, que cet enfant de
Paris chanta à cette fois pour recouvrer son estime. Je
ne diray point pourtant qu'il attira comme ce Thracien
les plantes et les animaux, les pierres et les bois ; car je
confesse que je ne vis aucun caillou se mouvoir, ny aucune herbe bouger de sa place. Je ne vous diray point
encore, si le Dieu du Po qui n'estoit pas loin de là, et
les Nimphes bocagères de ces lieux estoient aux écoutes ;
car je puis protester que je ne vis parestre aucunes de
ces Dames pour nous venir entendre ; mais je vous diray
seulement que la veritable Nimphe de ces lieux qui nous
honoroit alors d'une trés-favorable attention, ne prenoit pas
moins de plaisir à nous écouter, que tout ce qui avoit là
des oreilles, hors de quelques Rossignols qui des arbres
voisins estoient assez hardis de venir jusques sur ce berceau, et qui, par leur gazoüillis, faisoient assez voir la rage
qu'ils avoient de se voir si fort surpasser par le merite
du chant de Pierrotin. Tout estoit muet, et si, dans ce
profond silence, les échos d'alentour répondoient aux
merveilleux accens de sa voix, ce n'estoit que pour mieux
toucher les ames, et percer plus avant les cœurs de tout
ce qui en ce bel endroit n'estoit pas insensible : aussi je
puis dire en verité que si ma defaite avoit esté grande,
la victoire que j'emportay sur mes envieux fut beaucoup plus grande que ma defaite ; et je puis bien assurer
que, quelque plaisir que Madame prist à nous entendre, sa plus grande satisfaction estoit de me voir triompher de mes ennemis, et me pouvoir avec justice honorer

de son estime : car cette Princesse, dont je ne sçaurois encore parler qu'avec des larmes, sçavoit bien que l'affection que j'avois pour elle n'estoit point l'affection servile d'une ame vile et interessée ; mais quasi semblable à celle qu'on a pour Dieu, que nous aimons pour la grandeur de sa bonté, et pour l'infinité de son merite. Elle se souvenoit encore de ce triste adieu qui la pressa quasi jusques aux larmes, aussi bien que des pleurs que je ne pus cacher en partant de sa Cour ; et comme elle ne pouvoit pas oublier les importans services que luy avoit rendus feu Monsieur le Comte d'Harcourt, étant donné à cette Princesse comme un present de sa main, elle me consideroit comme l'une de ses creatures ; d'autant plus digne de sa pitié et de sa protection, qu'elle me voyoit plus en butte à la lasche et brutale malignité des hommes. Aussi cette pitoyable Princesse, qui n'estoit pas de celles qui, pour témoigner leur estime, ne payent le merite, que par des paroles, ne tarda guere de me la témoigner par de solides effets. Comme cette héroïne des héroïnes se seroit senti la conscience chargée de remettre au lendemain les graces qu'elle nous avoit preparées, à peine estions-nous de retour à Thurin, qu'au démonter du Carosse je vis venir à moy un Valet de pied tout suant, qui, m'ayant remply la main d'une bonne poignée d'or, me dit tout hors d'haleine que Madame revenoit à Thurin, et qu'elle me commandoit de me tenir prest pour le soir, et qu'elle m'envoyeroit querir pour me faire entendre à son Altesse Royalle.

La nuit estant venuë un autre Valet de pied ne tarda guere à nous venir prendre pour nous conduire à la lueur d'un flambeau vers ces grandes Astres, dont la splendeur efface toute autre lumiere. Ce fut à cette fois

que je fus introduit dans le Cabinet, où Madame, comme
un Soleil au milieu des Astres, m'attendoit, à mon avis,
autant pour le plaisir de me revoir reparer ma faute et
recouvrer ma gloire, que pour faire part à son auguste
fils du plaisir qu'elle avoit eu de mes Chansons. Ce fut
devant cette merveilleuse Héroïne et devant ce merveilleux Prince, son Fils, et Mesdames les Princesses, ses
filles, que je reparay, dans le Palais Saint-Jean, la sotise
que j'avois faite au Palais de la Vigne, et ce fut à la
lueur de deux cens flambeaux, qu'estant vestu non moins
richement que Belleroze[1], devant la plus galante Cour
qui fust jamais, je parus aussi brillant qu'un Apollon.
Aprés avoir fait dire à Pierrotin une Chanson que j'avois
composée pour ce Soleil naissant déjà plus valeureux
que Mars, et plus beau que l'Amour, ce Prince qui à
mon gré est le Prince du monde qui a le discernement
aussi fin, et qui aime passionnement tout ce qui est bon,
et tout ce qui est beau, pource qu'il connoist parfaitement le beau et le bon, fut agreablement surpris par
cette Chanson, et, en suite, parla si avantageusement de
tous mes airs, que n'en déplaise à nos Amphions si j'ose
dire sans faire tort à leur gloire que depuis ce temps-là
j'ay toûjours crû sçavoir quelque chose en ce mestier.
Mais d'autant que cette eau que nous appellons à Paris
Eau benite de Cour n'a aucun cours en cette Cour, ce
merveilleux Prince, en qui l'on void aujourd'huy briller
toutes les grandes qualitez du feu Roy Henry le Grand,
son grand pere, ne se voulut pas montrer envers nous
moins genereux que son auguste mere : aprés avoir finy
cette Musique au grand honneur de mes Muses, et au

---

[1] Un des principaux acteurs de l'hôtel de Bourgogne.

17

grand contentement de toute cette Royalle Compagnie,
je sentis en me retirant une certaine main fort douce,
qui ayant remply la mienne d'un certain rouleau plain
de je ne sçay quoy qui me sembloit encore assez doux,
il ne me dit pas, comme depuis on m'a dit en l'Isle deserte : Voila pour boire; mais il me dit : Vous prendrez,
s'il vous plaist, ce petit present, comme une marque de
l'estime que son Altesse Royalle fait de vostre merite. En
verité, j'ay bien veu des testes Couronnées ; mais je n'ay
jamais veu un Prince plus raffiné dans la connoissance
de toutes choses : plus magnifique en ses dons, si bon,
ny si affable, ny si judicieux dans la dispensation de ses
graces. En Italie, presque tous les autres cherchent à se
faire craindre, et celuy-cy à se faire aimer. La plus part
mettent toute leur industrie pour amasser, et celuy-cy
cherche toutes sortes d'inventions pour en dépenser.
Ceux-là entassent pierre sur pierre, pour consacrer dans
les miracles inanimez leur memoire à la postérité :
mais celuy-cy qui sçait que les pierres ne sçauroient parler, entasse encore pierre sur pierre, pour l'ornement
de ses Villes et pour la défense de ses Estats; mais il es-
tablit sa gloire sur la baze de ses éclatantes actions, et
sur l'affection de ses creatures ; et tandis que les autres
escrivent sur les marbres, celuy-cy écrit dans les cœurs,
qui faisant mouvoir autant de plumes et autant de langues qu'il est d'esprits raisonnables sur la terre, portent
sa gloire jusques au Ciel, et en attirent sur luy les
graces et les benedictions. Aussi, comme il n'est point
au monde de Prince plus aimable, il n'en est point
aprés mon Roy de plus aimé. J'en parle hardiment,
pour ce que j'en parle avec verité, et que je suis certain
que, dans tout le temps que j'ay agy dans son Royal ser-

vice, il est peu qui ayent observé de plus prés que moy la grandeur de son ame, et la dignité de ses actions. Aussi, ne pouvant regarder ces puissances imitatrices du grand Autheur de la nature que comme dispensatrices de ses graces, il ne faut pas s'estonner si j'avois tout quitté pour elles, et si, les quittant, j'avois répandu tant de larmes, et si, les revoyant, je leur rendois tant de témoignage de mon amour; de sorte que, voyant la vertu si bien reconnuë, et le merite si bien recompensé dans cette Cour, et qu'à cette perpetuelle donnerie et à ses presens éternels, ces splandides personnes, bien dignes de posseder la pierre Philosophale, joignoient encore la bienveillance à leur estime, et l'affabilité à la munificence, me ressouvenant de quinze paires de souliers, de compte fait, que, pour me faire payer d'une ordonnance de cent escus, j'usay à Paris dans la salle de Monsieur Mogé [1], tant à m'y promener qu'à luy faire des reverances, je me resolus de m'y tenir éternellement attaché comme la vigne à l'ormeau, et de ne m'en separer jamais que par la fin de ma vie.

## CHAPITRE X.

Dassoucy, pour obtenir, auprés de leurs Altesses Royalles, l'establissement qu'on luy avoit fait esperer, fait une plaisante description de son affection et de son assiduité.

POUR cet effet, comme l'extrème joye, aussi bien que l'extrème tristesse, n'a pas des qualitez fort assoupis-

[1] Dans ses *Poésies*, Dassoucy parle encore de ce M. Mogé, qui ne lui donne que des « espérances, » et qui, croyons-nous, étoit attaché au surintendant des finances, Abel Servien.

santes, estant agité, tant par l'extrême contentement qui
me venoit de mes victoires que par le violent desir que
j'avois d'adjouster de nouveaux lauriers à mes conquestes,
je n'eus pas de peine à veiller toute la nuit pour penser
aux moyens de parvenir à mon establissement, que je n'es-
perois pas à cause qu'on me l'avoit fait espérer, mais
seulement par l'esperance que j'avois de m'en rendre digne.
Aussi, durant quatorze mois que je demeuray dans cette Cour,
il n'est pas croyable combien j'employay de soins pour le
meriter : je ne laissois passer aucune occasion pour me rendre necessaire; quoy que, pour l'Eglise, je ne sois pas un or-
lande de lassus[1], et que, pour la chambre de cette Princesse,
je n'eusse déjà que trop d'employ, ayant maintefois oüy
dire qu'on n'entre point en Paradis malgré les Saints, je
voulus, pour me les rendre propices, faire encore Musique à sa Chapelle. Soit qu'elle oüist la Messe dans sa
chambre, au Saint Suaire, ou en quelque autre Eglise,
je la suivois partout comme un barbet, partout on voyoit
mon Luth et Pierrotin à sa suite ; par ce moyen je devins
en peu de temps la plus devote personne du monde ; car
il ne faut pas croire que cette pieuse Princesse, qui pleu-
roit ordinairement aux Autels, eust crû satisfaire aucunement à sa piété, assistant à une seule Messe; il luy en
faloit tous les jours pour le moins deux, et le plus souvent
trois, durant lesquelles je faisois une trés-longue et trés-
devote Musique, et toûjours à deux genoux. Juge, Lecteur, si je ne devois pas estre tout à Dieu; cependant je
t'assure que la chose à quoy je pensois le moins c'estoit

---

[1] Orland de Lassus, appelé par les Italiens *Orlando di Lasso*,
célèbre compositeur du seizième siècle. Il fut maître de chapelle
d'Albert V, duc de Bavière ; le pape Grégoire XIII le créa chevalier de
Saint-Pierre à l'éperon d'or.

de l'importuner de mes prieres. Appollon, qui partout me tenoit au colet, me pardonnoit encore moins en ce Saint lieu; j'y avois toûjours l'imagination remplie de l'idée de quelque beau motet; et, quoy que les paroles que je murmurois entre mes dents fussent toutes saintes et sacrées, ce n'étoit pas tant pour la gloire de Dieu que je les voulois unir à mes chants que pour la satisfaction de cette Divinité mortelle : qu'alors, moy, malheureux, j'eusse préférée à la Divinité mesme; mais, dans l'ardente passion que j'avois de luy plaire, ce n'estoit pas seulement à l'Eglise que je me sentois transporté par l'ardeur de ce zèle emporté; il m'en arrivoit autant non-seulement par les rües, mais encore au Bal et à la Comédie, qui n'avoit pas assez de charmes pour me divertir de mes pensées, en qui seules je trouvois de véritables charmes.

Cet enthousiasme ne m'abandonnait pas seulement à la table, ny mesme au lit : toute la nuit je ne faisois que racler de mon Teorbe, flûter, chanter et palinodizer; j'en molestois tous les voisins, et tous les voisins qui en estoient molestez me donnoient cent fois au Diable : mes gens mesme, que je ne laissois point dormir, me maudissoient cent fois le jour, le Parnasse et le Pegaze, Apollon et toute la fureur des Muses; mais pour moy, qui estois agité d'un plus noble desir, je n'en estois pas de mesme : comme tous les soins que je prenois hors du service de Madame me paroissoient mal employez, le temps qu'il me falloit mettre à manger et à dormir me paroissoit un temps perdu. Aussi, comme je ne pouvois durer à la table, je ne pouvois demeurer au lict. Quoy que les nuicts fussent fort courtes, je pestois contre les nuits, parce qu'elles me sembloient trop longues; j'appellois l'Aurore paresseuse, et je trouvois le Soleil trop lent à se lever. Que diray-je plus? j'avois l'esprit si fort tendu, et l'imagination si remplie du feu de mes pensées, que, n'y pouvant recevoir aucun objet étranger, je n'entendois pas le plus souvent la moitié de ce qu'on me disoit : si bien que, dans mes réponses, je prenois presque toûjours le négative pour l'affirmative et l'affirmative pour la négstive : aussi, comme on a tenu de tout temps les Poëtes pour des foux, je ne sçay pas si mes amis ne me mettoient point au rang de ces sages insensez; car, si j'estois extravagant dans mes paroles, je ne l'estois pas moins encore dans mes actions. Je ne diray pas combien de fois, écrivant mes ers ou mes airs, au lieu du poudrier, j'ay pris le galemar*, et versé toute l'encre sur mon papier ; combien de fois, resvant sur mon assiette, j'ay porté à l'œil le morceau que ma main destinoit pour ma bouche, ny combien de fois ayant le cerveau tout farcy de tons cromatiques, au lieu de descendre les degrez de ma chambre l'un après l'autre, je me suis pensé rompre le col, les descendant quatre à quatre. Tel estoit l'effet de mon zele, qui estoit si grand envers ces benignes puissances, que, si j'en eusse eu autant pour Dieu, je ne doute point qu'il ne m'eust déja recompensé de son Paradis. Mais j'estois trop enchanté du merite de cette divine Princesse, et de l'incomparable affabilité de son digne fils, pour penser à celuy qui est la bonté et l'affabilité mesme. Aussi ce grand Dieu qui est jaloux de sa gloire, voyant que je donnois tout à ses creatures, et si peu à mon Createur, ne permit pas que je profitasse en cette Cour des talens qu'il m'avoit donnez : au contraire, il s'en voulut servir contre moy, et s'en faire des armes pour me faire sentir son pouvoir, et châtier mon ingratitude,

---

† Pour : calemar, écritoire,

# CHAPITRE XI.

Dassoucy, au lieu de borner son ambition à la musique, s'amuse à faire des vers, et ensuite est attaqué par un rimailleur, dont il fait la plaisante description.

Au lieu de m'en tenir à ma Musique, qui ne me donnoit déjà que trop d'occupation, et de laisser rimailler en paix un pauvre Rimailleur, qui, n'ayant pû faire ses affaires à composer des Noëls dans les montagnes d'Auvergne, venoit pour les faire en cette Cour, je voulus composer des Vers. Cet homme venoit du Siege d'Alexandrie [1], et estoit, ce disoit-il, trés-vaillant de sa personne. Mais comme la vertu a ce malheur que, pour charmer les yeux de ses attraits, elle se plaist bien souvent d'aller toute nuë, et que de la guerre on ne raporte gueres que des coups, entre autres pieces de son habit de rapport, il en avoit rapporté un pourpoint qui montroit assez, par les mortelles estafilades qu'il avoit en plusieurs parties de son corps, le grand risque que son valeureux Maistre avoit couru à ce Siege : pour son chapeau, il n'estoit pas moins offensé dans la dignité de sa personne ; par où l'on pouvoit voir le peu de respect que les Ennemis avoient eu pour une si bonne teste. Pour son manteau, qui, couvrant les épaules d'un esprit tout celeste, devoit bien estre de la couleur des Cieux, il faisoit connoistre par son coloris qu'il avoit esté jadis d'un fort beau bleu-mourant ; mais il falloit qu'il eust esté

[1] Les Français firent le siége d'Alexandrie en 1657, et furent repoussés.

des premiers qui ont esté jamais teints en bleu ; car il
estoit si blanc par la suite des années, qu'il auroit fort
bien servi à un Frere de l'Ordre des Blancs-Manteaux :
avec tout cela, il estoit encore si fidelle à son Maistre,
que, bien que pour tout ornement il ne luy restast que
trois boutons, il les tenoit si constamment attachez à un
imperceptible fil d'Epinay [1], que l'on prenoit cela pour un
miracle aussi étonnant que celuy que l'on voit à la Me-
que. Outre son équipage, qui estoit assez remarquable,
comme il estoit Soldat et Poëte, il ne faut pas demander
s'il avoit du cœur et de l'esprit. Aussi chacun disoit
qu'il avoit du cœur comme un Poëte, et de l'esprit
comme un Soldat ; mais d'autant qu'il y a trois parties
de l'esprit, et qu'il est difficile d'exceller en ces trois
parties, il se contentoit de la memoire, qu'il avoit si heureuse, qu'il ne disoit jamais rien de bon que ce qu'il
avoit apris par cœur, qu'il debitoit toûjours trés-fidele-
ment, et mot à mot, comme il l'avoit lû dans les Livres ;
mais, quoy que ses productions fussent aussi froides qu'il
avoit le sang chaud, et que sa rimaille fust aussi plate
qu'il avoit le ventre rond, il n'estoit pas pourtant un
Poëte de Basle [2]; car il estoit un Poëte d'Auvergne ; ny
moins encore un Poëte à la douzaine, car il faisoit des
Vers à milliers, qui luy coutoient si peu, qu'il avoit plus
de peine à les écrire qu'à les composer : c'est pourquoy,
depuis trois mois qu'il estoit dans cette Cour, il ne s'en
faloit que le travers d'un pouce qu'il n'en eust déja fait
la hauteur d'une pique en carré.

[1] Fil très-délié, fabriqué au bourg d'Épinay, entre Anvers et
Malines.

[2] Dassoucy joue sur ce mot. « On appelle rimeur de balle, dit
le *Dictionnaire de Trévoux*, un poëte dont les vers sont si mauvais, qu'ils ne servent qu'à envelopper des marchandises. »

Outre cette fluidité,
Qui de sa diligente veine
Couloit plus viste en verité
Que l'eau de la Samaritaine,
Il avoit cette qualité
D'écrire avecque moins de peine
Qu'oncques Soldat ou Capitaine,
Sur le double Mont emporté,
Courant toûjours la pretanteine,
Sur le sieur Pegaze ait troté.
Onc esprit ne parut en France,
Avec tant de vivacité;
Car au lieu que plus je repense
A mon vers par necessité,
Mon vers en est mieux raboté,
Quand cét esprit precipité,
Qu'à bon droit le Piemont encense,
A penser s'estoit arresté,
O rigoureuse extravagance,
De son sort plein de cruauté!
C'est lors que tout estoit gâté.
Aussi, contre toute esperance,
S'il tiroit de son fonds glacé
Quelque ouvrage mieux repassé,
Qui du bon eust quelque apparence
Aussitost on estoit forcé,
Voyant quelque trait bien tracé,
De tirer cette consequence
Que ce grand homme d'importance,
A ce trait n'avoit pas pensé.

En effet cet homme d'importance ne se piquoit que de
faire des impromptus; une Comedie ne luy coutoit
qu'une nuit, une Elegie un quart d'heure, et un sonnet
un moment : outre ces dons particuliers, il en avoit en-

core un plus admirable ; car, au lieu que l'excessive vanité dans les hommes est une qualité insuportable, la
sienne qui surpassoit tout excés se faisoit admirer par
son propre excés, pour ce qu'il est impossible de ne pas
admirer les choses estranges ; il n'y avoit point d'Auteur ancien ny moderne, qui a son égard ne fust tout
plein de deffauts : Homere et Virgille en beaucoup d'endroits n'estoient pas suportables, et pour les modernes,
hors de Corneille, à qui, ce disoit-il, il avoit pris la
peine de montrer à faire des Vers, il n'en trouvoit pas
un qui eust une once de bon sens ; les vers du Menu-
sier [1] n'estoient qu'un pur galimatias ; tout estoit escol-
lier auprés de ce grand Archy-rimailleur, qui, pour
montrer qu'il estoit encore plus archy-fou, concluoit dif-
finitivement qu'il n'y avoit rien dans le monde d'achevé
que ses ouvrages, qui pourtant n'estoient pas seulement
bien commencez, et dont le monde ne verra jamais ny
le commencement, ny la fin ; quoy qu'il n'eust pas encore trente-cinq ans, il n'avoit point de honte de dire
qu'il avoit apporté à la France l'invention de faire des
Sonnets, et pour faire voir qu'il estoit universel, et qu'il
n'estoit pas seulement Poëte et Soldat, mais encore
Historien, Geographe, Medecin, Theologien et Jurliscon-
sulte, il disoit qu'il en faisoit des leçons à tous les Religieux de la Province, à tous les Legistes, et à tous les
Medecins de l'Estat. C'estoit avec ces belles qualitez que
cét homme, qui n'eust pas trouvé à boire de l'eau dans
Paris, se faisoit estimer de quelques personnes dans Thurin : et ce fut avec ces belles qualitez que cet homme,
qui en tout autre endroit n'auroit pas seulement osé pa-

----

[1] Adam Billaut.

roistre devant un moindre que moy, m'obligea dans cette
Cour, aprés m'y estre surpassé moy-mesme dans mes
ouvrages, de demander mon congé à feu Madame
Royalle pour m'aller precipiter dans les Abismes des miseres qui m'attendoient en Italie. Le premier ouvrage
qui luy dépleut, et que pourtant je n'avois point fait
pour luy deplaire, mais pour plaire à Madame Royalle,
fut une piece heroïque qui plut beaucoup à cette grande
Princesse, et qui, je croy, n'auroit pas déplù à ceux qui
se connoissent à cette sorte de marchandise, si j'eusse
trouvé à propos de les inserer dans cét Ouvrage ; cela
n'empeschera pas pourtant que je ne laisse voir le jour à
cette piece que je fis à Madame la Princesse Maurice sur
la mort du Prince Maurice, son mary [1].

### A MADAME LA PRINCESSE MAURICE

#### SUR LA MORT DE MONSEIGNEUR LE PRINCE MAURICE.

Ne pleurez plus, belle Uranie,
Finissez ce deüil nompareil,
Vostre Alcandre est encore en vie.
Il brille au-dessus du Soleil
Dans le divin Palais des Charmes :
Le Ciel contente ses desirs,
Et rien ne trouble ses plaisirs
Que vos soupirs et que vos larmes

Si cét Astre qui vous adore
Pouvoit retourner icy-bas,
Vous le verriez brûler encore
Du feu de vos divins appas ;

[1] Le prince mourut en 1657,

Son esprit, touché de vos larmes,
Auroit bientost quitté les Cieux,
Pour adorer en vos beaux yeux
Tant de vertus et tant de charmes.

Mais les mortels n'ont point d'Empire
Dessus ces Bienheureux Esprits,
Et, quoy qu'on pleure et qu'on soupire,
Aucun ne répond à nos cris;
Dans le brillant Palais des Charmes,
Le Ciel contente leurs desirs,
Et rien ne trouble leurs plaisirs
Que nos soupirs et que nos larmes.

Ne traversez donc plus sa joye,
Las ! à quoy servent tant de pleurs?
Pourquoy sans fin donner en proye
Tant d'appas à tant de douleurs?
Dans le divin Palais des Charmes,
Le Ciel contente ses desirs,
Et rien ne trouble ses plaisirs
Que vos soupirs et que vos larmes.

Tandis que des Cieux il contemple,
Sur vostre visage abattu,
Vostre douleur qui, sans exemple,
Fournit d'exemple à la vertu ;
Suffit-il pas qu'en sa memoire
Tous les cœurs, en ce bas sejour,
Dressent un Temple à son amour,
Et des Autels à vostre gloire ?

Au milieu des troupes divines,
Il goûte les pures douceurs;
Et nous marchons sur les espines,
Tandis qu'il marche sur les fleurs :

Du haut de ses brillantes Spheres,
Où dure encor son amitié,
Les plus grands Roys luy font pitié;
Il triomphe de leurs miseres.

Quand dans le Ciel il se transporte,
De gloire et d'éclat revestu,
Cette douleur qui nous emporte
Fait un outrage à sa vertu;
Nous craignons, il n'a plus à craindre,
Il est content, il est heureux :
Qui doit plus estre plaint des deux?
Sommes-nous pas les plus à plaindre?

Toûjours, au milieu des naufrages,
Dans une mer d'afflictions,
Battus des vents et des orages,
Que soulevent nos passions,
En vain nous employons la rame,
Pour attraper cet heureux port,
Qu'il a rencontré dans la mort,
Sitost qu'elle a coupé sa trame.

Aussi l'homme prudent et sage,
Qui connoist que ces tristes lieux
Ne luy servent que de passage,
Pour le ramener dans les Cieux,
Tandis qu'on pleure et que l'on crie,
Quand la mort l'en vient déloger,
Il en part comme un étranger,
Qui retourne dans sa patrie.

Tout cede à la Parque cruelle ;
Et ces triomphans passagers,
Les Rois, quand sa voix les appelle,
Y courent comme les Bergers ;

Les ans entrainent toutes choses,
Et les chesnes les plus puissans
Trébuchent sous le faix du temps,
Comme les œillets et les roses.

Ce corps, qui marche et qui respire,
N'est qu'une funeste prison,
Où l'ame languit et soupire
Loin de son illustre maison,
Un fresle don de la nature,
Toûjours de misere agité,
Un pauvre logis emprunté,
Qui vient fondre en la sepulture.

Cette clarté tant adorée,
Dont la splendeur nous éblouït,
N'est que la peinture dorée
D'un songe qui s'évanoüit;
Et, quoy que l'ame en soit charmée,
Qui s'en fait son bien plus charmant
N'adore qu'un enchantement
Que le temps reduit en fumée.

Ainsi, dans la nuit éternelle,
Tout un jour s'évanoüira,
Et cette machine si belle
Dans son neant retournera :
Les Elemens dans leur dispute
Finiront, le jour finira,
Et l'Univers entraînera
Le soleil même dans sa chute.

Mais, avant cette heure derniere,
Le Ciel ne nous refuse pas
Les beaux rayons de sa lumiere,
Les astres éclairent nos pas,

Et, quoy que toute chose meure,
Le jour, qui donne les couleurs,
N'oste point l'esmail à nos fleurs,
Quand elles ne vivroient qu'une heure.

Princesse, faites-en de mesme,
Faites ce que les astres font,
Chassez cette douleur extrême,
Qui flestrit vostre auguste front :
On pardonne à l'ame commune
Qui suit la fortune et ses lois,
Mais l'illustre Sang de nos Rois
Se rid des coups de la fortune.

Quittez donc, Princesse divine,
Quittez ce funeste devoir,
Sans luy la vertu de Christine
En vous se fait assez bien voir :
Quand vos pleurs sur vostre visage
N'auroient point effacé les lys,
Tant de tourmens et tant d'ennuys
Dementiroient vostre courage.

Cette jeune et vermeille Aurore,
Qui sans fin pleure comme vous,
S'étonne de vous voir encore
Pleurer ce bien-heureux espoux;
Aussi, quoy qu'on remarque en elle,
Comme en vous les mesmes appas,
Nous sçavons bien qu'elle n'est pas
Ny si sainte, ny si fidelle.

Ouvrez donc ces douces lumieres,
Pour qui ce Prince eut tant d'amour,
Rendez le jour à nos paupieres,
Rendez l'éclat à cette Cour :

> Icy le cœur le moins passible
> A vostre deuïl a partagé ;
> C'est un crime d'estre insensible,
> Lors que le Prince est affligé.

Ce bel esprit, par malheur, n'eut aucun bel esprit de son costé ; au contraire, tous les beaux esprits disoient que ces Vers meritoient d'estre appris par cœur, mais ils en parloient ainsi plutost, je croy, pour le respect qu'ils devoient aux mannes de ce Prince que pour ce qu'ils fussent d'aucune valeur. Un peu de temps aprés, son Altesse Royale, Prince intrepide, revint de la Chasse blessé à la cuisse et à la teste, et d'autant que Madame Royalle, qui avec beaucoup de raison craignoit pour sa personne, en témoignoit une extraordinaire affliction, je crus que je ne pouvois pas mieux luy faire ma Cour qu'en escrivant sur ce sujet : et, comme il est permis aux bouffons de tout dire, j'employai ma Muse bouffonne pour l'avertir de son salut par ces Vers burlesques :

#### A SON ALTESSE ROYALE MONSEIGNEUR LE DUC DE SAVOYE

##### PRINCE DE PIEDMONT [1] ET ROY DE CYPRE.

> Grand Duc, preux, fort, bon, bel et sage,
> Qui portez sur vostre visage
> Tous les attraits de Cupidon,
> Ce joly Dieu dont le brandon
> Peut échauffer un grand courage,
> Et quelque chose davantage ;
> Grand Duc, cent fois plus beau qu'Adon,

---

[1] Charles-Emmanuel II.

Bien qu'il fust cent fois, ce dit-on,
Plus beau que l'amant de Clytie[1] :
Mais qu'un maudit enfant de Truye,
Un Porc par grande trahison,
Occit en sa jeune saison[2] ;
Beau Roy du Paradis terrestre,
Que je ne sers que par semestre,
Charles le Grand, Roy des bons vins,
Dont, grâce à Dieu, les membres sains,
Les poulmons, le cœur et la ratte,
En dépit du sieur Hypocrate,
Font la nicque à tous les bassins
De nos Seigneurs les Medecins :
Prince cher, à qui je souhaite
Gloire, joye et santé parfaite,
Belle Maistresse et bon cheval,
Bien autre que feu Bucephal,
Cheval sur tout, car pour Maistresse
A blanc tetin et blonde tresse,
Baste encor on en trouveroit !
Mais de Cheval on ne pourroit,
Qui fust digne de Vostre Altesse,
De qui la brillante jeunesse,
Comparable dedans son cours
Au beau Dieu qui donne les jours,
Pleine d'ardeur et de souplesse,
Autant que de force et d'adresse,
De vigueur et d'agilité,
Fait bien connoistre, en verité,
Tant sur la terre que sur l'onde,
Qu'il est plus d'un Soleil au monde,

[1] Apollon.
[2] Adonis mourut, comme on sait, des blessures que lu fit un sanglier qui n'était autre que le dieu Mars, jaloux de sa grande beauté.

18

Et que vous estes dans ces lieux
Ce que Phœbus est dans les Cieux :
Ne manquant à vostre courage
Qu'un peu de ce fier attelage,
De ces grands chevaux indomptez,
Que fort peu de gens ont montez,
Que ce beau Dieu qui tout esclaire,
Attache au char de sa lumiere;
Car, pour le merveilleux Dada,
Qui secourut Andromeda,
Qui, sans son bel amy Percée[1],
Estoit, ma foy, bien bas percée,
Et le bidet tant joliet
Du feu Seigneur de Paccolet,
Tous ces chevaux, comme on peut croire,
Ne vivent plus que dans l'histoire;
Et de tous ces courciers fameux,
Rien que leurs basts ne restent d'eux,
Qu'on voit encor, chose notoire,
Dedans le temple de memoire;
C'est pourquoy, depuis ce temps-là,
Chacun se sert de ce qu'il a ;
Et nos Dieux dans cette disette,
Contrains de picquer la masette[2],
Sont bien aises d'aller tout doux,
Comme les mortels comme nous,
Car tout ce que Dieux on appelle
N'est pas de la race immortelle;
Et tous vous autres, demy-Dieux,
Que nous reverons en ces lieux,

[1] Cassiopée, mère d'Andromède, ayant eu l'imprudence de dire que celle-ci était supérieure en beauté aux Néréides, filles de Neptune, ce Dieu suscita un monstre qui ravagea l'Éthiopie. Andromède était sur le point d'en être dévorée, quand elle fut délivrée par Persée.

[2] Cheval éreinté.

Quoy que les Rois des autres hommes,
N'estes rien que ce que nous sommes ;
C'est à dire des Dieux humains,
Garnis de jambes et de mains,
De cul, de ventre et de caboches,
Et de deux pieds portans galoches,
De peau, de trippe et de boudins,
Et, comme nous autres gredins,
Sujets à maintes hanicroches,
A maints truts [1] et maintes taloches,
Playe, bosse et contusion,
Rupture et dislocation ;
C'est pourquoy, quand je considere
Qu'ainsi que Victor, vostre pere,
Vous avez des bras et des mains,
Et, comme nous autres humains,
Les plus beaux dons de la nature,
Que cache l'honneste peinture,
Je jurerois, dessus l'Autel,
Que vous n'estes qu'un Dieu mortel :
Quoy que d'un courage intrepide,
Vous voyant, comme un autre Alcide,
Ne craindre feu, ny bois, ny fer,
Ny Loupgarou, ny Lucifer,
Ny diable gris, ny diable jaune,
Taner [2], Tesin, ny Po, ny Rosne,
Ny croc, ny mur, ny lac, ny roc,
Ny pic, ny truc, ny tac, ny choc,
Garrot, ny trait, lance, ny picque,
Je jurerois, par sainte Afrique,
Que vous estes en ce bas lieu,
Où je me donne au diable, un Dieu ;
Mais un Dieu qui la destinée

[1] Du latin *trudere*, pousser avec violence.
[2] Tanaro, l'un des affluents du Pô.

Et la Parque tient enchaisnée,
Pour en faire soir et matin,
Comme des choux de son jardin;
Car autrement vous n'auriez garde
De muguetter cette camarde,
Laquelle à mon avis n'a pas
Pour les mortels aucun appas :
Car enfin, hors de Vostre Altesse,
Qui la presse et qui la caresse,
Et qui la suit au grand galop,
Pas un ne se haste par trop
De la chercher, ny de la suivre;
Chacun est bien content de vivre,
Et se trouve fort bien icy,
Aussi bien que moy, Dieu mercy,
Qui, de la Parque n'ayant cure,
De tombe ny de sepulture,
Voudrois bien vivre seulement
Jusques au jour du Jugement,
Attendant sans inquiétude
L'immortelle beatitude.
Il n'est point de Richard sans peur
A qui la mort n'ait fait horreur;
Jesus, Nostre Seigneur et Maistre,
Eut peur de son visage traître,
Et les hommes les plus hardis
Tremblent allant en Paradis,
Quoy que la campagne Elisée
Soit de fort bon laict arrozée,
Qu'on y gouste mille douceurs,
Et qu'on s'y veautre sur les fleurs,
A l'aspect de cette bourruë,
Je ne voy pas qu'on s'entretuë
A qui portera le premier
A cét avare Nautonnier
Le tribut qu'on doit à sa barque,

Ny celuy qu'on doit à la Parque,
Laquelle n'a point icy bas,
Comme j'ay dit, aucuns appas,
Pour nous obliger à la suivre;
Car qu'un Prince soit las de vivre,
C'est ce qu'aussi point je ne croy,
Trop bon vivre il fait, sur ma foy :
On mange, on boit, on rid, on chasse,
On chante, on danse et l'on fricasse,
On s'entréjouë, on s'entremord,
Puis on met ses flûtes d'accord,
On s'entre-gatte, on s'entre-touche,
On s'entre-fintaille-fretouche;
Ma foy, le monde il fait beau voir,
Et le beau jour qui n'est pas noir,
On y void de belles besognes,
Et des amantes fort mignonnes,
Comme l'Aurore au teint vermeil;
La Lune avecque le Soleil,
Les Planettes et les Estoilles,
Et plusieurs autres Damoiselles,
Qui comme elles parfont leurs cours,
Fort doucement dedans nos cours;
On y void des marionnettes,
Des harlequins et des sonnettes,
Des singes verds, des mattasins,
Des marmots et des marcassins,
Des bilboquets, des pirouëttes,
Des gazettes, des chansonnettes,
Des chats, des rats et des souris,
Des grivans et des vivangris;
On y void de belles cassines,
Grands celiers et larges cuisines,
Gras potages et succulans,
Grands pastez odoriferans,
De beuf sallé grands pieces tendres,

Rosty, boully parmi les cendres,
Flûtes, tambours, cartes et dez,
Poulets, pigeons, chapons bardez;
On y ravaude, on y cousine,
On y chatouïlle sa voisine;
Bref, tant en Esté qu'en Hiver,
On fait le diable de vauver [1];
Or, bien qu'en ladite campagne,
Ainsi qu'au païs de Cocagne,
On puisse estraquer en tout temps,
Sans se croter en souliers blancs,
Trés bon il fait, parmi les crottes,
User ici ses grosses bottes,
Suivant ce qu'on dit ici-bas
Qu'un tien vaut mieux qu'un tu l'auras
Parquoi, Seigneur portant couronne,
Usez de ce que Dieu vous donne,
Et, pour Dieu, ne meprisez point
Le moule de vostre pourpoint [2],
Pour qui dedans ce bas empire
Tout se tourmante et tout soupire;
En quelles si joyeuses parts
Que soient aujourd'huy les Cesars,
Il n'en est pas un qui n'envie
Le doux bonheur de vostre vie,
Et qui, dans ce mortel sejour,
Ne voulût revenir au jour,
Pour dessus leur gloire passée
Vuider vostre chaire percée,
Donner de l'avoine aux oisons,
Et se chauffer à vos tisons.
Cette noble et riche matiere

[1] *Voy.* plus haut, note 2 de la page 63.
[2] On disait « conserver le moule du pourpoint, pour dire se conserver, se ménager dans les périls de la guerre. » *Diction-·naire de Trévoux.*

De vostre corps, dónt la lumiere
Esclaire tout en ce bas lieu,
N'est point à vous, elle est à Dieu.
C'est son travail et son ouvrage,
Gardez la bien, Prince trés-sage;
Voir coucher sur nostre horison
Un Astre en sa jeune saison,
Ma foy, ce seroit dure esclandre;
Grand Duc, qui pouvez tout comprendre,
Si vous sçaviez que les destins
Sont meschans, traîtres et mutins,
Et qu'il ne faut qu'un coup de fronde
Pour envoyer en l'autre monde
Le plus grand Roy de l'univers,
Qu'il ne faut qu'un petit revers,
Un petit par terre, une chute,
Un faux pas, une cullebute,
Sur un pavé traître et pervers,
Pour jeter un Prince à l'envers,
Sans courir à bride abattuë,
Comme un esclair qui fend la nuë,
Vous iriez la bride à la main,
Comme vostre cousin germain [1],
Sur tout passant par nostre ruë,
Où, si je n'ay perdu la veuë,
Ces traistres de pavez susdits
Sont tres-meschans et très-maudits;
Qui dedans ce siecle prophane
Est amy de son pericrane [2],
Trop ne doit se fier meshuy,
Tant és pieds qu'és jambes d'autruy,
Ny pas trop en ses jambes mesmes,
Tesmoin Remus, que la mort blesme

---

[1] Louis IV.
[2] Membrane qui enveloppe le crâne.

Sur son chien de col emporta,
Quand fossé trop large il sauta,
Dont Romule en eut deüil extreme,
Car chacun pleure ce qu'il aime.
Aussi vous voyant fendre l'air
Aussi promptement qu'un éclair,
Sur un cheval qui n'a l'adresse,
L'agilité, ny la souplesse
De faire un joyeux entrechas
Pour se sauver d'un mauvais pas,
D'horreur tout le monde frissonne,
Et tremble pour vostre personne,
Qu'aprés cent miracles contez
D'autant de perils évitez,
Du Ciel méprisant les oracles,
Le Ciel aprés tant de miracles,
Lassé de vous favoriser,
Cesse de miraculiser,
Et ne fasse quelque journée
Voir en Vostre Altesse affollée
Quelque os démis ou disloqué,
Jambes et bras, et cou *quoque*,
Ce qui seroit mort assurée,
Car quoy qu'à jambe concassée
N'arrive mort et passion,
Du cou la conquassation
Rend la personne trépassée.
Alors nostre ame dispersée,
Laissant ledit corps *in pace*,
Ne revient plus en cou cassé,
Et prise qu'elle a sa volée;
Toute la science d'Orphée,
Tout son beau chant, et son harper
Ne la sçauroit plus ratraper,
Et de sa grandeur étouffée
La mort s'en érige un trophée.

Quand une fois par male-mort
Dans la biere un homme s'endort,
Toutes les cloches d'une ville,
Ny pour cent francs, ny pour cent mille,
Ne le pourroient pas réveiller,
Ny mesme le faire bâiller;
Et des deux mains la plus habile
De Tevenot, ou de Surville,
Quoy qu'elle pust executer,
Ne le pourroit ressusciter,
Pour Royaume ny pour Empire;
Y pensant je pleure et soupire,
Pensez-y bien aussi, Seigneur :
O deüil! ô regret! ô douleur!
Helas! je me meurs quand j'y pense.
Si vous mouriez sans l'ordonnance
De Monsieur vostre Medecin,
Je m'irois rendre Capucin.
Dans cette tristesse publique,
Vostre bon chien mélancolique
Dans peu de jours s'amaigriroit,
Et je croy bien qu'il en mourroit.
Sans tabac on verroit vos Gardes,
Et vos Suisses sans hallebardes;
En ce deüil qui n'arracheroit
Barbe, c'est que barbe n'auroit,
Car les barbons, par Sainte Barbe,
S'arracheroient tretous la barbe :
Ce qui seroit un piteux cas,
Voyant tant de barbes à bas
Dans une si belle contrée,
Si piteusement débarbée.
Ce que pouvant bien éviter,
Grand Charles, qu'on ne peut quitter,
Moy tres-petit, Charles, supplie
Humblement vostre Seigneurie

De vouloir icy-bas durer,
Et de daigner nous honorer
De vostre chere compagnie
Cent ans encore en cette vie,
Et tous vos Sujets enterrer;
Ce que vous pouvez esperer
Allant à l'aise et sans *affanno* [1],
Car qui va *pianno* va *sano*.
*Pianno* allez donc desormais
Comme le grand de Piannés,
Dont la sagesse et la prudence,
Le sçavoir et l'experience
Font bien connoistre en verité
Le prix d'un *festina lentè*.
Prince qui vient, qui va, qui vole,
Un peu de tréve à caracole;
Toûjours ainsi caracoler,
Mieux vaudroit Nicole acoler
Depuis Thurin jusqu'à Rivolle [2],
Voire jusques à Carmagnolle;
Belle bouche à bouche coler,
Qu'ainsi volant se décoler.
Quoy que soyez bon, bel et sage,
Soyez-le encore davantage,
Et plus encor si vous pouvez,
Allant sur ces chiens de pavez
Qui n'ont pas l'esprit de connoistre
Un si bon Prince et si bon Maistre,
Cessez de nous faire mourir
De peur, en vous voyant courir.
Las! cessez de donner la fievre
A moy qui, plus peureux qu'un lievre,
Porte un cœur qui ne pourroit pas,

[1] Peine.
[2] Rivoli.

Sans trembler, voir un Prince à bas,
Contaminer dans la poussiere
Tant d'éclat et tant de lumiere,
Ou, sur un malheureux verglas,
Faire un malheureux patatras,
Verglas sur qui, c'est chose claire,
Le plus pressé de son affaire
Ne doit aller qu'à petits pas,
Bien mesurez et par compas.
Si donc point nostre compagnie,
Prince adoré, ne vous ennuye,
De grace, par compassion,
Un peu de conservation,
Outre qu'en ce bas territoire,
Où toute chose est transitoire,
Besoin avons sans fiction
De vostre propagation [1],
Pour un jour à jupe Françoise
Accrocher gregue Piedmontoise,
Et vivre en jubilation,
*In secula seculorum. Amen.*

Ces vers furent bien receus de son Altesse Royalle, et
parurent galans à toute cette galante Cour; mais, comme
il n'est rien qui offense plus et qui irrite davantage l'esprit Pedant que l'esprit galant, ces vers ne firent qu'irri-

---

[1] Voici comment cette pièce se termine dans les *Rimes redoublées*, où elle est reproduite :

> Pour un jour à gregue françoise
> Accrocher juppe piedmontoise,
> Tant qu'en lætification
> Los, gloire et jubilation,
> Ledit preux duc, bon, bel et sage,
> Vive joyeux en bon mesnage,
> Avec son cousin de Bourbon.
> In sæcula; etc.

ter ce Rimailleur Archi Pedant qui, tout herrissé de Grec et tout farcy de Latin jusques aux tripes, n'avoit garde. d'entendre mon ramage si different de son jargon ; ainsi la nuit fit encore le procés à la lumiere : et mon Poëte, qui, dans ce mestier, estoit aussi aveugle qu'une taupe, parla aussi de ce burlesque aussi aveuglement que depuis en a parlé nostre archisatirique,

> Qui, pour mettre tous les esprits
> Et tous les vers à mesme prix,
> Fait un fagot assez crotesque
> Du galand et du pedantesque,
> Des bons et des mauvais escris,
> Du bon et du mauvais burlesque.

Comme il fait assez paroistre par ces deux vers, où sans faire aucune difference entre le langage des Halles, et le langage des Dieux, parlant du Burlesque, pour qui il a plus de haine que de mépris, il dit :

> Qu'enfin la Cour desabusée
> Méprisa de ces vers l'extravagance aisée [1].

Pour moy, si j'avois l'honneur de luy donner un jour à diner, puis qu'il a le goust si dépravé que tout luy est égal, je ne luy ferois boire que de la piquette. Il est vray que la Cour a toûjours méprisé l'extravagance aisée de plusieurs méchans vers, qui ont dégeneré de l'excellence de leur source ; mais elle n'a jamais cessé d'admirer les Vers, qui dans cette nature ont esté dignes de son estime et de son admiration. C'est pourquoy il a grand tort de dire qu'enfin elle s'est desabusée ; il faudroit à ce compte qu'elle eust esté abusée, et que, comme

---

[1] *Art poétique*, ch. i.

une personne qui a perdu le sens rid de tout sans connoissance de cause, durant plus de trente ans, cette Cour
eust ry sans sçavoir pourquoy de ce qu'il ne faloit pas
rire, et qu'elle n'a commencé à recouvrer le sens que
depuis que cet Astre nouveau, pour luy dessiller les yeux,
et luy restituer la raison, a paru sur nostre hemisphere.
Mais c'est luy mesme qui se trompe : une Cour si fine
et si éclairée ne s'abuse pas si facilement ; et, si elle a
pû estre abusée, ce n'est que depuis qu'elle a presté
l'oreille à la medisance de ses vers, dont le venin (suivant la malignité de sa nature, accoustumant les hommes par ce dangereux exemple à s'entredechirer) doit
avoir bien plûtost infecté tout Paris et toutes nos Provinces que nostre innocent burlesque, qui n'a ny fiel
ny venin, et qui n'est ny seducteur, ny extravagant, ny
effronté, comme il dit, mais un bon enfant, et un
bon Chrestien, aussi ingenu que Jean Doucet, qui dans
son patois, avec sa naïveté crotesque, n'a jamais ny fâché ny offensé personne, ny éventé les deffauts que les
hommes sont bien aises de cacher ; mais, s'il dechire si
cruellement ce pauvre burlesque, qui ne l'a jamais offensé, c'est qu'il le craint non seulement en moy qui
ne suis tantost plus qu'un ombre ; mais encore dans
l'ombre de Scarron qu'il redoute plus que tous les ombres de ceux qu'il a offensez, et que les manes de Dé-
marets [1], et qu'il sçait bien qu'il n'y a que ce diable de
burlesque qui puisse contrecarrer son demon, qui est si
en colere, non seulement contre tous les genres d'escrire, mais encore contre tout le genre humain ; c'est
pourquoy, comme un Tyran qui à quelque prix que ce

[1] Desmarets de Saint-Sorlin, dont le poëme intitulé *Cloris, ou
la France chrétienne*, a été l'objet des railleries de Boileau.

soit veut regner, laisse vivre ceux qui ne luy peuvent
nuire, et sacrifie tout ce qui luy peut faire teste, de
mesme ce Tyran des esprits laisse en paix tous les rep-
tiles du Parnasse, et immole tout ce qui peut servir
d'obstacle et de digue au torrent de son ambition; et
pour cet effet il attaque le Burlesque dans sa source,
dont il infecte l'eau claire et coulante par la bourbe de
son encre, et par le poison de ses écrits. Comme Scarron est l'original de cette plaisante façon d'écrire, il
attaque Scarron, et, quoy qu'il soit aussi bien en Cour
que jamais, il le bannit de la Cour; et, pour faire place
à son imperieux Lutin, il renvoye son Typhon [1] aux Nobles de Provinces : et, comme aprés luy il ne reste guere
plus que moy en France qui se puisse soûtenir dans ce
trés-difficile genre d'écrire, afin que l'on ne parle jamais plus de moy ny de mes productions, en recompense de l'encens que je luy ay donné, il m'étouffe de la
fumée du flambeau que luy preste son agreable furie,
et, sans attendre que la Parque m'ait déchaussé les souliers et tiré les bas, il m'ensevelit tout chaussé et tout
vestu, et m'enterre tout vif dans ses écrits : cela s'appelle estre bon machiaveliste; mais il n'est pas raisonnable de laisser ce pauvre Burlesque en proye à sa ferocité, et je serois un pere dénaturé si je voyois dechirer
si cruellement de si jolis enfans sans leur donner quelque
secours. Je diray donc que le Burlesque, comme il nous
le décrit, est sans doute (comme il dit) bien facile à
faire : car il n'est rien plus aisé que de mal écrire, et on
en pourroit encore dire autant de la Satire, car il est

[1] Boileau dit que la cour

> Distingua le naïf du plat et du bouffon,
> Et laissa la Province admirer le Typhon.

encore plus aisé de médire que de mal écrire : mais,
quand un esprit ne se sent pas assez fort pour aller jusques à ce point de malignité, et que cette matiere qui
est la mieux receüe dans le monde vient à luy manquer,
croyez moy qu'il est bien difficile de faire des progrés
dans l'estime d'une Cour qui ne pardonne point aux sottises, et qui, estant accoustumée de ne se nourir que de
precieux alimens, n'en pourroit pas supporter de fades
sans les rejetter : c'est pourquoy, comme on ne change
pas d'esprit comme l'on change d'habit, et que les Vers
ne sont pas si sujets au changement que les rubans à la
mode, il y a bien de l'apparence de croire que la Cour
(qui, aprés avoir eu durant trente ans le loisir de juger
de ce burlesque, l'ayant si long-temps approuvé, ne pourroit pas sans honte demordre de l'estime qu'elle a toûjours fait de son merite) l'estimera toûjours autant qu'elle
le trouvera digne de son esprit : mais ce n'est pas une
petite affaire de le rendre digne de son esprit : il est
bien aisé de toucher un faquin qui rid de toute chose,
mais il est bien malaisé d'émouvoir un Stoïque constipé
qui ne rid de rien ; c'est pourquoy, quoy qu'on die de
l'heroïque, il s'en faut bien qu'il soit de si difficille accez que le fin Burlesque, qui est le dernier effort de
l'imagination et la pierre de touche du bel esprit, et
non pas encore de tout esprit ; car pour y reussir il ne
suffit pas d'avoir de l'esprit comme un autre, il faut
estre doüé d'un genie tout particulier, qui est si rare
principalement en nostre climat, que, hors de deux personnes, dont la France veut que je sois l'une, chacun
sçait que tout ce qui s'est meslé de ce Burlesque n'a
fait que barbouiller du papier, et c'est sous la foy de
cette multitude de meschans vers, qui pourtant, tous

meschans qu'ils soiènt, n'ont point infecté ny donné la peste à personne, mais qui ont ennuyé et importuné bien des gens, que ce terrible ennemy du Burlesque a dit que nostre Parnasse parloit le langage des halles aussi malicieusement que si, confondant son bien dire avec l'éloquence d'un Poëte de la Samaritaine (à cause que ce Rimailleur auroit satyrisé à sa mode), je disois, au préjudice de ces excellens vers, que la Satyre auroit parlé le langage du Pont-neuf; mais ny Scarron ny moy n'avons jamais parlé ce langage, et, si par hasard nous l'avons quelquefois employé, ce n'a pas esté par ignorance, mais par jugement, par choix et de propos deliberé, comme on peut voir par cet exemple où je descris la methamorphose de Sirinx[1] en Rozeaux poursuivy par le Dieu Pan :

> Ce dit, il l'alloit deflorer,
> Mais, quand ce vint au perforer,
> Embrassant la Nymphe trotiere,
> Il ne trouva plus que flutiere.

Cecy est sans doute bien pire que le langage des halles; mais je defie le François le plus pur d'exprimer si bien cette action que ce langage de Larty[2], qui n'est commun qu'à ceux qui entriment sur le Ligourt et le passe Ligourt; tout est bon dans le Burlesque, pourveu qu'il soit bien mis en œuvre, et qu'il soit bien appliqué ; mais cette sorte de composition est sujette à des Loix bien plus severes qu'on

---

[1] Syrinx, nymphe d'Arcadie, fille du fleuve Ladon et l'une des compagnes de Diane. Pan, qui en était épris, la poursuivait sur les bords du Ladon, lorsqu'elle disparut; et le dieu, au lieu d'une nymphe, n'embrassa que des roseaux dont il fit cette flûte à sept tuyaux, qui porte le nom de Syrinx. — Voy. l'*Ovide en belle humeur.*

[2] L'argot.

ne pense. On dit que voyageant en Espagne il faut faire dix lieuës avant que de trouver un Clocher; mais, dans le païs Burlesque, au lieu que la Satyre n'a pour tout sel que sa malignité et son coup de dent, il faut que ce sel se trouve par tout, et que le bon mot se rencontre à chaque pas : outre cela, ce n'est pas encore assez qu'il soit fin dans ses pensées et plaisant dans ses rencontres, il faut que, sur peine de servir de bouffon aux Laquais et de divertissement aux Servantes, il suive de bien prés l'heroïque, non-seulement dans la pureté de la diction, mais dans la force de l'expression, qu'il soit concis, figuré, et encore mistique, s'il est possible, comme on peut voir dans tous mes ouvrages burlesques, où le sens qui est caché vaut souvent mieux que le sens litteral. En voicy un exemple dans cette description que je fay du Chaos :

> Alors il n'estoit point de monde,
> Point de Miroir ny de rotonde,
> D'heure, de jour, de mois ny d'an,
> Point d'Horloge ny de Cadran,
> Ny de Contrepois ny d'Eguille,
> Par consequent ny fils ny fille,
> Ny plantes, ny fruits, car encor
> Ce Dieu fait en Platine d'or,
> Phebus, pour meurir nos cerises,
> Secher nos draps et nos chemises,
> N'avoit dans la route des Cieux,
> Porté son casque radieux [1].

Il est certain que la moitié du monde qui a lû ces vers n'a pas penetré dans ma pensée; aussi ce n'est pas pour tout le monde que j'escris ainsi, mais seulement pour ceux qui ont assez de finesse pour me dechiffrer. Ce n'est

[1] *Ovide en belle humeur, Fable* I.

pas encore tout, car comme il n'est rien de plus ennuyeux
que d'oüir toûjours une mesme Chanson, il faut que le
niaïs, le naïf, le fin et le plaisant, comme le Trivelin, le
Docteur, le Harlequin et le Briguelle, y montrent leur caractere different, et fassent leur personnage tour à tour;
et si l'on me demande pourquoy ce Burlesque qui a tant
de parties excellentes et de détours agréables, aprés avoir
si longtemps diverty la France, a cessé de divertir nostre
Cour, c'est que Scarron a cessé de vivre, et que j'ay cessé
d'escrire ; et, si je voulois continuer mon Ovide en belle
humeur, cette mesme Cour, qui se divertit encore aujour-
d'huy des vers que je luy presente, s'en divertiroit comme
auparavant, et mes Libraires qui ont r'imprimé tant de
fois cet ouvrage en feroient encore autant d'editions [1]; cependant vous voyez comme il defigure ce pauvre Burlesque qui ne luy a jamais rien fait. Dieu ! est-il possible
qu'un si sage et si sçavant Pilote, qui croit avoir assez
d'experience pour enseigner à ceux qui s'embarquent sur
cette mer Poëtique l'art d'y voguer seurement, et d'y éviter les Caribdes, parlant de ce gracieux genre d'escrire,
ait pû faire, à la veüe de tout le monde, un si solemnel et
si celebre naufrage ? et que, parlant de moy, au lieu qu'a-
vec tous les autres il a pris quelque mesure et quelque
milieu, il ne m'ait pas voulu faire aucun quartier, à moy
qui me serois mis en quatre quartiers pour sa gloire?
Encore s'il m'avoit preparé quelque honneste tombeau, et
qu'il eust inseré mon nom dans quelques beaux vers ;
mais voyez ce Vers :

Et jusqu'à Dassoucy tout trouva des Lecteurs [2].

[1] Voyez la Notice ibliographique.
[2] *Art poétique*, chap. 1<sup>er</sup>.

Ha ! cher Lecteur, si tu sçavois comme ce *tout trouva*
me tient au cœur, tu plaindrois ma destinée : je suis inconsolable, et je ne puis revenir de ma pâmoison, principalement quand je pense qu'au prejudice de mes titres
dans ce vers, qui me tient lieu d'un Arrest de la Cour de
Parlement, je me voy descheu de tous mes honneurs, et
que ce Charles Dassoucy, d'Empereur du Burlesque qu'il
estoit, premier de ce nom, il n'est aujourd'huy, si on le
veut croire, que le dernier reptile du Parnasse, et le marmiton des Muses; que faire, Lecteur, en cette extremité
aprés l'excommunication qu'il a jettée sur ce pauvre Burlesque si disgratié? qui daignera le lire, ny seulement le
regarder dans le monde sur peine de sa malediction?
Voila, cher Lecteur, ce que l'on gagne à faire de bons
vers burlesques, car si j'en eusse fait d'aussi meschans
que mon Poëte, il m'auroit laissé vivre aussi bien que
l'autheur de l'Ovide bouffon [1]; mais quoy, il n'est pas nouveau de voir des esprits jaloux pester contre les choses
excellentes, et de blâmer ce qui surpasse leur capacité.
Tel estoit mon Poëte, qui, ennemy de toutes les choses
bonnes, critiquoit aveuglement si peu de bon que je faisois paroistre en cette Cour; mais, quoy que ses miserables
productions offrissent à mon ressentiment un champ assez
spacieux pour le contre-critiquer, comme sa critique ne
me faisoit guerre plus de mal que les insultes de celuy-
cy, je le laissois aboyer à la Lune et critiquer tout son
sou. Ce n'est pas que je ne peusse employer mon encre
à un si bas employ aussi bien qu'un autre ; mais je ne
suis ny vindicatif ny malin ; au contraire, j'ay tousjours
mille ans d'indulgence pour les fautes d'autruy  ce n'est

---

[1] Richer.

pas qu'il ne soit d'un habille homme de les connoistre, mais il est d'un honneste homme de les cacher ; car enfin, à quoy sert de glozer sur les bons ou les mauvais ouvrages, si ce n'est pour montrer que l'on a de l'esprit, ou plutost que l'on a de la vanité, puisqu'en fin le temps et le bon sens justifient toutes choses ? Aussi comme les Critiques n'agissent guere que par un mouvement d'envie ou de vanité, vous ne verrez quasi jamais de grands genies s'a-muser à un si bas employ, pour ce qu'ils sont sans vanité et sans envie. Quoy que le monde ne fasse quasi autre chose que de barboüiller du papier, ils laissent au monde la liberté d'en barboüiller tout autant qu'il luy plaist, pource qu'ils sçavent bien qu'ils en auront toûjours de reste pour le peu qu'ils en ont affaire. Un homme, pour ne pas faire des bons Vers, n'est pas moins honneste homme : il est permis à chacun d'en faire des plus mes-chans, et tant qu'il luy plaira.

Sans choquer l'interest du Marchand Papetier,
On peut gaster en paix encre, plume et papier,
Chacun en cet estat, sans offencer le Code,
Peut composer des vers et rimer à sa mode,
Et remplir tout Paris, voire tout l'univers,
De ses foibles escrits et de ses meschans vers.

Ce n'est pas un crime de leze-Majesté ; mais, quand on les fait ainsi, c'est un grand mal de s'en piquer, et en-core un plus grand mal de les faire paroître : car, quand un homme est reduit à ces termes, il a beau paroistre sage au monde dans tout le reste de ses actions, il n'y passe que pour un fol, d'autant plus à plaindre, que cette folie de toutes les folies est la plus incurable, et

par consequent la plus digne de pitié ; car à tous les
maux il y a quelque remede, fors à celuy-cy, contre qui
la terre n'a point d'Antidote ny de preservatif. Quand
une fois l'homme en est atteint, il n'est avis, ny conseil,
ny remontrance qui tienne ; on a beau luy donner des
bons boüillons et luy faire prendre des consommez :
comme la Poësie est une fureur, il court comme un furieux de toute sa force, et va sans s'arrêter, jusques à ce
qu'il soit parvenu à l'Hospital ou aux petites Maisons ; où,
quand il y est arrivé, sans connoître le mal qui l'y a conduit, ny desirer sa guerison, il ne laisse pas de rimer tout
le reste de sa vie, et de faire des Vers jusques à la mort.

---

## CHAPITRE XII.

Dassoucy, après avoir montré l'excellence de son burlesque, pour
faire voir le danger qu'il y a de vouloir grimper sur le Parnasse sans la licence d'Apollon, fait une plaisante description
de quatre poëtes fous.

Entre plusieurs que j'ay vû entachez de ce mauvais mal,
je me souviens d'en avoir connu trois ou quatre, qui
valent bien la peine d'estre immortalisez dans mes escrits.
Le premier estoit mon allié, c'est pourquoy il ne faut
pas s'étonner si je ne suis pas trop sage. Celuy-cy étoit
un fameux Apoticaire de Paris, qui avoit acquis du bien,
et qui s'estoit mis à couvert sous les Enseignes d'Esculape,
mais qui le perdit à l'ombre des lauriers d'Apollon. C'estoit un homme grave et modeste, sage en apparence, et
fol en effet ; mais pourtant reglé et retenu dans toutes ses
actions. Il estoit Grec et Latin, et ne parloit jamais que
par Sentences et par Aphorismes : de sorte qu'avec une

grande barbe d'Opérateur faite en queuë de carpe, on l'auroit pris pour un Hypocrate, s'il se fust abstenu de faire des vers. La premiere Piece qu'il arracha de sa Veine poëtique, ce fut un Achrostiche, où il n'y avoit ny rime ny raison, qu'il me montra sur l'heure comme une production de son esprit tout à fait excellente : mais il fut bien étonné, quand, au lieu de l'applaudissement qu'il esperoit d'en recevoir, je luy dis franchement que le tout n'en valoit rien, et qu'il se gardast bien de montrer de tels Vers, ny d'en faire ostentation ; autrement, qu'on se moqueroit de luy, et que cela nuiroit à son honneur et à sa profession : mais, au lieu de prendre en bonne part cét avis (que comme son allié je luy donnois en conscience), il se mit en une si furieuse colere, qu'aprés m'avoir dit plusieurs injures, et m'avoir renié pour parent, il fut plus d'un mois sans me pouvoir regarder ; et dès le lendemain, pour me faire dépit, il fit encore d'autres Vers plus méchans que les premiers : de sorte qu'en moins de quinze jours on vid sa boutique toute placardée de Sonnetz entrelassez d'Achrostiches et de vers coupez en croix de Saint-André, environnez des plus beaux lauriers du monde, avec de belles couronnes d'or, soûtenuës de beaux Anges, et de beaux Chérubins bien dorez et bien enluminez. Enfin, il n'est pas croyable la grande dépense qu'il faisoit, pour se faire declarer fol autentique et achevé. Je suis bien marry que le temps ennemi des belles choses ait enseveli ses rares productions, et que je ne me puisse ressouvenir que du dernier Vers d'un Sonnet qu'il avoit composé pour le Roy, qui finissoit par cette pointe :

Membre d'un mesme corps, ne vous étonnez, Sire.

Pour moy, je donnerois de bon cœur treize escus aux pauvres, et avoir les treize autres Vers qui faisoient le corps de ce Sonnet; car, après avoir resté plus de cent fois sur ce *Membre d'un mesme corps, ne vous étonnez, Sire*, à moins que cet Apoticaire ne ressuscite, et ne vienne luy-mesme en personne pour l'achever, je défie tout le monde ensemble de pouvoir jamais donner au monde l'accomplissement de ce merveilleux Sonnet. Enfin, qu'avint-il de ce Rimeur? Il advint que chacun voyant sa folie si bien écrite, et en si gros caracteres, chacun l'abandonna. Ses parens et ses amis voyant cet homme mangé par les vers, auparavant que d'entrer en la sepulture, luy firent des remontrances. Mais il s'en moqua; et s'estant un jour furieusement emporté contre sa femme qui l'avoit appellé Apoticaire sans sucre et Poëte de balle, comme ennemie de sa gloire, il luy donna des coups de bâton : de sorte que, se voyant outragée, et desesperée, et ne sçachant plus que faire, elle se fit separer d'avec luy de corps et de biens; ses parens et ses amis l'abandonnerent, et ses pratiques le laisserent tout seul dans sa boutique faire ses vers tout à son aise; où d'Apoticaire s'estant métamorphosé en Epicier, et depuis en Opérateur, n'ayant laissé pour tout heritage qu'une pique de vers en quarré, il partit de cette vie, pour aller rimer en l'autre; où, selon la doctrine de Rabelais, il doit à cette heure faire des merveilles.

J'en ay connu un autre dans Paris, qui n'estoit pas un Apoticaire sans sucre, mais qui estoit un Avocat sans cause. Celuy-cy estoit encore un veritable homme de bien, pieux outre mesure; et qui avoit une devotion si particuliere à la Vierge, qu'il arrestoit tous ceux qu'il trouvoit par la ruë, qui estoient de sa connoissance, pour leur reciter cent quarante Sonnets qu'il avoit faits sur son Assomption ; et je me souviens bien que, m'ayant un jour pris par la main, comme il estoit puissant et fort, et que je suis petit et foible (quoy que j'eusse une affaire trés-importante), il ne me voulut jamais laisser aller sans m'en avoir recité plus de quarante, auxquels (je demande trés humblement pardon à la Sainte Vierge, si j'ose dire que je n'y pûs jamais rien comprendre). Depuis ce temps-là on a vû cet homme sous une robe de Prestre rimer en cette Cour, d'où finalement il a esté chassé pour son extravagance.

Mais qui peut mieux autentiquer cette folie autentique que le pauvre défunt Ragueneau [1] ? Ragueneau connu de tout le Parnasse, Ragueneau aimé de tous les Poëtes, et cheri de tous les Comediens. Enfin ce fameux Patissier Ragueneau, qui, avec six garçons dans sa boutique, travaillant sans cesse auprés d'un feu continuel, dans un four achalandé, faisoit la nique à tous les Patissiers de Paris ; ce fameux Patissier Ragueneau, qui ne faisoit pleuvoir sur le Parnasse que des pastez de Godiveau. Ce pere nourissier des Muses, aprés avoir bien nourry ces ingrates filles, hélas ! qu'est-il devenu ? C'est à vous, Beïs [2], que je le demande, qui luy inspirâtes la folie de faire des Vers ; vous, Beïs, qui nous avez ravi le plus excellent Patissier de Paris, pour en faire le plus méchant Poëte de l'Univers. C'est vous, barbare, qui répondrez un jour dans la vallée de Josaphat, non-seulement de tout l'encre et de tout le papier qu'il a gâté dans ce bas ter-

---

[1] La boutique de Ragueneau s'ouvrait rue Saint-Honoré, entre le Palais-Royal et la rue de l'Arbre-Sec.
[2] Charles de Beys, dont Scarron, son élève, fait le plus vif éloge, composait les vers que signait Ragueneau.

ritoire, mais encore de tous les pastez que (sans comprendre ceux que le Parnasse luy a excroquez) vous luy avez mangez à la gueule du four. Ouy, Beïs, vous rendrez compte un jour de ce pauvre innocent; car enfin, c'estoit le meilleur homme du monde, il faisoit credit à tout le Parnasse; et quand on n'avoit point d'argent, il estoit trop payé, trop satisfait, et trop content, quand seulement d'un petit clin d'œil on daignoit applaudir à ses Ouvrages. Je me souviens que, pour avoir seulement eu la patience d'écouter l'une de ses Odes pindariques, il me fit credit plus de trois mois sans me demander jamais un sol.

Mais quoy, si le beau Phebus n'a pas le moyen de nourrir ses enfans, qu'auroit-il fait ayant à nourrir Phebus et toute sa sequelle? encore s'il n'eust eu qu'à maintenir sa table, je croy qu'avec son bien de patrimoine il auroit pû donner à manger encore à ses neuf Sœurs; mais quoy, il estoit encore chargé de tous ses enfans, et, s'il prend envie à quelqu'un de sçavoir si je dis la verité, sans aller aux Galleries du Palais, il n'a qu'à feuilleter les Livres des parties de Ragueneau, il y trouvera le nom de tous les Poëtes en aussi bel ordre qu'au Temple de mémoire : ainsi le pauvre Ragueneau, portant comme un autre Atlas tout le fais de tout l'Estat Poëtique, sous qui mesme je croy qu'auroit succombé celuy qui porte le fardeau de tout le monde, n'estant payé de personne, et ses creanciers voulant estre payez, le Pauvre Ragueneau sous les ruines de son four resta entierement accablé. Ce fust un jour marqué de noir pour Messieurs les Poëtes, que dès l'aube du jour on rencontra par les ruës se torchans le bec, aprés avoir pris chez luy le dernier déjeuné, qu'une troupe de Sergens affamez à la barbe

d'Appollon, encore toute degouttante de la graisse de
tant de friands Pastez, eurent bien la hardiesse d'arrester
et de prendre au collet son cher et bien aimé Ragueneau, et le mener encore sans aucun respect, ny de ses
Vers, ny de ses Muses, dans le fond d'une Prison, dont
(après un an de captivité) estant sorty pour donner au
monde les excellens ouvrages qu'à l'imitation de Theophile il y avoit composez, ne trouvant dedans Paris aucun Poëte qui le voulust nourir à son tour, ny mesme
écouter seulement l'un de ses vers, ny aucun Patissier
qui sur un de ses Sonnets luy voulust faire credit seulement d'un Pasté de requeste [1], maudissant le siecle, et
pestant contre l'ignorance du temps, il en sortit avec sa
femme et ses enfans, luy cinquiéme, comptant un petit
asne tout chargé d'Epigrammes pour aller chercher sa
fortune au Languedoc, où, ayant rencontré une troupe de
Comediens qui avoient besoin d'un homme pour faire un
personnage de Suisse, il entra avec eux en qualité de
valet de carreau de la Comedie, où, quoy que son rolle
ne fut jamais tout au plus que de quatre vers, il s'en acquita si bien, qu'en moins d'un an qu'il fit ce mestier
il acquit la reputation du plus méchant Comedien du
monde; de sorte que les Comediens, ne sçachant à quoy
l'employer, le voulurent faire moucheur de chandelles;
mais il ne voulut point accepter cette condition comme
repugnante à l'honneur et à la qualité de Poëte; depuis,
ne pouvant resister à la force de ses destins, je l'ay veu
avec une autre troupe qui mouchoit les chandelles fort
proprement : voila le destin des fous quand ils se font
Poëtes, et le destin des Poëtes quand ils deviennent fous :
mais entre ces sortes de fous, le plus plaisant que j'aye

---

[1] Pâté froid, fait de débris de volailles.

jamais connu, ce fut un curé du haut Languedoc, qui
avoit esté Laquais dans une maison, où j'y estois gagé
pour montrer à joüer du Luth à deux filles de condition,
et à qui (bien qu'il n'eust aucune estude, et que mesme
il ne sçeut pas trop bien lire) on avoit donné une Cure
pour ses bons et agreables services. En ce temps-là, je
n'avois encore que dix-sept ans, quand l'amour qui dé-
coche ses traits en toute saison, d'un mesme coup me
perça le cœur et m'ouvrit la veine, et me fit devenir
amant et Poëte en même temps. J'estois donc amoureux
d'une Iris plus jeune que moy de deux ans; bien qu'elle
fust de merite et de qualité, elle ne desaprouvoit pas la
passion que j'avois pour elle; mais quoy que j'eusse
beaucoup de familiarité et de correspondance avec cette
Iris, comme je ne l'avois pas telle que je l'eusse desiré,
j'estois toûjours à me plaindre de sa rigueur; c'est pourquoy j'employois souvent les charmes de mon Luth pour
l'adoucir, et comme elle ne dedaignoit ny mes vœux,
ny mes vers, je luy en composois tous les jours de nouveaux, que je luy portois tout baignez de mes larmes
jusques dans son lict; et pour faire voir comme cette
puissance aveugle m'avoit déja illuminé l'esprit, et que
dés l'âge de dix-sept ans je sçavois aimer, et faire des
vers, je mettray icy les derniers que je fis pour mon Iris :

> Iris, qui, dedans vostre couche,
> Plus insensible qu'une souche,
> Toute nuit m'avez veu pleurer,
> Plaindre, gemir et soupirer,
> Cœur insensible, ame farouche,
> Qu'amour ny que pitié ne touche;
> Rocher, qui, sans vous esmouvoir,
> Avez senty mon desespoir,

Et veu mon ame desolée,
Sans d'un mot l'avoir consolée,
Helas! n'est-ce donc point assez
De tant de pleurs que j'ay versez?
De tant de soins, de tant de peines,
Et de tant de poursuites vaines,
Pour meriter vostre amitié?
Cœur sans amour et sans pitié,
Iris dont les fatales charmes
Vont mesler mon sang à mes larmes,
Objet de mes vœux innocens,
Ange qui régissez mes sens,
Par qui mon ame est asservie,
Qui, loin d'éclairer à ma vie,
Complice de mon triste sort,
Ne m'éclairez que pour ma mort;
Enfin, si, pour ma recompense,
La mort doit finir ma souffrance,
Si tous mes vœux sont superflus,
Cœur ingrat, ne m'espargnez plus,
Faites mourir mon esperance;
Iris, prononcez la Sentence,
Qui doit m'envoyer au trepas;
Dites : Je ne vous aime pas.
Bien-tost vous verrez terminée
Ma miserable destinée,
Et de mon sang trop méprisé
Dedans peu mon lict arrousé,
Si plutôt mon ame abattuë
Par le long ennuy qui la tuë,
Cherchant ailleurs sa guerison,
Ne rompt sa mortelle prison ;
Car, en fin, deust à ma constance,
S'opposer toute la puissance
Et de la Terre et des Enfers;
Deussent les maux que j'ay soufferts

Dans une eternelle souffrance
Me redoubler leur violence,
Tousjours le soucy vous suivra,
Et cette fleur vous aymera,
Sans que jamais son cœur fidelle,
Contracte une amitié nouvelle;
Tousjours d'un amour sans pareil,
Le soucy suivra son Soleil,
Et quand, au terme de sa vie,
La clarté luy sera ravie,
Soit par une barbare main,
Soit par vostre cœur inhumain,
Soit par la loy de la nature,
Encore aprés la sepulture,
Son ombre vous recherchera,
Et toutes les nuicts gemira,
Pensant à sa foy meprisée;
Lors vostre ame desabusée,
Mais trop tard, se ressouviendra
Que la fleur qui vous attira.
Le soucy qui, dans cette rose,
Rencontra la mortelle cause
Qui son triste cœur consomma.
Qui vous cherit et vous aima,
N'estoit point une fleur vulgaire,
Mais une fleur qui vous dust plaire,
Qui sans cesse vous cherira,
Et sans fin vous adorera
Jusques à son heure derniere,
Comme son Ange et sa lumiere,
N'ayant jamais veu sous les Cieux,
Rien qui luy fust plus precieux
Que vostre esprit incomparable,
Jamais rien de plus adorable,
De plus charmant, ny de plus doux
Aprés son bon Ange que vous;

Si donc vostre cœur impassible,
A mon amitié peu sensible,
N'est pas tout à fait un rocher
Que mes pleurs ne puissent toucher,
Fondez cette mortelle glace
Qui m'y refuse un peu de place,
Quittez cette injuste froideur,
Iris, donnez-moy vostre cœur ;
C'est vostre cœur que je demande,
Et dont mon ame est si friande,
Qu'elle ne tient pas pour amy
Le cœur qui n'aime qu'à demy.
Comme donc mon cœur est tout vostre,
Soyez-moy tout une ou tout autre ;
Mon Ange, aimez-moy désormais,
Autrement, adieu pour jamais.

Quoy que la disproportion qu'il y avoit entre sa condition et la mienne m'obligeast à tenir cette amitié cachée,
pourtant je ne me cachois point de ce Curé, qui estoit
mon confident dans ce commerce amoureux : si-bien
qu'estant encor amoureux de son costé, et voyant que je
me servois si-bien de ma plume pour exprimer ma passion, il luy prit fantaisie de m'imiter ; mais d'autant qu'il
vouloit, auparavant que de s'ériger en Poëte, s'introduire
dans mon estime par quelque merveilleux coup d'essay,
et par quelque chef-d'œuvre important, il fit ces vers à
ma loüange, beaucoup plus excellens que toute la Poësie
platte de tous les plats Poëtes qui sont au monde, qui
ne peuvent ny faire pleurer, ny faire rire : et d'autant
plus estimable, que je défie tous les plus beaux Esprits
de ce temps de les pouvoir jamais imiter. Vers que depuis
ma jeunesse j'ay tousjours conservez precieusement dans

mon souvenir, que j'ay recitez cent fois à mes amys, et que, pour marque de la reverence que je leur doy, je consacre à la memoire, comme dignes de la posterité :

### A MONSIEUR DASSOUCY.

J'admire, en mon discours
Les choses merveilleuses,
Des Chasteaux et des tours,
Les forces valeureuses,
Qu'en cette Terre on voit
Des choses admirables,
Que plus on ne connoît
Sans les apprentissages.
Il y a, à Boissaison[1],
Une chose trés-grande
D'un jeune Compagnon
De Paris, ville grande :
C'est Monsieur Dassoucy,
Qu'en toute discipline,
Vous le sçaurez aussi,
Il sçait faire des rimes.
Ronsard qui a esté Poëte,
Et Philippes des Portes,
N'en ont jamais sçeu faire
Une chose si forte.
Il joüe de la lyre aussi parfaitement
Qu'il n'y a nul autre en France qui luy ait le pied devant,
Chancy[2] et autres qui ont du bruit,
Ne sont pas, à ce qu'on dit,

[1] Deux villages du département du Tarn portent le nom de Boissezon.

[2] Compositeur qui a publié un livre de tablature pour la mandore (1629).

Si capables en la Tablateure,
   Laquelle il fait à toute heure :
   La Musique il sçait aussi,
   Laquelle je l'apprens de luy.
   Si voulez sçavoir qui je suis,
   Le Curé d'Angles [1] aux amis.

Ce n'est pas peu qu'en l'âge de dix-sept ans je leus ces Vers sans rire, je n'en pourrois pas faire autant aujourd'huy à l'âge de soixante et douze. Je le remerciay affectueusement ; et, aprés luy avoir loüé ces Vers, je luy dis qu'il avoit tort d'avoir tenu si long-temps cachée une qualité si precieuse, et qu'il estoit obligé selon Dieu de cultiver un si beau talent. Cependant j'allay trouver la Dame du Chasteau, que l'âge décrepit n'empêchoit pas de se réjoüir, qui, aprés avoir oüy ces Vers, pour ne pas rire toute seule, en fit feste incontinent à Messieurs ses enfans, qui étoient tous hommes faits, tous gens d'esprit, et gens d'étude ; il ne faut pas demander comme en presence de M. le Curé ces Vers furent applaudis. Enfin, je n'ay jamais vù tant rire ; mais ce qui à force de rire me tiroit des larmes des yeux, c'estoit de voir que ce Curé, qui attribuoit tout ce plaisir à la bonté de son Ouvrage, rioit encore plus fort que tous les autres : de sorte que ces Messieurs voyant une si belle occasion de se divertir à si peu de frais, dans un lieu où l'on avoit besoin de divertissement, on luy dit premierement qu'il estoit impossible qu'il eust fait ces vers, sans que moy, ou quelque autre luy eust aidé ; ou du moins, qu'il falloit qu'il eust fait déja son apprentissage, et que ces vers n'estoient point d'un novice Rimeur, mais d'un

[1] Anglès, aujourd'hui chef-lieu de canton du département du Tarn.

homme consommé dans le métier des Muses. Luy, au contraire, faisoit mille sermens et mille protestations serieuses que ces vers estoient purement siens, que c'estoit son premier debut, et que, s'ils valoient quelque chose, la gloire en estoit toute à luy. De mon costé, je jurois aussi, et faisois tout ce qu'il m'estoit possible, pour leur faire croire; ce qu'il n'estoit pas besoin de leur persuader : de sorte que, cette honneste compagnie s'estant à la fin rangée à la croyance qu'un Paroissien doit avoir pour son Curé, on l'exhorta de continüer à donner au monde de si beaux ouvrages, luy promettant, quand il en auroit assez composé pour en faire un recueil, qu'on les feroit mettre sous la presse. Monsieur de Colombieres dit qu'il entreroit pour sa part dans les frais de l'impression; et quelque autre luy fit croire qu'avec le temps il pourroit obtenir quelque pension du Roy : de sorte qu'estant entierement persuadé de sa capacité, il s'en retourna si plein de ce noble desir qui porte les grandes ames à la gloire, qu'il ne faisoit plus autre chose nuit et jour que de composer des vers. Nous ne manquions pas d'avoir tous les jours après soupé une piece nouvelle; c'estoit un plat de dessert qui ne manquoit jamais. Il composoit sur toute rencontre, et faisoit des Achrostiches, mais bien meilleurs que ceux de mon parent l'Apoticaire; car ils estoient si admirablement obscurs, que chaque vers estoit un mystere, ou une Prophetie de Nostradamus. Entre autres pieces qu'il composa, il en fit une admirable sur la maladie d'une Demoiselle qui languissoit depuis deux ans entre les mains des Medecins. J'en ay retenu seulement trois vers, non pas veritablement si excellens que les premiers, mais en recompense admirablement bien mesurez :

Car voyez-vous bien
Ces Apoticaireries et sucras
Ne sont en la bouche des malades rien autre chose que d'appas.


Et, quand je luy disois que ce dernier vers estoit un peu
long, il me disoit qu'il y avoit bon remede, et qu'il ne
falloit qu'escrire plus pressé. Ce divertissement nous
dura presque tout un hyver, durant lequel il usa plus
d'un seau d'encre, et employa plus de dix rames de papier. Mais il luy arriva un funeste accident qui troubla
toute la feste : car ce Curé estoit un grand homme
noir, maigre et sec, et rongé par tout le corps d'une
gale que produisoit en luy une furie atrabilaire : de sorte,
comme il n'est rien qui desseche tant que le travail im-
moderé, avec les veilles continüelles, cét homme, qui
aprés avoir travaillé tout le jour, passoit encore les nuits
à faire des vers, et qui pour cet effet déroboit tous les
bouts de chandelle qu'il pouvoit attraper, ne pouvait resister à cette perpetuelle agitation d'esprit. Enfin il suc-
comba, il devint étique; et, comme les principes de cette
maladie sont difficiles à connoistre, les medecins, qui
pour la pluspart sont encore plus ignorans que les Poëtes,
attendirent que la maladie fust formée et le traiterent
d'étique quand il n'estoit plus temps : de sorte qu'aprés
avoir long-temps languy dans un lit, aprés avoir recommandé comme un autre Virgile qu'on mist ses Ouvrages au feu, il mourut, au grand regret de tous ceux
de la maison, qui estoient complices de cét assassinat.
Depuis j'ay fait tous mes efforts pour recouvrer quelques-
unes de ses pieces; mais le temps, jaloux de sa gloire et
de mon utilité, en a privé le monde; car j'en eusse fait
un recueil qui auroit plus fait rire que toute la Gigan-

tomachie de Scarron, ny que tout l'Ovide en bel humeur,
et qui auroit esté mieux vendu que les pois pilez[1].

---

## CHAPITRE XIII.

Dassoucy prouve que la poésie tout à fait impertinente est bonne
à quelque chose, et dit que de toutes les poésies la plus meschante c'est la poésie platte.

Car enfin, pour parler sainement des Vers, il n'y a que
les médiocres qui soient meschans; car, s'ils sont mediocrement bons, ou mediocrement meschans, ils n'en-
gendrent que du dégoust, et ne produisent que de la mélan-
colie. La Poësie excellente émeut les passions et se fait
admirer; et celle qui est tout à fait impertinente fait rire,
mais la mediocre ne produit aucun effet : c'est pourquoy
il faut qu'elle soit toute une, où toute autre. Mais ce n'est
pas assez d'exceller dans ce genre comme ce Curé, car il
ne suffit pas de rencontrer dans son plus haut degré cette
impertinence, qui est si necessaire à cette sorte de Vers,
il faut qu'elle soit encore accompagnée d'une certaine
naïveté, que les meilleurs Esprits ne sçauroient comprendre, et que tant plus on est excellent, on peut moins
imiter, comme il paroist clairement dans la Grande Bible
des Noëls, où, bien que plusieurs beaux Esprits se soient
efforcez d'imiter dans leurs Noëls nouveaux ces precieux
Noëls de l'antiquité, aucun n'en a trouvé, ny n'en trouvera jamais le secret; et les vieux Noëls, toùjours prefe-
rez par tout et en toute rencontre aux nouveaux, seront

[1] Voyez plus loin.

toùjours d'autant plus honorez et plus estimez dans tous les siecles, qu'ils sont plus sots, et plus excellemment remplis de cette admirable sorte d'impertinence et de naïveté ; car, enfin, est-il quelque homme de bon sens qui sçache de quoy il fait rire, et quand on doit rire, qui ne rie de tout son cœur voyant ces Vers que j'ay tirez d'un livre qui fut vendu vingt pistoles à un encan, intitulé : *Les pois pilez*[1]. C'estoit le Christ qui prenoit congé de Saint Matthieu, en ces termes :

### DIALOGUE.

C. Adieu, Matthieu.

M. Adieu, Dieu.

C. Prens ta lance et ton épieu,
   Et t'en vas en Galilée.

M. Prendray-je aussi mon épée ?

C. Et quoy donc ?

M. Adieu donc.

Est-il rien de plus sot et de plus impertinent que de faire parler ainsi ces personnes celestes ? Cependant est-il rien de plus plaisant et de plus naïf ? Et ne m'avoüerezvous pas que ces Vers, qui feroient rire Saint Matthieu, et le bon Dieu mesme, s'il estoit encore sur la terre, valent mieux que tous les Vers mediocres qui sont au monde, qui ne sentent ny sel, ny sauge, et qui, comme une viande sans suc et sans goust, au lieu de contribuer

[1] Beaucoup de farces ont paru sous ce titre, qu'elles prenaient du théâtre où elles avaient été jouées. L'enseigne des *Pois pilez* était une *pile* de *poids*. Le *Dialogue* cité par Dassoucy ne se retrouve nulle part.

à la nourriture et se convertir en bonne substance, ne servent qu'à charger l'estomach et affadir le cœur? Ouy, trés-assurément. Aussi, ne pouvant souffrir ny la Poësie, non plus que la Musique mediocre, il ne faut pas s'étonner si, méprisant les mediocres productions de ce bel Esprit, j'en estois persecuté. Aussi, comme il n'est rien qui rende l'homme plus habile que les persecutions et les traverses, et qu'il n'est point de plus fort éguillon pour réveiller une ame endormie et l'exciter à la vertu que les ennemys de nostre bonheur et de nostre gloire, pour me conserver la bienveillance de cette Royale Princesse, qui m'aidoit de tout son pouvoir à triompher de mes envieux, et d'essayer de meriter le pain qu'elle me donnoit de si bonne grace, je faisois comme ce Curé, je travaillois jour et nuit, et me ruinois en chandelle pour contribuer quelque chose à son divertissement : quand j'avois fait des Vers, je composois un Motet ; et, quand j'avois fait un Motet pour sa Chapelle, je composois une chanson pour sa chambre. Ainsi j'estois éternellement occupé, et je ne laissois passer aucune occasion de luy témoigner la grandeur d'un zele et d'une affection qui en verité n'avoit point d'exemple. Aussi la voyant tombée malade, autant par la trop grande application qu'elle avoit aux affaires de son Estat que pour le peu d'exercice qu'elle faisoit, et connoissant que l'abondance qui feroit vivre les pauvres est celle qui tuë les riches, et à combien de perils la vie des Grands est exposée quand elle est attaquée par l'ignorance des Medecins, j'en composay une Piece, non contre la Medecine, mais contre l'ignorance des Medecins.

## CHAPITRE XIV.

Dassoucy montre le danger qu'il y a de se mesler de tant de choses, et s'accuse de folie et d'imprudence d'avoir attaqué la faveur
dans un poëte.

CETTE Piece fut bien receüe de Madame, mais non pas
de ces Medecins, non plus que ma Musique de Messieurs les Musiciens, qui n'estoient pas moins fâchez contre
mes Chansons que mon Poëte estoit en colere contre mes
vers; quoy qu'à la verité j'aurois tort de m'en plaindre,
puisqu'avec toute la jalouzie que je pouvois causer à ces
illustres enfans de la Simphonie, ils ne m'ont jamais témoigné ouvertement qu'ils fussent mes envieux, quoy
qu'ils en eussent beaucoup de sujet; car, avec des airs
qui partoient d'un genie assez gracieux, fecondez de la
plus belle voix du monde, chacun adoroit mes chants et
se rendoit à mes sons, j'estois le Boësset de cette Cour, où
tenant par tout le haut bout, et paroissant dans toutes les
belles occasions, ils estoient contraints de me reverer comme
leur Amphion; mais la rencontre qui me fit plus d'honneur, et par consequent qui les fâcha le plus, ce fut à la
Messe de minuit où Madame voulut mettre la Musique
Françoise et la Musique Italienne en concurrence : la
Messe se disoit dans sa chambre, et nous chantions devant
elle à trois pas les uns des autres. Je ne diray rien de la
réüssite : seulement je me souviens fort bien qu'après la
Messe on nous mena tous ensemble manger à une fort
bonne table, où, quoy que l'on y beust à la santé de Madame Royale, et que parmy l'abondance des mets et des

vins exquis, il y eust quelque occasion de se rejoüir, je
les trouvay pourtant fort melancoliques. Depuis, Madame,
durant trois jours, ne parla quasi d'autre chose que de
ma Musique; ainsi je travaillois jour et nuit pour me faire
des ennemys dans cette Cour, où je me pouvois bien faire
considérer, mais non pas me faire aimer; parce qu'il est
impossible que celuy qui se mesle de tant de choses, et
qui réüssit à plus d'un art, ne s'expose à la haine et à
l'envie de la multitude; outre cela, comme je n'avois
autre but que de plaire à leurs Altesses Royales, pour ce
que, selon mon peu d'ambition, il me sembloit que c'estoit
assez pour le petit bien que je pourchassois, de meriter
leur estime, au lieu de faire ma Cour à ceux qui me pouvoient aider, et plus encore à ceux qui me pouvoient
nuire, je ne voyois pas seulement Madame la Marquise
de Lans, ny Madame Servien, ma principale protectrice;
mais je negligeois encore tous ceux de la faveur et le
Favory mesme : grande folie vrayment et bien digne du
châtiment que j'en receus et que receveront tous ceux
qui, comme moy, seront assez fiers pour vouloir escheller
le Ciel et entrer en Paradis malgré les Saints. Grande
folie de confier sa fortune à son merite auprés des Princes,
et d'autant plus grande que la plus part des Princes qui
se croyent libres (parce qu'ils commandent aux autres),
ne voyant que fort peu, et encore par les yeux d'autruy,
et ne commandant quasi jamais que ce qu'on leur ordonne
de commander, ils sont le plus souvent esclaves de leurs
esclaves, et par consequent les plus esclaves de tous les
humains : je l'esprouvay bien dans cette Cour, quand, au
lieu de frotter les bottes à tous ceux de la faveur, baiser
les mains et les pieds à mon Poëte, admirer son esprit et
ses vers, et les faire imprimer en lettres d'or, moy, pauvre

mirmidon combattant contre un geant de la faveur, je
combattois contre moy mesme, puis qu'autant de victoires
que j'emportois sur sa plume, c'estoient autant de trophées que j'érigeois à sa gloire, et autant de precipices
que je creusois à ma fortune, moy pauvre sot, plus sot
que Jean des Vignes, qui au lieu de m'abstenir de faire
des Vers, ou d'en faire comme mon Curé, qui ne fâchoit
personne, voulois mesurer ma plume avec un Poëte portant espée, noble comme le Roy, et vaillant comme un
Cesar. Maudite plume, maudite Poësie, maudite Muse,
quand seras-tu lasse d'envoyer tes pauvres enfans à
l'Hospital ? Ainsi faisant des Vers contre les Poëtes, des
airs contre les Musiciens, des pieces contre les Medecins,
haï de plusieurs, envié de tout le monde, et peu aimé des
grands, les Princes, qui, comme j'ay déja dit, ne voyant
le plus souvent que par autruy, et ne considerant les
personnes qu'autant qu'ils sont aimez de ceux qu'ils aiment, si je ne me vis pas tout à fait abandonné, pour le
moins je me vis autant negligé que j'avois negligé les
autres. Les presens qui avoient accoustumé de venir toutes les semaines ne venoient plus que tous les mois, et
parmy les ordinaires bontez de ces Astres benins, re-
marquant une certaine froideur, qui ne s'accordoit point
avec l'esperance que j'avois de mon établissement, ne
pouvant plus vivre dans cette incertitude, je fis donner
une Lettre à Madame Royale, par laquelle je luy demandois mon congé ou mon établissement. Quoy que cette
Lettre fust des plus longues, cette Princesse toute adorable ne laissa pas de la lire depuis le commencement
jusques à la fin ; et, comme elle estoit naturellement pitoyable, elle estima mon affection, et approuva mon zele ;
mais, soit que mon peu de merite n'eust pas assez de

poids pour faire pancher la balance de son costé, ou que les affaires de cette Cour ne le permissent pas, ne voyant aucune esperance pour mon établissement, je suppliay Madame de trouver bon que je retournasse en France ; et, parce que je ne voulois pas partir sans luy témoigner l'estime que j'avois de sa Cour; ou plùtost, afin qu'elle ne doutast aucunement de ma mauvaise conduite et de ma sotte vanité, je fis imprimer une piece sous le nom de Pierrotin, pour luy montrer, opposant une personne de cette sorte à ce Poëte, qu'il n'étoit pas digne d'entrer en lice avec moy.

## CHAPITRE XV.

Dassoucy obtient son congé avec beaucoup d'argent, mais encore avec beaucoup de regret qu'il témoigne à toute cette cour par l'effusion de ses larmes, et fait ses adieux à leurs Altesses Royales par la plus lugubre chanson qui fut jamais.

MAIS, quoy que dans cette piece je fisse dire à ma Muse des merveilles de Thurin, je ne disois que trop bien pour ceux qui n'estoient pas amoureux de mon bien dire. Aussi, trois jours après j'obtins (à mon grand regret) ce que j'avois demandé ; on me donna mon congé, et on me compta de l'argent. Et quoy qu'après avoir affligé tant d'honnestes gens, je ne méritasse point un si bon traitement, au bout de deux jours Monsieur de Surville vint à moy avec cent pistoles, qu'il me donna de la part de Madame Royale, que je ne pûs pas recevoir sans luy témoigner ma douleur par une grande effusion de mes larmes. J'en eus encore presque autant, ou de son Altesse

Royale ou de mes Dames ses sœurs : mais toutes ces graces ne servoient qu'à augmenter mon regret, et à percer de ses plus mortelles atteintes un cœur qui estoit déjà assez percé par la douceur de tant d'autres charmes, et par le souvenir de tant d'autres bienfaits. Je fus plus de huit jours sans pouvoir essuyer mes larmes, qui, coulant à la veuë de tout le monde, donnerent de la compassion jusques à mes envieux : car en verité quittant ces Royales personnes, ou plùtost ces Divinitez mortelles, mon affliction estoit si grande, que je n'eusse point reculé quand j'eusse veu la mort devant mes yeux. Aussi, pour leur témoigner par un dernier acte de ma reconnoissance la grandeur de mon affection et de mon regret, comme un Cygne mourant, je leur fis entendre cette plainte mortelle ; et, n'esperant plus revoir ces Astres qui pour moy sont pour jamais éclypsez, je leur fis mes derniers adieux par cette chanson, la plus lugubre que j'aye jamais composée, qui ne me fut point inspirée par Apollon, ny par ses Muses, comme l'on pourroit croire, mais par l'esprit de prophétie, qui depuis trente ans a le soin de m'avertir ponctuellement de l'avenir, quand il veut que je sçache la grandeur de mes disgraces futures.

## ADIEU.

Je ne suis plus un corps, je ne suis plus qu'un ombre
    Qui viens vous dire adieu ;
Retournant pour jamais dans sa demeure sombre,
      Au partir de ce lieu,
      Mon ame prisonniere
      Va rompre tous ses fers :
      Je quitte la lumiere,
      Et retourne aux enfers.

Mais, bien que pour jamais dans cette nuit obscure
      Je demeure éperdu,
J'ay de la voix encore, et, malgré la nature,
      Je n'ay pas tout perdu :
      Sus donc fendons les arbres,
      Sus, mon Luth, sus, mes airs,
      Touchons, perçons les marbres,
      La terre et les enfers.

Pensez-vous, Roy des cœurs, et vous, Reine des charmes,
      Que mes yeux vous quittant
Vous redonnent des pleurs? J'ay trop versé de larmes,
      Je n'ay plus que mon sang.
      Déjà pour le répandre
      La mort perce mon cœur;
      Mais avant que luy rendre
      Écoutez ma douleur.

Éloigné des clartez de l'Astre que j'adore,
      Qui m'assuroit du port,
Où me dois-je ranger? dois-je courir encore
      A la mercy du sort?
      O vaines espérances!
      O mon Luth! ô mes airs!
      Rentrez en vos souffrances,
      Retournez aux enfers.

Non, mourez en ces lieux, mourez aux pieds des Anges;
      Hélas! où courez-vous?
Pensez-vous rencontrer des terres moins étranges,
      Ou des Astres plus doux?
      Touchons nos Dieux visibles,
      O mon Luth! ô mes airs!
      Mais ils sont insensibles,
      Retournez aux enfers.

Allez, tristes enfans, allez fraper aux portes
    Des malheureux Esprits,      .
Pleurez, pleurez sans fin vos esperances mortes,
    Vous n'aurez plus de prix :
    Ce tyran inflexible,
    Qui jadis à vos sons
    Ne fut pas insensible,
    Écoute les chansons.


Noir effroy des mortels! ô mort! qui sans demeure
    Me contrains de partir,
Tu demandes mon sang, tu l'auras à cette heure,
    Il est prest à sortir :
    Seulement, ô cruelle!
    Laisse courir au vent
    Cette plainte mortelle,
    Et je pars à l'instant.

Allons, c'est trop tarder, c'est trop verser de larmes,
    Nos pleurs sont superflus,
Adieu, Prince des cœurs, adieu, Reine des charmes,
    Je ne vous verray plus,
    Clarté que j'ay suivie
    Et du cœur et des yeux,
    En finissant ma vie,
    Je finis mes adieux.


Cette triste chanson, chantée par la merveilleuse voix de Pierrotin, ne toucha point les marbres ny ne perça point les enfers, mais elle toucha mes Dieux et mes Anges, et leur perça le cœur; et je croy que j'aurois recouvert mon Euridice, comme un autre Orphée, si, comme luy, je ne l'eusse perduë une autre fois par ma mauvaise conduite, ou, pour mieux dire, par la perfidie de ceux que j'avois le plus obligez, et que je comptois pour amys.

## CHAPITRE XVI.

Dassoucy est vendu par un Avignonois, et ensuite pipé par son
meilleur amy, qui le dépouille nud comme la main en jouant au
quinze.

LE premier demon qui mit la main à l'œuvre pour me
détruire fut un Provençal, qui au retour du siége d'A-
lexandrie de soy-mesme s'estoit introduit à ma table, et
que je nourrissois depuis six mois sans presque m'en estre
apperceu. Il estoit d'Avignon; c'est pourquoy il ne faut
pas s'étonner si, aprés avoir esté volé par deux fois par
les gens de cette ville, je fus volé encore par celuy-cy,
puis qu'estant d'Avignon, il estoit en possession de me
couper la bourse en tous lieux, et en toute saison. Ce
fut un soir que je luy donnois à souper pour la derniere
fois, dans un cabaret avec force bon poulets, et force bons
pigeons; où, pour me faire honneur, il convia deux
grands filoux portant cravates, tous vestus de peau, dont
le seul aspect estoit capable de faire trembler, non le cœur
mais l'argent dans la bourse du plus assuré spadassin.
Après le soupé l'un d'eux me pria de joüer une partie au
Piquet, non pas pour tuer le temps comme l'autre, qui
fut tué; mais pour tuer ma bourse, qui estoit plus aisée
à tuer que le temps. Ce qu'ils firent; car après avoir
joüé (non sans scrupule) contre cette étrange sorte de
gens, et m'estre tiré du jeu avec deux pistoles de perte,
l'un d'eux voyant que ce n'estoit pas la raison que je leur
emportasse ainsi leur argent, parce que, selon leur supputation, aprés avoir soupé à mes dépens, ils devoient

avoir soupé chacun  pour leur part au moins cinquante
pistoles de reste, l'un deux tira de sa poche un jeu de
cartes, disant qu'il ne vouloit rien du mien, et que, si je
voulois, il me donneroit ma revanche au trente et quarante : ce que j'acceptay d'autant plus volontiers que
j'estois piqué; et que, n'ayant autre intention que de hazarder encore deux pistoles à la premiere couche, pour
les perdre, ou pour m'acquitter, je m'imaginois que,
quand j'aurois eu affaire avec des filoux, ils ne seroient
pas assez justes pour me les gagner du premier coup ;
mais je fus trompé : car, ayant perdu ces deux pistoles
avec ces gens qui, tirant les cartes par dessous, ne manquoient pas quand j'avois trente de trouver une figure
pour me donner quarante, pour ravoir ces deux autres
dernieres, j'en perdis encore six autres : de sorte que, me
voyant insensiblement engagé dans la perte, qui aux plus
sages et aux plus retenus oste le jugement et la raison,
je perdis quarante pistoles sans gagner une seule fois ·
dont je me tiens trés-satisfait et trés-content, et, bien
loin de leur demander jamais cét argent, je confesse publiquement que je leur en dois encore cent autres que
j'avois de reste : parce que, n'ayant pas voulu joüer sur
ma parole, ils m'épargnerent cet argent. Cette perte considérable m'engagea ensuite dans le jeu ; où je fis si bien,
qu'en moins de quinze jours je vis mon fonds reduit à
trente pistoles, qui ne durerent guere ; car je trouvay
bien tost un autre amy aussi méchant et aussi perfide
que celuy-cy, qui, sans employer d'autre filou que soy-
mesme, me les sceut bien attraper sans l'aide d'autruy.
C'estoit un Violon de son Altesse Royale, en qui j'avois
une entiere confiance ; c'estoit luy qui ordonnoit et re-
gloit tout dans mon logis ; et qui, faisant ainsi le bon

valet, avoit décoiffé plus de bouteilles de vin avec moy
qu'il n'avoit de cheveux en la teste. Il y avoit plus d'un
an qu'il me persecutoit pour me montrer à joüer au
Quinze ; et, quoy que je m'en défendisse vaillamment en
luy disant que je ne sçavois que trop de jeux pour perdre
mon argent, il vouloit absolument que j'apprisse à joüer
au Quinze : de sorte qu'un jour, m'ayant trouvé les cartes à la main dans un lieu où j'allois joüer tous les jours,
il me pria tant de luy faire ce plaisir, qu'autant pour luy
complaire que pour me delivrer de son importunité,
j'appris à joüer au Quinze. Mais Dieu garde tout bon et
fidelle Chrestien de tels Maistres ; car il me montra le
jeu, mais il s'en reserva les secrets. Nous joüàmes premierement pour plaisir, comme c'est la coutume, et puis
il me pria de joüer une piece de cinq sols. Je joüe donc
avec luy cette piece de cinq sols, qu'il me laissa gagner
avec dix ou douze autres ensuite, aussi facilement que si
j'eusse joüé contre un enfant : de sorte qu'outre que je
connoissois cet homme pour estre tout à fait éloigné de
tout commerce du jeu, et qu'il estoit naturellement
materiel et grossier, je croyois avoir trouvé une dupe ;
et comme il estoit mon amy, loin de vouloir profiter de
l'avantage que je croyois avoir sur luy, je joüois avec intention de luy rendre son argent. Mais il me fit bien tost
connoistre que si j'estois son amy il n'estoit pas le mien, et
qu'il n'estôit point ma duppe, mais que j'estois la sienne ;
car, feignant d'estre piqué, après avoir tiré force argent,
et cavé plus gros jeu, il me sceut si bien ménager, et
me tira de si furieuses bottes, qu'après avoir d'un seul coup
regagné tout ce qu'il avoit perdu, il fit d'un seul r'envy [1]

___

[1] Renvy, « argent qu'on met au jeu pour enchérir sur son compagnon ». *Dict. de Fureliére.*

passer encore deux pistoles des miennes de son costé, et ne me laissa point qu'il ne m'en eust tiré encore huit autres, qu'il m'emporta aussi froidement que s'il ne m'eust jamais connu. Pour moy, je me allay si scandalisé de la barbarie de ce faux amy, que je ne pus fermer l'œil toute la nuit.

Le lendemain, au lieu que dans l'extremité où j'estois j'aurois fait pitié à tout autre, il vint au mesme lieu, non pas pour me donner ma revanche comme un amy, mais pour me ravir comme un loup affamé le peu de substance qui me restoit. Je sçay qu'on dira que j'estois un fou de joüer davantage contre luy ; mais qui n'est pas fou, et qui n'est pas aveugle quand Dieu nous veut punir, et que pour nous perdre dans les orages du monde, il nous oste la boussole, l'ancre et le timon? Ouy, cher Lecteur, Dieu m'avoit ôté le jugement et la raison : car quoy que je connusse visiblement que cet homme n'estoit autre chose qu'un fleau que le Ciel m'envoyoit comme l'instrument de son ire, j'estois si fort hors de moy de voir tant de cruauté dans une personne que par tant de bons offices il me sembloit avoir acquise, et j'estois si étrangement indigné contre moy-mesme, aprés la faute que j'avois faite, que je ne luy eusse pas seulement ouvert ma bourse pour luy donner le reste de mon argent, mais encore mes veines pour luy donner tout mon sang. Car cét homme ne joüoit point avec moy comme un autre, qui auroit eu quelque moderation en gagnant l'argent à son amy, mais comme un Lestrigon [1] plus affamé de mon sang que de mon argent, avec une voix

---

[1] Les Lestrygons habitaient, dit-on, la Sicile orientale. Ces géants passent pour avoir dévoré une partie des compagnons d'Ulysse.

menaçante, et un visage toûjours enflammé de fureur :
aussi, ne pouvant croire une si étrange metamorphose
et ne reconnoissant plus en luy aucun vestige de cette
ancienne amitié, il me vint plusieurs fois en la pensée
que c'estoit un diable, qui sous le visage de cét homme
estoit sorti de l'enfer pour m'exterminer. Il ne fut pas
pourtant si terrible cette seconde fois, car il eut la bonté
de ne me gagner que cinq pistoles, parce que je n'en
avois pas apporté davantage. Mais, comme le gain de
cette journée estoit peu digne de luy, il revint le jour
d'aprés pour se recompenser de ses peines, et ensuite fit
tant par ses journées, qu'il eut tout le sang de mes
veines. Mais ce que je trouve de plus barbare dans ce
bourreau, et que tout autre qu'un mortel ennemy n'eust
jamais fait, c'est qu'aprés m'avoir gagné encore toutes
mes nipes jusques à mes habits, et n'ayant plus rien au
monde qu'un baudrier de six pistoles que j'avois donné
à ce fol garçon, il eut bien le cœur de le gagner encore,
ou pour mieux dire, de me le dérober : car, outre qu'il
connoissoit les figures au toucher, j'ay sceu depuis qu'un
homme, qui estoit d'intelligence avec luy, luy faisoit signe
de mon jeu. Ce barbare, m'ayant ainsi traité à la Turcque, chargé de mon argent et de mes dépoüilles, s'en
alla sans m'offrir aucune assistance, ny sans jamais plus
me regarder. Et moy je m'en retournay dans mon logis
d'autant plus miserable et desesperé qu'aprés cette
faute, qui fut incontinent sceuë de toute cette Cour, bien
loin d'en oser jamais rien esperer, ny d'oser jamais y
paroistre, il me falloit aller noyer. Aussi, dans les transports d'un si cruel desespoir, si je ne suivis pas l'intention de mon mauvais genie, qui, me representant à toute
heure ma folie et ma honte, me conseilloit de me pen-

21

dre, on peut croire que ce ne fut pas faute de bonne
volonté, mais faute d'argent pour acheter une corde.

---

# CHAPITRE XVII.

Dassoucy revient de son désespoir par la prise de Trin, sur laquelle ayant fait entendre à Madame Royalle une chanson, il se
rétablit en ses bonnes grâces plus que jamais, et les perd presque aussi-tost par son malheur et par son ignorance.

JE ne sçay pas pourtant ce qu'il fust arrivé de moy dans
un si étrange accessoire, sans l'heureuse nouvelle de
la prise de Trin[1], qui remplit son Altesse Royalle et toute
sa Cour de tant de joye, que le Ciel, qui sçavoit bien où
me ratraper, ne voulut pas permettre que dans cette
commune allegresse je demeurasse desesperé. Il m'inspira de faire une chanson sur ce sujet, qui fut trouvée
si plaisante, que Madame Royalle la voulut entendre. J'eus
donc ordre de venir à son Palais de la Vigne, où, ayant
trouvé Madame au haut bout d'une table de cinquante
couverts, où elle traitoit les principaux de sa Cour, je
luy fis entendre ma chanson, qui fut tellement applaudie
de tout ce beau monde, que je ne pouvois pas souhaiter
davantage : et, parce que cette Princesse estoit naturellement pitoyable, elle eut la bonté de me faire dire par
Monsieur de Surville, qui m'apporta quinze pistoles de
sa part, que je ne me misse en peine de rien, et qu'elle
prendroit soin de moy plus que jamais. Ces paroles con-

---

[1] La ville de Trino fut reprise en 1658 sur les Espagnols.

solatives, avec cet argent qui dans la necessité où j'estois me parut encore assez consolatif, me remirent le
cœur au ventre. Mais t'ozerois-je dire, cher Lecteur, ce
que je fis de cét argent? Non, car si je te l'avois dit, tu ne
conserverois plus d'estime pour moy, et, me prenant plutost pour un furieux que pour un insensé, tu me cher-
cherois par tout pour me battre, et, ne me trouvant pas
au moins, tu m'arracherois les yeux dans mon Portrait,
et tu te moquerois de moy et de mes ouvrages; tant y a
que je sceus si bien menager cet argent, qu'au bout de
deux jours je me trouvay justement au mesme estat que
j'estois auparavant que de l'avoir receu; mais, comme cette
affaire ne fit point de bruit, pource que mon barbare amy
eut la bonté de ne la pas divulguer, je pouvois encore tout
esperer, si ce Pierrotin, plus cruel que je n'avois esté à moy-
mesme, et plus encore que tous mes envieux et tous mes
ennemis, n'eust par son insolence et son indiscretion
donné le dernier coup à ma disgrace; et si moy encore
plus cruel à moy-mesme que tous mes envieux et que ce
fol, je ne luy eusse encore aydé de toute ma puissance
à me precipiter : mais, hélas! je n'en demande point
pardon, ny à Dieu, ny aux hommes, puisque ma faute
ne fut point un effet de ma malice, mais de ma simplicité; car, recherchant dans mes vieux airs quelque
chose qui parust nouveau aux oreilles de cette Princesse,
sans considerer que dans cette Cour, où on examinoit jusques à mes pensées, on pouvoit bien encore examiner
mes paroles, je fus assez malheureux pour faire chanter
un air à son petit coucher, dont les paroles équivoques,
prises à contre-sèns par ceux qui cherchoient toutes les
occasions de me nuire, fâcherent tellement cette Princesse, que, lors que j'y pensois le moins, et que je croyois

avoir tout gagné, je vis venir à moy Monsieur de Surville, qui, m'ayant tiré à part, me dit que Madame n'estoit point aucunement satisfaite de ces sortes de Musi-
ques, et qu'elle luy avoit donné charge de me dire que
je ferois bien de me retirer, et que, pour faciliter ma retraite, elle luy avoit commandé de me donner encore vingt
pistoles qu'il avoit déja données à Pierrotin. Ce fut en cét
instant que ce mauvais gueux me donna les arres de
tous les maux où sa cruelle ingratitude m'alloit precipiter.

## CHAPITRE XVIII

Pierrotin retient à Dassoucy une partie de son argent; il en est
chatié, Ensuite il attente à la vie de son maistre, et pour se
vanger de ce qu'il luy baptize son vin, il lui présente le poison.

M'ESTANT apperceu que ce petit serpent que je nourrissois dans mon sein, au lieu de compatir à mes
miseres et me soulager dans ma pauvreté, m'avoit retenu une partie de cét argent, je ne fus pas assez maistre
de mon ressentiment pour pouvoir supporter une telle
indignité ; car, au lieu que dans ses plus grandes fautes,
je l'avois tousjours chastié comme pere, ne le regardant
plus alors comme ma creature, mais comme un estran-
ger détaché de tous mes interests, je le traittay à coups de
baston : de sorte que, lors que j'y pensois le moins, je
vis le jour d'après venir à moy mon Valet, qui, m'ayant
tiré à part, me dit en raillant : Je vous apporte une nouvelle que vous ne pourrez jamais croire, c'est que vous
estes mort. — Tu as raison, luy dis-je, car un homme

sans argent est un corps sans ame, et par consequent il est
mort au monde : si tu l'entens ainsi, à la bonne heure;
autrement je t'assure que je me porte bien. — Non,
Monsieur, repliqua-t-il, fiez-vous à ma parole, je vous dis
encore une fois que vous estes mort. — Tu te moques,
luy dis-je, et tu ferois mieux de ne point railler sur un sujet qui ne souffre point de raillerie. — Je ne raille point,
dit-il, je parle tout de bon : Pierrotin vous veut empoi-
sonner, et c'est moy qui dois estre le principal ministre
de cette honorable execution. — Cela est-il bien veritable?
luy dis-je tout étonné? voila une estrange resolution
pour un enfant de treize ans. Mais qui l'oblige à un si
cruel ressentiment; — Monsieur, dit-il, ce sont les coups
de baston que vous luy avez donnez sur les espaules qui
luy tiénnent au cœur, il ne sçauroit aucunement digerer cet affront ; il dit qu'il ne vous le pardonnera jamais.
— Vrayment, luy dis-je, tu me fais un estrange conte;
mais explique-toy un peu plus au long. — Monsieur,
me dit-il, comme je suis le grand amy de Pierrotin, et
que je le console toûjours dans ses disgraces, hier au
soir aprés nous estre mis au lict, il jettoit de grands
soupirs et se plaignoit amerement à moy du mauvais
traittement qu'il avoit receu de vous, et à ses plaintes,
il y adjoustoit encore des menaces; de sorte que le
voyant si outré, et craignant, comme tous les fols sont
à craindre, que ce fol ne se laissast emporter à quelque
dangereuse extravagance, comme il se confie entierement en moy, je crus qu'il faloit encore luy montrer une
entiere confiance pour essayer de tirer ce qu'il auroit
dans l'ame; et pour cet effet, au lieu de prendre vostre
party, je pris le sien, et luy dis qu'il avoit toutes les raisons du monde de se plaindre, que vous aviez grand

tort de l'avoir traitté si indignement, et que, si vous
m'en aviez fait autant, tout pauvre valet que je suis, je
trouverois bien le moyen de m'en vanger : et qu'enfin les coups de baston sont pour les chiens et non pas
pour les Chrétiens ; de sorte que, Pierrotin voyant que
j'estois si fort dans ses interests, il s'ouvrit à moy de
cette sorte. Si je sçavois, me dit-il, que tu me fusses secret, je te dirois une admirable pensée qui m'est venuë
dans l'esprit, et qui seroit autant pour ton profit que
pour le mien. Vous sçavez, luy dis-je, que je vous ay
toûjours esté fidelle ; c'est pourquoy vous pouvez vous
confier en moy, et vous assurer que je vous serviray
aveuglement, et de toute ma puissance, non seulement
contre mon Maistre, mais encore contre mon propre
pere, s'il en estoit besoin : aussi bien, pour vous parler librement, je suis bien dégouté de ce vieux Roquan-
tin ; je travaille incessamment comme un pauvre chien
sans en recevoir aucun profit : il a perdu depuis huit
jours plus de cent pistoles, sans qu'il ait eu seulement
le courage de me faire ressemeller mes souliers. Il est
vray, dit Pierrotin, mais à cette heure qu'il n'a plus
d'argent, ce sera bien pire, il faudra bien te resoudre
d'aller nuds pieds tout à fait, et te passer de pain aussi
bien que de souliers ; car comme il ne sçait plus où en
trouver, et qu'il est desesperé, il parle d'aller en Baviere, qui est autant que d'aller à tous les diables, ce
qui fait bien voir qu'il ne sçait plus où donner de la
teste ; c'est pourquoy, comme je le vois un homme
perdu, je serois d'avis (plutost que de nous aller perdre
avec luy) d'achever de le perdre luy-mesme : il a encore de l'argent et des hardes ; si tu veux, nous parta-
gerons ce petit butin, nous ferons gentiment un petit

fagot de ses nippes, et nous nous en retournerons joyeusement en France, où il ne faut pas que tu craignes de manquer d'aucune chose ; car, quand on ne me prendroit pas chez le Roy, qui m'a déja voulu avoir pour sa Musique, ma voix me fournira assez pour te maintenir auprés de moy mieux qu'il te maintient auprés de soy. Cela est bien, luy dis-je, mais aprés avoir fait le coup, quelle seureté pourrons-nous prendre pour nous mettre à couvert de ses poursuites? car vous sçavez que par tout le monde on pend les larrons, principalement les voleurs domestiques ; comment pourrons-nous l'empescher de nous suivre et de courir aprés nous? Ne voyez-vous pas que, pour retourner en France, il faut necessairement repasser les Monts, et que n'ayant point d'autre chemin à choisir, nous serons pris dans le col de ces Montagnes, comme dans un blé, et, possible, ratrapez au premier giste ? Tu as raison, dit-il, aussi ce n'est pas mon intention de le laisser en estat de nous poursuivre ; quelque sot le laisseroit vivre pour aprés se faire pendre. Mais pour moy j'en ay ordonné d'une autre sorte, il faut qu'il meure ; il m'a eu la peau assez de fois pour avoir une fois la sienne à mon tour. Et comment ferez-vous pour luy avoir la peau, comme vous dites? Il n'est rien de plus aisé, dit-il, il ne faut qu'avoir un peu de mort aux rats, et luy en mettre dans son potage. De la mort aux rats ! luy dis-je tout étonné. Oüy, de la mort aux rats, dit-il, n'est-ce pas du poison? Sans doute, luy dis-je, c'est du poison pour les rats, comme la noix vomique est du poison pour les chiens ; mais je ne suis pas certain que ce soit du poison pour les hommes : et quand mesme ce seroit du poison, il faudroit, à mon avis, avoir quelque chose de plus expeditif,

comme du Sublimé, ou de l'Arsenic ; car, avec un grain
de l'une de ces drogues, il seroit troussé dans un quart
d'heure. Est-il vray? dit-il en m'embrassant; hé ! mon
Dieu, comment ferons-nous pour en recouvrer un peu?
Cela est difficile, luy dis-je, mais laissez-moy faire, souvenez-vous seulement de ce que vous m'avez promis, et
voyez combien je hazarde en vostre consideration. Cela
conclu, nous nous endormîmes; et ce matin, si-tost qu'il
a esté éveillé, il n'a cessé de me solliciter pour luy trouver un peu de ce Sublimé et de cét Arsenic. Voila, Monsieur, ce qui n'est que trop veritable ; et, si vous en voulez estre encore mieux éclaircy, vous n'avez qu'à vous
relever cette nuit, et passer de vostre chambre dans la
nostre, et vous verrez comme il dégoisera. — C'est bien
avisé, luy dis–je ; mais cependant entretiens-le toûjours
dans cette admirable pensée, et dis-luy que demain,
tout au plus tard, tu luy fourniras le poison qu'il t'a demandé. Cela dit, je l'envoyay à ses affaires; et moy, ne
pouvant qu'à peine me persuader une telle chose, j'employois tous mes soins à observer Pierrotin, pour essayer de découvrir par ses paroles ou par ses actions
quelque chose qui eust du rapport avec son mauvais
dessein : mais je ne vis jamais rien de plus ferme, de
plus accord, ny rien de plus dissimulé. Jamais il ne me
servit avec tant de respect et d'assiduité. De mon costé
il n'y avoit rien aussi que je ne fisse pour répondre à
ses carresses. Je luy donnay des cartes et de l'argent ;
et, comme je sçavois qu'aprés l'argent le vin estoit la
chose du monde la plus capable de le faire revenir et
luy gagner le cœur, je luy en fis boire jusqu'aux larmes;
et, afin de l'épreuver davantage, je luy dis que pour le
present il pouvoit bien boire avec moy, parce que nous

ne boirions plus jamais ensemble, et que j'avois eu la
nuit precedente un songe qui me menaçoit d'un grand
accident, et m'avertissoit que je n'avois pas encore trois
jours à vivre ; et ce qui dans cette rencontre m'affligeoit le
plus, c'est que, l'ayant élevé comme mon propre fils et
consideré toûjours comme l'heritier de mon bien et de
ma vertu, je ne me voyois point en estat de luy laisser
pour tout bien qu'un peu de vertu avec quelque peu de
l'eau de mes larmes. Ainsi j'essayois par ces inventions
patetiques d'émouvoir à compassion ce petit barbare :
et, dans l'impatience que j'avois de sçavoir quel progrés
j'avois fait auprés de ce malheureux, les heures me sembloient des journées toutes entieres. Enfin, la nuit estant
venuë, et chacun s'estant retiré, je me relevay tout
doucement; et m'estant introduit dans leur chambre, et
parvenu à la faveur des ombres à leur lit, j'entendis mon
valet qui disoit à Pierrotin : — J'avoüe que les coups
de baston sont bien sensibles, mais il faut avoüer aussi
que vous aviez un peu de tort de retenir cét argent, qui
n'estoit pas à vous, et principalement dans un temps où
vostre pauvre Maistre en avoit si grand besoin. — Tu m'en
contes bien, dit Pierrotin, crois-tu que je me ressou-
vienne encore de ses coups de baston ? Ha ! François, ce
n'est pas ce qui me tient le plus au cœur, mon pere
m'en donnoit bien d'autres, et l'on en donnoit bien
d'autres à mon pere. — Qu'est-ce donc, disoit mon Valet,
qui vous chagrine si fort ? — Ha ! si tu le sçavois ! disoit
Pierrotin. — Quoy, disoit mon valet, est-ce qu'il vous
enferme quelquefois ? qu'il vous fait jeûner, et qu'il vous
donne les étrivieres ? — Non, dit Pierrotin, c'est pire que
tout cela : c'est qu'il baptize mon vin, et c'est ce que je
ne luy pardonneray jamais. — Quoy ! il baptize vostre vin,

dit mon valet, est-il possible? Sans mentir c'est une
chose horrible, et qui crie vengeance à Dieu : mais il me
semble pourtant qu'il vous a traité fort honnestement ce
soir, et qu'à vostre soupé (si je ne me trompe), vous avez
avalé dix ou douze bonnes razades de vin sans eau. — Il est
vray, dit-il, mais c'est qu'il luy a esté revelé un songe
qu'il n'a plus guere à vivre, et c'est pour cette raison
qu'il souffre que je boive mon vin pur, parce qu'il ne
croit plus avoir besoin de ma voix; autrement, croyez
qu'il me traiteroit à la Turcque. C'est pourquoy il a
beau m'amadoüer et me carresser, ce qui est resolu est
resolu, il faut qu'il passe le pas; car, comme je suis
obligé à luy pour dix ans, je ne trouve point d'autre ex-
pedient, pour me soustraire à sa tyrannie et l'empescher
de baptizer mon vin, que de l'envoyer en l'autre monde
baptizer le vin à tous les Diables.

> Ainsi par un faux témoignage
> On vid jadis Grizigoulin,
> Plus cruel qu'un Antropophage,
> Faire griller comme un boudin
> Son compagnon Grillçboudin,
> Pour avoir mangé son fromage,
> Bû la graisse de son potage,
> Et mis de l'eau dedans son vin.

— Vous avez grande raison, disoit à Pierrotin ce fidelle
valet, de vouloir faire mourir ces diables de baptizeurs
de vin, qui ne laissent pas boire le pauvre monde en repos : il les faudroit tous débaptizer, et en exterminer la
race jusques à la troisiesme generation. Mais ce n'est
pas tout, quand nous aurons fait boire celuy-cy, comment

pourrons-nous empescher qu'il ne nous soupçonne de l'avoir empoisonné, puis que c'est vous qui luy donnerez le poison? — Voire, voire, dit Pierrotin, je n'ay pas peur qu'il m'en soupçonne, ne vois-tu pas comme je le caresse, afin de luy oster tout ombrage? Et puis ne sçais-tu pas que je n'ay pas besoin d'avoir de l'oignon pour me faire pleurer, et que les larmes ne me coutent rien? Quand il sera aux abois, tu me verras jetter sur son corps, et pleurer sur son visage, ny plus ny moins que si j'estois son fils. Je m'arracheray les cheveux, je feray semblant de me vouloir tuer, et feindray si bien mon desespoir, que le diable n'y verra goute. — Aprés cela, dit mon valet, il faut tirer l'échelle, et il n'y a plus rien à dire. Mais dites-moy un peu, que ferons-nous de Valentin? — Ce que nous en ferons, dit-il, nous le menerons avec nous; et, quand nous serons bien avant dans ces montagnes, nous le jetterons bravement dans un precipice; aussi-bien j'ay grande envie d'avoir son manteau d'écarlatte, avec quoy il fait tant le Monsieur : peste! il est encore aussi beau comme neuf, et le passement d'or qui est dessus vaut encore pour le moins quatre bonnes pistoles : aussi bien n'est-ce qu'un glorieux. Ha! que j'auray de plaisir de le voir dégringoler du haut d'un rocher! — Mais, disoit ce Valet, il me semble pourtant un assez bon enfant, il n'a rien à luy. — Voire, disoit Pierrotin, a-t-il jamais eu le cœur de payer seulement une pauvre fois à boire? et ne te souvient-il pas que, quand mon Maistre m'enferma, il ne me voulut jamais assister d'une goutte de vin, non plus que le Lazarre le mauvais riche. — Il est vray, je m'en souviens, disoit ce Valet, c'est estre bien tygre. Or sus, il en sera ce qu'il vous plaira, et dés demain au matin je vous apporteray ce que je vous ay promis; c'est trop lantiponner le beurre, il faut mettre la main à l'œuvre et expedier besogne. Mais dites-moy, Monsieur Pierrotin, aurez-vous bien la hardiesse de ·luy presenter le poison? et la main comme le cœur ne vous tremblerat-elle pas à l'aspect d'un Maistre qui vous a servi de pere, qui vous a élevé, nourri, et enseigné comme son propre fils, et qui du fumier dont il vous a tiré vous a transferé et fait paroistre jusques dans le Cabinet des Rois? — Tu es un bon sot, disoit Pierrotin, aye-moy seulement la drogue, et tu verras si Pierrotin est une coccigruë de mer [1], ou une poule moüillée. — Mais au moins, disoit ce pieux Valet, il faudroit faire dire après sa mort quelque Messe pour le salut de son ame. — Des cornes! dit Pierrotin, qu'il aille, s'il veut, à tous les Diables, je ne luy dirois pas seulement un *De profundis:* je n'en ay pas dit pour mon pere.

Tandis que j'écoutois ce beau discours, je ne sçavois si je devois plûtost admirer l'intrépidité d'un si jeune et si hardy méchant que rire de son impertinence et de sa naïveté. Enfin, le sommeil leur ayant lié la langue et sillé les yeux, ils s'endormirent, et moy je me retiray tout confus dedans mon lict; et le lendemain dés qu'il fut jour je fus à la boutique d'un Epicier, où je n'achetay pas du Sublimé ny de l'Arsenic; mais du sucre candy et du jus de reglisse que je portay aussi-tost à mon Valet, et luy dis qu'il fist à croire à Pierrotin que ce sucre candy estoit du sublimé, et ce jus de reglisse de l'antimoine, qu'il le mist en poudre devant luy, et qu'il se gardast bien d'en rien laisser en sa disposition, que

[1] « A Paris, on appelle *coquesigrue* les coquilles de mer. Quelques-uns se servent de ce mot pour signifier quelque chose frivole ou chimérique. » *Dictionnaire de Trévoux.*

lors que ce seroit au fait et au prendre, et que je luy demanderois à boire.

Cependant l'incomparable et merveilleux Pierrotin me faisoit toutes les amitiez du monde ; je ne luy vis jamais pour moy un zele plus respectueux, ny des soins plus obligeans, et sur tout quand il s'agissoit de courir au flacon ou d'aller au buffet. Je faisois aussi des merveilles de mon costé, et dans le desir que j'avois de me pacifier avec ce seditieux demon de la grappe qui m'avoit si injustement broüillé avec son amy Pierrotin, il n'est pas croyable combien de gracieuses visites je luy rendis ce jour-là dans tous les Cabarets de Thurin, où il ne faut pas demander combien par ses amoureux baisers Pierrotin luy rendit le verre au point de témoignages affectueux de sa reverence et de son amour. Enfin, l'heure du souper estant venuë, nous nous retirasmes au logis, où, ayant trouvé le vin au frais et la nape mise, jugeant qu'il estoit à propos de donner du temps à Pierrotin pour conferer avec mon Valet, au lieu de me mettre à table, je pris mon Luth et j'en joüay jusques à tant que je crûs que tout estoit en ordre ; puis, feignant d'estre alteré par la débauche que j'avois faite en beuvant beaucoup de vin sans eau, je commanday à Pierrotin de me rincer bien un verre et de m'apporter à boire. Tandis qu'il me rinçoit ce verre, et que dans la chambre prochaine où l'on tenoit le vin à la glace il m'aprestoit ce breuvage, j'étois dans une grande perplexité, car je ne pouvois m'imaginer que cette creature, sur qui j'avois répandu tant de bien-faits et tant de graces, pust jamais devenir assez ingrate et assez méchante pour détruire pour si peu de chose, et par une voye si cruelle et si lâche, celuy qu'aprés Dieu il devoit considerer comme son createur ; et, dans cette pensée, quoy que mon Valet me donnast le signal, dont nous estions convenus, pour m'avertir quand ce pretendu poison seroit dans le verre, je ne pouvois pourtant me le persuader ; mais ce qui me remplissoit tout à coup d'admiration, de douleur et d'estonnement, c'estoit de voir l'intrepidité avec laquelle ce jeune assassin, le plus hardy de tous les assassins du monde, venoit à moy les armes à la main pour aneantir celuy qui l'avoit tiré du neant, et pour trancher le fil d'une vie qui avoit si long-temps maintenu la sienne, et qu'il devoit racheter au prix de son propre sang : car, enfin, je ne vis jamais un front plus uny, un œil plus gay, ny un visage plus serein. Qnand il fut auprés de moy, il me presenta le verre sans trembler, et moy qui tremblois pour luy je ne le pus prendre de sa main parricide qu'en tremblant, et avec autant d'horreur comme si le poison eust esté veritable. Cependant je le regardois fixement entre les deux yeux pour voir si, approchant le verre de mes levres, il ne changeroit point de couleur ; mais je ne vis jamais dans un scelerat plus effronté une contenance plus assurée. Enfin je luy dis en portant le verre à la bouche : A vostre santé, Signor Pierrotin, et de bon du cœur ! et puis je me mis à boire. Durant que je beuvois, j'avois toûjours les yeux attachez sur son visage, pour voir si je ny verrois point ce trouble de l'ame, qui est inseparable des actions criminelles ; et luy les tenoit aussi fixement attachez sur le mien, pour y voir dans l'effet mortifere de ce poison pretendu la reussite de son mauvais dessein ; mais, quoy que ce breuvage ne fust autre chose qu'un trés-bon vin, doux et piquant, trés-agreable et trés-nourrissant, je me sentois les cheveux dresser en la teste par l'horreur que j'avois d'une barbarie si extraordinaire, d'un bour-

reau si rare et d'un crime si inusité. Enfin, aprés avoir
bû environ la juste moitié de cette liqueur, voyant le
temps propre pour commencer le jeu que j'avois preme-
dité, je dis à Pierrotin en luy presentant le verre : Or sus
j'ay bû à vostre santé, il est bien raisonnable que vous
buviez à la mienne ; allons, Signor Pierrotin, faites-moy
raison ! Qui a veu le visage d'un criminel à qui l'on pro-
nonce son Arrest de mort, ou un Soldat que l'on va passer par les armes, a veu ce que dans cet instant devint le
visage de Pierrotin. Comme c'est le propre de la crainte
de renvoyer le sang au cœur, il devint premierement
pasle comme la mort, et puis changea d'autant de couleurs que son esprit estoit agité de passions contraires :
jamais on n'a veu un miserable n'y plus confus, ny plus
interdit. Quoy ! luy dis-je, il semble que vous tombiez en
deffaillance? quel mal, mon amy Pierrotin, vous a si
soudainement surpris? Quoy, il semble que vous n'ayez
pas la force de me faire raison? vous n'avez pas accoustumé de vous faire prier pour de semblables fonctions?
je sçay que vous avez toûjours une aulne de boyau vuide
pour vos amis, et que vous estes comme Pantagruel toûjours prest à boire : sus, buvez à ma santé et de bon
cœur, car je sçay que vous m'aimez comme vous-mesme ;
buvez et depeschez; car autrement je feray comme en
Allemagne, je vous feray boire par force : de sorte que,
se voyant reduit à l'extremité, ou de boire ou de se declarer, il aima mieux se declarer que de boire, et choisit
plutost le party de s'abandonner à ma misericorde que
de s'exposer à une mort certaine, avalant ce breuvage
empoisonné : si bien qu'au lieu de prendre le verre que
je luy presentois, aprés avoir répandu une grande abondance de larmes, dont la moindre estoit aussi grosse

qu'un œuf d'Autruche, il se jetta à mes pieds, et, comme
un penitent qui n'a pas encore perdu toute esperance de
salut, il me dit avec une parole entrecoupée d'une multitude de sanglots : — Je vous demande pardon, mon cher
Maistre, misericorde, j'ay failly, et je merite la mort;
mais je ne suis pas le seul complice de ce crime : voila,
dit-il, montrant mon Valet, celuy qui m'a porté à faire
ce mauvais coup. — Quel mauvais coup? et quel Valet? luy
dis-je, quel mystere est celuy-cy? expliquez-vous mieux,
si vous voulez que je vous entende. — C'est, dit Pierrotin,
qu'il y a du poison meslé dans le vin que je vous ay presenté. — Quoy ! luy dis-je, vous m'avez donc empoisonné?
seroit-il bien possible que vous fussiez devenu l'assassin
de vostre Maistre, ou plutost le bourreau de vostre pere?
je ne le sçaurois croire; mais, quoy qu'il en soit, vous
boirez à ma santé, puisque j'en ay plus de besoin que
jamais : en tout cas, si vous avez fait la faute vous la
boirez; car pour moy (prenant en grande haste une prise
d'Orvietan, dont pour cet effet je tenois une boëtte dans
ma poche) voici de quoi me garantir de vos insultes;
mais pour vous qui avez esté assez hardi et assez cruel
pour attenter à ma vie, preparez-vous à mourir par les
mesmes armes que vous aviez preparées pour ma mort,
recommandez-vous à Dieu, la pierre en est jettée, il faut
mourir. De sorte que, le desolé Pierrotin voyant qu'il n'y
avoit rien à esperer du costé de ma misericorde, pour
ne point degenerer dans ce dernier moment aux grandes
actions de sa vie, il se resolut de mourir comme il avoit
vescu, c'est à dire le gobelet à la main, et pour faire
voir qu'il n'étoit pas moins Philosophe que Socrate, il
n'est pas croyable avec quelle tranquillité d'esprit il but
jusqu'à la derniere goutte de cette charmante liqueur, ny

combien de choses touchantes il me dit dans ce dernier adieu. Cependant moy qui ne voulois pas perdre cette Syrene de qui la cruauté ne m'estoit point si redoutable que les charmes de sa voix m'estoient necessaires, et qui, à l'exemple de Cesar qui pardonna à son conjurateur, voulois essayer de faire un amy de mon ennemy, en luy laissant la vie que je ne voulois pas luy oster, aprés luy avoir fait un beau discours *de contemptu mundi*, luy avoir fait voir l'excés de mes bontez dans la longue suite de mes bien-faits, et luy avoir representé l'énormité de son ingratitude, par l'enfilade de ses crimes, je luy dis que, bien qu'il fust tout à fait indigne de ma pitié, pourtant je ne voulois point tremper mes mains dans le sang de ma creature, et que je m'en remettois à la Justice divine, à qui seule apartient de chastier de si monstrueuses ingratitudes : ce disant, je detrempai de cét Antidote que je luy presentay dans mon verre ; mais ce qui est admirable en cette histoire, c'est qu'au lieu que je m'imaginois que Pierrotin engloutiroit incontinent cette contre-poison, avec d'autant plus d'avidité qu'il estoit plus que tout autre amy du jour et des plaisirs de la vie, aprés avoir pris le verre de ma main, il demeura aussi interdit que si je luy eusse presenté encore une fois du poison, si bien que, voyant qu'il ne se preparoit point à boire cét Antidote, je luy demanday pourquoy il differoit ainsi à user de la grace que je luy faisois. Il me répondit que je luy faisois plus de bien qu'il ne meritoit ; mais qu'il ne se pouvoit resoudre à boire de l'eau rougie, et qu'il aimoit autant mourir que vivre dans cette austerité ; et qu'enfin il me suplioit de ne plus baptizer son vin. Je luy promis, et luy, avec une allegresse incroyable, comme si je luy eusse fait un present beaucoup preferable à la vie, il se desempoisonna sur-le-champ comme je m'estois desempoisonné. Mais d'autant que cette affaire estoit scandaleuse, et que je ne pouvois pas l'introduire auprés des Grands avec une si vilaine tache, je fis tres-expresses inhibitions et deffenses à Valentin et à mon Valet de parler jamais de ce qui s'estoit passé; ainsi la chose demeura secrette entre nous, et a depuis toûjours esté gardée sous le sceau du silence. Je sortis donc ainsi des mains de ce precieux assassin; mais d'autant qu'en ce païs perdu je ne pouvois esperer du pain que de la main de mon bourreau, et que, pour avoir ce pain, il faloit luy en donner, dans un temps où je n'en avois pas pour moy-mesme, ne voulant point rapporter en France mon desespoir et ma pauvreté, je suppliay premierement Monsieur de Surville d'excuser auprés de Madame mon erreur, par mon ignorance, pour ensuite obtenir quelques lettres de faveur pour Madame la Princesse de Baviere, sa fille, qui dés le lendemain me furent accordées. Aprés donc avoir fait un habit de campagne, et pris congé de ce peu d'amis que j'avois de reste, avec des nouvelles larmes, je partis de cette Cour, non pas pour aller en Baviere, mais pour aller dans l'antre du Cyclope, où, Lecteur humain, si tu daignes voir la pitoyable suite de mes disgraces, tu apprendras dans la continuation de cette Histoire l'estrange avanture qui m'y arriva.

# LES PENSÉES

### DE

# MONSIEUR DASSOUCY

## DANS LE SAINT-OFFICE DE ROME

#### DÉDIÉES A LA REYNE

# A LA REYNE [1]

Madame,

CES pensées de la Divinité ne sont point de moy, je les tiens de la Divinité mesme, qui me les a inspirées dans le Saint-Office de Rome. Au sortir de cette sainte captivité, le feu Pape Clement IX [2] les vid, et les estima d'autant plus dignes de quelque consideration que ces veritez éclatantes estant assez éloignées de la portée des hommes éclairez, surpassent sans doute la capacité d'un homme ordinaire comme moy. Hors du faux pieux, qui de tous les Athées est le seul incurable, croyez, *Madame*, qu'il n'en est point de si ferme en son erreur, ni de si confirmé, qui, lisant ce discours et usant de sa raison, ne soit contraint de confesser un Dieu, d'encenser ses Autels, et d'adorer sa Puissance; et, si *Vostre Majesté* me demande où j'en ay tant appris, je luy dirai, *Madame*, que j'ay étudié sous le plus grand de tous les Maistres, et dans la plus sçavante de toutes les Escoles, qui est l'Escole des Disgraces. Comme ma vie n'a esté qu'un perpétuel tissu de Croix et de souffrances, et qu'il n'est rien qui nous approche tant de Dieu que les conti-

---

[1] Marie-Thérèse.
[2] Ce pape, qui avait succédé à Alexandre VII, en 1667, était mort deux ans après.

nuelles mortifications, il ne faut pas s'estonner, *Madame*, si, dans le besoin que j'ay eu de son secours, l'ayant toujours eu présent à mes yeux et dans ma pensée, j'ay eu plus de loisir de le contempler que ceux que les richesses ont ébloüis et les prosperitez ont aveuglez. C'est, *Madame*, par mes nécessitez que j'ay reconnu les miracles de sa Providence, par l'ignorance et la malice des hommes, sa Sagesse infinie et sa Bonté, et par les Victoires que, par toute la terre, j'ay remportées sur leur cruelle iniquité, la grandeur de son pouvoir et de sa justice. C'est luy, *Madame*, qui, dans les plus noirs cachots, a tenu toûjours mon Esprit ouvert à sa lumiere, et favorisé mes yeux de ses clartez, et qui, dans les Prisons les plus étroites, a donné l'essor à mon âme, pour aller dans le Ciel contempler jusques dans son trône la grandeur de ses merveilles et de ses bontez. Daignez donc, *Madame*, recevoir ce fruit de mes persécutions, qui, dans un temps tout infecté de libertinage, et tout herissé d'Esprits forts, pourroit bien servir à détromper tant de malheureux Sçavans, qui, dans le plus fort de leurs abus, se croyent estre les seuls desabusez, si *Votre Majesté*, qui, par la grandeur de sa piété sans exemple, et par la splendeur de ses Vertus inimitables, donne le jour à tout ce qui n'est pas éclairé, daigne luire à ce petit ouvrage, et favoriser de son auguste protection ces Pensées que Dieu, comme à celle qui est toute du ciel, présente par les mains de celuy qui est tout,

MADAME,

De Votre Majesté

Le trés-humble, trés-obeissant et trés-zelé serviteur et sujet,

C. DASSOUCY.

# AU PIEUX LECTEUR

CETTE pièce est un fragment que j'ay arraché de
mes Avantures d'Italie, pour ce qu'il interrompoit
le cours de mon histoire[1]. Je l'ay donnée au Public,
non pas pour persuader un Dieu à ceux qui le
croyent comme toy, mais pour le persuader à ceux
qui ne le croyent pas, comme je me le serois persuadé moy-mesme par la force de ce discours, si,
auparavant que l'avoir tracé aprés tant de miracles
de sa Providence, il m'eust esté permis d'en douter.
Au reste, je te supplie de croire que, si, pour te
prouver une Immortalité de l'ame et une Divinité,
j'avois eu de plus fortes preuves que les témoins
surnaturels, que depuis si longtemps j'ay de sa
part, je me serois bien gardé de rompre avec Messieurs les Esprits forts, en rompant un silence que

[1] Voy. la préface.

j'avois si longtemps gardé, et qui m'estoit si nécessaire pour ne point me brouiller avec l'excusable
ignorance des uns, et choquer la malicieuse incré-
dulité des autres, qui, pour la conservation de leur
repos, sont bien aises de n'en point tant sçavoir.

# LES PENSÉES

## DE

# MONSIEUR DASSOUCY

## DANS LE SAINT-OFFICE DE ROME

———

JE suis quasi certain qu'il n'y aura gueres d'esprits assez mal-faits, après avoir écouté mes pensées touchant la Divinité, les graces que j'en reçois, et les preuves que j'ay de sa part de l'Immortalité de l'Ame, pour ne pas faire quelque difference d'un esprit aspirant à la Sagesse, à l'homme fol, inique et brutal. Mais, auparavant que d'entrer en lice et toucher une corde si delicate et si importante, je croy qu'il ne sera pas mal à propos de vous entretenir, non pas des abus des hommes méchans, mais des hommes méchans qui ont forgé les abus. J'en ay fréquenté de toutes les sortes ; c'est pourquoy j'en peux parler comme sçavant. Je sçay à fonds ce que c'est qu'un Sectaire, qu'un Deïste et qu'un Athée ; et je connois parfaitement le foible des uns et des autres. Ceux qui se retirent de la masse des grandes Religions, pour faire un corps à part, que l'on nomme Sectaires, sont à mon avis les plus sots, les Athées les plus méchans, et les Deïstes tiennent le milieu.

Les Sectaires sont les plus à plaindre, parce qu'ils sont des aveugles, qui, dans le précipice où ils sont tombez, y ont esté entrainez par autruy ; et les Autheurs de leurs Sectes, d'autant plus à condamner, qu'ils sont les Ardans, qui, à la lueur d'une clarté trompeuse, les ont tirez des grands chemins fraïez pour les y precipiter. Esprits malins et interessez, par qui le monde abusé ne verroit pas la dissipation de ses Royaumes, et la destruction de ses Empires, si le monde n'estoit si prodigieusement sot et ignorant comme il est. Car, enfin, n'est-ce pas une honte que parmy tant de gens, à qui Dieu a donné la faculté de voir et d'entendre, il y en ait si peu qui connoissent ce que c'est que l'Autheur d'une fausse Secte, et qui ne sçachent que, hors de *Jesus-Christ*, aucun n'a paru sur le Theatre du monde, que pour y faire valoir son ambition, et y estaller sa vanité ? Qui ne sçait que toutes ces personnes ont esté des Esprits fort sçavans et fort delicats, qui, connoissant leur force, se sont voulu tirer de la presse, pour paroistre au dessus du commun, aux dépens de la simplicité des peuples barbares et ignorans, gens non point excitez comme *Jesus-Christ* et ses Apostres, par des interests divins, mais par des moyens purement humains, amys de la vengeance, recherchant les honneurs, les grandeurs et les richesses, tous mescreans, et qui, sans crainte de Dieu ny de ses foudres, ne se sont point souciez de mettre toute la terre à feu et à sang, pour entretenir leurs aises, et se faire remarquer à la teste d'un party ? Car, enfin, ne faut-il pas estre bien forcené de croire que JESUS-CHRIST ait eu besoin de Luther pour reformer les abus de son Eglise, et nostre simplicité se peut-elle imaginer que Dieu ait eu intention de luy faire changer de forme, sans contredire à sa Toute-puissance, puisque

nous voyons que son Eglise est toûjours en mesme estat?
Auparavant que ce Moine renié eust jetté le Froc, pour
prendre le fer et le feu, tant d'honnestes gens si chrétiens, si pieux et si devots, n'avoient-ils point de part en
Paradis? Et moy, qui, tous les jours, avec mes larmes,
demande à Dieu qu'il daigne conduire mes pas dans les
routes de ses saintes volontez, et m'éclairer dans les tenebres de mon ignorance, qu'ay-je fait à sa misericorde
infinie, pour n'avoir pas mérité d'estre Huguenot, si la Doctrine de Luther estoit necessaire pour mon salut? N'est-ce
pas une grande pitié de voir une petite troupe de coquins,
Revendeurs de guenilles poüilleux, et le rebut du monde,
attendant le Messie, qui croyent que le Ciel n'est fait que
pour eux? Et n'est-ce pas une chose étrange de voir dans un
Royaume[1], qui, dans la carte, ne fait pas l'épesseur d'un
teston, dix-sept ou dix-huit sortes de Sectes, jusques à des
Anabaptistes et des Trembleurs[2], qui ont tous la mesme
pensée, qui s'ingerent de reformer toute la Terre et de
commander aux Rois? Quelle épouventable ignorance dans
ces pauvres gens abusez si cruellement, et quelle épouventable malice dans ceux qui les ont si cruellement abusez! Ces nouveaux Docteurs n'ont-ils pas bonne grace de
venir troubler nostre repos, partager les consciences,
jetter du scrupule dans les ames delicates, et rompre en
visiere mesme au Lieutenant de *Jesus-Christ*, et soulever
de nouveaux orages dans la France, pour y mettre tout
sens dessus dessous? Est-ce, à vostre avis, le soin qu'ils
ont de nostre salut qui les oblige? Est bien fol qui le
croit : car je ne sçaurois me persuader qu'aucun de ces

[1] La Hollande.
[2] Ou quakers.

Messieurs ait jamais pensé à moy, ny qu'il se soucie de ma conscience. Avions-nous besoin de leur Doctrine, et ne suffisoit-il pas de celle que nous ont enseignée nos peres pour estre sauvez? Est-ce que tant d'honnestes gens, qui sont partis de ce monde avec la grace de Dieu, pour aller au Ciel, sont demeurez à moitié chemin, ou sont encore aux portes du Paradis, attendant la venuë de ces nouveaux Messies? Ce laboureur qui, tout le jour, travaille à la charruë, qui, tous les soirs, dit son *Credo*, et qui, tous les Dimanches, va au Prone et fait ce que Dieu luy commande, et ce que son Curé luy enseigne, à vostre advis, a-t'il besoin de semblables Reformateurs pour se sauver? Et moy, qui les trouve tous fort beaux Esprits, mais qui, en matiere de Religion, n'aime point les nouveautez, est-ce que, si je ne prens party pour ces Messieurs qu'avec tout l'amour que j'ay pour Dieu, j'iray à tous les Diables? Ma foy, je n'en croy rien, quand mesme ils auroient raison; mais comment auroient-ils raison, s'il faut necessairement qu'ils soient des imposteurs, ou que Dieu n'ait pas fait son Eglise, ou accuser son Ouvrage d'imperfection; ce qui seroit un attentat à sa Puissance, d'autant plus criminel qu'il n'est aucune creature raisonnable qui ne voye le contraire, depuis que Dieu a créé le Ciel et la Terre, et qu'il a donné le branle à toutes les choses? A-t-on veu quelque mutation dans l'ordre qu'il a prescrit à la Nature, et quelque changement dans cette harmonie du monde? Non, parce que ce souverain Architecte, de son premier trait, l'a si bien fait et si bien formé, qu'il n'y a plus rien à refaire. Un Peintre de temps en temps retouche à son tableau, pour essayer d'arriver le plus prés qu'il pourra à cette perfection, qui n'est qu'en Dieu : mais Dieu n'a pas besoin de retoucher à ses Ouvrages, pource qu'il est un ouvrier tout parfait. C'est pourquoy il faut conclure, ou que Dieu n'a pas fait son Eglise, ou, s'il l'a faite, qu'il l'a reduite d'abord dans un tel point de perfection, qu'il n'a pas eu besoin de Luther pour la réformer, ny de ces nouveaux Docteurs pour la parer de nouveaux attraits.

Or que ce ne soit Dieu qui ait fait son Eglise, laissons la foy à part, qui ne nous permet pas d'en douter ; il ne faut pas avoir des yeux bien subtils pour découvrir cette verité, il nous suffit, avec nos yeux de chair, d'observer d'une part les intentions de ceux qui ont enfanté les hydres de tant de Sectes extravagantes, et de monstrueuses Religions, et, de l'autre, regarder les démarches de *Jesus-Christ*, dans la fondation de celle qu'il nous a establie, non-seulement par sa parole, mais encore par son propre exemple, comme homme. Ceux-là ont recherché les honneurs ; *Jesus-Christ* comme Dieu, les a meprisez, pource que c'est luy qui les dispense. Ceux-là ont recherché les richesses, *Jesus-Christ* les a foulées aux pieds, parce que Dieu est assez riche de son estoc[1]. Ceux-là, en toutes leurs actions ont montré un entier attachement à la Terre, et *Jesus-Christ*, en toutes ses œuvres, à fait voir qu'il estoit détaché de tous les intérests humains; et les traces de sa Divinité ont paru dans tous ses pas, comme dans tous ses faits et dans tous ses dits; et, comme les autres ont bien fait voir par leur ambition, par leur orgueil et leur vanité, qu'ils n'estoient que des hommes susceptibles des passions humaines, celui-ci, par son humilité et sa tempérance, a bien fait connoistre qu'il estoit un Dieu dépoüillé de toutes humaines passions. C'est

---

[1] Pour : de soi-même.

pourquoy, comme on ne peut douter de sa Divinité, on ne
peut pas aussi douter que, dans la fondation de son Eglise,
il n'y ait travaillé comme un Dieu, et non pas comme un
homme, et que, comme un ouvrier très-parfait, il n'ait
donné le dernier trait de perfection à son Ouvrage, ny
que ces douze colonnes inébranlables, sur qui repose aujourd'hui ce grand bastiment de nostre salut, ces douze
Apôtres, qui en sçavoient plus que Messieurs ces nouveaux
Docteurs, n'ayent d'abord pris, de la main de ce grand
Architecte, tous les matteriaux necessaires à la construction
de ce grand Edifice; et, par conséquent, il ne faut pas
croire qu'elle ait eu besoin de reformateur, puis qu'aux ouvrages de Dieu, où l'on ne peut retoucher sans crime, on
n'y peut rien adjouter ny diminuer. C'est pourquoy, comme
nous ne voyons pas que les foudres et les tempestes ayent
jamais ébranlé ce grand univers ; que, malgré les orages,
le Ciel est toujours en son lieu, et la terre en sa place,
et que, depuis qu'elle envoye des vapeurs au Soleil, nous
n'avons point encore apperçu que ce grand Astre ait
rien perdu de sa lumiere; de mesme nous ne voyons pas
que ce triomphant ouvrage de nostre salut, commencé et
finy par la main du Tout-Puissant, au milieu de ses persecutions, ait jamais changé de forme ny de face, ny
qu'il ait jamais perdu de son éclat : et ceux qui se retirent
de son sein pour le réformer, ce sont des gens qui,
pour satisfaire à leur avarice, vendent encore une fois
*Jesus-Christ* à bons deniers comptans, trafiquent de son
sang, lesquels, dans le corps de son Eglise, représentent
parfaitement ce que Judas representoit dans la compagnie des Apostres. Cependant, combien avons-nous veu
d'hommes sans foy, sans loy, et sans conscience, qui,
au mépris de Dieu, ont esté assez audacieux, pour l'ac-

cuser d'imperfection, et retoucher à ses ouvrages ! Beze
et Luther ont commencé ; nous en verrons encore d'autres qui raffineront sur ceux-ci. Mais, si les Ames si précieuses et si raffinées dans la devotion qui les ecoutent
se contentoient de la Croyance du Charbonnier, et de la
Foy du bon Larron, pour aller en Paradis, et qu'ils fissent comme moy, qui, dans tous mes voyages, aime mieux
faire un quart de lieüe davantage dans le chemin battu
que de risquer à me perdre dans les petits sentiers ; moy
qui n'ay jamais leu que dans la vie de *Jesus-Christ*, et
qui n'ay jamais eu la hardiesse de mettre le nez dans la
Bible, pour ce que j'aurois peur de n'y rien comprendre ;
moy qui aime mieux travailler à purger mon âme de ses
défauts qu'à luy acquérir de nouvelles sciences, dont
il la connoist incapable ; moy qui ne sçais pas encore
la différence qu'il y a entre grace suffisante et grace
efficace[1], et qui ne me soucie pas par quelle grace je sois
sauvé, pourvû que Dieu m'en fasse la grace ; qui ne
pourrois pas dire seulement comme un de ces nouveaux Docteurs est fait, qui n'ay jamais leu leurs Ecrits
et qui n'en liray jamais ; est-il pas vray que ces grands
interpretes du Ciel, ne trouvant, parmy le beau monde,
personne qui les suivist, ny qui les admirast non plus
que moy, se trouveroient bien attrapez ? Ce seroit pour
lors que l'on verroit clairement quel intérest les fait agir,
si c'est ou pour faire parade de leur vanité, ou pour le
salut des ames ; car bien qu'il y ait autant de merite à
remettre un belistre[2] dans la voye du salut qu'à ensei-

---

[1] Que d'encre répandue à ce sujet ! — Pascal s'est bien moqué
des sottes discussions auxquelles a donné lieu la question de la
grâce (*Provinciales*, deuxième lettre.)
[2] Gueux qui mendie par fainéantise.

gner le chemin du Ciel à un homme riche, je m'asseure
que vous ne verriez pas un de ces beaux esprits quitter
leurs aises, pour aller dogmatiser dans les hopitaux. Ils
seroient contraints de quitter les Cours et les Palais des
Rois, pour aller prosner dans les villages, où n'estans pas
encore entendus ny des Paroissiens, ny peut-estre mesme
du Curé, ils seroient contraincts d'employer leur esprit
à d'autres choses qu'à tourmenter les pauvres humains
et à troubler le repos de nos consciences : mais nous me-
ritons bien les maux qu'ils nous procurent, puis que nous
leur aidons de toute notre puissance à nous les procurer,
que nous nous défrayons[1] et nous nous cottisons pour
les faire paroistre : et que nostre ignorance et nostre
simplicité fournit de matiere à leur vanité, et d'aliment
à leur ambition. Voilà l'opinion que j'ay des Sectaires.

Pour les Deïstes, ce sont des Esprits totalement op-
posez aux Sectaires, pource que ceux-là ne sont abusez
que pour chercher trop curieusement le fin des Religions; et ceux-cy ne sont abusez que pour n'en vouloir
prendre aucune connoissance. Les Sectaires sont obstinez
et opiniastres comme des Diables : les Deïstes, au contraire, sont souples et traitables comme des colombes,
cherchant de toute leur puissance la verité, mais qu'ils
peuvent d'autant moins trouver que ce sont eux-mesmes
qui ont forgé leurs chaisnes et leurs fers, pour se rendre
esclaves de leurs abus. Ce sont des Esprits en qui la
lumiere naturelle est trop puissante pour laisser aucune
entrée à la surnaturelle, sans qui l'homme ne peut avoir
ny de foy, ny de Religion. Ceux-cy font tout au rebours
des autres hommes ; car au lieu qu'à force de voyager,

---

[1] Pour : nous nous mettons en frais.

de courir la Terre et les Mers, frequenter les Nations
differentes, les autres apprennent quelque chose, ceux-
cy, tout au contraire, à force de voyager, oublient si bien
ce qu'ils ont appris, que l'aveuglement et l'ignorance
est le resultat de leurs voyages. Ceux-cy craignent Dieu
et l'adorent, parce qu'ils le connoissent; disent que toutes
les Religions ont pour objet la Divinité, et les compa-
rent à plusieurs chemins, qui aboutissent tous à un
mesme but, ou plusieurs lignes qui vont à un mesme
centre ; les croyent des inventions humaines, et les regardent comme des Loix que les hommes sages ont in-
ventées, en faveur de la societé humaine; et comme des
brides necessaires, pour refrener la malice des hommes.
C'est pourquoy ils les approuvent toutes, mais ils n'en
suivent pas une, parce que, comme ils sont venus à la
connoissance de Dieu par eux-mêmes, ils se font encore
eux-mesmes une Religion, et luy dressent un culte à leur
fantaisie. La pluspart vivent moralement bien, ne prient
que mentalement, et avec des larmes. Ils sont ennemis
de toute ceremonie, et de toute apparence exterieure,
et ne scandalisent jamais la Religion; au contraire, ils
vont à l'Eglise comme les autres, entendent la Messe et
la Predication, et meurent un Crucifix à la main entre
les bras de leur Curé, parce que, s'ils ne croyent pas que
cela leur puisse ayder, ils ne croyent pas aussi que cela
leur puisse nuire. C'est pourquoy, bien que leur Corps,
qui s'étend par toutes les Religions, et sur toute la Terre,
soit le plus grand de toutes les Sectes, ils sont bien difficiles à connoître, et ne s'entreconnoissent pas eux-
mesmes : Aristote étoit de ce nombre; et il y a bien de
l'apparence que Montagne et Charon en tenoient un peu.

Des Athées il y en a beaucoup de faux; mais il y en a

bien peu de veritables, parce que l'homme estant une
Plante Divine, portant en soy les semences de la Divinité, il est bien difficile que, joüissant de tant de celestes
prerogatives qu'il tient de la main de son Maistre, il
puisse prendre des armes pour detruire son Createur, et
se declarer contre la noblesse de son extraction. Cette
maladie dans l'homme est un regorgement de Sciences,
dont les esprits cacochismes ont fait une mauvaise application et un mauvais chil[1]. C'est pourquoy ceux qui en
sont atteints sont ordinairement éclairez de belles Lettres,
trés-sçavans dans les affaires de ce monde-cy, mais trés-
ignorans de ce qui se fait en l'autre; ce sont des esprits
extrémement fins et deliez, qui, à force de raffiner sur
toutes choses, font comme les Alchimistes, qui reduisent
toutes choses à rien, et des gens trop hardis, qui non
contents de voir la Divinité et de la comprendre par
l'excellence de ses ouvrages comme le reste des hommes, sans considerer la foiblesse de nostre miserable
condition, en veulent avoir une connoissance qui surpasse nos forces naturelles. Esprits trop audacieux, qui,
pour vouloir penetrer ses secrets, et la voir en son particulier, comme les Anges portent leur vol jusques dans
son trône, et qui, à force de l'estudier, la chercher et la
contempler de trop prés, demeurent ensevelis dans
l'obscurité d'une éternelle ignorance, comme ceux qui
perdent les yeux à force de contempler le Soleil. Enfin
ce sont des Geants escaladans le Ciel, que le Ciel a fou-
droyez, et des nouveaux Icares, qui, voulant avec des
aisles de cire approcher de trop prés de l'immortelle

---

[1] Le chyle est un suc blanchâtre dans lequel les aliments se
changent immédiatement par la digestion et qui se mêle avec la
masse générale du sang.

splendeur, que les mortels ne sauroient envisager ny
soûtenir, meritent bien, pour le prix de leur fole curiosité, d'estre precipitez dans les abismes d'une mer de
confusion et d'ignorance. Ceux-cy se mocquent de tout
le monde, croyent estre les seuls sages et les seuls desabusez ; regardent les hommes comme des forçats attachez à leurs chaisnes, et des fols coiffez de leurs ma-
rottes. Comme ils ne croyent ny Dieu ny Diable, ils ne
croyent point aussi d'immortalité de l'Ame ; et ce qui
est de plaisant en eux, c'est que, bien qu'il n'y ait point
d'homme si vil ny si sot qui ne se croye audessus du
plus parfait de tous les animaux ; ceux-cy, avec toute
leur superbe et leur esprit, ne font aucune difference entre leur Ame et celle de leur cheval. Ils ne connoissent
d'autre bien dans la vie que les Voluptez qu'ils prennent
sans scrupule, mais avec reserve, et se servent de la
temperance ponr en attirer la convoitise, et en augmenter le plaisir. Ils ne laissent pas de fuir les crimes et de
suivre la vertu, pource que leur impiété n'empesche
pas que leur sagesse ne s'etende sur les choses humaines :
au contraire selon le monde ; ceux-cy [1] ont passé dans
l'antiquité pour les plus sages de tous les temps ; et nous
en avons veu du nostre, qu'il ne faut pas nommer, qui
ont bien montré ce qu'ils sçavoient faire [2]. Ceux-cy ne
reviennent jamais de leur aveuglement, et se font connoistre plus dans la mort que dans la vie : car ils font
gloire en ce dernier passage de paroistre ce qu'ils ont
esté. Le fameux Medecin Rabelais n'auroit jamais dit en

[1] Les épicuriens niaient l'immortalité de l'âme ; ils admettaient
l'existence d'êtres supérieurs à l'homme, mais leur refusaient toute
intervention dans les choses de ce monde.

[2] Boutade contre les gassendistes, desquels avait fait partie Cyrano de Bergerac.

mourant : « Tirez le rideau, la farce est jouée, » s'il n'a-
voit voulu apprendre au monde comme il s'estoit mocqué de tout ; et celuy qui mourut dans Paris sur le Quay
de la Megisserie, qui, dans le dernier moment de sa vie,
envoya promener deux Peres Capucins, qui le menaçoient
de faire jetter son corps à la voirie, s'il ne se confessoit,
ne s'estoit point encore declaré jusques-là. On dit que
l'Astrologie et la Medecine portent en eux les monstrueuses
semences de cette pitoyable erreur. Il en pourroit bien estre
quelque chose, parce que la pluspart de ceux qui en font
profession donnent beaucoup à la Nature. Voilà ce que
je sçay des Athées parfaits, et dont je ne parle que par
oüy dire ; car si j'en ay frequenté je ne m'en suis point
apperçû. Ce sont des gens abstraits et parlans peu, qui
ne se découvrent point, et qui gardent pour eux ce qu'ils
sçavent, comme la pierre philosophale, enflez de superbe
et de la vanité des Sciences, qui ne font cas que d'eux-
mesmes, et méprisent le reste des hommes. Pour des
faux Athées j'en puis discourir parce que j'ay eu de longues habitudes avec eux, dont j'ay retiré d'autant plus
d'utilité que j'ay eu plus de loisir d'observer leur vie, et
d'envisager leur erreur. Ce sont des hommes fort débauchez et fort méchans, plongez dans toutes sortes d'or-
dures, et addonnez à toutes sortes de vices les plus abo-
minables. Ce sont des Esprits adustes [1], des imaginations
chaudes et fortes, mais vicieuses, Esprits déliez, mais dé-
traquez et tendans à la folie, gens de peu de capacité et
resonnans mal, non seulement de toutes les choses celestes, mais de toutes les affaires du monde. Ceux-cy ont
esté premierement méchans et puis Athées ; et voyans en-

___
[1] Brûlés.

fin que les outrages qu'ils ont fait à Dieu et à la Nature
sont montez à un tel excez, qu'ils ne peuvent rien esperer de sa misericorde, et tout à craindre de sa Justice,
ils se font de l'atheïsme un rempart contre sa severité ;
et comme un Gouverneur de place coupable de plusieurs
crimes de leze-majesté se rebelle, et prend les armes
contre son Roy, ils se rebellent contre leur Maistre, et
prennent les armes contre Dieu, pour essayer de l'aneantir et le détruire, le renient, et font semblant de le meconnoistre, et luy tournent le dos, pour ne point voir
le visage de leur Juge irrité ; et pour montrer que cela
est veritable, c'est que, bien qu'ils fassent tout leur pouvoir pour l'oublier, ils n'en peuvent venir à bout. Ils ne
parlent quasi jamais d'autre chose en compagnie que de
Dieu. Quand ils sont de belle humeur, ils en font leur
bouffon, et luy font dire et faire mille singeries ; et dans
leurs disgraces, ils luy disent toutes les injures et luy
chantent toutes les poüilles que la colere peut faire dire
aux plus méchans de tous les hommes ; de sorte que,
blasphemant sur la terre comme les Diables font en Enfer, on peut dire plûtost que ce sont des Démons, ennemis de Dieu et de sa gloire, que des hommes ignorans
de son estre et de son pouvoir. Ceux-cy sont tout au
contraire des autres : car, au lieu que les autres ont
perdu la connoissance de Dieu pour l'avoir voulu trop
connoistre, et le rechercher avec trop de curiosité, ceux-
cy l'ont perdu en le fuyant de tout leur pouvoir, et re-
cherchans tous les moyens de le meconnoistre. Les autres
ont perdu les yeux à force de les ouvrir à sa splendeur,
et ceux-cy à force de les fermer à sa lumiere. Les autres
ne blasphement point contre luy, parce qu'ils auroient
honte de s'en prendre à ce qui, dans leur imagination, ne

passe que pour une chimére; et ceux-cy crachent incessamment contre son image, le defigurent et le scandalisent en tous lieux. Les autres se tiennent clos et couverts,
parce qu'ils sçavent bien que l'atheïsme n'est pas une
qualité pour se faire aimer du monde; et ceux-cy, tout
au contraire, sont si insensez, qu'il n'est rien qu'ils ne
fassent pour se faire connoistre. Ils veulent estre montrez
au doigt par les rües, et ne sont pas bien aises si les laquais qui les suivent et qui les servent ne sont encores
témoins de leur impiété, sur laquelle ils fondent toute
leur gloire, et sans laquelle ils ne croyent pas qu'un
homme soit digne de paroistre, ny d'estre mis au
nombre des Esprits forts. Les autres sont intrepides aux
approches de la mort, parce qu'ils la regardent comme
la fin des miseres humaines, et qu'ils ne croyent d'autre
vie; et ceux-cy, tout au contraire, à l'aspect de son visage effroyable, tremblent comme des coquins, y moüil-
lent tous leurs dras de sueur, parce qu'ils apprehendent
une autre vie. Les autres font gloire de mourir comme
ils ont vécu; ceux-cy, tout au contraire, retournent à
leur maistre, mettent bas les armes, luy font amande
honorable, et s'abandonnent à la misericorde de leur
Juge; mais il ne fait pas à tous la mesme grace; car la
pluspart, ou tombent en délire, ou finissent par quelque
mort extravagante. J'en ai connu un qui se rompit le col
dans une cave; un autre qui se jetta par les fenestres, et
des deux autres que j'ay le plus frequentez, et qui m'ont
fait un honneur que je ne meritois pas, m'immortalisant
dans leurs écrits, l'un est mort fol[1], et je prie Dieu que

---

[1] Cyrano de Bergerac n'est pas mort fou, mais des suites d'un
accident. (Voy. Bibliothèque gauloise, *Hist. com. des États du Soleil. Notice hist.*, p. 65.)

l'autre meure plus sage. Le premier estoit un homme
dont je puis bien parler, puisque je l'ay nourry long-
temps ; il avoit l'imagination si forte, qu'il n'y a rien de
si ridicule ny de si extravagant dont il ne se fist une
tres-constante vérité ; et n'estoit pas content d'en estre
entièrement persuadé, si les autres n'en estoient encores
persuadez comme luy-mesme. Il vouloit qu'on crût que
chaque étoille estoit un Monde, et qu'outre ceux-là il y
en avoit encore une infinité d'autres, et qu'il y avoit plusieurs Soleils ; et, quoy que je lui donnasse à manger, il
m'auroit querelé, et ne se seroit pas soucié de rompre
avec moy, si je ne lui eusse accordé qu'il y avoit un
Monde dans la Lune. L'autre estoit un esprit tres-delié,
et des plus galans de nostre siecle. Il avoit succé l'erreur
avec le lait auprés d'un grand Philosophe Athée[1], parfait
et accomply, mais qui en avoit fait un mauvais Disciple.
Celuy-cy ne reconnoissoit rien au dessus de la Nature,
attribuoit tout au hazard, et avoit des pensées admirables,
qu'il disoit estre plus claires que le jour : mais il falloit
alors que je fusse bien aimé de Dieu, puisqu'il m'a toujours fait la grace de n'y rien comprendre. Il m'asseuroit
que le Monde estoit fait d'atomes, et, pour le prouver, il
m'apportoit des raisons si bourruës et si extravagantes,
que si Epicure n'en avoit point de meilleures, il falloit
que ce fust un esprit bien extravagant et bien bouru.
Aussi, quoy que je ne sois pas un grand Philosophe, et
que je n'aye que quelque lumiére naturelle, avec quelque expérience du Monde, et quelque peu de sens, pour
discerner le faux d'avec le vray, je n'avois pas de peine à
les réduire à l'obstination, qui est l'ordinaire refuge de

---

[1] Dassoucy continue ses attaques contre Gassendi.

la presomption et de l'ignorance, touchant la Nature, qu'ils confondent avec Dieu, à qui ils ostent tous les Attributs, pour les donner à celle qui n'agit que par son ordre. Voici ce que je leur en disois, que je ne tiens point d'autruy, mais de moy-mesme, par l'observation que j'ay faite des choses du Monde : — Je ne connois pas d'autre Nature, disois-je, que celle que nous voyons répanduë dans tous les corps, qui agit sans conduite, sans intelligence et sans dessein, c'est à dire aveuglement par contrainte et par nécessité. Comme le feu brûle, parce que c'est sa nature de brûler, et agit aveuglement et par nécessité, comme on peut voir ; car autrement il auroit fait scrupule de devorer une si belle ville que Londres[1]. L'eau humecte, parce que c'est sa nature, et agit de mesme aveuglement et par necessité ; autrement elle n'auroit pas tant de fois ravagé la Terre par tant de naufrages, d'inondations et de déluges ; et le soleil éclaire, parce que c'est sa nature d'éclairer ; et bien que ce grand œil du monde, qui donne la lumiére aux autres, éclaire tout l'Univers, il est luy-mesme aveugle, et agit aussi aveuglement que tout le reste. Or si toutes ces pieces, que nous voyons aujourd'huy si bien placées, estoient pesle-mêle confonduës toutes ensemble n'ayant ny esprit, ny conduite, ny intelligence, comment auroientelles pû former le merveilleux dessin que l'on void dans les dispositions de toutes ces parties, qui subsistent dans un ordre si exact, qu'un point ne passe pas l'autre ? Comment le Soleil, qui ne demande qu'à courir, et qui, vraysemblablement estant privé de tout sentiment, ne se soucie

---

[1] Le 2 septembre 1666, un incendie terrible avait éclaté dans un quartier presque entièrement bâti en bois. Quatre jours après il durait encore, et ne s'arrêta qu'après avoir dévoré treize mille maisons.

gueres si les hommes ont des yeux, ou s'ils n'en ont
pas, se seroit-il fait une loy, et prescrit des bornes à soy-
mesme, pour nous apporter ponctuellement sa lumiére
tous les matins, pour nous regler les ans et les saisons,
et faire produire à la Terre des fruits et des fleurs, des
plantes et des animaux, et tout ce qui nous est necessaire,
si quelque puissance superieure, qui, comme un Lion
dans son Zodiaque, le tient enchaisné par un commandement absolu, ne lui avoit donné un ordre bien exprés?
Et toutes ces qualitez contraires, qui, dés le commencement du Monde, se sont déclaré la guerre, et qui jusques à sa fin n'auront jamais entr'eux ny tréve ny paix,
qui n'agissent qu'aveuglement, et comme des forçats, par
necessité, et qui n'ont ny sens, ny avis, ny conseil,
comment auroient-elles pu prendre un assez bon conseil,
estant si fort irritées les unes contre les autres, pour
tirer de leur antipatie ces merveilleux accords, qui produisent cette miraculeuse et ravissante harmonie de l'U-
nivers? Il me semble que vous me direz que non. Et, si
vous me dites que non, il faudra donc necessairement
que vous me disiez que cette Nature, à qui vous donnez
la conduite de toutes choses, est une Nature sage et pro-
vide [1] et intelligente; car icy il n'y a point de milieu,
puisqu'il faut que vous attribuiez de l'intelligence à cette
première Nature, qui n'en a point, ou que vous en trou-
viez une autre qui en ait; et, si vous en trouvez une
autre qui soit pourveuë d'intelligence, nous voila d'accord: vous estes plus sçavant que vous ne pensiez; et
vous avez toûjours crû en Dieu, et si vous ne vous en
estes pas apperçû; car cette autre Nature, que vous dites

[1] Prévoyante.

intelligente et qui merite bien l'honneur que vous luy
faites de la separer de celle qui ne l'est pas, est cette Divinité ou cette Nature Divine que nous adorons, ce Dieu
que nous professons, qui donne le branle à toutes choses :
cette souveraine et parfaite intelligence ; cette ame du
monde, cet Estre des Estres ; et si vous estes si amy de
la Nature, que tous ces noms ne vous plaisent pas, appelez cette Nature intelligente, Nature Divine ; ce sera
toûjours la mesme chose, car Dieu n'a point de nom ; il
se fait assez connoistre par ses ouvrages, et tous les noms
que nous lui donnons, c'est pour le distinguer des autres
Estres.

Mais quoy que ce discours vous doive suffire pour vous
prouver un Dieu, Auteur de toutes choses, et Maistre de
la Nature, je vous en veux donner des preuves encores
plus communicatives ; et des obscuritez de votre propre
erreur, j'en veux tirer assez de lumiére pour achever de
vous éclairer. Vous donnez tout au sort et à la fatalité,
et ostez la gloire à Dieu d'avoir fait le Monde pour l'attribuer au hazard. Or je vous demande si vous connoissez
quelque hazard autre que celuy que nous connoissons, qui
fait tant d'extravagances parmy nous, qui culbute et met
tout sans dessus dessous, que nous regardons comme un
monstre confus, ennemy de toute regle, et de tout ordre,
aveugle, méchant et capricieux ; si vous n'en connoissez
point d'autre que celuy-cy, que je ne connois que trop, il
n'y a point d'apparence d'attribuer la gloire d'un si excellent ouvrage à ce qui n'a ny corps ni esprit, ny consistance, et qui ne passe que pour une puissance chimerique, dans nostre imagination. Si le hazard avoit fait le
Monde, on auroit tort de mepriser le hazard, comme
l'on fait, puisque, quand un sot a fait quelque chose de

bon, on dit qu'il l'a fait par hazard, pour montrer que dans cette action l'intelligence n'a aucune part. Personne ne peut mieux parler du hazard que moy, puisque, joüant à trois dez, je n'ay jamais gueres fait que des hazards; et j'ay des preuves admirables de l'instabilité de sa nature, car s'il m'a fait faire une fois quinze sur dix, il m'a fait faire dix fois quinze sur treize. Toutes les fois que je me suis abandonné au hazard, j'ay veu mes affaires en desordre, et quand j'ay eu recours à mon intelligence, j'ay rétabli mes affaires, parce que c'est à l'intelligence qu'appartient l'honneur de disposer toutes choses, et mettre toutes choses en leur place. Si vous voulez voir un plaisant effet du hazard, il ne faut qu'aller chez un Imprimeur, et composer un livre des lettres que vous prendrez sans choix dans les cassettes, et puis le mettre au jour, je m'asseure, quand vous en ferez la lecture, que vous ne direz pas que ce hazard a fait le Monde, et si vous en voulez un autre exemple plus parfait, étendez des cordes sur un Clavessin, et laissez-en la disposition à la mercy du hazard, je defie le hazard de les accorder en cent mille ans, non-seulement le hazard, qui n'est rien, mais tout ce qui est dans la nature (hors de l'homme) n'en sçauroit venir à bout; et quand tous les animaux du monde auroient des mains et des instrumens pour cet effet, ils ne pourroient jamais en disposer et en accorder, non pas mesme une seule corde. Et si vous me demandez pourquoy l'homme entre tous les animaux est le seul capable de mettre ces cordes en leur place, c'est que l'homme est le seul icy bas de toutes les essences créées, à qui Dieu ait fait part de son intelligence, sans laquelle nulle chose ne peut venir à la connoissance de cette disposition, et par laquelle Dieu ayant fait de l'homme un raccourcy de soy-mesme, il luy a donné le pouvoir et la faculté d'exprimer en petit ce que ce souverain Maistre de l'harmonie du Monde, dans son grand et vaste Empire, nous fait voir en grand ; et qu'ainsi ne soit, voyez ce que Dieu, ce grand Maistre de Musique, fait pour tirer l'harmonie de cette grande machine qu'on appelle le Monde. Et voyons d'autre part ce que cét homme fait pour tirer l'harmonie de cette petite machine qu'on appelle Clavessin ; car vous devez sçavoir que par les plus petites choses nous venons à la connoissance des plus grandes [1]. Toutes les parties qui composent ce grand Univers, ce sont les cordes que Dieu a étendües sur cette grande machine du Monde, et lesquelles, bien que de nature differente, et de qualitez contraires, Dieu a disposées ; en sorte qu'au lieu qu'en toute autre disposition, elles seroient contraintes par leur propre nature de se détruire les unes et les autres, elles s'entreservent si bien, que, si l'une de ses parties, que Dieu a disposées dans certains degrez de proportion que nous appelons intervalles, estoit hors des limites, où cette souveraine intelligence les tient attachées, elle mettroit toutes les autres en desordre, et toute cette harmonie iroit en confusion. Les parties desquelles Dieu compose sa Musique, ce sont les quatre Elemens que cét homme represente sur cét instrument par quatre cordes ; sur lesquelles il produit en racourcy les mesmes accords que Dieu tire de ces quatre grandes cordes, qui produisent toute cette harmonie, par qui subsiste tout ce qui en est composé. Cette grosse corde que vous voyez sur cét instrument, qui fait la basse, repre-

[1] Cecy paroistra obscur à ceux qui n'entendent pas la musique. (*Note de Dassoucy.*)

sente la Terre, et sur cette petite machine fait le ton grave, comme sur cette grande machine du Monde la Terre par sa gravité represente les grosses cordes du Clavessin. Cette autre corde qui suit, que vous voyez un peu plus deliée, et dans un lieu plus eminent, fait dans cette petite Musique, et sur ce mesme Clavessin, la partie du milieu, que l'on nomme Tenor. L'eau de mesme que nous voyons d'une qualité plus tenüe et plus déliée, et dans une sphere un peu plus élevée, fait dans cette grande Musique du Monde, entre l'air et la Terre, cette mesme partie que nous appelons Tenor. Cette autre corde que vous voyez sur ce Clavessin, encore plus déliée et plus élevée, fait un temperamment entre la Taille et le Dessus, comme cette grande corde, encore plus subtile et plus déliée que les deux precédentes, que nous appelons l'Air, est une autre partie, qui, dans une sphere encore plus haute, fait un temperamment entre l'Eau et le Feu, que nous appelons, en langage de Musique, haut de Contre ; et cette dernière qui tient le haut bout, la plus fine et la plus déliée de toutes, que nous appelons Chanterelle, nous represente le feu le plus fin, le plus épuré et le plus subtil de tous, qui, comme le plus noble, placé au dessus de tous les autres, fait cette partie que nous appelons le Dessus, qui est cette partie brillante qui donne la vie et le jour à tout l'ouvrage, et sans qui nostre Musique ne produiroit rien que de triste et de melancolique, non plus que cette grande harmonie, sans le feu, dont Dieu a allumé le Soleil et les Estoilles, et que nous voyons briller dans ce grand Astre, qui donne la lumière au Monde et porte la joye et la clairté par tout l'Univers.

Mais comme l'œil humain ne peut aucunement appercevoir ces proportions harmoniques, sans lesquelles il n'y auroit dans ces quatre grandes cordes aucune union ny aucun accord, parce que nous ne les pouvons connoistre que par leur effet, qui ne se communique à nous que par les mesmes proportions qui font l'harmonie dont nous sommes composez; de mesme cét homme ne pouvant connoistre que des yeux du corps, en quel degré ny en quelle situation sont ces cordes qu'il a tendues sur cét instrument, par ce que la veuë n'est pas le sens destiné pour juger des sons, ny des proportions ou disproportions, qui détruisent ou produisent l'harmonie, il a recours aux yeux de son esprit; et par l'intelligence que Dieu lui a donnée, qui est la mesme dont Dieu s'est servy pour accorder ces grandes cordes, l'homme avec une petite clef, hausse et baisse ces cordes jusques à tant qu'il les ait reduites au mesme temperamment, et aux mesmes proportions dans lesquelles Dieu a restraint et enfermé ces quatre Elemens, et par la mesme harmonie de ces mesmes quatre qualitez contraires, dont ce mesme homme est composé, mettant la main sur son clavessin, et sonnant toutes ces cordes ensemble à la lueur de cette mesme intelligence, il les réduit le plus prés de cette perfection qui est en Dieu, autant que sa capacité se peut étendre, et de cette reduction il en fait un accord. Et comme l'harmonie du Monde ne seroit pas belle sans sa variété, cét homme, de ces quatre premieres cordes qu'il a accordées, en tire quantité d'autres cordes, et des tons differens, desquels il compose plusieurs differens accords; et par une intelligence bien plus raffinée, et des proportions encóres bien plus subtilles, melant les accords parfaits aux imparfaits, et les dissonnances aux consonnances, il donne l'ame à son ouvrage, et en fait une modulation, dont résulte cette harmonie, qui, comme nous voyons, touche les ames, et emeut les passions. Dieu de mesme : apres avoir disposé ces quatre grandes cordes, et les avoir reduites dans les proportions harmoniques, il en a fait l'accord, par qui nous voyons encore aujourd'huy subsister cette harmonie du monde ; et, pour le rendre plus agreable par sa variété, de la variété des tons qu'il a tirez de ces quatre grandes cordes, il a composé tous les accords que nous voyons qui subsistent par les proportions de ses quatre qualitez contraires, en a donné l'ame, et les couleurs à toutes choses, en a formé les fleurs, les fruits, les plantes, les mineraux, et tous les individus, et meslant les accords imparfaits avec les accords parfaits, et les dissonnances avec les consonnances, qui sont les biens et les maux, les plaisirs et les douleurs, les vices et les vertus, la pauvreté et les richesses, la santé et la maladie, de l'enchaisnement de ces choses, il en a fait cette parfaite modulation, d'où procède cette merveilleuse harmonie, qui ravit et entraisne apres soy tout l'Univers. Mais ces proportions harmoniques, que l'on voit dans la construction de ce grand Edifice du Monde, qui se voyent dans la Musique, dans la Poësie, et dans la Peinture, et que l'on peut remarquer encore en ce discours, ne s'étendent pas seulement dans les choses plus grandes, mais encores dans les plus petites. Tout ce que nous voyons dans la Nature est Musique ; et rien ne peut subsister sans cette harmonie, que l'homme seul, à l'imitation de Dieu, est capable de produire et faire paroistre, non pas à cause du rapport et de la simpatie qu'il a de l'harmonie dont il est composé, avec les proportions harmoniques de toutes les choses, puisque la plus excellente de toutes les bestes ne sçauroit seulement faire un soulier ;

mais à cause de ce rayon d'intelligence que Dieu luy a
donné, sans lequel le plus habille de tous les hommes
ne pourroit pas seulement peler une pomme, ny rogner
ses ongles sans se couper. Si donc l'homme fait en petit
ce que Dieu fait en grand, il est bien aisé à l'homme de
venir à la connoissance de son Dieu ; il n'a qu'à contempler, d'une part, la perfection des ouvrages de Dieu, et
de l'autre l'imperfection des ouvrages de l'homme ; et,
d'un costé, voyant son pouvoir restraint dans de si étroites
limites ; et, de l'autre, cette puissance infinie, qui n'a
point de bornes, il faudra bien nécessairement que,
comme un Peintre qui fait une miserable copie d'un excellent Tableau se confesse Escolier de celuy qui en a fait
l'original, que l'homme, qui ne fait icy bas que de miserables copies de ces divins originaux, en admire l'Auteur
et le reconnoisse pour son Maistre. C'est pourquoy, quand
l'homme, qui doit estre convaincu, par sa propre intelligence, qu'il y a une autre intelligence plus grande infiniment que la sienne, perd la connoissance de son Dieu,
il faut premierement qu'il ait perdu la connoissance de
soy-mesme, et qu'il soit plus fol et estourdy que le hazard,
et plus aveugle que la Nature, qui, de soy-mesme, ne
sçauroit produire un navet ny faire un chou, parce que
ce navet et ce chou ne seroient ny chou ny navet, sans
ces proportions harmoniques qui donnent la forme, l'ame,
la vie et les couleurs à toutes choses, desquelles proportions la Nature, aveugle et destituée de toute intelligence,
n'est pas capable. Et, si vous demandez pourquoy donc
quand on voit une belle Creature, on dit que c'est un
chef-d'œuvre de la Nature, je vous diray que ces façons
de parler sont des restes de l'ignorance du paganisme que
nos ecrivains ont tirez des poëtes anciens, qui faisoient

des Dieux de toutes choses; et qui, à leur imitation, appellent encore leurs Maistresses des Divinitez, et leurs yeux des Soleils et des Dieux, pour ce qu'il leur est permis de mentir; mais ils n'appellent pas toujours une belle femme un chef-d'œuvre de la Nature, ils l'appellent encore quelquefois un chef-d'œuvre des Cieux. Aussi, quand l'on dit que la Nature a formé cette beauté que vous appellez son chef-d'œuvre, c'est comme si je disois qu'un aveugle a fait un très excellent portrait. La Nature, qui (comme j'ay déjà dit) procede aveuglement dans toutes ses fonctions, n'est pas seulement capable d'en tracer le moindre trait; et, si Dieu la laissoit faire, elle nous mettroit les pieds où nous avons la teste. Dans la composition de tous les estres, la Nature ne fournit que la matière, et Dieu seul en trace tous les traits, et la Nature n'a d'autre part en cét ouvrage que celle que luy en donne la bonne ou mauvaise qualité de ses matériaux. Du reste, elle est si impuissante, qu'elle n'a pas seulement le pouvoir d'en corriger les défauts; car si l'homme par ses désordres a altéré, dans ses quatre cordes, cette proportion que nous appellons temperamment, il ne faut pas avoir peur que, dans la procreation de son espece, s'il fait un fils, que la Nature le fasse d'une plus saine et plus vigoureuse construction que le pere, parce qu'il n'appartient qu'à Dieu ou à l'homme, à qui il a fait part de son intelligence, de restablir cette proportion dans ces quatre cordes, et les reduire à leur temperamment; et s'il étoit autrement, on n'auroit pas besoin de Medecin, pour ayder à la Nature, laquelle, quoy que l'on die, ne fait aucun effort pour se restablir en son ordre; mais c'est que la cause qui faisoit le désordre de soy-mesme éstant cessée, cette corde, qui estoit hors de son lieu, reprend sa place, et retourne dans sa proportion. Si donc la Nature est si aveugle qu'elle ne connoist pas seulement ses defauts, et si impuissante qu'elle ne les sçauroit corriger ; que, selon la disposition des corps, elle employe aveuglement les materiaux qu'on luy donne, et qu'elle ne sçauroit pas empescher qu'un ladre engendre un ladre, et un More n'engendre un More ; n'est-ce pas une chose plaisante de dire que cette beauté soit un chef-d'œuvre de la Nature, la beauté est un présent du Ciel ?

Cette beauté, qui dans ce chef-d'œuvre de Dieu, et non pas dans la Nature, brille à nos yeux avec tant d'éclat, n'est autre chose qu'une élégante disposition ou proportion des parties qui composent ce visage ; desquelles dispositions ou proportions se forme cét accord que nous appelons beauté, autrement, par un nom bien plus convenable à la Nature, un bel air, un doux air, un air ravissant, ou un air gracieux, qui sont les noms dont nous baptisons nos chansons et nos airs, pour faire connoistre que la beauté n'est autre chose qu'une harmonie, et l'harmonie autre chose que la beauté, qui, en tous objets, est inseparable de l'harmonie.

Comme l'harmonie en tous objets est inseparable de la beauté, et ce que nous appelons laideur n'est autre chose que la privation de cette harmonie, qui vient de la disproportion, qui est cette dissonnance, qui offense, non seulement les yeux et les oreilles, mais les autres sens, et qui pourtant est si necessaire, et produit de si admirables effets dans l'harmonie de toutes les choses dont ce grand Univers est composé, que, sans ces dissonnances, toute cette musique, qui, par les cinq sens de la Nature, s'insinuë dans toutes les ames, ne seroit plus musique, et ne feroit qu'un miserable effet ; car comme toutes les choses du monde ne tirent leur éclat que par l'opposition de leurs contraires, sans la laideur on ne sçauroit pas seulement ce que c'est que la beauté, ny ce que c'est que la santé sans la maladie. Ainsi, par l'opposition des biens et des maux, les douleurs font connoistre les plaisirs, la pauvreté les richesses, le vice la vertu ; ainsi l'ignorance éclaire le sçavoir, et du plus creux abisme de la honte vient la gloire, qui accompagne les belles actions. Et voila comme Dieu, meslant toutes ces dissonnances et ces accords imparfaits aux parfaites consonnances par des secrets incomprehensibles, et qu'il a reservez à sa seule connoissance, maintient et fait subsister cette harmonie, en tout ce qui est, en tout ce qui vit et ce qui respire ; et c'est ce que cét homme represente sur son clavessin, par ces trois accords, qui est cette septiéme, qui fait la dissonnance, et par cette sixiéme qui suit, qui est l'accord imparfait, qui est suivy de cette octave, qui, avec la Tierce et la Quinte, fait un parfait accord, que tous ceux qui pratiquent cét art pratiquent de mesme, sans autre connoissance ny raison que celle que leur intelligence leur fournit, qui leur fait connoistre que cela est bon ; car quel homme pourroit jamais dire pourquoy cette dissonnance qui, dans l'harmonie, ne feroit aucun effet sans sa disproportion, a encore besoin d'une autre proportion ; et que, sans cette proportion qui luy est necessaire, sa disposition ne produiroit qu'horreur et confusion ? qui pourroit jamais donner la raison pourquoy cette corde qui vient de faire dissonnance, et cette autre la consonnance, sans sortir de leur nature, de leur degré, ny de leur ton, par une contraire disposition, fait la consonnance, et l'autre la dissonnance ? N'est-ce pas cét admirable mélange du bien et du mal, qui fait le mesme effet dans la Musique du Monde,

puisque, selon la diverse disposition de ces choses, ce qui
est mal devient bien, et ce qui est bien devient mal; que
c'est des biens que nous arrivent les plus grands maux,
et c'est des plus grands maux que nous viennent quelquefois les plus grands biens? C'est ce que nous voyons
tous les jours, et dont nous avons la pratique et l'experience, mais dont l'impenetrable secret n'est qu'à Dieu,
qui seul en a la connoissance. Si donc, pour composer et
faire subsister cette harmonie qui chante ses Miracles par
tout l'Univers, il faut une intelligence si subtile et si rafi-
née, pour retourner à ce chef-d'œuvre de la Nature, il me
semble qu'on auroit tort d'attribuer à cette aveugle puissance un si sublime pouvoir. Car enfin, pour bien parler
de la nature, qui a jamais veu une mule aveugle qui
tourne une rouë, et qui fait mouvoir une infinité de
presses? La Nature est cette mule aveugle, qui fait tourner
incessamment cette grande rouë du Monde que nous
voyons, qui sans sçavoir ce qu'elle fait, donne le branle
et le caractére à toutes les choses. Dieu de toutes les
choses en forme les idées et en trace les desseins. La
Nature en fournit les matériaux, Dieu en grave les plan-
ches, la Nature les imprime et en fait incessamment des
copies : aussi de mesme que la Presse, qui a imprimé ce
discours, n'a aucune part à la gloire de cét Ouvrage, pour
ce qu'elle n'a aucun rapport avec mes pensées, la Nature
n'a aucune part à la gloire des Ouvrages de Dieu, pour
ce qu'elle n'a aucun rapport avec son intelligence, que
nous voyons eclater non-seulement dans ces prodigieuses
machines, qui remplissent tout d'admiration et d'étonnement, mais encore jusques dans la construction d'une
mouche et d'un papillon. Voila comme je m'efforçois de
separer Dieu de la Nature, pour essayer de guerir ces

esprits malades ; mais pour moy je n'ay pas besoin de ces
raisons pour connoistre Dieu ; sans le chercher dans les
obscuritez de mon aveugle ignorance, j'en ay dans moy
des preuves bien plus certaines et bien plus convain-
quantes.

Je sçay bien que Messieurs les Esprits forts s'en
mocqueront, et me feront passer pour visionnaire ; aussi
ce n'est pas pour tout le monde que j'écris ces choses, je
les écris pour le besoin que j'en ay, pour prouver l'immortalité de l'Ame, et pour l'instruction de ceux à qui
les mesmes choses peuvent arriver, puisque je ne suis pas
le seul à qui cela arrive. Au retour de mon voyage de
Piémont, j'avois auprès de moy un garçon, qu'on appelle
aujourd'huy M. le baron, riche de vertu, et tout brillant
des favans de la fortune, quoy qu'il ne soit que le fils de
ma blanchisseuse. Celuy-cy chantoit fort bien et jouoit
du Luth, et j'en faisois de l'estime, parce qu'il estoit
brave et vaillant de sa personne. Il receut une lettre de
Sens, en Bourgogne ; c'estoit un de ses amis qui l'appelloit son frere, et qui lui écrivoit cecy :

« Mon frere, vous m'avez fait cette nuit une grande
pitié ; prenez garde à vous, car je vous ay veu durant mon
sommeil l'epée à la main contre quatre ou cinq personnes,
qui vous ont extremement maltraité ; et ensuite je vous
ay veu tomber en terre tout percé de coups, et noyé dans
vostre sang.' »

Il me fit voir cét avis que je ne meprisay pas, car il y
avoit déja plus de dix ans que j'avois eu ces sortes de re-
velations. Cét avis venu de si loin m'étonna et me troubla ;
mais n'ayant jamais trouvé pour moy-mesme aucun remede à ces fatalitez, tout ce que je pûs faire, ce fut de
luy oster son épée, et luy commander de ne se point

eloigner de moy. Au bout de huit jours, je vis durant mon sommeil ce garçon sur le pas de ma porte, avec son manteau d'écarlatte sur le nez, qui, à mon abord, ouvrant son manteau me disoit : Voila les effets dont j'ay esté menacé. Et me montroit sa main qu'il avoit entortillée, son bras en écharpe, sa chemise toute rouge et toute pleine de son sang. Je ne voulus pas luy particulariser ce que j'avois veu, pour ne le pas épouvanter; je luy dis seulement qu'il se donnast de garde, et que je l'avois veu en dormant en fort mauvais estat. Le jour de devant il avoit eu quelque démélé avec un page dans l'hostel de Bourgogne, et, pour cette raison, je ne voulus pas qu'il vinst avec moy à la comedie; je luy commanday de se tenir au logis. Mais c'est en vain que nous fuyons nos destinées. Le destin d'Eschilus le fit bien connoistre, puisque luy ayant esté predit qu'il devoit estre accablé sous les ruines d'une maison, de rien ne luy servit de fuir les édifices, et de prendre la campagne pour azile et le ciel pour couverture, puisque chacun sçait qu'il fut accablé par une écaille de tortuë, dont cét animal fait sa maison. Si le poëte Eschilus eut demeuré dans son logis, il auroit évité cette fatale rencontre ; mais le soin qu'il eut de sa conservation fut l'instrument de sa perte ; de mesme ce garçon, pensant éviter la fureur de son destin, fut à des Nopces, où l'on luy donna des Nopces. En ce temps-là je logeois auprés du cloistre Nostre-Dame, au Plat de Gelée, où me retirant sur le soir, je vis ce garçon sur la porte du logis, dans la mesme posture que je l'avois veu en dormant, avec son manteau rouge sur le nez. — Voila, me dit-il, les effets de vostre songe. Puis ouvrant son manteau, il me fit voir son bras en écharpe, sa main empacquetée, sa chemise toute pleine de sang, avec quatre grands coups d'épée dans le corps, un au bras, et un autre à la main, dont il est encore estropié.

Dans Rome j'ay eu toujours un fonds considérable, et parmy mon argent j'avois amassé vingt-quatre pieces de quatre pistoles. Je vis dans mon sommeil un homme grand et gresle qui venoit à mon coffre et qui me les emportoit dans un mouchoir. Le mesme soir je passay dans une Academiè, où ayant perdu à la Bassette ce que j'avois sur moy, j'empruntay d'un filou, qui estoit de moitié avec celuy qui me pipoit, quatre-vingts pistoles qu'il me presta, parce que j'estois en reputation d'en avoir. Cét homme qui, aprés cela, n'avoit garde de m'abandonner, vint avec moy dans mon logis, où pour avoir plûtost fait, je le payay tout en pieces de quatre pistoles, qu'il emporta dans son mouchoir, et, deux heures aprés, non sans m'émerveiller d'une si admirable et si étrange fatalité, je me ressouvins de ce qui m'avoit esté si bien representé la nuit passée.

Deux heures auparavant que d'estre arresté à Montpellier, je vis un homme gros, gras, court, blanc de visage, et vêtu de gris, qui me venoit prendre, et me menoit prisonnier dans un bastiment neuf : ce bâtiment estoit le palais de Montpellier, qui est neuf, et cét homme que je n'avois jamais veu ny connu, estoit le prevost du senéchal nommé Deslandes. Auparavant que d'estre pris, je dis à Pierrotin, qui estoit déja levé, ce que j'avois veu, et une heure aprés, Pierrotin me vint dire qu'on me venoit prendre. A mesme temps je vis entrer cét homme gros et gras et blanc de visage, vêtu de gris ; enfin comme je l'avois veu deux heures auparavant durant mon sommeil. Aussy je ne luy demanday point ce qu'il me vouloit, parce que j'en estois déja bien informé. Cette mesme nuit, je songeay encore ma délivrance ; car il me sembloit qu'a-

prés avoir esté mené en prison par cét homme, que j'en
estois sorty par le soupirail d'une cave, et que les Estoilles estoient au ciel. La fenestre de la chambre du geôlier, avec qui
je mangeay vingt-cinq jours, estoit justement le soupirail
d'une cave, et j'en sortis que les Estoilles estoient au Ciel.

Après l'extinction de mes deux tyrans, Pierrotin ayant
perdu ses bons maîtres, je luy envoyay de l'argent à Venise, pour me venir trouver à Rome. Mais comme dans
les choses que nous passionnons le plus, la fortune, qui
ne veut pas que nous mourions de joye, pour en tem-
perer l'excès, y mêle toûjours quelque aigreur, ce garçon
tomba cruellement malade sur les chemins ; de sorte
qu'en estant adverty j'envoyay au devant de luy un valet
pour le secourir ; mais je n'entendis non plus parler ny
de Pierrotin, ny du valet, que s'ils fussent péris dans le
Détroit de Gibraltar. Enfin je ne les attendois plus, lorsque
je dis à ceux qui estoient restez auprès de moy, que Pierrotin devoit arriver le soir mesme dans un carrosse, habillé en pelerin. Je le disois, parce que je l'avois veu
ainsi à ma porte dans mon sommeil. Le soir mesme on
me vint dire que Pierrotin descendoit de carrosse. Je le
fus recevoir, où je le vis avec un habit de pelerin, qu'il
s'étoit fait faire, non pas par devotion, mais pour ne pas paroistre devant moy, avec un habit, qui m'auroit representé
sa misere. Je ne vous diray point ce qui me fut representé
de luy, quand il me fut dérobé dans l'Isle Deserte, et depuis ce qui me fut signifié, dans le Palais de Medicis, de
mon opulence de Rome ; ma décadence dans le mesme
lieu me fut de mesme representée fort clairement ; car
deux jours après la venuë de Pierrotin, je vis le feu qui
avoit consommé tous mes meubles, et de cét embrasement je ne pûs jamais sauver que mes Avantures d'Italie ;

aussi ce mesme jour je vendis, pour habiller Pierrotin, mes chandeliers d'argent, que m'avoit donnez Madame l'Ambassadrice de Chaunes, et ensuite après avoir engagé mes bagues et quantité de bonnes nippes pour le maintenir, on peut voir aujourd'huy ma maison ruinée, mes meubles vendus, engagez et dissipez, et n'avoir plus pour toute ressource que mes Écrits.

Mais ce qui m'est arrivé de plus prodigieux en toute ma vie, c'est ce qui m'a esté signifié dans cette derniere persécution. Comme celle-cy a esté la plus cruelle et la plus grande de toutes, aussy je n'en ay point veu aucune si nettement, et avec tant de distinction; trois jours auparavant que d'estre pris par les Sbires du Gouverneur, car je ne fus pas arresté par les Sbires du Saint-Office, je vis le mesme caporal des Sbires par qui j'avois un mois auparavant fait arrester Pierrotin avec son manteau rouge, et deux autres Sbires vestus de gris, qui après m'avoir mis au poignet une corde de soye blanche et verte, me menoient dans un carrosse au Saint-Office, devant un Religieux habillé de blanc. Ce songe me rendit un peu mélancolique ; mais comme il y avoit plus de deux ans que j'avois fait une trés-parfaite et trés-sainte retraite, et que je ne pensois plus qu'à suivre les avis du Ciel, et donner aux miens de bons exemples, que d'ailleurs ne voyant point d'ennemys assez puissans pour me pouvoir procurer une si étrange disgrace, je ne me tenois point sur mes gardes, lorsque dans le tournant d'une ruë, je me sentis accablé du poids de trois personnes, qui se jetterent sur moy tous à la fois; et au mesme temps j'avisay ce Caporal avec son manteau rouge, qui, par le mesme ordre que j'avois veu en dormant, me fit mettre au bras cette mesme corde de soye blanche et verte, et puis monter en

carrosse avec les deux Sbires habillez de gris, qui me
menerent chez le Gouverneur, d'où je fus encore reconduit par d'autres Sbires au Saint-Office, devant un Religieux de l'Ordre de Saint-Dominique, qui étoit vétu de
blanc. Or je vous demande, amy Lecteur, comme je l'ay
déja demandé à plusieurs autres, ce que vous croyez de
ces choses, et si elles ne vous semblent pas trés-extra-
ordinaires. Pour moy je croy, si vous n'estes pas une
bûche ou un tronc insensible, privé d'ame et de raison,
que vous me direz qu'il y a quelque chose là dedans de
bien caché. Quant à moy, je le tiens surnaturel ; car, de
quelque costé que je le considere, je ne vois point que
mon ame, avec toutes ses facultez, soit capable de telles
fonctions. Et quand ceux à qui j'ay demandé la raison
de ces choses m'ont dit que, durant le dormir, l'ame est
plus détachée des liens du corps ; et qu'ainsi estant des-
embarrassée de ses occupations ordinaires, où elle est
comme enchaisnée durant le veiller, elle a plus de liberté
d'agir selon la divinité de sa Nature, et prendre l'essor
durant le repos aussi plaisamment qu'un valet, qui cependant que son Maistre ronfle, va jouër une partie aux
quilles; je demanderois volontiers à ces gens là, qui, dans
ces choses-cy, n'en sçavent pas plus que moy, qui leur a
dit que l'ame se va divertir ainsi, et d'où ils sçavent qu'elle
se détache ainsi du corps, pour aller penetrer dans les
choses futures, et se faire par soy-mesme sçavante de l'a-
venir, puisque, laissant là foy à part, qui nous défend d'attribuer cette connoissance à un seul Dieu, on ne voit point
qu'il y ait de raison ny d'exemple qui nous ait appris ny
persuadé que nostre ame puisse jamais connoistre aucune
chose de l'avenir, sans l'assistance du bon ou du mauvais
esprit. Il est donc bien plus raisonnable d'attribuer cette

chose à un pouvoir qui nous est connu, et dont nous ne pouvons aucunement douter, que d'alleguer des chansons qui ne prouvent rien, pour attribuer ces merveilles à un pouvoir qui nous est inconnu, et dont nous n'avons aucun exemple; c'est pourquoy il me semble que c'est bien plûtost fait de dire ce que la partie du monde la plus éclairée nous apprend, qui dit qu'aprés que la chaleur naturelle a fait, dans l'estomach, la digestion des alimens, l'ame qui, comme dans son palais, a dans le cerveau tous ses Officiers et ses appartemens, n'estant point empeschée par les vapeurs que cette premiere concoction envoye dans le cerveau, comme une eau claire et reposée, ou comme un miroir luisant et poly, est plus capable dans cét instant de recevoir les subtilles impressions des especes qui luy sont representées; ce que je peux bien asseurer, puisque sans aller ailleurs, j'en ay dans moy-mesme la confirmation, et que, depuis quarante ans que je vois ces choses, pas une n'est venuë à moy qu'environ l'aube du jour; c'est pourquoy ne m'estant jamais encores apperceu que mon ame se soit séparée de mon corps, je suis obligé de croire, avec tous les bons esprits, que l'ame dans le cerveau, est comme une Reyne dans son Trône, où, selon le degré de sa force et de sa capacité, elle reçoit dans ce temps ce que le bon ou le malin Esprit luy veut representer. Pour moy, quoy que je me sente fort indigne de l'amour du Ciel et de ses graces, je ne puis pourtant attribuer qu'à luy seul ces effets de sa Toute-puissance, et la raison, la voicy bien nette et bien claire; car s'il est vray que le Démon soit ennemy de la Nature humaine, et qu'il fasse ce qu'il peut pour nous détruire, afin d'avoir des compagnons de sa disgrace, et que, sans ces tableaux, où mes biens et mes maux à venir me sont si bien repre-

sentez, ayant déjà assez de pente à l'incredulité, je cour-
rois risque de me perdre ; que c'est par eux que j'ay le
plus profité dans la connoissance de la Divinité, que par
tout ce que mes yeux m'ont fait voir dans la contemplation de ses Ouvrages, et mes oreilles m'en ont appris par
tout ce que j'en ay oüy dire : et enfin que c'est par eux
que je suis si bien confirmé dans la connoissance de son
estre, qu'il ne m'est aucunement permis d'en douter ; il
n'y a point d'apparence de croire qu'ayant l'honneur
d'estre un homme aussi bien qu'un autre, que le Démon,
qui par consequent est mon ennemy, voulut durant quarante ans travailler si obstinément pour mon salut ; outre
que le Demon ne pouvant sçavoir les choses futures, que
par les longues observations qu'il a faites des choses du
monde, il n'y a point d'apparence, quand il auroit voulu,
qu'il eust pû se rendre assez sçavant dans l'avenir, pour
m'avertir si longtemps avec la mesme fidelité ; et quand
il eût voulu, estant naturellement fourbe et trompeur,
et pour cela appelé le *Pere du mensonge*, qu'il eut pû se
depoüiller de sa nature, pour me dire toûjours la verité ;
outre que les biens m'étans signifiez comme les maux, il
est difficile de s'imaginer que l'ennemy de nostre repos,
et ce jaloux de nostre bonheur, voulust s'empresser pour
m'en avertir, et employer si ponctuellement tous ses
soins pour m'annoncer mes futures prosperitez.

Je sçay bien que l'impie, qui se croit beaucoup plus
sage que moy, dira que je suis un fol et un visionnaire ;
le pieux Lecteur voudroit bien en estre mieux éclaircy :
et comme cette matiere est digne de la curiosité d'un
homme de bien, il voudroit bien avoir des témoignages
plus sensibles que des paroles, pour pouvoir parvenir
avec moy à la connoissance de ces merveilleux effets ; et

je ne doute point que parmy ceux dont je ne seray
point connu, il ne s'en trouve encore quelqu'un qui
croira que je veux faire le beat, pour persuader au monde
que je suis une belle Ame devant Dieu, et un vaisseau
d'election. Les seuls à qui les mesmes choses arrivent,
et pour qui seuls j'écris ces choses, seront aussi les
seuls qui me croiront, et qui s'en divertiront utillement.
A tous ces gens là je réponds, et premierement à l'Athée,
que je suis content qu'il me tienne pour un fol et pour
un visionnaire ; car je le tiens pour un furieux et pour
un insensé : et je le défie d'avoir tant de mesestime pour
moy que j'en ay pour luy. Pour le pieux Lecteur, je luy
laisse la liberté d'en croire ce qu'il luy plaira, et ne pretens pas luy rien persuader. Pour ceux à qui les mesmes
choses arrivent, je ne me mets pas en peine de les prouver, puisque par leur propre experience ils en sont déja
assez convaincus : mais pour celuy qui, ne me connoissant
pas, croira que je publie cecy pour affecter de passer
dans le Monde pour plus homme de bien que je ne suis,
il est de ma charité et de mon honneur de le desabuser
autant qu'il me sera possible. Premierement, je lui diray
que, s'il veut prendre la peine de considerer comme je
me suis peint dans mes Écrits, il ne m'y verra point
habillé comme un hypocrite, puisque je m'y suis peint
avec tous mes défauts : au contraire il sçaura que, pouvant aysément cacher mes imperfections, aussi bien que
les autres hommes, il semble que j'aye affecté d'en faire
parade, pour m'acquerir en depit de la verité une réputation que je n'ay point meritée, et qu'aujourd'huy,
bien loin d'y donner ordre, j'ay si peur que la canaille, à
qui je dois l'honneur de mes persecutions, cesse de me
déchirer, que je fais tout ce que je peux pour me moc-

quer d'elle, la confirmant par des fausses apparences ; ce
qui, ne pouvant estre crû des gens raisonnables, ne peut
resulter qu'à sa honte ; et enfin ce qu'à ma grande confusion, je suis obligé de confesser devant Dieu et devant
les hommes, c'est qu'après avoir consommé les plus
beaux jours de ma vie dans la suite des plaisirs, estant
aujourd'huy parvenu dans un age où les hommes par
eux-mesmes sont quasi tous forcez de faire retraite, bien
que Dieu soit tous les jours aprés moy avec le baston,
pour me remettre dans la voye de salut, je suis encore
si retif, qu'il ne faut pas moins que des persecutions pour
m'y resoudre. C'est pourquoy, bien loin de pouvoir attribuer ces choses à quelque merite, voicy ce que j'en
crois : c'est que Dieu estant infiniment bon et misericor-
dieux, il n'y a point d'apparence de croire qu'il laisse
perir aucune de ses Creatures, sans luy avoir donné auparavant des graces suffisantes pour se sauver. Je croy que,
comme à l'une de ses Creatures, il me veut faire part de
sa misericorde, et trouvant en moy une disposition fort
contraire à ses bons desseins, il ne luy a pas fallu moins
que de se rendre visible à mes yeux, et m'exciter au bien
par quelque faveur extraordinaire, voyant que ses graces
ordinaires n'étoient point suffisantes pour me sauver.

Aussi je ne pense jamais à ces choses sans trembler :
car d'un costé considerant la grandeur de mes défauts, et
de l'autre le visage de mon Juge suprême, dont je ne
sçaurois aucunement douter, je vois l'Arrest de ma con-
damnation d'autant plus autentique, qu'ayant appris par
luy mesme ce que je dois faire, si je ne le fais pas, je
seray d'autant plus digne de sa Justice, que je me seray
rendu plus indigne de sa misericorde ; et ce qui me con-
firme davantage en cette creance, c'est que n'ayant jamais

sceu éviter aucunes de ces rencontres, et qu'en moy toutes
ces Annonces sont autant d'Arrests definitifs du destin,
dont la fatalité m'est inévitable, je ne sçaurois m'imaginer
que Dieu, qui ne travaille jamais en vain, voulust me
donner des avis si inutiles, et si peu dignes de sa Toute-
puissance, si quand il me les donne, il n'avoit quelque
dessein plus important. Or que ce ne soit luy qui me les
donne, je n'en sçaurois aucunement douter ; car je ne
vois point dedans moy ny hors de moy, dans tout ce
grand Univers, aucun estre qui me puisse asseurer de soy
ce qui m'arrivera demain, ny seulement dans une heure,
pource que generalement toutes les choses qui sont cachées dans l'avenir n'ont ny forme, ny essence, ny consistance, et ne sont rien, et ne commencent à estre quelque chose que dans le moment qu'elles sont avenuës.
C'est pourquoy il faut bien croire que ce qui à mon egard
estoit dans l'avenir, à l'egard de Dieu m'estoit déja
avenu, pource que c'est devant luy seul que toutes choses
sont presentes, et qu'il n'appartient qu'à luy de faire
quelque chose de ce qui n'est rien, outre que tout autre
que luy, si fin qu'il pût estre, ne pourroit jamais avoir
esté assez fin pour m'avoir pu dire si le Prevost Deslandes ayant le choix de prendre un habit gris ou un
habit noir, devait quitter son habit noir pour prendre
son gris lorsqu'il me vint arrester, ny que cét archer
ayant deux cordes, l'une de chanvre et l'autre de soye,
pouvant disposer de l'une et de l'autre, deût plutost
se servir de sa corde de soye que de celle de chanvre. Si celuy qui a bien daigné me particulariser ces
choses ne les eust auparavant moy veuës comme je les
ay veuës depuis, et malgré nostre liberal arbitre (qui
nous rend maistres de nos actions) il n'eust veu auss

clairement que je vois ce papier la volonté et le dessein
de toutes ces personnes auparavant que ces gens là
mesmes sceussent ny eussent pris aucun dessein ny aucune volonté, et je défie tout autre pinceau que le sien
d'être jamais assez délicat pour me representer, quand
j'ay les yeux clos, non seulement les couleurs qui sont
dans un manteau, et les traits qui sont dans un visage,
mais la colére, l'indignation, l'amour et la pitié, et tout
ce que nous represente l'ame dans ces petits globes,
que nous appellons les miroirs de ses passions. Mais
quand, au pis aller, le malin esprit seroit assez sçavant
pour cet effet, et qu'ayant dessein de me tromper, il
seroit assez sot pour me fournir des armes pour me defendre contre ses attaques, il seroit encore bien pris pour
dupe ; et c'est à cette fois que l'on pourroit dire que je
suis plus fin que le Diable, puisque, me fournissant les
instruments de mon salut, je le batterois de ses mesmes
armes, pour ce qu'ainsi que nous venons à la connoissance de toutes choses, par l'opposition de leurs contraires, il me suffit pour sçavoir qu'il y a un Dieu, de
sçavoir qu'il y a un Diable ; mais quand ce ne seroit ny
l'un ny l'autre, mais seulement l'un de leurs bons ou
mauvais Ministres, ce seroit toûjours la mesme chose ;
car il n'est rien de si aisé que de comprendre Dieu par
cette gradation : l'animal est extrémement au dessus des
choses vegetatives, l'homme extrémement au dessus des
animaux ; et s'il est quelque estre au dessus de l'homme,
il me semble qu'on ne peut pas douter qu'il n'y ait un
Dieu, pource que si cét estre qui est au dessus de
l'homme n'est pas encore Dieu, la connoissance que nous
avons qu'un homme est au dessus de la beste, et que
l'Ange est au dessus de l'homme, fait encore connoistre

qu'au dessus de ces Anges, il y a quelque chose qui est
un Dieu ; de sorte qu'estant bien asseuré que celuy qui
me signifie ces choses est extrémement au dessus de
moy, s'il est quelque essence au dessus de celuy-cy, c'est
Dieu, et s'il n'est rien, c'est toûjours Dieu : et si c'est le
malin Esprit, je n'ay qu'à tirer une ligne du mal au
bien, je trouveray encore Dieu : de sorte que de quelque
costé que je me tourne, je trouve toûjours Dieu en face,
et je l'ay toûjours en veuë ; si bien que quand je voudrois,
je ne sçaurois éviter de le trouver toûjours en mon
chemin.

Or, comme par ces effets qu'on ne peut attribuer à la
Nature, il ne m'est plus possible de douter de la Divinité,
par ces mesmes effets, il m'est encore impossible de
douter de l'immortalité de l'Ame ; car s'il est encore vray
(comme plusieurs m'ont dit) que durant mon sommeil
mon Ame, sans l'ayde d'autruy, est assez sçavante de soy-
mesme pour penetrer dans l'avenir, qui est autant que
si l'on me disoit que je suis bien sçavant quand je dors,
on ne peut pas nier que mon Ame, ayant des facul-
tés si excellentes, et si au dessus des termes que prescrit la Nature, ne soit toute Divine, et par conséquent
immortelle, et independante des Loix ausquelles cette
mere commune a assujetty toutes les choses perissables ;
et si elle les reçoit d'ailleurs, outre que cette disposition
qu'elle a de les recevoir en est encore une marque suffisante, c'est qu'il n'y a point d'apparence de croire (si
elle estoit mortelle) qu'une chose si excellente, qui luy
fait l'honneur de luy communiquer ses secrets, voulust
prendre si ponctuellement le soin de l'ame d'un pourceau,
et luy donner des avis, et s'en faire connoistre, puisque,
sans cette immortalité qui en fait la difference, je ne suis

pas, à l'égard de cet excellent Esprit, plus considerable
qu'un pourceau, qui dans trois jours ne sera plus rien du
tout, et par conséquent fort peu digne du soin, ny de
Dieu ny du Diable, ny des bons ny des mauvais Anges.
Il vaut donc mieux dire qu'ainsi que les amys rendent
des visites à leurs amys, les consolent dans leurs prisons
et leur donnent des avis et des conseils salutaires, afin
qu'ils se puissent tirer de leurs chaisnes avec honneur,
pour apres revoir plus triomphans et plus glorieux ceux
qu'ils aiment et qu'ils ont si étroitement obligez dans
leurs disgraces, Dieu et les Anges, qui sont les meilleurs
amys que nous ayons dans cette prison mortelle, où
comme des esclaves nous languissons, attachez dans les
chaisnes de nos passions, nous viennent voir, et pour
nous aider à sortir avec honneur des cruelles mains de
nostre ennemy commun, nous donnent les avis necessaires
pour nostre salut, pour aprés nous faire compagnons de
leur gloire, et nous considerer éternellement comme les
fruits de leurs conquestes, et les temoins des victoires
qu'ils ont remportées sur leurs ennemys. Voilà comme je
me prouve cette immortalité de l'ame, si justement et si
generalement cruë, mais si foiblement prouvée ; et de
cette immortalité de l'Ame, dont je ne sçaurois aucunement douter, sans douter de tout le reste, je me prouve
encore plus aisement le Paradis et les Enfers, car depuis
presque un siecle que j'observe à loisir les choses du
monde, et que je ne vois quasi que des hommes pervers
occuper la place des plus gens de bien, la vertu persécu-
tée et le vice triomphant ; et que j'ay veu des hommes
assez iniques, qui, aprés avoir employé toutes sortes d'arts
pour s'agrandir, n'ont fait aucun scrupule d'immoler à
leur avarice et à leur ambition des Royaumes entiers,

desoler des Provinces, s'engraisser du sang de tant de
miserables peuples, et de leurs familles errantes et vaga-
bondes, en peupler les carrefours et les hospitaux, sans
avoir jamais remarqué que ces personnes, ou plutost ces
fleaux du Ciel, ayent jamais receu, ny de la main de Dieu,
ny de la fortune, seulement une égratigneure, vivans
glorieux et triomphans, et mourans de mesme ; et que,
d'autre part, j'ay veu mendians à leurs portes tant de
pauvres Lazares, tant de vertueux infortunez, et de Sages
Philosophes, tous plus sçavans, plus spirituels et plus
sages qu'eux ; et tant de saints Religieux, vivans comme
des Anacorettes dans les souffrances et les mortifications,
je ne croiray jamais que ces deux sortes de personnes,
ayant toùjours marché dans des routes si differentes, au
sortir de cette mortelle prison, se puissent si tost rencontrer en mesme lieu, ny loger si tost dans de mesmes
appartemens, autrement il faudroit abattre tout ce grand
Edifice, et nier Dieu, puisque, les hommes ayant encore
entr'eux quelque apparence de justice, il faudroit que
Dieu fust plus injuste que les hommes ; mais quelque mine
que les hommes fassent, il y a bien de l'apparence que
la pluspart de ceux qui ont le vent en poupe n'en croyent
rien, ou au moins que leur foy soit bien languissante ;
autrement ils ne donneroient pas, comme ils font, tout à
leurs plaisirs et à leurs vengeances, et ne s'entremange-
roient pas les uns les autres, comme ils font. Voilà de
quoy je m'entretenois tout le jour dans ma Sainte Grotte,
et la nuit estant venuë auparavant que l'on m'eust apporté
de la chandelle, comme il n'est rien qui ramasse tant les
forces de l'esprit comme l'obscurité, le silence et la solitude, j'employois une partie de ces momens precieux à
repasser sur toutes ces funestes rencontres de ma vie, où

appercevant, dans une si longue suite de tant de mortelles disgraces et de tant de cruelles persecutions, l'iniquité des hommes, et la caducité des choses humaines; et me ressouvenant que je n'avois trouvé en toute ma vie aucun asile en toutes mes disgraces, ny aucune consolation dans mes miseres, qu'en Dieu seul, je recourois à Dieu; mais avec une si grande effusion de larmes, que je ne crois pas que la Magdelaine en répandit davantage pour une fois dans le Desert. Et puis aprés m'estre purgé ainsi devant Dieu, et m'estre rendu plus digne de sa grace, je le priois, mais non pas comme la pluspart des autres hommes, en courant ou en employant de belles paroles, ou des fleurs de Rethorique, pour persuader celuy qui est l'éloquence mesme. Je croy que Dieu demande nostre cœur, mais non pas nostre bien dire; et qu'à son égard le langage le plus nud est le plus riche, et les hommes les plus simples sont les plus éloquens. Aussi, bien loin de me servir de longs discours, et de paroles de choix, je luy parlois avec des termes si simples, que si dans cét instant quelqu'un de ceux qui ont accoutumé de faire estat de mes expressions m'eust oüy parler à Dieu, il se seroit infailliblement mocqué de moy; mais Dieu n'en fait pas de mesme : car le supliant de m'inspirer quelque pensée, qui me pût servir à me confirmer davantage dans la creance de ses Mysteres, au milieu de ces ombres, où mes yeux ensevelis ne pouvoient pas discerner aucun objet, il me fit trouver assez de lumiere pour m'éclaircir dans les routes de sa sainte volonté, et m'enseigner par des raisons proportionnées à ma capacité, à quelle fin il a proposé aux hommes ses Mysteres, et pourquoy de la creance de ses Mysteres dépend nostre salut. Voicy donc ce que ce grand Maistre m'en a appris, et ce que je t'apprendray aussy,

non pas par des opinions Philosophiques, ny par des subtilitez Theologiques, qui quelques fois sont si fines et si
déliées, que, faute de corps et de consistance, elles se
dissipent d'elles-mesmes, et se resoudent en fumée, pour
ne trouver pas à quoy s'attacher. Croyez-moy, cher Lecteur, que ceux qui les proposent sont le plus souvent les
premiers qui n'y entendent rien ; et qui par consequent
sont bien éloignez de les pouvoir faire comprendre aux
autres : ce sont des esprits qui ont plus de soin de faire
paroistre au monde leur vivacité, que de l'esclairer, l'edi-
fier et l'instruire : ce sont autant d'Aristotes, qui, aprés
avoir estudié toute leur vie, sont à la fin contraints en
mourant de confesser, comme luy, qu'ils n'en sçavent pas
plus que nous. De toutes les choses excellentes, Dieu s'en
est reservé le secret, luy seul connoist les surnaturelles,
et des naturelles il nous en a laissé si peu de connoissance,
que le plus habile de tous les hommes, depuis tant de
siècles, n'a pas encore seulement sceu dire pourquoy
l'Aymant attire le fer, et l'Ambre attire la paille. Si Dieu
avoit voulu que nous en sceussions davantage, il n'auroit
pas borné nostre intelligence dans de si étroites limites :
aussi l'homme qui veut sortir hors des termes qu'il luy
a prescrits se revolte contre ses intentions, et se rend
ridicule à tout ce qui est bien sensé. Ce n'est pas que,
parmy tant d'esprits sublimes et éclairez, il ne s'en trouve
quelqu'un qui ait de trés-rares et de trés-excellentes pensées ; mais quand elles sont trop fines pour le commun
des hommes, et que les personnes extraordinaires n'y
peuvent encore rien comprendre, ces grands Esprits feroient mieux de les garder pour eux, que de les prophaner à des gens comme moy, qui suis trop grossier,
pour en avoir jamais sceu faire aucun profit. Je n'ay

jamais oüy de Predicateur trop sçavant, que je ne me
sois endormy à son sermon.

Je croy que ces subtilitez excellentes sont bonnes pour
entretenir les Ecoles, et tenir les Docteurs en haleine ;
mais pour nourrir les ames, il faut des allimens plus
communs et plus conformes à nostre Nature. Si on ne
nous donnoit à manger que de l'ambre gris, de l'or et des
perles, nous dépenserions beaucoup, et nous ferions trés-
mauvaise chere. Ces pensées si aiguës sont de mesme ;
je confesse qu'elles sont fort précieuses, mais je les tiens
de nulle faveur; et je n'ay jamais veu qu'elles ayent produit
autre chose dans les esprits que du dégoust, de l'obscurité et de la confusion. C'est pourquoy, lorsque nous vou-
lons nous persuader quelque chose, il faut nous accommoder à nostre capacité : dans les choses surnaturelles,
et les Mysteres de la Religion, il faut donner tout à la
foy, et dans les affaires du monde, quelque chose à l'experience; et plus un homme s'éloigne de ces deux Poles,
pour chercher la Vérité, plus il s'éloigne de son but, et
trouve moins ce qu'il cherche : aussi je ne pretens pas te
prouver aucun Mystere de nostre Religion, ny aucune
chose surnaturelle. Dieu m'en garde, je ne suis pas si
hardy ; mais seulement par ta propre experience, et par
les choses qui sont les plus familieres à tes sens, te confirmer dans la creance de nos Mysteres; et laissant à part
l'obeissance que nous devons à Dieu et à ses Saintes Loix,
par des raisons proportionnées à nostre Intelligence; et
qui ne sont point au dessus de l'humaine portée, te faire
connoistre, et te faire toucher au doigt de quelle importance nous est cette creance de ses Mysteres, et à quel
peril nous nous exposons, quand, pour donner trop à nos
sens, nous nous abandonnons à la crédulité.

Les Philosophes du temps passé, plus sçavans que nous dans les choses naturelles, mais dans les surnaturelles plus ignorans que nous, croyent que le monde est eternel, qu'il n'a point esté créé; et que si Dieu avoit fait le Monde, il faudroit qu'il en eust eu besoin; et par conséquent qu'avant l'avoir créé, il falloit que sa felicité ne fust pas complette; que s'il manquoit quelque chose à sa felicité, il n'estoit pas Dieu, et que s'il n'y manquoit rien, la creation du Monde est un ouvrage inutile; et que par consequent Dieu n'a point fait le Monde, pource qu'il ne fait rien de superflu; et concluent par cette raison, que le Monde est éternel. La foy nous apprend le contraire, et nous dit que Dieu l'a créé; et comme toutes les choses créées, qu'il doit avoir fin. Je ne reponds rien à la foy, parce que je suis obligé de la croire; et je reponds encore moins à ces Philosophes; car comme c'est à eux une grande folie de parler des secrets de Dieu, quoyque sur ce sujet je pùsse dire pour le moins autant de choses comme eux, je serois plus fol qu'eux d'y repondre; seulement je diray, laissant la foy à part, que, pour ne nous pas perdre dans ces profonds abismes des secrets de sa Divinité, il nous faut tenir attachez comme au gros de l'arbre, que toutes les apparences humaines sont pour moy dans la creance que j'ay que le monde n'est pas éternel, mais qu'il a esté créé; car, soit que nous jettions les yeux sur ce que les hommes faisoient aux premiers siecles, et ce qu'ils font encore dans celuy-cy, nous verrons le Monde en sa naissance, premierement comme une maison neuve, dans laquelle chacun s'est essayé de s'y meubler, et de s'y loger le mieux qu'il a pù; et dans laquelle bien que de temps en temps les hommes, pour s'y accommoder, ayent toujours quelque chose de nou-

veau, nous voyons pourtant qu'ils n'y sont pas encore si
bien establis qu'il ne leur manque encore aujourd'huy
beaucoup de choses pour leurs commoditez ; ce qui seroit
une besogne faite il y a longtemps, si l'homme, inventif
comme il est, y estoit logé de toute éternité. De plus,
chacun nous parle de l'enfance du Monde ; et si nous devons juger du passé par le present, en croire les tradi-
tions, nos Philosophes et nos Medecins, et nous en rapporter encore à nostre experience, nous ne douterons
point de son enfance par sa caducité ; parce que, si les
histoires ne nous mentent, nous ne voyons point que
cette mere Nature, qui dans les premiers siecles composoit des hommes si grands, si forts, et d'un si robuste
temperamment, employe aujourd'huy si bien cette matiere, puisqu'auprés de ces gens du temps passé, nous ne
voyons quasi aujourd'hui que des Pygmées. Les Medecins
disent la mesme chose ; et quand ils ont tué un malade
par les regles de Galien et d'Hippocrate, ils s'excusent
de cette caducité du Monde, et accusent la débilité de la
Nature, qui, dans les simples et les mineraux, n'inspire
plus aujourd'huy la mesme vigueur qu'on y remarquoit
du temps de leurs Maistres ; et nostre propre experience
apprend à ceux qui ont vieilly, et qui voyent de loin
comme moy, que nos Ancestres avoient quelque chose
plus que nous ; et quand on nous parle de l'Age d'or, où
les hommes estoient si sots et si innocens, sans aller si
loin rechercher la simplicité de nos premiers peres, pour
connoistre cette décadence du monde, il ne faut qu'observer la maladie du temps ; mais ce qui à mon egard me
fait une entiere foy de la Creation du Monde, c'est de voir
que, quoy que la terre n'ait que quatre mille lieuës de dia-
mettre, et que, pour la parcourir, nous ne manquions

d'aucune chose de ce qui nous est necessaire, nous sçavons qu'il n'y a pas deux cens ans que les hommes n'en avoient decouvert qu'une partie, et qu'aujourd'huy il leur en reste encore assez de cachées, pour fournir de matiere à leur avarice et à leur ambition. Or il n'est rien de si plausible ny de si facile à juger que, si le Monde avoit esté de toute éternité, il y a plus de trois cens milles millions d'années que les hommes auroient découvert plus de quatre milles Mondes, s'il y en avoit autant à découvrir. C'est pourquoy comme je t'ay prouvé déjà auparavant, par des raisons nettes et convaincantes, que le Monde ne s'est point fait de soy-mesme, ny par hazard; et que maintenant je te prouve par des demonstrations assez naturelles, et qui sont de ta connoissance, que le monde ne peut estre éternel, il faut donc necessairement que tu concluës, si tu es persuadé de mes raisons, que le Monde est créé, et que celuy qui a fait cét ouvrage est un merveilleux Architecte, et qui merite bien d'estre adoré comme le Souverain Autheur de toutes choses. Or il reste encore à sçavoir pourquoy Dieu qui est la sagesse infinie, qui ne fait rien en vain, a fait le Monde; puisque, comme dit le philosophe, si Dieu a créé le Monde pour son besoin, il faloit qu'il manquast quelque chose à sa felicité, ce qui ne peut estre; et s'il ne luy manquoit rien, son ouvrage repugnoit à sa sagesse infinie, qui ne fait rien de superflu. Quoy que je ne sois pas sçavant, je veux, par ma propre ignorance, confondre la subtibilité de ces philosophes, et, par une demonstration la plus commune, accorder toutes ces contradictions, et te montrer que, bien que Dieu n'eust pas besoin d'aucune chose, et qu'il ne manquast rien à sa felicité, quand il a fait le Monde, il n'a pas fait un ouvrage superflu, mais un ouvrage de sa

bonté, que sa Toute-puissance a produit, non pas pour
son bien, mais pour le nostre, et dont nous luy sommes
d'autant plus obligez, qu'il en avoit moins de besoin ; et
que tant que nous sommes, tout ce qu'il a créé, et tout
ce qu'il créera jamais, n'est pas capable de rien ajoûter,
ny à son bonheur, ny à sa gloire; d'autant qu'il n'est
pas possible de rien ajoûter à ce qui est éternel, ny de
rien diminuer à ce qui est infiny; et pour comprendre
aysément cecy, il ne faut que se figurer un Orphée, qui,
par les charmes de sa voix, joints aux doux accords de sa
Lyre, se ravit par la melodie de son propre chant; celuy-
cy vraysemblablement n'a pas besoin de secours étrangers pour se charmer ny pour se divertir, parce qu'il
trouve dans soy-mesme la matiére de son divertissement :
et quand tout ce qui est dans la Nature seroit attentif à
l'écouter, tout ce qui est dans la Nature ne pourroit ajoûter la moindre grace à la douceur de son chant. Or si ce
merveilleux Orphée, aprés avoir longtemps chanté dans
son particulier, et s'estre bien charmé tout seul, veut
encore faire part de ses charmes aux autres, et pour cét
effet donne des oreilles à ceux qui n'en ont point, et des
ames aux choses les plus insensibles, pour les rendre
capables de partager à son ravissement, c'est un effet de
sa bonté et de sa courtoisie, dont il se pouvoit bien
passer, mais qui n'est ny vain ny superflu, puisque,
quant à son égard, cette bonté lui seroit inutile : elle
n'est point inutile à l'égard des autres, puisqu'elle produit un bon effet. Ainsi de toute éternité, Dieu a esté le
merveilleux Orphée, qui, se mirant dans les charmes de
sa beauté, de sa bonté, de sa sagesse, et de sa puissance
infinie, sans sortir de son centre, ny avoir besoin d'aucune chose, a trouvé et trouve éternellement en soy

mesme l'eternelle matiere de sa gloire et de sa felicité,
et qui a fait le Monde et créé tous les estres, non pas
pour ajoûter quelque chose à son bonheur, puisque luy
mesme ne sçauroit rien ajoûter à ce qui est éternel et
infiny ; mais pour nous faire participans de sa felicité et
de sa gloïre, et reduire en acte sur ses creatures les admirables attributs de son éternelle puissance, et de son
infinie bonté ; et pour cela il a donné à la Terre la consistance pour nous porter et pour nous maintenir toutes
les semences de ce que nous employons à nostre usage, la
tenuité à l'air pour respirer ; au feu et à l'eau des qualitez pour nous réchauffer et pour nous humecter, et
pour nos necessitez les plus cachées ; il a donné le mouvement aux cieux, et l'influence aux Astres, qui sont
autant de Phares qui nous font decouvrir le port, et qu'il
allume toutes les nuits, pour y diriger nostre Boussole.
Mais d'autant que, suivant son dessein, nous ne pouvions
pas admirer la grandeur de ses ouvrages sans les voir, et
que nous ne les pouvons pas voir sans lumiere, il a
attaché les clartez au Soleil, et de cette brillante creature, qui porte sa gloire par tout l'Univers, il en a fait
un postillon si diligent, que jusqu'au moindre moucheron, il n'est rien sur la Terre, qui dans vingt-quatre
heures en puisse ignorer ; et d'autant que toute cette
lumiere, qui ne sert de rien à toute la Nature aveugle,
ne nous serviroit pas davantage, si, comme il nous a fait
present de la lumiere, il ne nous donnoit encore des
yeux pour la recevoir ; il ne s'est pas contenté de nous
donner des yeux corporels comme aux autres animaux,
pour en profiter comme eux, et en discerner les objets,
il nous a donné encore les yeux de l'entendement, et
éclairez de son intelligence, afin qu'aprés avoir d'une

part contemplé toutes ces pieces, et consideré qu'il n'y en a pas une, ny grande ny petite, qui ne contribuë à nos necessitez, et ne concourre à nostre usage; et de l'autre ces celestes prerogatives, qui nous elevent au dessus de tout ce qui nous environne, nous ne puissions nier (tenant icy bas un milieu entre les animaux et les Anges) que cette merveilleuse entreprise n'ait esté faite pour nous; et de laquelle bien que nous soyons d'autant plus obligez à Dieu, qu'il ne l'a faite qu'autant qu'il a desiré nous faire témoins de sa gloire, et participans de sa felicité, il ne nous demande pas davantage que ce que nous demandons aux creatures que nous avons faites, et à ceux que nous avons obligez, qui est amour et reconnoissance.

Or, pauvres gens nuds et miserables que nous sommes, celuy qui n'a besoin de rien, comment luy montrer nostre reconnoissance, que par nos vœux, nos prieres et nos larmes, par nostre amour et par nostre estime, et par la confession de sa Toute puissance? Et comment pouvons-nous mieux confesser sa puissance, et luy témoigner nostre amour et nostre estime que par nostre humilité, et la négation de nos propres sens? Si vous aviez un valet qui eust assez d'estime pour vous, et qui fist tant d'estat de vos paroles, que vous luy puissiez faire croire que ce qui est vert est blanc, et que ce qui est blanc est jaune; et qu'il eust si bonne opinion de vostre esprit et de vostre merite, que pour faire honneur à ce que vous avez dit, il dementist sa propre veuë, et renonçast à sa propre experience, pour deferer à vostre sentiment, quoy que vous vissiez clairement que ce pauvre garçon se trompast, son ignorance ne vous seroit-elle pas agreable, et dans toûte vostre famille, fust-il

quelqu'un cent fois plus sçavant et plus habile, y en auroit-il un autre qui fust plus digne de vostre amitié, de
vos bienfaits et de vos graces? de mesme, quand, pour
faire honneur à celuy qui jadis mua l'eau en vin, et qui
peut bien encore changer le pain en sa propre substance,
et luy faire connoistre l'estat que nous faisons de sa parole, l'homme tenant ce pain sur ces Autels, connoist au
toucher que ce qu'il touche et qu'il manie c'est du pain ;
que ses yeux l'en asseurent, et que son gout luy con-
firme, peut-il jamais rendre à son Dieu un plus grand
témoignage de sa soûmission? et peut-il jamais mieux
luy faire connoistre l'estime qu'il fait de sa puissance,
qu'en renonçant à sa propre raison, à son experience, et
à ses propres sens? Et quand pouvons-nous mieux acquerir sa grace que dans cette rencontre, dont il ne
tient qu'à nous d'en approcher d'autant de plus prés,
qu'il nous donne luy mesme plus d'occasion de la méri-
ter, et qu'il nous fournit plus de matiére pour nous en
rendre dignes ? Que nous couste-t-il de rendre cét hommage à sa grandeur ? Et pourquoy mettre tout à feu et à
sang, pour empescher que tant d'honnestes gens abusez
ne rendent ce tribut à sa gloire; puisque, au pis aller,
quand il ne seroit pas dans ce Pain, cette precieuse
ignorance, qui nous abaisse devant le Trône de sa grandeur, ne sçauroit estre qu'agreable à celuy qui se rit de
toute notre science? Quelle pitié, quel aveuglement, de
disputer s'il y est, ou s'il n'y est pas ; puisque le point
ne consiste pas à sçavoir s'il y est, mais à croire à sa
parole ! Quoy ! avons-nous peur, aprés nostre mort, que
Dieu ne nous reproche d'avoir eu trop de confiance en
luy, et trop d'estime pour son pouvoir? Craignons-nous
de passer à ses yeux pour des idolatres, puisqu'il connoist

nostre cœur, et qu'il ne fait estime que de nos intentions?
Et enfin sommes-nous pas bien miserables, voguant sur
cette mer orageuse du monde, de quitter une route si
certaine et eclairée de tant de Phares (qui nous asseurent
du Port) pour en prendre une autre, qui nous menace
de naufrage, avec d'autant plus de raison que la perte
de nostre cause ne viendra que de la perte de nostre credulité, puisque la credulité est dans l'homme une marque d'humilité, de simplicité et de soumission; et l'incredulité, de presomption, de superbe et de vanité, que
Dieu ce grand Juge suprême devant son Céleste Tribunal, ne verra point dans aucune de ses Creatures, sans
se souvenir de l'Orgüeil de l'Ange qu'il a précipité.

Voilà, cher Lecteur, de quoy je m'entretenois dans
ma Sainte Solitude, et dont je te fais part. Mais j'entends
une voix tonnante, avec un grand bruit de clefs : c'est
mon Geolier, qui me vient donner le bonsoir, et éteindre
ma chandelle; il ne m'est pas permis d'écrire davantage
que ce mot, Croy.

# LA PRISON

### DE

# MONSIEUR DASSOUCY

# AU ROY

Sire,

Il y a bien de l'apparence de croire que je ne suis pas entré en prison pour mes mauvaises qualitez, puisqu'on ne m'y en a trouvé que de bonnes, et que, depuis cinquante ans que je respire l'air de vostre Cour, ces bonnes qualitez y sont encore connuës, et que les mauvaises y sont encore à connoistre; c'est pourquoy il ne se faut pas étonner si, ayant toûjours esté assez favorisé du Ciel, pour n'avoir jamais esté détaché du centre glorieux de vostre Maison Royale, ceux qui m'y ont toûjours veu avec des Enfans de Musique divertir par mes talens premierement le feu Roy Loüis XIII vostre Pere, feu Madame de Savoye [1], vostre tante, et feu Monsieur le Comte d'Auvergne [2], vostre cousin; et depuis, pour comble de toute gloire et de tout honneur, Vostre Majesté, le plus grand Monarque du monde, la Reine et monseigneur le Dauphin, il ne faut pas s'émerveiller, dis-je, si ces personnes, un peu mieux informées de ma conduite que celles qui m'ont si fierement attaqué, ont esté si étrangement surprises de me voir du Cabinet des Rois si sou-

[1] Christine de France était morte en 1663.
[2] Charles de Valois, duc d'Angoulème, mort en 1650. Il avait d'abord porté le titre de comte d'Auvergne.

dainement précipité dans un cachot, abandonné de tout
secours humain, et exposé aux traits d'une rage incon-
nuë, sans en pouvoir connoistre la cause, ny decouvrir,
la source; et si ensuite ils ne peuvent s'empêcher de
murmurer contre ces ennemys cachez, et pester contre
cette cruauté inusitée : mais pour moy qui me sentirois
la conscience chargée de demeurer ingrat à tant de soins,
que ces trés-chers et trés-precieux ennemys ont pris pour
m'unir à Dieu, et me justifier auprés des hommes, j'en
use tout autrement, je les louë, les benis, et les tiens
pour les plus honnestes gens de la Terre ; car bien que
le zele qu'ils ont eu de me faire griller me paroisse
bien ardant, je ne laisse pas de croire que, dans ce charitable emportement, ils n'ont point eu d'autre but que
la gloire de Dieu, et le service de Vostre Majesté, et que,
tandis qu'elle employe sa valeur à détruire les ennemys
de sa grandeur et de sa gloire, ces Alcides pieux ont
crû meriter beaucoup envers le Ciel d'exterminer les
vices qui dépeuplent les Estats, et scandalisent la Nature, principalement en ce temps ou Vostre Majesté a
plus que jamais besoin de Soldats pour multiplier ses
Conquêtes, et extirper le monstre de l'heresie. Toutesfois
quand je pense que la calomnie, la perfidie et la cruauté
n'ont point dédaigné d'entrer en lice pour partager avec
eux l'honneur d'un complot si honneste, et d'un si celebre et si fameux assassinat, je me pourrois bien tromper ; car il me semble qu'il est bien difficile de s'imaginer

> Que des ames toutes de lait,
> Aussi blanches que leur collet,
> Tousjours en extase ravies,
> Et de vertu toutes remplies,

Des gens triez sur le volet,
Qui vont tous les jours à Complies,
Et qui disent leur Chapelet,
Qui méprisent le lit molet,
Et reposent sur les orties,
Ayent eu l'esprit assez laid
Pour contraindre à la calomnie
A détruire un pauvre argoulet [1],
Qui fut tout le temps de sa vie
Leur trés-obeissant valet.

Si donc je m'estois abusé, et qu'au lieu de ces personnes zelées, ces mauvais Naturalistes qui ne sçavent pas encore que je suis de la Nature de la Salamandre, et que, depuis le berceau, je porte en mon sein une pantarbe [2], qui ne craint point la rage de ceux qui, possible, sont plus dignes que moy de la colere du Ciel, et de la fureur de tous les Élémens, si, dis-je, ces ombres qui n'ont esté evoquez des Enfers que pour servir d'instrumens à mon salut, et de relief à ma gloire, n'ont point d'autre but que d'assouvir leur cruelle animosité, et me sacrifier à leur injuste vengeance; je les trouve bien hardis d'avoir formé un dessein si indigne de l'humanité de nostre climat, à la veuë d'un Soleil, qui comme le flambeau du monde, void et decouvre tout ce qui se passe sur nostre horizon, et bien temeraires d'avoir entrepris sous le regne d'un Alexandre, plus sage et plus juste que Salomon, ce qu'à peine on eust osé entreprendre du temps que nos bons Rois, qui dormoient la grasse matinée, se laissoient rogner leurs pistoles, et que Dame Themis,

[1] Homme de néant.
[2] Pierre précieuse qui avait, disait-on, la propriété de garantir du feu ceux qui la portaient.

qui de son costé n'y regardoit pas de si prés, ne laissoit pas de les prendre, toutes legeres qu'elles fussent, et d'en surcharger sa balance, comme je l'ay exprimé assez plaisamment dans ces Vers que je composay dans ma prison à la gloire de Vostre Majesté, et en l'honneur de mes Juges :

Un temps fut que Dame Justice,
Tendant ses pattes d'ecrevisse,
Disoit tousjours : Orça, orça;
Et qui vouloit par quelque office
Avoir ce bel Astre propice,
Il convenoit en ce temps-là
Dire tousjours : Or là, or là,
Payer bien l'épingle et l'espice;
Et le salutaire exercice,
Fust-on plus mechant qu'Attila,
N'estoit pas le mauvais service;
Alors un bon gros criminel
Estoit un boucon [1] d'importance :
Pourvu qu'il eust à suffisance
De quoy fournir à Monsieur tel,
Caïn l'emportoit sur Abel;
Et la malheureuse innocence,
Faute de cette jaune essence,
N'estoit pas sans peché mortel;
Mais grâce à la haute puissance
Du grand Astre dont la splendeur
A donné la chasse à l'erreur,
Et rhabillé la conscience
De nostre genereuse France,
L'innocence n'a plus de peur,
De finesse, ny de finance,

---

[1] De *boccone*, morceau.

Et le credit et la faveur,
Qui faisoient pancher la balance,
N'est plus que vent et que vapeur,
Depuis que ce grand Roy vainqueur
A, pour la garde et la défence
De son peuple et de sa grandeur,
Un Parlement plein de candeur,
Qu'à bon droit tout le monde encense,
Un Chastelet plein de prudence,
Un *Deffita* remply d'honneur,
De sçavoir et d'expérience,
Et pour la publique asseurance,
Un *De Riantz* pour procureur, ·
Non moins pourvu d'intelligence
Que de sagesse et de douceur.


Aussi je peux bien rendre graces à Vostre Majesté, qui a
si bien compassé et réduit toutes choses aux termes de
la raison; car s'il n'eut tenu qu'à de l'argent pour acheter
le plaisir que ceux qui sont de la nature des demons,
prennent à tourmenter ceux qui n'ont rien de leur nature,
croyez, GRAND MONARQUE, que pour agraver mes
crimes, on eût foüillé dans le centre de la Terre pour en
trouver de celuy qui est le plus de poids; mais il n'en
est plus de même, et mon malheur se peut vanter aujourd'huy
d'avoir produit au monde le plus fameux
exemple de la meilleure justice qui fust jamais; puisqu'ayant
trois corps d'armée à combattre, abandonné de
toute la terre, sans autre assistance que du Ciel, je suis
sorty victorieux des mains cruelles de mes trop barbares
ennemys, qui, tout avides qu'ils puissent avoir esté
de mon sang, ne m'empescheront pas, s'il leur plaist,
d'en benir les salutaires atteintes. Aussi, comme aprés

Dieu je ne dois mon salut qu'à Vostre Majesté, de qui l'ombre seule, qui produit les honnestes gens, a sans doute contribué beaucoup à l'honnesteté de mes Juges, j'ay crû, estant si fort obligé à l'integrité de ces excellentes parties, dont Vostre Majesté est l'auguste chef, que je ne pouvois pas moins que referer à ce chef auguste l'honneur qui luy revient de l'excellente integrité de ses glorieuses parties, et de luy en témoigner quelque petit acte de ma reconnoissance. Souffrez donc, ô GRAND ROY! que, prosterné à vos pieds, je vous presente ce petit Livre de ma Prison, qui dans l'indulgence que je dois avoir pour de si precieux ennemys, n'implore point contre eux, ny la puissance de vostre bras, ny les foudres de vostre Justice, mais seulement un peu d'azile à l'ombre de vos Lauriers, dont vostre bras invincible ne s'en fait pas seulement des couronnes, mais des forests toutes entieres, afin qu'estant à l'abry du foudre je puisse employer le reste de mes jours à benir incessamment vos Royales bontez et vos heroïques Vertus, sous les aisles de vostre auguste protection que je vous demande.

De Vostre Majesté,

Le trés-humble, trés-obeissant, et trés-zelé Serviteur et Sujet,

C. DASSOUCY.

# LA PRISON

## DE

# MONSIEUR DASSOUCY

PRÉS avoir respiré durant six mois l'air infect de la
plus puànte Prison qui fût jamais (Pardonnez-moy,
grand Chastelet, si j'ose parler de vous en des termes si
peu respectuenx, car je sçay que vous estes au Roy), aprés
donc avoir servy mon semestre en qualité de Poëte et de
Musicien de nos trés-illustres et trés-renommez enfans de
la Matte, Chevaliers de la Serpétte[1], je me promenois
dans le jardin de Luxembourg ; et je pensois alors au
moyen de pouvoir reparer les ruines de mon Parnasse
desolé, lors que je rencontray face à face mon amy Eraste,
qui, aprés m'avoir embrassé tendrement : « Est-ce vous,
Monsieur Dassoucy ? me dit-il. Quoy, mon cher amy, est-ce
vous mesme, ou vostre ombre ? Quoy donc, estes-vous sorty
de Prison ? — Vous vous mocquez, luy dis-je, voyez-vous
pas bien que ce Dassoucy, que vous tenez embrassé dans
Luxembourg, est encore prisonnier au Chastelet ? — C'est
grand cas, dit Eraste, que vous ne sçauriez vous empescher de railler. — C'est grand cas aussi, luy dis-je, que

[1] Coupeurs de bourses et coupe-jarrets.

vous ne sçauriez vous empescher de m'en donner sujet.
N'estes-vous pas admirable de me demander si je suis
moy, comme si je pouvois estre un autre, et si je suis
sorty de prison, moy que vous venez d'embrasser, et que
vous voyez devant vos yeux? Trouvez-vous étrange que je
n'aye demeuré que six mois au Chastelet, moy qui n'y
devois pas demeurer un jour? — Tout au contraire, dit-il,
je m'étonne comme, aprés vos persécutions de Rome et de
Montpellier, on a pù trouver des machines assez puissantes
pour vous y faire entrer; mais on parle ainsi, lorsque
l'on veut exprimer le ravissement que l'on a de revoir
ses amys, quand, aprés une longue et rude tempeste, on
les voit échapez du naufrage; mais laissons à part ces
galanteries, qui, dans l'estat où je vous vois reduit, ne sont
pas, à mon avis, trop de saison ; et parlons serieusement
de vostre Prison, qui, au grand scandale des Muses, a fait
si grand bruit dans Paris, qui a donné tant de plaisir à
tous les méchans, et tant de compassion à tous les gens
de bien. Comment est-il possible qu'estant de retour dans
vostre Patrie, tout chargé des Lauriers de tant de victoires
que vous avez remportées sur tant d'ennemys que vous
avez confondus, que la calomnie ait esté assez effrontée
pour attaquer dans un Illustre comme vous, une vertu
tant de fois éprouvée? quoy! ne suffisoit-il pas de vostre
avanture de Rome, et de celle de Montpellier, dont vous
rapportez à Paris des narrations à charmer toute la France,
pour imposer un éternel silence à la calomnie, qui desormais devroit estre bien lasse de vous attaquer? Dites-
moy, mon cher amy, de quel langage s'est-on pù servir
pour persuader à des personnes si sages, si pieuses et si
justes, que vostre petit appartement, où je ne me souviens
pas de vous avoir jamais veu que le Luth ou la Plume à

la main, pût estre autre chose que le Temple sacré d'un
nouvel Apollon, où les Muses, éternellement occupées,
sont toûjours dans l'ardeur d'un celeste entousiasme, et
dans une perpétuelle agitation d'esprit? Comment peut-
on croire que le vice puisse loger où l'oisiveté n'a point
d'entrée; et comment se peut-on imaginer qu'un homme,
qui tout seul peut executer ce que trois des plus habiles
de l'Europe oseroient à peine entreprendre, qui excelle
en tant de choses, et qui est remply de tant de bonnes
qualitez, ait pu trouver, ou dans son cœur ou dans son
sang, assez de place pour loger tant de défauts? N'estes-
vous pas le mesme Dassoucy, qui à l'âge de dix-sept ans,
donniez de la tablature aux plus grands Joüeurs de Luth
de nostre siecle, et qui aujourd'huy avec vostre vieille
main, faites encore adorer les charmes de tout ce que vous
composez sur ce merveilleux instrument? N'est-ce pas
vous qui, marchant par des routes inconnuës, laissant le
chemin que la Musique ordinaire nous a frayé, faites entendre des tons que les plus habiles n'ont jamais ny connus, ny pratiquez, ny entendus.

> Qui, merveilleux fabricateur
> Des chants du plus haut rafinage,
> Flatez si bien le cartillage
> Des oreilles de l'auditeur,
> Et qui dans cet art enchanteur
> N'avez, dans ce doux alliage,
> Qu'Apollon pour compétiteur?

N'estes-vous pas ce Dassoucy, le plus divertissant de
tous les hommes, que Momus ne sçauroit regarder sans
envie, plus fort et plus plaisant dans vos admirables pro-

ductions que le fameux Scarron, l'Amphion de nostre temps, le Prince des Poëtes burlesques, et pour comble de toute gloire et de tout honneur, le but de la haine de tous les sots et de tous les méchans ? — Ma foy, Eraste, luy dis-je, je vous ay beaucoup d'obligation de m'avoir averty que c'est moy qui possede tant de beaux talens, car je vous jure que je ne m'en estois pas encore apperceu. En tout cas, s'il est vray ce que vous dites que je suis le Prince des Poëtes burlesques, vous me feriez un grand plaisir de me faire changer cette Principauté en quelque bonne Baronnie. Ce troc, dans l'estat où je suis, accommoderoit bien mes affaires ; car il me semble qu'il vaut mieux estre un riche Baron qu'un Prince mal-aisé. Au reste, je vous suplie de modérer un peu cette ardeur qui vous rend si fort amoureux de mes Ouvrages, et si passionné pour ma gloire : car s'il est vray que je ne sois entré en prison que pour mes bonnes qualitez, comme il y a bien de l'apparence, puisque l'on ne m'en a pas trouvé de mauvaises, vertubleu ! Eraste, ne vous amusez pas à vanter mes bonnes qualitez, vous me feriez remettre dans la boëte aux cailloux, et m'exposant de nouveau à la fureur implacable des Bachantes, vous me feriez dechirer en mille pieces comme un autre Orphée. Mais que vous estes trompé et que parlant ainsi de ces bagatelles, que le vulgaire improprement appelle vertus, il paroist bien, cher Eraste, que vous ne connoissez gueres la grandeur de mes défauts, et l'énormité de mes crimes ! — Quoy, dit Eraste tout estonné, estes-vous un brûleur de maisons, un assassin, ou un voleur de grands chemins ? — Voilà grand'chose, luy dis-je, ce ne sont là que des crimes ordinaires. — Quoy donc, estes-vous un Parricide, un sacrilege, ou un perturbateur du repos public ? — Voire,

voire; luy dis-je, je suis bien un autre homme que tout cela. — Dites-moy donc, répondit Eraste, quelle est la grandeur de vos défauts, et l'énormité de vos crimes, car je ne vois pas que les plus Scelerats puissent porter leurs méfaits au dela du plus haut periode où puisse aller l'iniquité.— La grandeur de mes crimes, luy dis-je, puisque vous le voulez sçavoir, c'est que je n'ay point de chaussons en mes bas, de pain dans mon armoire, de chemise en mon dos, ny de semelles à mes souliers. — Vous ne m'avez pas si fort surpris, dit Eraste, que vous pensez, je me suis toujours bien douté que vostre raillerie aboutiroit en cette agreable chûte. — Non, Eraste, luy dis-je, je parle tres serieusement. — Vous voulez dire, reprit Eraste, que vous estes pauvre; mais appelez-vous un crime ce qui fut autrefois la vertu et la gloire des Philosophes? — Cela étoit bon, luy dis-je, du temps que l'on se mouchoit sur la manche, il n'en est pas de mesme aujourd'huy. Apprenez, Eraste, que la pauvreté, dans un homme spirituel et vertueux, est le plus grand de tous les maux et de tous les crimes: on la supporte dans les personnes communes, mais on ne la souffre point dans les personnes extraordinaires. — Hé pourquoy cela? dit Eraste. — Parce que l'esprit attire la haine, la vertu produit l'envie, et la pauvreté le mépris; de sorte que tant plus l'homme spirituel qui est né pauvre se charge de vertu, plus il se charge de haine et d'envie, à laquelle il peut d'autant moins resister qu'estant né pauvre et dépouillé il n'a point d'armes à l'épreuve de sa fureur. Et si dans cette derniére persecution, la plus epouventable qui fut jamais, cette puissante ennemye ne m'a sceu precipiter, ne croyez pas, cher Eraste, que j'en aye l'obligation au pouvoir d'un Roy, ny à la faveur d'un

Prince, non plus qu'à mes bonnes qualitez; je n'en dois
rendre graces qu'à la puissante main de Dieu, à mon innocence, et à la rare incorruptibilité de mes Juges. —
Je le crois bien ainsi, dit Eraste; car, si la comparaison
que l'on fait des Loix avec les toiles d'araignées est juste,
et que les gros taons passent au travers, et les petits
moucherons y demeurent attrapez, si vous eussiez esté
digne de la rigueur des Loix, ou que vos Juges eussent
été moins équitables, hélas! pauvre petit moucheron,
qu'eussiez vous fait pour vous developper de la plus forte
toile, et la mieux ourdie qui fust jamais? C'est pourquoy
vous avez bien raison de remercier Dieu et de vanter la
rare integrité de vos Juges, qui, comme des experimentez
Pilotes, resistans aux vents impetueux qui vous menaçoient du Naufrage, ont si sagement conduit vostre barque
dans un si glorieux port, et, d'un mesme coup, obligé
tous les gens de bien, et fait éclater par toute la terre le
prix et le mérite de leur vertu. — Il est vrai, dis-je, que,
protegeant mon innocence et secondant les intentions de
ce Juge supréme, qui m'a toujours conservé, mes Juges
ont obligé tout ce qu'il y a de gens de biens et d'honneur
en France. Mais, comme parmy une centaine d'animaux,
qui n'ont de l'humain que l'habit et la figure, il y a
ordinairement bien prés de quatre-vingt-dix-neuf coquins contre un honneste homme, ah! cher Eraste, que
mes Juges en eussent obligé bien d'autres, s'ils n'eussent
point esté si honnestes gens, si, comme un autre Esope,
l'artifice et la calomnie eust esté assez forte pour me pré-
cipiter! Quel doux spectacle pour tous les sots et pour
tous les mechans! Quel friand repas pour toutes ces
sortes d'insectes! Neron, sur le Mont Aventin, regardant
à travers une Emeraude l'embrasement de Rome, eut-il

jamais tant de plaisir, que cette vermine eust eu de joye
à l'aspect de la conflagration des Muses? Quel plaisir à
un pied plat, de voir des flammes decraner un tel Occi-
put, et se faire un passage dans un cerveau tout lardé de
belles pensées, et tout farcy de tons cromatiques, de voir
griller une docte et sçavante main, rostir un quartier de
Caliope et de Clio! ha! qu'un poëte bien rosty, et prest
d'estre boucanné au gré d'un riche impertinent, est un
mets savoureux et delicat! Les Dieux en cette rencontre
eussent esté jaloux de la felicité des Coquins; il n'y eust
eu point de Cloris et d'Amarilis qui n'y eust apporté son
fagot, ny de si laide et si vieille megere qui, pour
venger le beau sexe, n'eust fait la dépense d'un cottret;
mon Dieu!

> Quel ravissement extàtique!
> Qu'elle eust eu de joye à son tour,
> Venus et sa troupe arcadique,
> De voir ardre en place publique
> Un hérétique en fait d'amour!
> Toutes les Nymphes du faubour
> Qu'on ne veut point dans l'Amerique [1],
> A qui le Pont-Neuf fait la cour,
> Pour voir ce spectacle angelique,
> Eussent demeuré sans pratique,
> Sans soldat et sans castadour;
> Et pour fester un si beau jour,
> Iris eust fermé sa boutique,
> Et n'eust pas mis la paste au four.

— Je n'en doute point, dit Éraste; mais si ce malheur

---

[1] A cette époque, on transporta au delà des mers le trop-plein
des mauvais lieux.

vous fust arrivé, comme il peut arriver au plus innocent de tous les humains, je croy que les flammes, plus
raisonnables et moins cruelles que les hommes, eussent
respecté vostre merite, et auroient eu honte de vous approcher. — Ma foy, dis-je à Éraste, je ne m'y voudrois
pas fier ; car si ce farouche élement étoit capable de ce
que vous dites, il auroit épargné la ville de Londres, la
Sorbonne et le Palais du Roy. — Je crois, dit Éraste,
que vous avez raison ; mais dites-moy, je vous supplie,
quelque chose de vostre Prison ; car je m'imagine que
le recit en doit estre agreable, et les circonstances cu-
rieuses. — Je suis tout prest, luy dis-je, de satisfaire à
vostre desir ; mais je me sens un peu lassé de la promenade, et le soleil me semble un peu chaud, c'est pourquoy je serois d'avis que nous allassions discourir sur
l'un de ces bancs, et nous reposer un peu à l'ombre.
— C'est bien avisé, dit Éraste, mais je croy que nous
ferions encore mieux de nous aller reposer entre deux
treteaux, et chercher cét ombre dans un bon cabaret.
J'ay une chaise roulante [1] à la porte, qui nous conduira
tous deux fort doucement jusques à la Galere [2]. — Quoy
que je n'ayme pas le Cabaret, luy dis-je, et que les
grands vins me soient suspects, je vous suivray de bon
cœur à ce fameux Cabaret. Ce n'est pas un grand mal à
celuy que l'on avoit destiné pour le poteau, de faire un
petit tour en Galere. Nous montasmes donc en Calesche,
et de là en Galere, où apres avoir repû du plus beau et
du meilleur qui s'y trouve, sans attendre qu'il me
priast de l'entretenir de ma prison, je commençay ainsi :

[1] Sorte de petit coupé.
[2] Cabaret fameux, situé rue Saint-Thomas-du-Louvre.

J'avois fait afficher par tout Paris mes Concerts Cromatiques, et traité avec un libraire du Palais de mes
avantures, et j'estois sur le point de joüir de la gloire
de mes persecutions, et de recueillir les fruits de mes
travaux, lors qu'un coup de foudre inopiné ruina toutes
mes esperances, et, du haut de ma gloire, me precipita
dans les plus profonds abysmes de la honte et du desespoir. Il y avoit trois jours que j'avois veu en songe
mon Parnasse sans dessus dessous, et, la nuit du jour
que je fus arresté, l'un de mes Enfans de Musique avoit
songé que luy et son camarade m'accompagnoient à la
mort. Croyez, Éraste, que je ne demeuray pas long-
temps sans voir l'effet de mon songe : le matin mesme
je vis entrer dans ma chambre un Commissaire, suivy
de plusieurs Satelites, tous Grands amys des Muses,
comme vous pouvez penser. Ha ! cher Éraste, si vous
sçaviez à quoy sert la Philosophie, et combien elle est
nécessaire en ces funestes rencontres ! Je regarday tous
ces gens-là avec dédain, et tout cét appareil avec mépris ; et me voyant, aprés tant de persecutions passées,
persecuté tout de nouveau, je regarday le monde comme
un enfer, et les hommes comme des diables incarnez.
Dans cette juste indignation, j'eus toutes les pensées du
Misantrope, et considerant la barbare iniquité de mes
ennemys, une prompte et honneste mort m'auroit sem-
blé bien douce, pour m'exempter de la honte qu'il y a
de vivre avec des hommes si mechans et si pervers. Cette
juste colere n'empeschoit pas que mon cœur ne donnast
entrée aux traits d'une juste pitié, et que je ne fusse
touché sensiblement de voir injustement envelopez
dans un si prodigieux malheur mes deux Enfans de
Musique, que leurs Peres m'avoient confiez dans Rome

si genereusement, et ne m'avoient abandonnez pour
venir en France qu'avec des larmes. — Quoy, dit Éraste,
sont-ce ces Enfans que vous aviez il y a deux ans à
Saint-Germain? il me souvient de les avoir oüys chanter
huit jours tout de suite devant Monseigneur le Dauphin;
ce grand Prince ne se pouvoit lasser de les voir et de les
entendre.— Ce sont les mesmes, luy dis-je, qui depuis ont
paru devant leurs Majestez, et charmé toute la Cour.
— Vrayement, dit Éraste, c'est une chose tout à fait pitoyable; mais, poursuivez, s'il vous plaist, car j'ay du
plaisir à vous entendre. — La première chose, dis-je, que
firent ces Archers des Muses, ce fut de sceller tous mes
coffres, aprés s'estre saisis de mon argent. Ce premier
acte tragicomique estant finy, il fallut sans interméde
passer au second. Un huissier trés-dispos et trés-allaigre
vint à moy avec une gaillarde troupe d'Archers,

> Lesquels, avec peu de raison,
> Comme un coquin patibulaire,
> Se jetterent sur ma toison,
> Pour me loger en la maison,
> Où l'on ne boit que de l'eau claire,
> Des pleurs que l'on verse à foison;
> Quoyque sans aucun Emissaire,
> Le seul valet du Commissaire
> M'eust fort bien conduit en prison,

car je ne suis pas de ceux qui se battent contre les Archers : comme je suis d'un naturel de brebis, j'ay trop
de reverence pour les loups, et trop de respect pour
leurs pattes, pour m'aller jouër à leurs griffes, aussi je
me laissay mener comme un mouton, sans demander qui
estoit ma partie, ou par quel ordre on m'arrestoit; je ne

m'avisay pas seulement de prendre mon peigne, ny mon bonnet de nuit. On me conduit donc au petit Chastelet, où du Guischet, estant passé dans la Morgue [1], un homme gros, court et carré, vint à moy, qui, avec un visage farouche, apres m'avoir mis la main dans les chausses, et défait mon éguillette, tira de sa poche un grand coûteau, dont le tranchant me paroissoit bien affilé.

Lors voyant d'un œil effaré
Cét homme gros, court et carré,
Mettre la main où se retire
Le fruit à l'amour consacré,
Je crus que cét étrange sire
Vouloit, à ce fait preparé,
Punir par un nouveau martyre,
Avec ce tranchant aceré,
Le delinquant qu'on vouloit frire,
Qui, n'en deplaise à l'ouïr dire,
Estoit alors fort retiré.

Mais je revins incontinent de cette défaillance ; car il me fit bien connoistre qu'il n'en vouloit qu'au ruban de mes chausses, qu'il me coupa, apres avoir pris le cordon de mon chapeau. Cette ceremonie se fait ordinairement, pour ôter le moyen à un miserable de s'étrangler, quand on le conduit au lieu du desespoir. Il me mena donc dans le cachot, d'où aprés y avoir été vingt et un jours, on me tira pour me mettre sur le Preau. — N'allons pas si viste,

[1] « Le second guichet, où l'on tient quelque temps ceux qui entrent en prison, afin que les guichetiers les regardent fixement et s'impriment si bien l'idée de leur visage dans leur imagination, qu'ils ne puissent manquer de les reconnaître. » (*Dict. de Trévoux.*)

dit Eraste; quoy ! à peine estes-vous entré dans les Enfers,
que vous voulez passer aux Champs Elysées : arrestons-
nous un peu, s'il vous plaist, dans ce poste ; car il me
semble que vous y devez faire une fort agreable figure.
— Quoy qu'il n'y ait pas beaucoup de plaisir, luy dis-je,
de demeurer en Enfer, je ne laisseray pas de m'y arrester
un peu, pour m'accommoder à vostre desir. Cét homme
donc court et carré, apres avoir ouvert plusieurs portes
dans un escalier fort obscur, m'enferma, comme j'ay dit,
dans une Spelonque, encore plus obscure, où le premier
objet qui parut à mes yeux, ce fust un homme vétu de
long, avec une barbe qui lui venoit jusques à la ceinture :
je le pris pour une copie du docteur Videria, ou pour
quelque Philosophe Saint, qui m'attendoit là de pied
ferme, pour me preparer à la mort. En effet, je n'avois
pas tant mauvaise raison; car ce Geolier court et carré,
qui étoit jeune et fort, sans considerer ny la saison ny la
qualité du lieu, ny la grandeur de mon age, m'osta, sans
avoir pitié de mes cheveux blancs, mon manteau, qui
estoit autant que de m'oster la vie. Aussi dans la juste
apprehension que j'avois de la mort, je me jettai à genoux devant luy, pour l'émouvoir à compassion; mais
les grandes ames, comme estoit celle de ce Guichetier, ne
sont point capables de ces tendresses, il emporta genereusement mon manteau sur ses épaules, et me dit que
cét ordre lui avoit esté donné. Cette rigueur, qui ne se
pratique gueres en France, me remplit l'imagination de
mille étranges pensées, touchant la puissance de mes
ennemys. Enfin le froid m'ayant saisi par tout le corps,
pour ce que j'étois presque tout nud, dans un lieu trés
froid et trés humide, je me jettay sur un peu de paille,
que je regarday, non pas comme mon lit, mais comme

mon tombeau, que la fortune m'avoit preparé pour finir ma miserable destinée. Je m'ensevelis donc dans cette couche de paille, ou plutost dans cette couche de fumier, où comme dans un Sepulcre, étendu de mon long, comme un homme frapé de la foudre, je demeuray quatre jours, sans remuer ni pieds ny mains, ny sans prendre aucun aliment :

Car pour entretenir la mourante langueur,
Dans un corps accablé et d'ans et de malheur,
Le bon pain du grand Roy n'estoit pas assez tendre,
Ny l'eau d'assez bon goust pour cette vieille sœur
D'Apollon, que Vulcan vouloit reduire en cendre,
Qui n'ayant sur la peau ny pauvre habit à vendre,
Ny de chemise en dos pour pouvoir engager
Dans cet humain climat, où, l'on dût enrager,
On ne trouveroit pas un cordeau pour se pendre,
Se fust laissé mourir plutost que de manger.

— Mais, dit Eraste, ne vient-il pas de temps en temps quelque joyeuse marmite pour réjoüir les tripes de ces pauvres Prisonniers ?

—Une pieuse compagnie,
Toute de charité remplie,
Chaque semaine au moins deux fois,
Pour nous guerir de la pepie,
Nous portoit en ceremonie
Dans un flacon chopine à trois,
Et pour nous faire chere lye,
Et nous traiter en petits Rois,
La vieille main d'une harpie
Nous regalloit de quatre noix.

Non pour nous conserver la vie ;
Mais pour nous conserver la voix,
Et de trés-beaux et trés-bons pois,
Propres à nostre Infanterie,
Pour tuer tous les Hollandois.

Il ne laissoit pas, le bonhomme à la grande barbe,
de les avaler comme pois gris, les engloutir tout murmu-
rant, et d'enfarcir ses tripes indignées. Mais moy, qui,
pour tout l'or du monde, ne pourrois pas digerer une
balle de mousquet, plutost que de luy tenir compagnie à
un si friand repas, je les laissois devorer à cét homme
Austruche, qui en recompense me regalloit tous les matins
d'une musique trés harmonieuse, et d'un parfum tout à
fait odoriferant.

Car ce barbon de pois crevé,
Aussi tost qu'il estoit levé,
Venoit justement sur ma creste
Decharger la fiere tempeste
Des vents dont il estoit grevé,
Qui, jour ouvrable et jour de feste,
Reglement tenoit abreuvé
Mon pauvre nez ; car un privé
Estoit à trois doigts de ma teste,
Qui reposoit sur un pavé.

— Ce n'estoit pas le moyen de dormir d'un bon somme,
dit Eraste. — Je ne laissois pas pourtant de dormir, ce
luy dis-je, mais d'un sommeil interrompu d'effroyables
songes. — Et que faisiez vous, dit Eraste, durant ces
fascheux intervalles ? — J'interrogeois ma conscience,

luy dis-je, et je me demandois ce que j'avois fait aux hommes pour les porter à de si étranges extremitez; et pensant à l'ingratitude de ma Patrie, qui au lieu de me recevoir à bras ouverts, me vouloit si injustement étouffer, je luy composay cette plainte, que je fis dans mon grabat, et que j'appris par cœur, faute de papier et d'encre; c'est pourquoy je n'auray pas de la peine à vous la reciter :

## A LA FRANCE.

Que vous ay-je fait, ma Patrie,
Pour meriter vostre courroux?
Helas! qu'ay-je fait contre vous?
Quel demon plein de barbarie
Me tient en la boëte aux cailloux,
Enfermé sous tant de verroux?
Ma foy, je vous trouve jolie;
Quoy! pour embrasser vos genoux,
J'auray donc quitté l'Italie,
Son beau Soleil et son vin doux,
Pour estre en proye à la furie
De vos mechans et de vos fous;
Que vous ay-je fait, ma Patrie?
Helas! qu'ay-je fait contre vous?

Moy, de qui la Muse bouffonne
A vostre esprit entretenu,
Et de qui le chant ingénu
Jamais ne déplut à personne,
Ma petite maman pouponne,
Qui m'avez fait naistre, et tout nu
Entre vos bras m'avez tenu,

Vous qui devez une couronne
A mon destin trop combattu,
Helas ! qui l'auroit jamais cru,
Aprés m'avoir esté si bonne,
Vous voir, comme une Persephone [1],
Animer contre ma vertu
Tous les serpens de Tiziphone
Pour estouffer la triste voix
D'un Cygne mourant qui soupire,
Et mettre une Muse aux abois,
Qui tant de fois vous a fait rire,
Et qui sceut charmer tant de fois,
Par les doux accens de sa Lyre,
Les deux plus grands de tous vos Rois.

Ha ! je vois bien que les accords
De ma Muse facetieuse
Ont fasché la troupe envieuse
De vos scribes croque-reforts,
Jaloux du merite des morts :
Pourquoy, troupe séditieuse,
Prenez-vous l'ombre pour le corps ?
O fortune capricieuse,
Ombre pour moy trop malheureux,
C'est bien moy qui, dans ce lieu sombre,
Ne suis désormais plus qu'un ombre,
Et qu'un phantosme tenebreux,
Sur le point d'accroistre le nombre
De mes triomphes glorieux,
Tout prest de produire en ces lieux
La ravissante melodie
De mes concerts harmonieux,
Mes Avantures d'Italie,
Et tous les talens precieux

_____

[1] Proserpine.

Qu'a receus mon humble genie
Des liberalitez des Cieux :
Faut-il, ô sort plein de furie!
Faut-il, ô prodige nouveau!
Que pour esteindre le flambeau
De ma triste et mourante vie,
Ma marastre soit ma Patrie,
Que ma prison soit mon tombeau,
Que ma vertu soit ma partie,
Et mon esprit soit mon bourreau?

Oüy, traistre, perfide, vilain,
Bourreau d'esprit, qui fais le vain,
Petit Auteur en mignature;
Oüy, oüy, c'est toy, bel Ecrivain,
Qui, plus fallot que Neuf-Germain [1],
Cause les peines que j'endure;
Esprit fat, esprit mal appris,
Pourquoy fascher ces beaux Esprits,
Et choquer tant de doctes Plumes?
Qué feroient-elles dans Paris,
Les Beurrières sans leurs escrits,
Les Charcuitiers sans leurs volumes,
Et leurs vers qui n'ont point de prix?

Petit gueux, petit morfondu,
Esprit qui ne sçaurois écrire
Un petit mot sans me détruire,
Fais maintenant de l'entendu,
Bel avorton de la satyre;
Par toy, coquin, j'ay tout perdu,
Anche et Rebec, Archet et Lyre,
Tout est flambé, tout est fondu,
Marmite et plat, et poisle à frire,

Poëte grotesque, dont Voiture s'est tant moqué.

Tout vivant, je suis descendu
En des enfers, où, pour tout dire,
Sur un peu de paille estendu,
Le bon pain du Roy, nostre Sire,
N'est qu'un mets pour moy défendu ;
D'horreur je suis tout esperdu,
Et dans ce tenebreux empire,
Où, languissant, pauvre et tout nu,
Maint pieton, qui, pince sans rire,
Déchire mon individu,
Hors d'un peu d'air que je respire,
Je n'ay rien pris ny rien mordu,
Et si j'ay parfois un peu bu,
C'est de cette eau, quand je soupire,
Que mon triste œil a repandu.

Parmy le doux charivaris
De l'agreable compagnie
D'un gros de rats et de souris,
Qui sur ma pance degarnie,
Pour dissiper mes longs ennuis,
Et chasser ma melancolie,
Me donne icy toutes les nuits
La Musique et la Comedie,
Je pense à la Palinodie
Qu'un tas de gueux aux pieds pourris,
Plus amys de la calomnie
Que de mes faits et de mes dits,
Parlant de moy, font dans Paris.

### DIALOGUE.

#### COLIN.

Il sera demain sur le gris.

PIERRE DU PUIS.

Hé qui?

COLIN.

Ce demon, cét impie ;
Sa Musicle, sa Symphonie,
Et tous ses flûtiaux sont saisis.
Qu'on verra, par Sainte Marie,
De biaux rebus en ses escrits !
C'est grand cas que ces biaux esprits
Ont à tou leur Philosophie
Tourjou quelque brin de folie.

PIERRE DU PUIS.

Il est vray, quand on versifie,
Qu'on n'a pas trop le sang rassis.

COLIN.

On dit qu'en l'an cinquante-six,
Il fut pris, une matinée,
Par un Prevost vestu de gris.

PIERRE DU PUIS.

Ce fust en cette mesme année
Qu'il s'enfuit par la cheminée,
En forme de chauve-souris.

COLIN.

Il sçait donc la Negromantie ?

PIERRE DU PUIS.

Il est pire qu'un Circoncis,
An ne sçait s'il croit au Messie.

COLIN.

Et mesmement en son logis
On n'y voit point de Crucifis.

PIERRE DU PUIS.

Tant pis, Colin; Colin, tant pis.

COLIN.

Mais que fait-il de ces beaux fils,
Dont le plus grand a la pepie?
On dit qu'ils sont fort bien appris.

PIERRE DU PUIS.

O que la demande est jolie!
Ce qu'on en fait en Italie.

COLIN.

On en marmuze dans Paris;
Mais ce Monsieur de l'Assoucie
Est pourtant, quoy que l'on en die,
Aussi blanc que le Mont Senis :
Il a des ans soixante et dix.
Quand on est de la confrairie
De la chapelle des Transis,
Et qu'on est reduit à la mie,
Faute de dents, adieu, ma mie,
Belle dame, fermez vostre huis,
Je n'ay plus de seau, de poulie,
Ny de corde pour vostre puis.

PIERRE DU PUIS.

C'est un vieux Enfant de Cypris,
Vous en parlez comme une pie :
A vié matou tendre souris.


Cette chanson n'a point de prix
Pour des Rossignols d'Arcadie;
Mais, dites-moy, Pierre du Puis,
Et vous, Colin, je vous suplie,
Si le Saint Pere, en qui je croy,

L'Eglise, nostre Sainte Mere.
Et nos seigneurs les gens du Roy,
A la coupe la plus severe,
M'ont trouvé tous de bon aloy,
Sans macule et sans vitupere.

Proche de cette heure derniere
Où chacun doit songer à soy,
Ay-je changé de sang, d'artere,
D'habitude et de caractere,
Pour m'appliquer au vil employ
Dont le credule populaire
Se fait mon vice imaginaire?
Osez-vous bien, en bonne foy,
Choquer l'Estre que tout revere,
Le Ciel, la Nature et la Loy?

Mais, las! en vain je m'evertuë,
Je resve et ne dors qu'à demy
Pour trouver le fier ennemy
De ma vertu trop combattuë;
Possible, ô mon ame abbattuë!
Prens-tu Paul pour Maistre Remy?
Possible qu'allant par la ruë,
Cent fois fléchissant les genous,
J'ay baisé la main qui me tuë,
Que mesme au sortir de ces trous,
Encor tout percé de ses coups,
Je luy feray le pied de gruë;
Venez, paroissez à ma veuë,
Fiers concurrens, accourez tous,
Oyseaux de nuit, tristes hybous,
Monstrez vostre patte veluë.
Quoy! vous n'osez, esprits jaloux,
Monstrer qu'à travers une nuë
Les eclats de vostre courroux!

Grand Roy, de qui l'esprit sublime
Penetre et voit tout icy-bas,
Invincible Dieu des combats,
De qui la vertu magnanime,
Qui tout maintient et tout anime,
Sert de modelle et de compas
A tous les autres Potentats,
Si pour vous mon chant et ma rime
Eut autrefois quelques appas,
Grand Monarque, ne souffrez pas
Qu'un attentat illegitime
Souille vos bienheureux Estats,
Ny qu'une innocente victime,
Dont les vertus ont fait son crime,
Souffre en un jour mille trespas.

Et vous, Arbitre de mon sort,
Qui, pour punir le malefice,
Jour et nuit travaillez si fort,
Vous qui, des vertus le support,
Faites si bien la guerre au vice,
Seigneur trés-sage et trés-acort,
Ne souffrez pas qu'en ce vieux fort,
Où mes membres ont la jaunisse,
Ma pauvre carcasse languisse
Entre le naufrage et le port.
Qu'on m'absolve ou qu'on me punisse,
Et n'attendez pas, si j'ay tort,
Qu'une lente et cruelle mort
Me derobe à vostre justice ;
De ce froid et baveux caveau
Où je n'ay pas peur, faute d'eau,
Que ma pauvre barque perisse,
S'il vous plaist que je reverdisse,
Plantez-moy sur vostre Preau,

Quoy que je ne sois pas si beau
Ny si poly que feu Narcisse,
Je seray, quoy qu'on me noircisse,
Un assez rare Jouvenceau :
Pour defendre ma vieille peau,
Quoy que petit et pauvre cancre,
Je ne veux lance ny cousteau ;
Avec un peu de plume et d'encre,
Je vous repons de mon vaisseau,
De mon cordage et de mon ancre.

Au moins tout le monde verra,
De Paris jusqu'à Barcelone,
Si cét amant du *fa*, *sol*, *la*,
Qu'amy trés-mauvais a mis-là,
Est vert, ou gris, ou blanc, ou jaune,
Si tort ils ont, si tort il a,
Cét homme reduit à l'aumosne,
Qui voudroit estre en Macedone,
Ou pour le moins en Canada,
Cét homme un doigt plus grand qu'une aulne,
Que la fureur de Tysiphone
N'a jamais pû mettre à quia.

— Ces vers, dit Eraste, sont beaux et bons : mais cette nourriture spirituelle, dans le besoin que vous aviez de manger, ne contribuoit gueres, ce me semble, à la nourriture de vostre corps. C'est pourquoy, dans le desir que j'ay de vous voir manger, aprés une si longue abstinence, vous me ferez plaisir de me dire comment vous terminastes cette rigoureuse diette, et par quel coup du ciel vous sortistes d'une si cruelle extrémité. — Vous avez raison, Éraste, luy dis-je ; car, à moins que d'un coup du ciel, je vous puis dire en vérité que c'étoit fait de ma vie ; mais enfin la Providence, qui ne m'abandonna jamais d'un seul pas, me secourut à point nommé; lorsque j'y pensois le moins, je vis entrer dans mon cachot une bouteille de vin, un pain de Sigovie[1], avec un plat d'épinars, et un homme qui portoit tout cela, qui me dit, de la part de mon amy Bejard[2], et de toute sa genereuse famille[3], que je prisse cœur, que je me consolasse, et que je ne manquerois d'aucune chose : et certes je puis dire que sans ce prompt secours, la mort qui s'estoit déjà campée dans mes tripes, et se carroit dans mon sein, m'estoit inevitable. Je mangeay donc, puisqu'à moins de mépriser le secours du ciel, il me falloit manger, et, mangeant, je retournay à la vie : d'autre part ce charitable barbon, qui, pour me garantir du froid, m'avoit toujours couvert de son manteau, me revetit encore d'une vieille robbe qu'il avoit quittée ; et pour comble de generosité, il m'arma les deux jambes d'une grosse paire de bas. En effet, il me paroissoit un homme bon et charitable : et, quoyqu'il fust presque toujours attaché à la lecture ou à la priere, je croy qu'il n'y avoit point d'hypocrisie en son fait ; mais comme il n'est point d'homme sans defaut, aussi la Justice, qui depuis quatre ans le tenoit en cet endroit, pour y finir sa vie, ne l'y tenoit pas sans de trés-grandes considérations.

> Car cét homme extraordinaire
> Avoit un certain mal en soy,
> Qui ne donnoit pas peu d'employ
> A sa puissance imaginaire ;

[1] Le pain de Ségovie, dans la composition duquel il entrait du lait, était en grande vogue.

[2] Louis Béjart, qui vécut jusqu'en 1678.

[3] Jacques Béjart était mort dès 1659. Madeleine lui survécut treize ans.

Jamais homme plus debonnaire
Ne vint en ces lieux pleins d'effroy,
Plus fol n'y plus visionnaire,
Et de ce mal, comme je croy,
Si je l'eusse voulu defaire,
Comme il estoit un peu colere,
Quelque amitié qu'il eust pour moy,
Il m'auroit fait, en bonne foy,
Ce que Caïn fit à son frère.

Et il me souvient qu'un jour, n'ayant pas eu assez de complaisances pour approuver. les vices de son imagination, n'y croire à des fables, qu'il me vouloit faire passer pour des miracles, je me vis sur le point d'estre battu, et je ne pûs si bien faire que durant trois jours je n'encourusse son indignation. — Il est donc fol? dit Éraste.— Je ne puis pas bien vous dire le degré de sa folie ; mais il disoit qu'un Guichetier l'avoit empoisonné dix fois, et que toutes les dix fois il s'en estoit garanty, en proférant des paroles qui avoient force et vertu contre toutes sortes de poisons ; jugez par là de son esprit. — Que deviendroit l'Orvietan, dit Éraste, si on avoit élargy un tel homme? — Avec tout cela, dis-je, je trouvois que celuy-cy, qui, gourmandant ses passions, estoit toujours reüny à son Dieu, n'estoit pas si fou que ceux qui, à grand tort, se croyent bien sages, puis qu'enfin, ou plus ou moins, nous sommes tous fous.

Le plus sage de tous les hommes
Qui se croit sage n'est qu'un fou ;
Voyez d'icy jusqu'au Perou,
S'il en est de tant que nous sommes,
Qui veüille ceder en raisons
Au Dieu qui régle les saisons :

Vous n'en trouveriés pas, je gage :
Parmy la folie et la rage
Qui régne aux Petites-Maisons,
Voyez s'il est quelque homme sage.

Jé vivois donc fort chrétiennement avec ce sage fou :
c'estoit un plaisir de me voir promener avec lui, la teste
enveloppée d'un sac; mes souliez eculez, que je portois
en pantoufles, pouvoient passer aisément pour des san-
dales; et qui auroit veu toutes les figures, que depuis
septante ans j'ay fait dans le monde, me voyant dans un
habit si extravagant, et dans une si étrange forme, m'auroit pris sans doute pour un Protée; car, aprés m'avoir
veu maistre de musique, joüeur de Luth et Poëte, me
voyant dans cét habit faire une fonction si differente de
tous ces differens emplois, il y avoit de quoy admirer
l'extravagance de la fortune, qui m'avoit reduit dans un
si estrange lieu. — Vous avez raison, dit Éraste, et j'aurois eu grand plaisir de vous voir ainsi transformé.

Vous promenant en ce vieux fort
Avec ce barbon fier et fort,
Dans ce bel habit, ce me semble,
Vous deviez effrayer la mort,
Devant qui tout le monde tremble,
Et comme un Esprit trés-accort,
Pleurer et rire tout ensemble
Des caprices de vostre sort.

— Qüy bien, Eraste, luy dis-je, si je n'eusse pas esté
dans un cachot, exposé à la colère du Ciel, et à la furie
des hommes; aussi, bien loin de rire de cette plaisante
metamorphose, je la regardois comme un effet de la
bonté du ciel, qui, pour satisfaire à mes pechez, m'avoit

réduit en cet estat, et, pensant à l'extrême bonté de Dieu,
qui se manifestoit si visiblement à moy, je lui donnois
toutes les nuits de mes larmes en si grande abondance,
que mon lit en estoit arrousé. Mais ces larmes n'estoient
point des larmes d'angoisses ny de desespoir, comme
vous pouvez penser : ces larmes, cher Eraste, estoient
des larmes de joye, qui, allegeant mon cœur, me servoient plutost de rafraischissemens dans mes souffrances
que d'accroissement à ma douleur; et je peux dire que,
dans ce miserable estat, j'estois encore plus heureux que
mes injustes persecuteurs ; car n'estant pas tourmenté
par cette syndereze, qui trouble ordinairement le repos
de ces riches miserables, qui font consister toutes leurs
felicitez dans les biens de la fortune, dans les charmes des
trompeuses voluptez, et dans les plaisirs de la vengeance,
je joüissois du repos de la conscience, et j'avois la satisfaction de moy-mesme, que mes ennemis n'avoient pas,
et ne pouvoient pas avoir. Cette consolation, qu'au milieu
de mes disgraces je trouvois dans la bonté de Dieu, fut
bientost suivie d'une autre. J'appris que j'estois innocent;
car il faut que vous sçachiez, cher Eraste, que, dans de
semblables rencontres, il ne suffit pas d'estre innocent
devant Dieu, il faut estre innocent devant les hommes.
On me dit que mes Enfans de Musique, que l'on avoit
mis en deux autres cachots separez, avoient esté trouvez
sages et vertueux. J'en loüay Dieu sur le champ, et le
remerciay, avec de nouvelles larmes, de ce que le soin
que j'ay toûjours eu d'eux avoit réüssy : car, en ce cas,
le pere ne sçauroit répondre de son enfant. Au bout de
quelques jours on les tira du cachot; et, le Jeudy Absolu [1]

[1] *Absolutionis dies*, le jeudi saint.

dc la Semaine Sainte, on me mit avec eux sur le Preau, où il ne faut pas demander comment je parus dans cét habit. Si tu sçavois, cher Eraste, quel delice on ressent au sortir d'un cachot, tu voudrois y entrer une fois, pour avoir le plaisir d'en sortir, tu pourrois aprés cela parler des joyes du Paradis. Ce preau me sembloit les Champs Elisées. La joye que j'avois de revoir la lumiere, et de retourner dans la société des hommes, me faisoit passer les heures comme des momens, et les plus longues journées comme des heures. Aussi, pour dire la vérité, je contribuois beaucoup à mon divertissement : car avec une plume et de l'Encre, des Livres, des Cartes, des Luths et des voix, je suis partout, hormis dans le cachot, le plus heureux de tous les hommes. D'ailleurs, Monsieur le comte de Saint V***** ne contribuoit pas peu à ma felicité, tant par ses bienfaits que par les charmes de ses belles qualitez, et par ses grands pastez de jambons ; et je sçavois gré à ma mauvaise fortune, qui m'avoit conduit en prison, pour y connoistre et y estre connu d'un si honneste homme, si parfait et si achevé. Comme il aimoit extremement la symphonie, et que les plus vertueux de Paris luy donnoient de charmantes visites, ce n'estoit dans son appartement que Festins et que Musique, où Mademoiselle de Cartillis, moy et mes Enfans, avions bonne part.

Langue de Bœuf, Poule et Dindon,
Avec le Pasté de jambon,
La Perdrix et la Tourterelle,
Ne plaisoient pas moins à Nanon
Que le son de ma chanterelle
Et l'entremets d'une chanson

Que chantoit mon Page Toinon,
Qui, tant au jour qu'à la chandelle,
Si l'on en croit à la coupelle [1],
Estoit un honneste garçon;
Et, dans cette mode nouvelle,
Introduite en cette maison
Par le digne Enfant d'Apollon,
Qui mettoit là tout par ecuelle,
On pouvoit dire avec raison,
Quoy que la prison soit cruelle,
Qu'il est quelque douce prison,
Au moins s'il n'en est point de belle.

Mais la fortune se lassa bientost de me favoriser : mes ennemys, qui ne m'avoient pas envoyé en Enfer pour m'y divertir, me firent transférer au grand regret de ce noble seigneur, et de tous les prisonniers, qui avoient déjà pris de l'amour pour moy. Je me vis donc separé de mon bienfaiteur, éloigné de mes Enfans de Musique, et logé dans une prison si estroite et si puante, que je m'estonne comme, aprés avoir demeuré dix jours en ce petit Enfer, on puisse envoyer un homme à la potence ou aux galeres, estant si bien purgé de tous ses crimes. Aussi mon mauvais Genie, qui sçavoit trés-bien que, dans ce lieu de souffrance, deux jours de necessité m'envoyeroient infailliblement en l'autre monde, renversa tout exprés le Théâtre de M***** [2], qui, tombant d'assez haut, entraisna

[1] Coupelle était synonyme d'examen, d'épreuve.
[2] Molière. — Presque aussitôt après sa mort (février 1673), le roi donna le théâtre du Palais-Royal à Lulli, qui y transporta l'Opéra (voy. plus loin, p. 442); et la troupe de Molière se retira dans la salle de la rue Mazarine, où elle ne fut définitivement installée qu'au mois de juillet. — Dassoucy avait été mis en prison vers le mois de mars.

dans sa chute moy et mes pauvres Enfans, renversa tout
mon broüet, et culbuta ma marmitte; mais mon bon
Ange l'emporta hautement sur mon mauvais Genie. A
peine ma marmitte fut renversée, qu'un autre Ange la
redressa; l'aisné de Messieurs de la Barre de chez le
Roy prit genereusement tout le soin de ma protection.
Mais il ne faut pas que je demeure ingrat à Madame l'A-
besse, sa sœur, puisque ce fut cette genereuse Dame qui
luy en inspira la première pensée; outre la piété qui est
naturelle à toute cette maison, elle avoit pris de l'estime
pour moy, par la lecture qu'elle avoit faite de mon Traité
de la Divinité. De sorte que je puis bien referer purement à Dieu ce coup du Ciel, puisque ce que j'ay écrit
de sa Divinité en estoit la source. Depuis ce Monsieur
de la Barre, chery pour sa vertu, et renommé par ses
pieux écrits, ne m'abandonna jamais d'un seul pas, aussi
bien que Monsieur et Madame Cocquerel, sa sœur, et
toute sa genereuse maison. Mais je ne puis oublier Monsieur de Niel, premier Valet de Chambre du Roy; ce fameux illustre, qui sçait joindre les graces aux bienfaits,
m'assista plus de trois mois durant, sans que je sceusse
de quelle main me venoit ce secours. — Mais, dit Éraste,
m'interrompant, je sçay que vous estes de trés-bonne famille, et que Monsieur vostre pere, qui étoit un des beaux
esprits du Palais, a fait paroistre son éloquence durant
quarante ans dans le Barreau; comment est-il possible
qu'estant un Enfant de Paris, vous n'y ayez point de parens, car vous ne m'avez parlé, jusques à présent, que
de vos amys?—Il est vray, luy dis-je, que Monsieur Coypeau, qui fut mon pere, estoit un fameux Avocat en Parlement. Aussi je ne manque point icy de parens; j'en ay
grace à Dieu assez pour charger une Galere, j'en ay de

toutes les sortes, des riches et des pauvres ; mais les
pauvres ne me sont venus voir que pour me dérober, et
les mauvais riches, qui sont gens à carrosses et à plats
d'argent, m'ont laschement abandonné : c'est pourquoy
comme ils me considerent peu, je les considere encore
moins, et je les mets au rang des Archers qui m'ont
pris, et des ennemys qui m'ont attaqué. Escoutez ce que
j'en dis, et faites-en vostre profit :

> Dieu vous preserve de la miche
> Du Roy, des Archers, des Sergens,
> De leurs griffes et de leurs dens,
> De tous les gens à poil de biche,
> De tous mes larrons de parens,
> Qui m'ont destruit et m'ont fait niche,
> De la patte du mauvais riche,
> Et de tous les honnestes gens
> Qui mon Parnasse ont mis en friche.

Je ne connois point de meilleurs parens que nos amys
veritables, ny de plus grands ennemys que nos mauvais
parens. Si nous sommes plus riches qu'eux, ils nous en-
vient, et si nous sommes plus pauvres, ils nous méprisent.
Je ne vis de toute cette parenté qu'une pauvre niéce,
qui parut bien intentionnée en mon endroit, et qui prit
quelque part à ma disgrace. Je ne pus jamais obtenir une
retraite pour mes Enfans de Musique auprès d'aucun
parent ; et je trouvay cette retraite auprés de Monsieur l'abbé Vallon, qui ne m'avoit jamais veu et qui ne
me connoissoit que par le bel endroit de ma reputation.
Aussi je puis dire que je dois tout à mes amys, et rien à
mes parens ; hors du pére et de la mere, point de parens :

Caïn tua son frere Abel ; Cesar empoisonna son neveu, et Néron fit mourir sa mère ; on ne voit dans le monde presque autre chose que guerre et que procez entre les parens ; hors Alexandre, qui, estant yvre, tua son amy Clitus, on ne voit point d'exemple d'aucun veritable amy qui ait jamais procuré la mort à son amy ; et l'on voit tous les jours des enfans denaturez qui egorgent leurs peres, et des peres qui egorgent leurs enfans. Au contraire l'on a veu des amys vouloir mourir l'un pour l'autre, mais on ne voit point de Titus ny de Gisipus [1] parmy des parens. — Vous avez raison, dit Eraste, et je suis fort satisfait de vous sur ce chapitre de parenté. Mais laissons à part Messieurs vos parens, qui vous ont abandonné dans une si sanglante disgrace. Est-il possible que, de tant d'amis que vous avez à la Cour, aucun ne se soit employé pour vous ? et que ce grand Soleil qui vous a si long-temps éclairé, ce grand Roy, qui tant de fois a souffert vos Muses à son petit coucher, ne vous ait pas assisté dans cette funeste rencontre ? — C'est un effet tout particulier de la bonté de Dieu, dis-je, qui, pour me justifier entièrement aux yeux du monde, a voulu que dans toutes mes disgraces, j'aye toûjours esté abandonné de tous les hommes : car, si j'en avois esté secouru, on auroit dit que j'aurois eu besoin de leurs secours, et que je serois redevable de mon salut à leur pouvoir. Mais je ne dois rien, ny à la puissance des Rois, ny à la faveur des Grands ; je ne dois la gloire de mes persecutions, aprés Dieu, qu'à mes Juges et à mon innocence. A Montpellier j'estois trop éloigné de la Cour, pour pouvoir en esperer du retour, et à Rome, bien loin d'estre protégé de mon

---

[1] *Decameron*, X[e] journée, nouvelle VIII.

meilleur amy, j'en fus abandonné, par les puissantes sollicitations et les calomnies dont mes ennemys l'avoient prevenu ; et, dans cette derniere persécution, hors de Messieurs de la Barre de chez le Roy, comme je vous ay déjà dit, qui ont bien daigné m'assister en des choses qui ne regardoient point ma justification, bien loin d'avoir eu le moindre Avocat pour conseil, je n'ay pas eu seulement un Procureur pour me dresser une Requeste. Il est vrai que, dans la juste apprehension que j'avois de mes ennemys, et jugeant de la grandeur de leur puissance formidable par la rigueur extraordinaire de ma prison, j'envoyay plusieurs Lettres à Monseigneur le duc de Saint-Agnan, et au Roy, qui, à cause de la grande préoccupation des esprits, ne firent d'abord aucun effet. Depuis, cette préoccupation estant cessée par la verification de mon innocence, Monseigneur le duc de Saint-Agnan, le pere des Muses et le Dieu du Parnasse, ne dédaigna point d'appuyer mon innocence de tout son credit et de tout son pouvoir. Le Roy mesme parla à mes Juges ; mais croyez-vous que ce grand Monarque leur avoit enjoint de me favoriser, et de m'épargner en cette rencontre? il leur aura dit : Faites-luy bonne justice. Voila, Eraste, le langage ordinaire des Rois. — C'est beaucoup, dit Eraste ; car en temoignant à vos Juges qu'il vous tenoit sous sa protection, il a tenu la balance en équilibre, et contrepesé la puissance de vos ennemys. — Cela n'auroit pas empesché, luy dis-je, si j'eusse esté trouvé coupable, qu'en deux tours de poisle, Dame Themis ne m'eust fricassé comme un Congre. — Ne le croyez pas, dit Eraste, quoy que le Roy soit tout juste, il est trop bon et trop genereux, pour ne pas se souvenir de tant de Chansons que vous lui avez fait oüir, et de tant de Vers que vous avez composez à sa gloire; on auroit sans doute trouvé quelque temperamment à cette rigueur; mais revenons à vostre Prison. Dites-moy, je vous prie, quel metier faisiez-vous dans ce lieu si charmant et si agreable, et comment gouverniez-vous Madame de G˙˙˙˙˙, qui toujours parfumée de roses et de lis, a la reputation d'embaumer toute cette prison d'une odeur qui surpasse tous les parfums de l'Arabie? — J'essayois d'y tromper mes ennemys, lui dis-je. — Et comment? dit Eraste. — J'essayois, luy dis-je, de n'y pas mourir; et, pour cet effet, je m'y divertissois autant qu'il m'estoit possible. Je prenois mon Luth; quand j'étois las de mon Luth, je prenois mon Theorbe, et faisois chanter mes airs à mes Enfans, qui m'estoient d'autant plus agreables que nous autres Musiciens sommes plus enchantez du merite de nos productions ; et, quand j'estois ennuyé de toutes ces belles choses, je prenois des Cartes, et me divertissois dans ce livre. — Quoy ! vous joüyez tout seul? dit Eraste. — Non, luy dis-je, j'avois un camarade assez complaisant pour m'y faire passer des nuits toutes entieres : outre cela, je ne manquois pas de conversation ; et quoy qu'elle fust bornée à trois ou quatre gens d'esprit, quand j'estois las d'oüir les belles choses, je m'allois divertir avec Messieurs les Chevaliers de la Serpette. Je prenois plaisir à les interroger sur le sujet de leurs disgraces ; et quoy que la plupart fussent criminels, je trouvois que les plus méchans n'estoient pas dans les prisons ny dans les Galeres, mais dans les Palais les plus superbes, et dans les carrosses les mieux dorez. Quelques fois je leur faisois des visites, et leur composois des Lettres, dont on auroit fait un recüeil plus gros que les lettres de Balzac et de Voiture. Aussi ils avoient une si particuliere reverence pour moy, que bien que je n'eusse ny chausses ny pourpoint, et que faute de deux boutons, je fusse contraint d'attacher mon justaucorps avec deux épingles, il n'est pas croyable l'estime que tous ces miserables me témoignoient : aussi je puis dire sans vanité que, dans cet estat, j'estois au moins le Diogene de la Prison, si je n'estois pas le Diogene du siecle; de sorte que, hors d'un homme, en qui la vanité, qui le rendoit insupportable, avoit esteint toutes les facultez de l'entendement, j'estois generalement aimé de tout le monde. Les Guichetiers mesme, qui du commencement avoient d'incroyables duretez pour moy, aprés m'avoir envisagé de plus prés, me parurent les plus courtoises gens du monde : ce sont les effets ordinaires de la vertu, quand elle est respectueuse, et qu'elle est soumise.

Que diray-je de plus? Monsieur le Breton, qui bien éloigné de cette humeur impérieuse, qui est presque inséparable de ceux qui, en qualité de Concierges, ont quelque empire sur ces malheureux, me témoigna assez, par l'estime qu'il fit paroistre à mes Enfans, la considération qu'il avoit pour la vertu infortunée de leur pauvre Maistre : il les faisoit chanter, les regalloit, et les favorisoit en tout ce qui luy estoit possible; aussi, le jour de sa feste estant venu, j'ordonnay à mes Enfans de luy donner la musique avec ces vers :

Aujourd'huy que chacun s'apreste
A solemniser vostre feste,
Quoy que pauvre petit garçon,
Je voudrois bien faire paroistre
Mon esprit en quelque façon;
Mais il n'appartient qu'à mon maistre,

> Sçavant au métier d'Apollon,
> De parler dignement de Louys le Breton,
> Dont les rares vertus se font assez connoistre.
> Excusez donc ce petit avorton,
>    Qui pourroit bien par la fenestre
>    Regaler de quelque chanson
>    Celuy que le Ciel a fait naître
> Si vertueux, si prudent et si bon.

Je faisois ainsi parler celuy de mes Enfans qui chante et joüe du Theorbe, qui répondoit quelques fois par la fenestre de ma chambre treillissée aux excellentes voix de ces Messieurs de l'Academie Royale[1] qui ne dedaignoient point de m'honorer de leur estime, par leurs admirables concerts. — Mais, dit Éraste, ne donniez-vous point durant une si longue oisiveté un peu de carrière à vostre plume?—Quelques fois, luy dis-je, mais rarement; comme je n'avois point à craindre d'autre mort que celle que le mauvais air de ma Prison me pouvoit procurer, et que la justification de mes mœurs ne dépendoit que de la continuation de ma vie, pour ce qu'on ne se justifie point aprés la mort, j'évitois ce qui pouvoit nuire à ma santé, et alterer mon temperament. Je ne laissois pas pourtant d'écrire à mes amys, et de composer quelques lettres, pour obliger mes Juges à penser à moy. En voicy une en Prose et en vers, que j'envoyay à Monsieur le Procureur du Roy :

[1] L'Académie royale de musique fut fondée le 28 juin 1669. Le premier privilége échut à un abbé, l'abbé Perrin, qui s'établit dans le jeu de paume de la rue Mazarine, en face de la rue Guénégaud. Lulli obtint quelques années plus tard la cession du privilége.

« Monsieur,

« Il y a bien prés de cinq mois que je suis icy, et j'y demeurerois bien encore cinq ans, pour faire plaisir à ceux qui se divertissent si agréablement de mes souffrances, si cinq mois n'estoient pas quinze ans à un homme qui en a septante, et qui comme moy ne voudroit pas déloger de ce monde avant que de mettre au jour mes *Avantures d'Italie*, qui pourroient estre agreables au Public, et contribuer quelque chose à vostre divertissement. Je diray bien plus, Monsieur, que la soumission que j'ay pour vous est si grande, que bien que je sois réduit dans un si pitoyable estat, qu'au sortir de ces lieux, il n'est que Dieu seul qui me puisse défendre des insultes des archers de l'Écücille [1], que, mes Enfans devenus étiques, compagnons des Enfans de la Matte, ayant oublié depuis cinq mois ce que je leur avois montré durant sept ans, et qu'avec toutes ces graces que je pourrois esperer de vostre bonté, vous ne sçauriez empescher que mes trop barbares ennemys n'elevent sur mon Parnasse desolé les trophées de leur injuste vengeance. Je passerois, Monsieur, par dessus toutes ces considérations, si une maladie, le résultat de ma captivité et de mes souffrances, ne me menaçoit de terminer icy toutes mes *Avantures*, par la fin de ma vie dans cette dure extremité, n'ayant ny or ny argent, et par consequent ny Procureur ny Avocat, sans assistance et sans conseil.

Je prens mon Archet et ma Lyre,
Et presse le pere Apollon

[1] « Les archers de l'écuelle sont des gens armés qu'on entretient à Paris, pour prendre les gueux qui mendient dans les rues. » *Dict. comique* de Leroux.

De m'enseigner quelque chanson,
Pour flechir dans ce noir empire
Les gens du grand Roy, nostre Sire ;
Mais ce malheureux violon,
Qui, pour dresser une Requeste,
Ne vaut pas le cheval grison
De Monsieur l'Avocat Talon [1],
Lequel a plus de Loix en teste
Et plus de sçavoir au talon
Que toutes les sœurs d'Helicon ;
Bref, ce Dieu, qui n'est qu'une beste
En fait de Jurisdiction,
S'excuse, et dit que le beau son
De son Luth et de sa Guiterre,
Ses Vers, son Chant et son Jargon,
Sont moins compris en ceste terre,
Où Themis ses foudres desserre,
Que le langage du Japon :
Qu'il est vray qu'un de ses Enfans,
Jadis par ses tons ravissans,
Fléchit le Dieu des Troupes mortes,
Que de l'Enfer toutes les portes
S'ouvrirent aux divins accens
De son Luth et de ses beaux Chans ;
Mais qu'il n'en est plus de ces sortes ;
Que nos Dieux sont bien d'autres gens,
Et que les Ames de ce temps,
Bien plus fines et plus accortes,
Se moquent bien de nostre encens ;
Que la voix de nos innocens,
Pour nos prisons cent fois plus fortes
N'ont que des charmes impuissants ;
Que, bien que Themis sans reproche
N'ait cœur de fer n'y cœur de roche,

----

[1] Denis Talon, avocat général et président à mortier.

Il falloit bien d'autres attraits
Que des Rondeaux et virelais;
Lorsqu'un Enfant de la Bazoche,
Le plus grand Clerc qui fut jamais
Dans la ceinture du Palais,
Que, pour certaine hanicroche,
Monsieur l'Archer, qui tout accroche,
Dans ce beau lieu tient en relais,
Me dit que, si j'avois en poche
Dix sols, il sçauroit un biais,
Que vous, Seigneur, prudent et sage,
Ne trouveriés pas plus mauvais
Que tout mon chant et mon ramage,
Et tous les vers que je vous fais;
Que petite sommation
Ne seroit pas contre l'usage,
Quand on vit dans l'oppression,
Que l'on disne sans companage [1],
Et qu'on soupe sans potion [2],
Sans pain, sans lard et sans fromage.
Mais moy, qui, mort et passion,
Plutost qu'aigrir vostre courage,
Souffrirois sans dilation [3],
Moy qui veux vivre en bon ménage,
Avec les gens de mon Village,
De qui la droite intention
Est conforme au Dieu de Sion,
Croyant que le divin langage
Des Dieux à qui tout rend hommage,
Vaut bien signification,

---

[1] De l'italien *companatico*, viandes, ragoûts, tout ce que l'on mange avec du pain.
[2] Pour : sans vin.
[3] Répit.

Et que vostre compassion
Ne pourroit servir davantage,

　　Je vous suplie trés-humblement, » etc.

Cette lettre estoit l'effet d'un avis que j'avois reçeu de
Messieurs les Clercs de la Bazoche, qui pour lors estoient
prisonniers au Chastelet, qui me conseilloient de sommer
Monsieur le Procureur du Roy, en vertu d'un arrest de
la Cour, que j'avois obtenu à la seancè, pour obliger mes
Juges à me sortir d'affaire, dont pourtant je n'eus pas
besoin.—Mais n'avez-vous rien fait, dit Éraste, pour Monsieur Deffita, qui a tant de merite et tant d'esprit, et qui
est si grand Amy des Muses?—Oüy, dis-je, je n'avois garde
de manquer à ce devoir; je luy envoyay plusieurs Lettres, et j'en ay encore dans un petit Recüeil, qui n'ont
pas veu le jour; mais vous m'en quitterez, s'il vous
plaist, pour une de ces Lettres, et pour cette paire de
Sonnets :

### A MONSIEUR DEFFITA

#### LIEUTENANT C.... [1].

##### SONNET

Toy qui, sans te lasser, nuict et jour en ces lieux,
Fais aux crimes hydeux une si rude guerre,
Et qui, pour ecraser ces hydres furieux,
Comme un autre Jupin porte en main le Tonnerre,

Magistrat sans pareil, Ministre glorieux,
Etouffe les Serpens, brise comme du verre
Ces Dragons, ennemys des hommes et des Dieux,
Et peuple les Enfers des Monstres de la Terre.

On rencontre souvent le nom de ce lieutenant criminel dans
la *Correspondance administrative sous Louis XIV.*　　(Depping.)

Mais, usant icy-bas des foudres de ton Roy,
Si tu sçais que là-haut un plus puissant que toy
Veut que du sang des siens tes faits lui soient comptables,

N'use au gré des mortels de ton glaive puissant;
Il vaut mieux en un jour absoudre cent coupables
Que dans un siècle entier perdre un seul innocent.

### SUITE.

C'est par le rare effet de cette connoissance
Que, fondant son espoir sur ton integrité,
L'innocent, malheureux sous un Ciel irrité,
Dans les plus noirs cachots repose en asseurance;

Que dans tes justes mains l'intrepide innocence,
Au lieu de soupirer dans sa captivité,
Benissant tes vertus et ta rare equité,
Chante tes qualitez que tout le monde encense.

Aussi je ne crois pas, quelque injuste pouvoir
Qui s'attaque à mon sort, que, contre ton devoir,
Tu veüilles rebuter ma Muse gemissante.

Non, je ne le crois pas, grand Astre de Themis,
Si tu sçais qu'il y va de ta gloire eclatante,
D'avoir les escrivains et les Dieux pour amys.

Et finalement ayant eu avis que l'on me vouloit élargir sur ma simple Requeste, je luy envoyay encore cette Lettre de remerciement.

« MONSIEUR,

« Je n'ay jamais eu aprés Dieu d'autre esperance qu'en vostre Justice : aussi j'apprends que vous daignez me la

rendre toute entiere, et que, sur ma Requeste, au premier
jour, j'auray ma décharge : je croy, Monsieur, qu'il sera
glorieux à vostre justice, qui ne laisse rien d'impuny,
de chastier ce méchant oüy dire, qui m'a procuré tant
de mal, et que la France, dont la partie la plus raisonnable ne me hait pas, vous benira d'avoir d'un seul
trait de plume coupé tant de millions de langues, et
puny un si dangereux animal. Aussi croyez, Monsieur,
que, si vostre vertu, qui est au-dessus de l'envie, pouvoit estre attaquée de ce monstre, si impertinent et si
déraisonnable, ainsi que vous l'avez confondu, je le con-
fondray en tous les lieux où il se rencontrera, et que ma
plume, qui est tout ce qui me reste, apprendra à la postérité comme on doit reverer le mérite d'une personne
de vostre qualité, et reconnoistre les graces de cette
sorte. »

Je fis encore ce Sonnet à Monsieur le Procureur du
Roy :

### SONNET.

En me rendant l'honneur avec la liberté,
Vous avez obligé les Filles de Mémoire;
Aussi ne doutez pas que la postérité
Jusqu'aux siecles derniers n'encense vostre gloire.

Quoy qu'en ces lieux je sois pauvre et persécuté
Par les traits inconnus d'une malice noire,
Couronné des Lauriers de l'Immortalité
Vos vertus brilleront dans toute mon histoire.

Ouy, digne Procureur du plus grand de nos Rois,
Qui maintenez si bien la vigueur de nos Loix,
Je diray vos vertus que tout le monde encense;

Et chacun redira, quand je l'auray chanté :
Ah ! qu'il est beau de rendre à l'illustre naissance
La vertu, la candeur et la sincerité !

Ainsi je chantois le triomphe, parce que j'estois certain de la victoire, et remerciois mes Juges par avance, pour ce que j'estois asseuré de leur bonne justice, et que par deliberation du Conseil, je devois sortir sans jugement ; aussi pour n'en demeurer pas ingrat, je fis cette gallanterie generalement à tous les Messieurs du Chastelet :

Nobles Seigneurs pleins de sçavoir,
Qui dans vostre joyeux manoir
M'avez donné six mois retraite,
Elargissant vostre Poëte,
Avec honneur, sans faire asseoir
Son pauvre cul sur la sellette,
Que vos vertus se font bien voir !
Aussi croyez que ma Musette
S'acquittera de son devoir,
Malgré la poursuite secrette
Qui vainement sur ma jacquette
Repandit tout son pot au noir ;
Grace à vos soins, troupe discrette,
Je sors poly comme un miroir,
Blanc comme un Cygne, et l'ame nette ;
Aussi j'ay payé le razoir,
La lessive et la savonnette :
Juges sacrez dont je respecte
Le celeste et divin pouvoir,
J'ay deja ployé ma toilette ;
Adieu, Messieurs, jusqu'au revoir,
Je rends grace à vostre galette,

> Je vous souhaite le bon soir,
> Et je deloge sans trompette.

Je sortis donc de prison sans jugement, aprés y avoir demeuré six bons mois, et je repassay les Guichets. Aujourd'huy j'ay remercié mes Juges et tous mes amis, et je ne suis desormais plus en peine que de sçavoir le logis de ceux qui m'ont attaqué avec tant d'injustice et tant de fureur : j'essayerois d'appaiser leur colere, et j'irois les genoux en terre leur rendre grace de tant de bien et de tant d'honneur qu'ils m'ont procuré, sans l'avoir merité. — Quoy, dit Éraste indigné, vous iriez rendre grace à ces gens, qui vous ont si injustement attaqué?—Tout beau, Éraste, tout beau, luy dis-je, et traittez mieux, s'il vous plaist, ceux à qui je suis plus obligé qu'au pere et à la mere qui m'ont mis au monde, et qu'à tous les amis qui m'ont secouru; car enfin ils ont tant fait, les admirables instrumens de la misericorde de Dieu, qu'ils m'ont remis sur le trône de ma gloire, d'où l'iniquité des hommes m'avoit si injustement precipité; ils ont tant fait, ces ressorts cachez de la Providence, qu'ils m'ont rendu le plus illustre persecuté de tout l'Univers, et desabusé toute la Terre de mes imaginaires defauts. Escoutez ce qu'en dit le sage Robinet dans sa Gazette :

> Apprenez, en l'honneur des Filles de Memoire,
> Que le sieur Dassoucy, que l'encre la plus noire
> De l'esprit imposteur en vain avoit noircy,
> Est sorty glorieux, et blanc comme l'yvoire,
> Tout couvert des Lauriers d'une entiere victoire;
> Rajeuny de vingt ans, il se promene icy :
> Ne vous en mocquez pas, quand tout brillant de gloire,
> On sort d'une Prison, on rajeunit ainsi :

On devroit distinguer la Fable de l'histoire,
Avoir pour son prochain un peu de charité ;
Le Pasquin medisant nous en a bien conté :
Du vulgaire ignorant on ne doit pas tout croire ;
On dit qu'il doit beaucoup à la rare equité
De ses Juges divins, qui, de son innocence,
A l'exemple du Ciel, embrassant la defence,
Ont consacré leurs noms et leur integrité
Au Temple glorieux de l'Immortalité ;
Mais on tient qu'il doit plus à la fiere puissance
De l'invisible main qui l'a persecuté,
Imposant desormais un eternel silence
Aux langues des Aspics dont il estoit gasté.

—Il est vray, dit Éraste, que je ne crois pas qu'il y ait
eu jamais aucun homme sur la terre, qui ait mieux merité la haine de la canaille, et qui par ses bonnes qualitez
s'en soit rendu plus digne que vous : et c'est de quoy
vous auriez tort de vous plaindre, puisque cette haine ne
vient que de l'extreme antipathie qu'il y a entre un fort
honneste homme et un homme trés-méchant et trés-coquin.
Tout ce que vous avez fait au monde, et tout ce que vous
y ferez pour vostre gloire, n'égalera jamais l'honneur
que vous remportez au-dessus de tout ce qu'il y eut jamais de beaux esprits et de Philosophes, d'avoir sceu meriter la haine des sots et des méchans plus que tout le
reste des hommes : c'est ce qui vous distingue aujour-
d'huy tellement des personnes communes et vous rend si
remarquable dans le monde, qu'on devroit vous dresser
une Statuë aux dépens du public. —Il est vray, dis-je, que,
depuis le berceau, je me souviens d'avoir toûjours esté favorisé de leur persécution, et je vous confesse que je
m'en sens encore aujourd'huy fort honoré.

Les sots enfans de mon quartier
A six ans me jettoient la pierre,
A neuf ans petit Escolier,
Chez un peuple rude et grossier,
Je fus, allant en Angleterre,
Pris à Calais pour un Sorcier;
Partout, pour me glorifier,
Messieurs les Sots m'ont fait la guerre,
A Rome ainsi qu'à Montpellier;
Tout ce que l'Univers enserre
Travaille à me purifier;
Et maintenant sur mon pallier,
Sans pain, ny corde à ma Guiterre,
Je vais, pauvre Menestrier,
Mourir dans ma natalle terre,
Couvert de Palme et de Laurier.

—Il est vray, dit Éraste, que c'est le destin des galands hommes, qui sont ordinairement plus chargez de mérite et de gloire que d'argent. Je voudrois pourtant que vous pussiez troquer une partie de ces Palmes et de ces Lauriers contre un bon manteau doublé d'une bonne revesche [1] ; car il me semble que vous estes désormais plus menacé du froid que de la foudre. — Je vous remercie de très-bon cœur, luy dis-je ; mais vous ne devriez pas trouver étrange de voir un poëte sans manteau, qui dans la Prison fut démentelé. Il est vray que j'avois deux habits à Rome; mais ce fut au grand estonnement d'un des plus grands de notre cour [2], qui m'ayant veu première-

[1] Sorte de ratine frisée à poils longs.
[2] Charles-Maurice Letellier, fils de Michel Letellier, chancelier de France. — Après avoir pris ses grades en Sorbonne, le futu archevêque de Reims, bibliophile ardent, s'était mis en chasse pour courre le livre rare et s'était arrêté à Rome, où Dassoucy lui avoi été présenté.

ment un habit noir, ne me reconnut pas aprés en habit
gris. Voila comme j'exprimay sa pensée sur ce sujet :

### A MONSIEUR DASSOUCY

#### SUR SON CHANGEMENT D'HABIT.

Eussiez-vous eu tout gris jusques à vos manchettes,
Et dans ce vieil habit, si sauvage et si gris,
Eussiez-vous eu le bec d'une chauve-souris,
Je vous eusse connu sans prendre de lunettes :
J'ay veu de l'Helicon les eaux claires et nettes,
Et j'en connois fort bien et le pere et le fils;
Mais voyant qu'en ces lieux le Dieu des chansonnettes,
Apollon maigre et sec, y mange son pain bis.
Qu'il a quitté son Luth pour prendre des Cliquettes [1],
Qu'il n'a plus son crin d'or, ny son char de rubis,
Que ses sœurs ne sont plus que de vieilles mazettes,
Qu'il demande la manche [2] ainsi que les Trompettes,
Et que partout il fait le demy-crucifis,
Je n'eusse jamais cru que le Dieu des Poëtes,
Pour vestir ses enfans, eust vaillant deux habits [3].

— Il faut avoüer, dit Éraste, que rarement on entre
dans le Temple de la fortune par les portes de la vertu.
Je crois pourtant qu'il n'a tenu qu'à vous de contrecarrer vostre mauvaise fortune, et que vous eussiez esté
riche, si vous l'eussiez voulu. — Il est vray, repartis-je,

[1] Instrument fait de deux os que l'on introduit entre les doigts
et que l'on fait résonner, comme des castagnettes, en les battant
l'un contre l'autre.
[2] De l'italien *mancia*, étrennes, pourboire. C'est le *paraguantes*
des Espagnols.
[3] Ces vers sont reproduits dans les *Rimes redoublées*.

que j'ay toujours eu plus d'amour pour la vertu que pour
la fortune; et je m'en repens si peu, que, si j'avois à recommencer la vie, je vivrois avec toutes les deux comme
j'ay vécu. — Quoy, dit Éraste, vous ne voudriez pas devenir riche? — Dieu m'en garde! lui repliquay-je, au
lieu que je suis encore bon à quelque chose, je ne serois
plus bon à rien, et peut estre ce seroit fait de ma vie. Il
me souvient qu'estant à Rome je gagnay dans un jour cinq
cents pistolles chez Monsieur le Chevalier de Saint-He-
ran [1] : croiriez-vous bien, Éraste, qu'en suite je fus cinq
nuits sans fermer les yeux, et je fusse tombé infailliblement dans quelque mortel accident, si la perte que je fis
un peu après d'une partie de cette somme ne m'eust ra-
proché quelque peu de mon centre naturel, qui est la
pauvreté, mon véritable élément? Il n'est rien de si difficile à supporter qu'une soudaine prospérité, ny rien de si
dangereux que de passer d'une extrémité à l'autre. Pour
vivre sans inquiétude au milieu des richesses, il faut y
estre accoustumé, il faut estre né comme vous avec les
richesses. Durant mon opulence de Rome, qui dura prés
de sept ans, je ne faisois autre chose que me promener
tout le jour, joüer, ou compter mon argent : cependant
je n'estois encore qu'un demy riche. Dieu! qu'eust-il
esté de moy, si j'eusse esté riche tout à fait! Je suis né
pour estre pauvre, et pour vivre persecuté, mais non pas
pour vivre malheureux comme l'on croit. Si les hommes
estoient assez sages pour pouvoir s'accommoder aux douceurs d'une honneste pauvreté, croyez-moy, Éraste, qu'ils
ne feroient pas comme ils font, et ne se donneroient pas
à tous les diables, pour des biens dont la conservation

[1] Saint-Herem, qui, en 1666, acheta d'Heudicourt la capitainerie
de Fontainebleau.

est si penible, et la superfluité si peu necessaire; c'est pourquoy je m'en tiens à mon honneste pauvreté; c'est elle à qui je dois toutes les bonnes qualitez que je possede, et toute la reputation que j'ay acquise par mes talens : si j'eusse esté riche, je n'eusse voulu faire autre chose que de prendre des mouches,

> Écrire lettres et poulets,
> Et crier aprés mes valets.

Je n'eusse point esté celebre par mes persecutions, car je n'eusse pas esté persecuté, et je n'aurois pas triomphé, parce que je n'aurois pas eu d'ennemys à combattre; et comme les richesses entretiennent l'oisiveté, je n'aurois esté qu'un asne, paresseux et ignorant : ainsi l'on n'auroit jamais parlé de moy; non plus que de plusieurs personnes, qui, indigens de merite, et pauvres de vertus, sont à peine connus dans leurs quartiers. Celuy qui brûla le Temple d'Ephese aima mieux mourir en se signalant par un sacrilege que de vivre sans nom. C'est à ma bien heureuse pauvreté que je dois ma temperance, mon humilité, ma longue vie, et ma santé. Et comme ce n'est pas le metier des pauvres, mais des riches, de se venger, je dois à ma pauvreté l'indulgence que j'ay pour mes ennemys, et le mepris que je fais de leurs injures. — Tout de bon, dit Éraste, seriez-vous bien assez maistre de vous-mesme, si vous connoissiez les auteurs d'un si barbare attentat, pour n'en point témoigner le moindre ressentiment? — Oüy, sans doute, répondis-je, je me sens assez fort pour n'estre pas seulement troublé à leur aspect; il est vray que je ne serois pas marry de les connoistre, non pas pour leur nuire, mais pour les admirer, comme on admire les choses extraordinaires, pour voir s'ils ont du blanc en l'œil, mains ou griffes, ou cornes au front. Je leur demanderois seulement en quoy je les aurois deservy, et leur ferois reparation en cas d'offence reçüe, ou je les desabuserois, si je ne les avois point offencez. — Mais, par vostre foy, continua Éraste, croyez-vous qu'il y ait aucun homme sur la terre assez méchant pour se porter à de si cruelles extremitez sans aucun sujet? Espluchez bien vostre conscience. Ne vous êtes-vous point joüé de l'honneur de quelque Grand ou n'avez-vous point donné lieu à quelque funeste rapport par quelque petit trait de médisance? — Je n'avois pas encore dix ans, repartis-je, que je sçavais déja par cœur les Emblémes d'Alciat [1]. Dés ce temps là, je n'estois pas ignorant de la Fable du pot de terre et du pot de fer: aussi je n'ay jamais esté assez fol pour lutter contre les colosses qui me pouvoient écraser, ny assez ingrat pour désobliger les puissances, à qui seules appartient l'honneur de pouvoir faire subsister les gens de ma sorte. Il est vray que peu de personnes entendent le mot pour rire; c'est pourquoy peu de personnes entendent mes Vers. Pour bien juger de la fine raillerie, il ne suffit pas d'avoir de l'esprit, si l'on n'a un génie pour s'y connoistre.

Estant à la Cour de Savoye, j'eus besoin de trois Apologies pour défendre ma Muse de l'ignorance et de la malice de certains Rimailleurs, qui expliquoient mes vers tout au rebours de mes pensées; et je fus à trois doigts de mon naufrage, si leurs A. R., plus éclairées, n'eus-

---

[1] *Emblematum libellus*, ouvrage purement littéraire de ce célèbre jurisconsulte italien, qui eut tant à souffrir des persécutions de ses confrères et mourut en 1550, laissant les matériaux de cinq volumes in-folio.

sent mieux pénétré dans mes intentions ; mais quand ce malheur me seroit arrivé auprés de quelque grand de cette Cour, et que quelque esprit mal tourné m'eust procuré son indignation, les Grands sont trop genereux pour s'abaisser à ces sortes de vengeances, ayant tant d'autres moyens de se venger. — Mais, dit Éraste, qui croïez-vous donc qui vous puisse avoir si fièrement et si injustement attaqué? Depuis vostre élargissement personne ne s'est-elle efforcée de vous en donner quelque lumiere? — Oüy, repartis-je, mais non pas suffisante pour m'éclairer dans ces tenebres, dans lesquelles je ne suis pas marry de demeurer enveloppé ; chacun en parle diversement, l'un dit

Que ce fut l'*Ombre de Moliere*,
Que je fis, moy, pauvre Rimeur,
Non pour mettre en mauvaise humeur
Les gens de bien que je revere,
Et que j'adore dans mon cœur;
J'en prens à temoin le Seigneur,
Je sçais parler et sçais me taire,
Mon esprit n'est point détracteur,
Ny satyrique ny censeur,
Et ne sçait point l'art de déplaire.

D'autres disent que ce malheur,
Qui fit pâlir et fit horreur
Aux Dieux, amys de l'innocence,
Fut un effet plein de fureur
D'une jalouse concurrence;
Mais c'est de quoy ma suffisance,
Graces à Dieu, n'a point de peur,
Je suis un trop petit Docteur
Pour disputer la preference

Au grand Dieu de la consonnance,
De qui je suis adorateur.

Il est vray que de mon honneur
Ma Plume, qu'estime la France,
A pris justement la defence
Contre le trop joyeux auteur
De certain escrit imposteur,
Qui me detruit et qui m'offence;
Mais de cette gentille erreur
J'en accuse l'extravagance
De mon destin plein de rigueur,
Et non pas ce gentil Rimeur,
Qui raille et boit par excellence;
Il est galand, il est railleur,
Mais son esprit est sans aigreur
Pour tant de fiel et de vengeance;
Le Dieu de la douce liqueur,
Dont il adore la puissance,
A trop d'attraits et de douceur,
Et ce fameux persecuteur
Du gobelet à toute outrance,
Plus empesché que l'Empereur,
A trop d'affaires d'importance
A vuider sur sa conscience,
Pour escouter l'esprit vengeur,
Qui n'est pas amy de la pance.

Une si noire trahison
Vient plûtost de la petulance
Et de la rage du Demon
Que de la benigne influence
Des joyeux enfans d'Apollon,
Ou de ceux qui boivent du bon
Du Mont Pulsane [1] ou de Florence;

[1] Pulsano (royaume de Naples).

Les gens qui m'ont porté guignon,
Ce sont des gens, comme je pense,
Qui, tous remplis jusqu'au roignon
De vertus et de temperance,
Cousins de Pierre de Provence,
Sentent fort le Juif d'Avignon;
Qui preferent la succulence
De la siboule et de l'oignon
A la bisque de champignon;
Qui croquent l'ail sur noir guignon [1],
Et le chou vert jusqu'au trognon;
Des gens qui tirent le lignon [2],
Qui n'ont mazure ny pignon,
Ny feu, ny lieu, ny lumignon,
Que l'on juge par competance,
Quand il y va de leur chignon,
Et qui, pleins de la virulence
Du pus d'une orde medisance,
Rataconnant l'escofignon [3],
Parlent des gens de consequence
Comme le Perroquet mignon.


En un mot, Éraste, je ne crois avoir eu, dans cette
funeste rencontre, que le vulgaire ignorant et malin,
qui se range toujours du parti des méchans, et qui,
toujours affamé de poison, dévore avec le plus grand plaisir du monde tout le venin d'un certain petit animal, qui,
pour n'avoir ny corps ny consistance, ne laisse pas d'estre
un animal trés-cruel et trés-dangereux : cét animal s'appelle *Oüy-dire*, qui, abusant de la sotte credulité des

[1] Morceau de pain.
[2] Toile de lin très-déliée. Dassoucy veut-il parler de ceux qui
font le linon ou de ceux qui le dérobent? Tirer le linon et tirer la
laine n'exprimeraient-ils pas le même acte?
[3] Raccommodant les vieilles chaussures.

simples, a versé plus de maux sur les pauvres humains
que tout ce que l'on dit de la boëtte de Pandore.

> Plus fier que foudre et que tempeste,
> Toûjours sa rage est toute preste :
> Il n'épargne ny Roy, ny roc,
> Toque, bonnet, cape ny froc,
> Et quoy qu'il n'ait ny pied, ny teste,
> Plus viste qu'un trait d'arbaléte,
> Il va d'icy jusqu'à Maroc;
> C'est luy qui m'a donné le choc;
> Voyez un peu l'etrange beste !

Mais, quoy que cet animal chimérique n'ait, comme
j'ai dit, ny corps ny consistance, il n'est pas pourtant un
enfant sans pere, au moins à mon égard. Il a tiré son
origine de la Gazette de feu Loret, et du Voyage de Monsieur C***; quoyque ces deux historiens n'ayent écrit dans
leurs rares productions aucun mot de verité, les beaux
vers que ces deux célebres auteurs ont daigné faire à ma
loüange [1] ne laissent pas de passer dans le monde pour
des oracles aussi autentiques que s'ils avoient esté prononcez par la bouche de la Verité mesme, et les saillies
de leurs beaux esprits ont fait de si grands progrés dans
l'empire des idiots, que partout où je ne suis pas, on croit
que je suis mort, bien mort, mais non pas enterré : et
quelque bruit qu'ait pu faire icy ma Prison, quoyque,
Dieu mercy, je sois encore icy en chair et en os, il y en
a qui me prennent encor pour un ombre ; et je ne sçais

---

[1] Dassoucy fait gratuitement collaborer Bachaumont aux louan-
ges rimées qu'il a reçues de Chapelle.

pas, si je retournois encore à Rome ou à Thurin, si l'on n'auroit pas peur de moy comme d'un fantôme. Ce sont les effets de cet *oüy-dire*.

Mais ces Messieurs du Chastelet
Qui, pour punir le malefice,
Font prendre les gens au collet,
De ce langard [1] plein de malice,
Qui me chargeoit comme un mulet,
Grâces à Dieu, m'ont fait justice
Et l'ont croqué comme un poulet :
Or maintenant Colin Croquet,
Pierre du Puis et maistre Brice,
Qui parloient comme un Perroquet
De ce Monsieur de la Saucisse,
Ont fort rabattu leur caquet,
Et nous avons le Ciel propice,
Et tout l'ordre du Chapelet,
Ce babillard est au filet,
Et le silence est son suplice,
Grace à Messieurs du Chastelet,
Qui, pour punir le malefice,
Font prendre les gens au collet.

Enfin je suis sorty des cruelles mains de cette impertinente canaille que les hommes sages laissent aboyer sur la terre, comme Dieu laisse blasphemer les diables en Enfer, ne pouvant leur souhaiter rien de pire que leur condition; et je puis rendre graces à Dieu, à mes Juges, et à mon innocence, qui, pour mettre un bâillon à cette dangereuse beste, avoit encore besoin de cette derniere espreuve, si bien que je puis faire dire aujourd'huy

[1] Babillard.

A monsieur mon page Toinon,
Qui tant au jour qu'à la chandelle,
Si l'on en croit à la coupelle,
Doit estre un trés-sage garçon,
Cette tendre et douce chanson,
Qui n'est pas droitement si belle
Que celle du Pont de Lyon,
Mais que je tiens aussi nouvelle,

car c'est la mesme[1] que je composay à Montpellier,
que je faisois chanter à Pierrotin parmy les Garaffons et
les Tourtes de Pigeonneaux, que ces beaux esprits de
l'Academie, amye de mes Muses, faisoient apporter dans
ma prison pour se conjoüir avec moy de ma prochaine
delivrance :

### CHANSON.

Au profond des Enfers,
Où bien peu d'esperance
Flattoit mon innocence,
Grand Roy de l'Univers,
J'ay tous les maux soufferts;
Mais enfin ta puissance
A finy ma souffrance
Et brisé tous mes fers.

En vain la trahison,
D'un coup illegitime,
A blessé mon estime,
Et vomy son poison.
Les Cieux et la raison,
Qui m'ont trouvé sans crime,

---

[1] Voy. ci-dessus, page 144.

Ont sauvé la victime
Et rompu sa prison.

Aprés tant de langueurs,
Tout se rend à nos charmes,
Dieu se rend à nos larmes,
Et nous rend tous les cœurs;
Nos astres sont vainqueurs,
Et contre tant d'allarmes
Le Ciel a pris les armes
Et tary tous nos pleurs.

Mais aujourd'huy ce n'est pas de mesme, et la fin de cette chanson ne quadre pas tout à fait avec l'estat present de ma fortune, et jamais triomphante victime, sauvée du sacrifice, ne fut plus regalée que je fus à Montpellier : là mes Juges m'entraisnoient à leur table et dans leur carrosse : là mon procez finit avec ma delivrance. Icy, grace à l'ignorance et à la dureté du siécle, je suis tout de nouveau persecuté ; aussi, dans le triste estat où la fortune m'a reduit, j'espere que mes trés-precieux et trés-parfaits ennemys se laisseront toucher à cette prière :

Rangaignez vostre inimitié,
Et faites, à tant de colere,
Succeder un peu de pitié;
Espargnez ma blanche creniere,
Finissez ma calamité,
Ou si vostre cœur irrité,
Pour moy, trop fier et trop severe,
Persevere en sa cruauté,
Ardans, dont la sainte lumiere,
Loin de m'avoir precipité,

M'a pour jamais ressuscité,
Esprits qui m'avez degasté
Et qui m'avez plus profité
Qu'à Mezeau[1], graisse de vipere,
Esclave à prepetuité,
Retenez en cette galere
Vostre pauvre persecuté :
A l'aspect de tant de misere,
Vostre esprit sera contenté.

— Ne vous en moquez pas, dit Éraste, de l'humeur dont je vous vois, je croy que vous auriez de la peine à vous accoustumer à cette Galere, et que vous ne voudriez pas que vos ennemys vous eussent pris au mot pour les contenter à ce prix. Je croy mesme que vous y estiés déja bien ennuyé.

Cela dit, il m'embrassa, et, aprés m'avoir remercié avec quelques Loüis-d'Or dont il jugea que j'avois besoin, nous nous separasmes ; luy s'en alla à ses affaires, et moy je pris le chemin de Saint-Germain.

[1] Mezeau ou mezel, ladre, lépreux.

FIN.

# TABLE DES MATIÈRES

## LES AVANTURES D'ITALIE DE MONSIEUR DASSOUCY.

## LES PENSÉES DE MONSIEUR DASSOUCY

### DANS LE SAINT-OFFICE DE ROME.

## LA PRISON DE MONSIEUR DASSOUCY.

FIN DE LA TABLE.